ELOGIOS A LA Dra. SU[...]

Los códigos en[...]

CW01020442

«*Los códigos energéticos* pone en nu[...] dos conocimientos y de técnicas prácticas y [...] níficamente bien los mundos de la ciencia y la espiritualidad —los cuales se encuentran inmersos en un constante proceso de fusión—, con la intención de revelar la verdad de nuestro ser y el auténtico alcance de nuestra grandeza. En este libro excepcional, cuya lectura recomiendo encarecidamente, la doctora Sue Morter nos enseña a vivir de un modo mucho más pleno y a expresar nuestro verdadero potencial».

JACK CANFIELD, coautor de la serie de libros *Chicken Soup for the Soul®* (*Sopa de pollo para el alma*)

«Con este libro por fin he encontrado un texto que explica de un modo *práctico y funcional* los conceptos metafísicos y la sabiduría mística que están presentes en la mejor literatura espiritual del último medio siglo. *Los códigos energéticos* ofrece una serie de explicaciones sorprendentemente simples, pero al mismo tiempo magistrales, que convierten toda la información sobre "lo que es real" en una única y simple revelación cuyo poder puede transformar nuestra vida de la noche a la mañana. Una cosa son los conocimientos espirituales, y otra, las herramientas espirituales. Para aquellos que quieran vivir de un modo nuevo y estén listos para hacerlo, *aquí están las herramientas*. Sin duda, nos encontramos frente un texto poderoso, incisivo y extraordinario».

NEALE DONALD WALSCH, autor del superventas del *New York Times*: *Conversaciones con Dios*

«En esta formidable y poderosa obra, la doctora Sue Morter unifica los ámbitos de la ciencia, la espiritualidad y la verdadera transformación personal. Sus muchos años de exploración, investigación y práctica actuarán como un catalizador que te transformará a ti y cambiará tu vida para siempre. Con la aplicación de estas herramientas prácticas, que ya han demostrado ser sumamente efectivas, sanarás tu mente, tu cuerpo y tu realidad. ¡Me ha encantado leerlo!».

DR. JOE DISPENZA, autor del superventas del *New York Times*: *El placebo eres tú: Descubre el poder de tu mente*

«Por decirlo en pocas palabras, las técnicas de Sue Morter funcionan de verdad. Sus percepciones auténticas, su capacidad de integración y su propio ejemplo de personificación de las verdades sagradas son evidentes cuando uno escucha sus enseñanzas y tiene el privilegio de ser uno de sus clientes. Este libro integra de forma magistral la espiritualidad y la ciencia de un modo profundamente transformador. Sue ha vertido todos sus años de investigación y experiencia en esta contundente contribución literaria que te ayudará a transformarte como ninguna otra. Tienes en tus manos una poderosa llave para la transformación real, así que úsala».

MICHAEL BERNARD BECKWITH, fundador del Agape International Spiritual Center y autor de *Spiritual Liberation* y *Life Visioning*

«Muy de vez en cuando aparece un libro que contiene tanta verdad, claridad y genio como para transformar intensamente nuestra vida. *Los códigos energéticos* pertenece a esta clase de libros. Se trata de un auténtico manual de instrucciones para comprender quiénes somos realmente y para forjar una felicidad duradera, una buena salud y una vida absolutamente milagrosa».

MARCI SHIMOFF, autora de los superventas n.º 1 del *New York Times*: *Feliz porque sí* y *Sopa de pollo para el alma de la mujer*

«*Los códigos energéticos* es una obra brillante con la que es muy fácil sentirse identificado y que está repleta de principios y prácticas transformadoras y profundas que resultan a un tiempo accesibles y relevantes. La doctora Sue Morter es una visionaria iluminada que salva la distancia que existe entre lo divino y lo terrenal y nos invita a participar plenamente en nuestra capacidad de creación. ¡Es un libro que recomiendo de todo corazón!».

ANITA MOORJANI, autora del superventas del *New York Times*: *Morir para ser yo*

«La doctora Sue Morter, una de las profesionales de la salud más estimulantes y originales de hoy en día, adopta una visión verdaderamente holística de la salud al centrarse en los sistemas energéticos dinámicos e interconectados del cuerpo, sin descuidar el papel que juega el alma ni el poder de ciertos movimientos clave a la hora de transformar de forma radical nuestra energía. Tomando una dosis diaria de los siete principios presentados en *Los códigos energéticos* podrás disfrutar de una receta muy eficaz para vivir en un estado de bienestar y armonía radiantes».

LYNNE MCTAGGART, autora de los superventas
internacionales *El Campo, El experimento de la intención*
y *El poder de ocho*

«En el contexto de la creciente transición que se está produciendo actualmente en los campos de la salud y la conciencia humana, el libro *Los códigos energéticos* de la doctora Sue Morter establece un nuevo territorio al considerar el proceso de la sanación bajo un punto de vista multidisciplinar. Mediante una combinación de movimientos de yoga, técnicas de respiración energética y meditaciones basadas en la creencia profunda y la apertura del corazón, la autora consigue llevar a sus lectores a la experiencia de sanación más grande que puede haber: esa expansión y agudización de la mente que la elevan hasta un nivel desde el que es capaz de descubrir nuestra verdadera identidad y nuestra misión en la vida».

JAMES REDFIELD, autor del superventas n.º 1
del *New York Times*: *Las nueve revelaciones*

«Este libro nos muestra por qué abrazar apasionadamente nuestra naturaleza energética —nuestra Alma— es lo más importante que podemos hacer. ¡De obligada lectura!».

JANET BRAY ATTWOOD, autora del superventas
del *New York Times*: *The Passion Test*

LOS CÓDIGOS ENERGÉTICOS

LOS CÓDIGOS ENERGÉTICOS

7 pasos para despertar tu espíritu,
sanar tu cuerpo y liberar tu vida

Dra. SUE MORTER

Primera edición: septiembre de 2019
Primera reimpresión: marzo de 2022

Título original: *The Energy Codes*

Traducción: Diego Merino Sancho

Diseño de cubierta: equipo Alfaomega

© 2019, Dra. Sue Morter
Publicado por acuerdo con Atria Books, una división de Simon & Schuster, Inc.

De la presente edición en castellano:
© Distribuciones Alfaomega, S. L., Gaia Ediciones, 2018
Alquimia, 6 - 28933 Móstoles (Madrid) - España
Tel.: 91 617 08 67
www.grupogaia.es - E-mail: grupogaia@grupogaia.es

Depósito legal: M. 24.182-2019
I.S.B.N.: 978-84-8445-806-7

Impreso en España por: Artes Gráficas COFÁS, S. A. - Móstoles (Madrid)

Para mi madre y mi padre,
Marjorie Ruth Kibler Morter y el Dr. M. T. Morter Jr.
Os doy las gracias desde lo más profundo de mi Alma.
Y que podamos mantener vivo el sueño...

ÍNDICE

TERCERA PARTE
UNA NUEVA FORMA DE VIVIR:
LA VIDA ENCARNADA

PRÓLOGO

NO SUCEDE MUY A MENUDO, pero de vez en cuando me topo con algún otro viajero de la vida cuyas experiencias y creencias resuenan de un modo tan intenso con las mías que, literalmente, empiezo a dar saltitos y a cantar de alegría. Mi primer encuentro con la Dra. Sue no solo me dejó así, cantando, sino también bailando con plena energía mi feliz danza. Es un auténtico placer poder mirar a los ojos a otra persona que percibe la vida (y el modo en el que nos relacionamos con el cerebro) de un modo similar.

En 2008, mi conferencia «My Stroke of Insight» («Mi ataque de lucidez») se convirtió en el primer vídeo de una charla TED que se hacía viral en internet. Aquella presentación llamó la atención de millones de personas de todo el mundo no solo porque la ponente fuese una neurocientífica de Harvard que había sufrido un grave derrame cerebral del que había conseguido reponerse, sino también por las lecciones que permitía extraer sobre la relación que existe entre la ciencia y la espiritualidad a un nivel puramente neurológico.

Como decía Louis Pasteur, «la fortuna favorece a las mentes preparadas», y del mismo modo que yo era la persona adecuada y contaba con los antecedentes y la educación necesarios para obtener la máxima información sobre el cerebro a partir de mi episodio de hemorragia cerebral, la Dra. Sue es exactamente la persona más apropiada para recabar todos los conocimientos y la sabiduría de las extraordinarias experiencias que ha tenido con la medicina energética, la meditación, la iluminación y la realización.

El padre de la Dra. Sue, el Dr. M. T. Morter Jr., fue un médico quiropráctico muy respetado que exploró y definió muchos de los principios más avanzados y vanguardistas que hoy en día conforman el campo científico de la medicina bioenergética. Desarrolló la técnica de sincronización bioenergética (o BEST*, por sus siglas en inglés), que funciona estimulando las capacidades naturales de curación del cuerpo. Abordó la búsqueda de conocimientos en este campo tanto desde el ámbito puramente clínico y cognitivo como desde un punto de vista intuitivo.

La Dra. Sue creció inmersa en los estudios y las conversaciones que fueron dando lugar a esta disciplina y para ella la medicina bioenergética se convirtió en una forma de vida, en un despertar y un medio para alcanzar un conocimiento verdaderamente profundo. Formada en la quiropráctica tradicional y con el respaldo de decenas de miles de horas de práctica clínica, la Dra. Sue se ha convertido en una auténtica líder en el campo de la medicina cuántica, disciplina emergente en la actualidad. Lo sé de primera mano, pues me ayudó a reequilibrar mi propio cerebro dañado para que pudiese completar mi recuperación. Tras las sesiones con la Dra. Sue, por primera vez en los diecisiete años transcurridos desde que se produjo el derrame cerebral, me sentí como si hubiese regresado a mi hogar.

Afortunadamente, la sociedad en la que vivimos demanda que cualquier ciencia en evolución tenga que ser debidamente

---

* El acrónimo establece un juego de palabras, ya que el término inglés *best* también significa *mejor*. (*N. del T.*)

puesta en entredicho, probada y confirmada por el *statu quo*. Sin embargo, mientras que la ciencia tradicional exige la aplicación del método científico (que, según su propia definición, requiere que los resultados sean tanto probados como replicados de un modo lineal), hoy en día están ocurriendo de forma regular milagros inexplicables porque el mundo que nos rodea no obedece a las leyes de la linealidad.

Es verdaderamente emocionante vivir en una época en la que los neurocientíficos tradicionales están empezando a poner en práctica métodos innovadores para ayudarnos a comprender mejor la biología que sustenta el éxito de las modalidades de curación no lineales.

Hacia el final de mi charla TED dije que conseguí mantener la motivación para recuperarme de aquel ataque cerebral tan devastador porque me imaginaba un mundo lleno de gente hermosa, pacífica, compasiva y amorosa; personas que sabían que en todo momento tenían el poder de elegir quiénes querían ser y cómo querían estar en el mundo. La Dra. Sue es una de esas personas, y el propósito de su vida se ha convertido en ayudar a los demás a alcanzar y encarnar esa misma comprensión.

Recuperando mis propias palabras: la paz está tan solo a un pensamiento de distancia. Cuando elegimos conscientemente activar los circuitos de todo nuestro cerebro tenemos el poder de experimentar una profunda paz interior. En el siguiente texto, la Dra. Sue presenta técnicas que te capacitarán para hacer precisamente eso, y yo siempre le estaré eternamente agradecida por este regalo que le ha hecho a la humanidad.

¡Disfruta del viaje de tu vida!

DRA. JILL BOLTE TAYLOR

LOS CÓDIGOS ENERGÉTICOS

INTRODUCCIÓN

Estaba sentada con los ojos cerrados en la penumbra del salón de eventos de un hotel, rodeada de cientos de compañeros meditadores, cuando de repente me encontré a mí misma levitando, sin peso, suspendida sobre la Tierra y envuelta en un resplandor tan intenso que era como si estuviese ardiendo y llena de luz. Podía sentir mi absoluta vastedad. Mi campo de visión abarcaba 360 grados, podía ver en todas direcciones con una luz tan intensa que era diez veces más brillante que el día más soleado que jamás hubiese presenciado en el desierto. La sensación de tener un cuerpo había desaparecido y, en su lugar, lo único que quedaba de mí era un cristalino rayo de luz. Y al contemplar la inmensidad con el ojo de la mente, supe que yo misma *era* eso; era el universo mismo y todo lo que en él existe. Este brillante resplandor que todo lo abarcaba y que impregnaba por completo mi ser *era* yo. Podía ver la Tierra debajo de mí, del tamaño de una canica, y, con cada inspiración, la luz se transformaba en una presencia amorosa que fluía a través de mi sistema y penetraba en el planeta. Era inmensa y me sentía una con la totalidad de la creación.

Y sí, ¡esta experiencia puso mi mundo completamente patas arriba!

Desde niña, siempre escuché a mis padres mantener conversaciones sobre la energía cuando estábamos sentados a la mesa: todo es energía, y, en realidad, los seres humanos estamos hechos de eso, de energía. Mi padre, un destacado doctor quiropráctico, considerado toda una leyenda en su campo y cuyo trabajo era mundialmente reconocido, fue un pionero en el campo de la así denominada *medicina energética*. Yo crecía a su sombra y bajo su influencia, siempre quería estar cerca de él y buscaba continuamente su aprobación. Ya de adolescente, trabajé con él en su consulta de atención médica y asistí a sus muy concurridos seminarios. Dejé de ser una mera observadora de su trabajo para convertirme en su colega y su ayudante, y tras licenciarme como quiropráctica pasé muchísimas horas con él, un tiempo muy valioso para mí y en el que aprendí realmente mucho. Ambos compartíamos una profunda devoción por la humanidad y un continuo entusiasmo por las nuevas prácticas energéticas que estábamos descubriendo en nuestro intento por asistir y ayudar a las personas que atendíamos.

Pero, incluso a pesar de haber estado tan expuesta al concepto de la energía, nunca había conocido esta infinita vastedad energética. Después de aquella experiencia personal, mi realidad cambió: de pronto la idea de la energía cobró un significado mucho más profundo. Al instante supe que esta era mi verdadera identidad, *quien yo era realmente*: esta energía pura, inteligente, ardiente, viva, pacífica, eterna, fuera del tiempo y del espacio. Me sentía llena de sabiduría, plena, absoluta. Mi existencia no requería ni el más mínimo esfuerzo. No había nada de lo que careciera, nada que anhelara o deseara tener; estaba total y absolutamente completa. Era un estado de exquisita perfección que reconocía como mi verdadero hogar. Más real que cualquier realidad que hubiese conocido, era el único lugar en el que siempre había querido estar.

¡Y qué tremendamente distinto de las experiencias que había tenido en la vida hasta la fecha! Muchas de ellas, francamente, en ocasiones me habían resultado una auténtica tortura y, en el mejor de los casos, un penoso transitar cuesta arriba por una ladera ciertamente empinada. Todo me suponía un gran esfuerzo. A diario sentía, a un nivel muy profundo, como si me hubiesen arrojado al campo de batalla para que luchase por mi vida. De niña, como medio para lidiar con estos sentimientos, desarrollé una timidez que me resultaba muy debilitante y que me hacía sentir aterrorizada e insegura en todo momento. Me pasé dos veranos viendo desde un lateral del campo cómo los demás jugaban al sófbol porque tenía miedo de «hacerlo mal» si salía a jugar. Cuando finalmente me puse a batear, hice varias carreras enteras con un solo golpe. Entendí que esto significaba que siempre debía observar y aprender tanto como pudiera antes de lanzarme a hacer nada, porque de lo contrario podría fracasar estrepitosamente. Ya en secundaria, mi forma de no arriesgarme ni exponerme fue convertirme en una empollona extremadamente competente y con un rendimiento mucho mayor de lo esperado; alguien que siempre hace lo «correcto» como medio para sentirse seguro y conseguir la aprobación de los demás por ser tan «buena persona». Fui animadora, participaba en varios deportes, saqué unas notas espectaculares, gané el premio a «la mejor actriz» en varios certámenes de teatro estatales y fui elegida «la más popular» y «la persona con más probabilidades de éxito». Sin embargo, a pesar de todos mis esfuerzos y del gran reconocimiento que recibía, el miedo que sentía a no ser lo suficientemente buena nunca decreció. De hecho, la mayor parte del tiempo estaba completamente aterrorizada.

A mis treinta y tantos años, después de haberme convertido en la mejor versión de mí misma como buena profesional de la medicina, como ciudadana y como amiga de los demás, y guiada por ese mismo afán de perfeccionismo y de entrega excesiva, me sentía francamente agotada. Aunque había alcanzado el éxito a nivel profesional y económico, no tenía alegría, carecía de amor, no me sentía realizada y anhelaba encontrar un verdadero sentido de identidad. También tenía achaques físicos, especialmente migrañas que padecía casi a diario y que me dejaban incapaz de levantar siquiera la cabeza de la almohada, y mucho menos de ir al trabajo. Con el paso del tiempo, cada vez me preguntaba más a mí misma «¿De verdad esto es todo?».

Entonces, un buen día, algo dentro de mí se partió en dos. Si bien Dios nunca había formado parte de mi forma de ver el mundo, ahora estaba lo suficientemente desesperada como para disponerme a dejar de hacer las cosas a mi manera y buscar ayuda. Esa noche salí al balcón de mi habitación, miré hacia el cielo y casi exigí: «¡Muéstrame qué tengo que hacer, pues es evidente que no estoy llevando muy bien esto de vivir!».

En ese mismo instante de rendición y entrega, algo cambió. Me sentí más ligera, y de inmediato mi vida comenzó a mejorar. Ocurrieron una serie de eventos fortuitos: la gente comenzó a invitarme a retiros de meditación y a participar en charlas sobre la conciencia y el estudio de la iluminación, a ofrecerme libros y darme consejos sobre cómo afrontar la vida de un modo completamente distinto. Cuando comencé a asistir a clases de meditación, las experiencias de despertar que tuve empezaron a transformar de inmediato mi perspectiva sobre lo que era real. Poco después me encontraba en aquel salón de eventos en el que viví esa profunda experiencia que me sacaría para siempre del sufrimiento y de la batalla constante en la que con demasiada frecuencia había estado inmersa mi vida hasta entonces.

Sospecho que tú también habrás tenido tu buena ración de angustias, problemas y dificultades que te habrán llevado al borde del agotamiento, por lo que podrás sentirte identificado con esta parte de mi historia. Tal vez te hayan roto el corazón o no hayas conseguido encontrar un amor duradero. Tal vez hayas sufrido alguna enfermedad o dolores físicos, soportado problemas financieros o padecido estrés, o simplemente te hayas sentido defraudado, desencantado y falto de ilusión. Hay tantas y tantas formas de sufrir: por baja autoestima, ira, tristeza, resentimiento o arrepentimiento; por ser incapaces de desprendernos del pasado, de dejarlo ir y vivir en el presente; por sentimientos de culpa, de arrepentimiento, o por no ser capaces de conseguir aquello que de verdad nos encantaría tener en la vida; por ansiedad, depresión, pérdida o abuso; por haber perdido el sentido de nuestra verdadera identidad, etc.

La razón por la que sé con certeza que en algún momento habrás experimentado algunos de estos sentimientos y circunstancias es que todos lo hemos hecho. Son parte de la condición humana... Es decir, ¡hasta que dejan de serlo! La fascinante verdad es que, como especie, estamos evolucionando y trascendiendo todo esto. A nivel colectivo nos encontramos justo a punto de atravesar una transformación drástica y esencial en la conciencia humana. Vivir desde la perspectiva de ese pequeño yo sufriente e inseguro que siempre hemos conocido no es la única opción de la que disponemos; llevamos incorporada de serie otra posibilidad, pues en realidad estamos diseñados para vivir desde otra perspectiva, una en la que estamos equipados con una conciencia plena y total de nuestra verdadera grandeza.

Lo que quiero compartir contigo en *Los códigos energéticos* es el modo en que puedes ir incorporando de forma sistemática esa nueva perspectiva mucho más gratificante. Te mostraré que existe una versión mucho más feliz y exitosa de ti mismo, y que dicha versión está disponible para ti aquí y ahora (al igual que yo misma conseguí experimentar esa versión de mí en aquel salón de eventos). Esa versión que pude conocer con cada partícula de mi ser es la verdadera realidad de quien soy... y también de quien tú eres. Porque no es solo mi verdad; también es la tuya. Es lo que todos somos realmente.

Lo mejor de todo es que no solo podemos percibir esta realidad esporádicamente cuando, al meditar, tenemos algún momento de especial lucidez, sino que en verdad podemos vivir *según* esa realidad, de un modo fiable, seguro, consistente y constante a lo largo de toda nuestra vida. Esa es la promesa de lo que denomino *los códigos energéticos*. Lo que aprenderás cuando comiences a ponerlos en práctica no consistirá en alcanzar alguna experiencia cumbre ocasionalmente, por muy emocionante que esto pueda parecer; el poder de los códigos energéticos es mucho más fascinante y atractivo, y su alcance infinitamente mayor. Mientras realices este trabajo, estarás llevando a cabo el único cambio que lo transformará absolutamente todo para mejor en tu mundo. Estarás empleando la única herramienta capaz de solucionar cualquier problema al que te hayas enfrentado en tu vida.

¿Difícil de creer? ¿Suena demasiado bonito para ser cierto? Te aseguro que es real. Cuando vives desde la perspectiva que te permiten alcanzar los códigos energéticos, tu vida se vuelve relevante, significativa, e incluso más que eso: se vuelve plenamente satisfactoria. Un poderoso sentido de propósito y de pasión te estimula y te impulsa cada día. Tu salud mejora drásticamente: los síntomas desaparecen, te sientes revigorizado, con energía, plenamente vivo; cuentas con una serie de herramientas simples y efectivas para tratar cualquier dolor o enfermedad que pueda surgir; te sientes despejado, lúcido, positivo, empoderado y profundamente conectado contigo mismo y con el resto de la vida. El amor hacia ti mismo y el sentido de valía y de autoestima pasan a ser la norma, el estado en el que te encuentras permanentemente. Al vivir como tu yo total e integral (en lugar de tan solo como tu mente racional y condicionada), tomas decisiones que están en consonancia y armonía con tu profunda sabiduría interna, la cual te resulta fácilmente accesible. Cualquier empeño se convierte en una emocionante aventura en la que tú eres la principal fuerza creativa. Pasas a ser el creador de tu propia vida y manifiestas conscientemente lo que de verdad amas. La vida se vuelve mágica, llena de fascinación, maravilla y confianza.

Sé que esto es así porque lo vivo cada día, y también porque he ayudado a miles de personas a aprender a vivir de este modo. Empecé a experimentar esta clase de resultados profundos inmediatamente después de la experiencia cumbre (todo un despertar de la conciencia) que tuve allá por el 2001 en el salón de eventos de aquel hotel. De pronto pude resolver problemas que llevaba arrastrando mucho tiempo. De hecho, ya ni siquiera veía los problemas como tales, pues no me costaba comprender que cualquier dificultad que se presentase en mi camino estaba ahí para servir a mi propia evolución, a mi despertar (mi mayor bien). Mi vida se volvió mucho más feliz y saludable, superando con creces todo lo que había conocido anteriormente. Experimenté una serie de sanaciones espontáneas: las migrañas sencillamente desaparecieron y, al cabo de unos pocos meses, la dolorosa escoliosis que había padecido desde que nací comenzó a corregirse. Hoy ha desaparecido por completo. En los años siguientes, lesiones como un par de fracturas por compresión, una en cada brazo, y un horrible esguince de tobillo, se curaron rápidamente y sin necesidad de recurrir a los tradicionales métodos de tratamiento basados en la inmovilización. En lugar de sentirme cohibida e inhibida por mi afán de perfeccionismo, empecé a fluir en una corriente de clara colaboración con la vida, lo que me hacía tener una profunda sensación de soltura, de naturalidad y facilidad. Dejé de tener prisa y comencé a confiar en el propio ritmo en el que se iban desplegando las circunstancias. Ya no sentía la necesidad de demostrarme nada a mí misma tratando de mejorar todo lo que caía en mis manos; en lugar de eso, era plenamente consciente de la perfecta belleza que ya existía de forma inherente en todo. Ahora mi objetivo ya no era el éxito o la excelencia, sino la plenitud, la realización. Y, sin embargo, el éxito parecía producirse por sí mismo, de forma natural, como un subproducto de esta transformación.

El número de pacientes a los que atendía creció sin esfuerzo alguno por mi parte, y los problemas y las complicaciones que presentaban los casos más difíciles se resolvieron por sí mismos. La gente a la que atendía se curaba, así que derivaban también a mi consulta a sus familiares y amigos. Llegaron a la clínica una serie de nuevos empleados absolutamente increíbles sin que yo tuviese que buscarlos. También recibí una invitación de las autoridades para ocupar una vacante en la Junta de Certificación Médica del Estado (en concreto, en la Indiana Board of Chiropractic Examiners), así como propuestas para participar como ponente en conferencias profesionales. Mi vida se estaba expandiendo a todos los niveles con suma gracia y facilidad.

Estaba tan emocionada por todos estos cambios positivos que lo único que quería era volver a ese estado exaltado una y otra vez. Más aún: lo que quería realmente era aprender a *habitar* en él de forma permanente. Así que mi misión pasó a ser descubrir cómo conseguirlo, no solo por mí, sino también para que las demás personas pudiesen experimentar igualmente la verdad de su esencia y recoger los asombrosos beneficios que esto ofrece. Durante los años siguientes, me transformé en un laboratorio viviente, hice muchos descubrimientos y comencé a compartirlos con otras personas. Al poco tiempo, todos aquellos que participaban en este proceso comenzaron a ver resultados sorprendentes. Sabía que había encontrado algo importante, algo muy grande, incluso revolucionario. De hecho, para mí, ¡se trataba del cumplimiento y la realización del propósito mismo de la vida humana!

Desde los albores de nuestro tiempo en la Tierra, los humanos hemos tratado de encontrar formas de conectar con nuestra verdadera naturaleza ilimitada como seres espirituales (es decir, con nuestra esencia, con nuestra Alma) y trascender la identidad reducida, limitada, temerosa y llena de dolor (nuestro ego o *personalidad protectora*) en la que pasamos una parte tan grande de nuestra vida. Al empezar a trabajar con otras personas (utilizando las versiones iniciales de los métodos que aprenderás en este libro) y comprobar que vivían su propia interpretación de este cambio drástico que yo había experimentado, supe que estaba en el buen camino para encontrar las claves que podrían desbloquear ese potencial en todos nosotros. La gente comenzó a decirme que sus meditaciones habían progresado mucho más allá del mero hecho de relajar la mente y centrarse en un estado de paz; ahora estaban comenzando a experimentar realidades expandidas, a «ver» con su ojo interno y a tener acceso a una sabiduría mucho más profunda que la que habían conocido hasta entonces. Me comentaban que ya no eran tan propensos a enzarzarse en riñas y discusiones, sino que desde esta perspectiva más elevada eran conscientes de nuevas soluciones que beneficiaban a todas las partes implicadas. Les resultaba más fácil amar, perdonar y sentir compasión hacia los demás. Y también comenzaron a sanar tanto a nivel físico como emocional.

Aunque era consciente de que, por lo general, se considera que solo los meditadores yóguicos más devotos y avezados pueden alcanzar esta versión tan profunda de quiénes somos con la que me había topado, sabía que *todos* estábamos destinados a vivir desde esta perspectiva, desde este estado. Sabía que estaba ahí, disponible para todos nosotros si sabemos cómo alcanzarlo.

CÓMO SURGIERON LOS CÓDIGOS ENERGÉTICOS

Afortunadamente, mi experiencia cumbre me dejó una impresión indeleble, tanto mental como corporal. Aquel día, cuando regresé a mi cuerpo en aquel salón de eventos habilitado para la meditación, aún podía recordar con todo detalle lo que había sentido dentro de mí, y sabía que la forma de volver a ese estado consistía en reproducir sus características ahí, en mi cuerpo y en mi conciencia. Algunas piezas integrales del rompecabezas fueron esa forma particular de enfocar la mente, una respiración lenta y deliberada, la inmensa sensación de estar centrada en mi núcleo*, la actitud devocional y una presencia íntima, tierna y amorosa. Repliqué y analicé pormenorizadamente cada matiz de mi experiencia, y después me dediqué a ejercitarme en la recreación de esos aspectos y a observar qué se revelaba en mi conciencia mientras lo hacía.

Me pasaba las tardes inmersa en largas meditaciones que a veces se prolongaban durante toda la noche, y el resto del día lo ocupaban las consultas con mis pacientes, en las cuales ponía en práctica lo que hubiese aprendido en la exploración de mi propio interior llevada a cabo la noche anterior. En todos los experimentos tomaba notas detalladas sobre qué aspectos eran los que parecían llevar mi cuerpo y mi mente a ese estado expandido, o me acercaban a él, para poder volver a generarlo a voluntad.

Poco a poco, taller a taller y paciente a paciente, fui descodificando lo que funcionaba para mí y para los demás a la hora de acceder a nuestra verdadera naturaleza. Y, en el proceso, surgieron una serie de principios y prácticas absolutamente transformadores. Fui quedándome únicamente con las partes más eficaces y eficientes de lo que funcionaba, y codificando los pasos que nos permiten vivir como nuestra verdadera Alma. Puesto que todo esto tenía que ver con detectar, sentir, afianzar e incrementar la presencia de nuestra energía esencial dentro del cuerpo, a estos pasos les di el nombre de códigos energéticos. En las investigaciones que he realizado desde entonces he descubierto que tanto los textos antiguos como la ciencia moderna confirman y validan mis

---

* Con núcleo (*core* en el original inglés) la autora se refiere al canal central de energía que recorre nuestro cuerpo en el eje vertical. En los siguientes capítulos explica en profundidad este concepto. *(N. del T.)*

hallazgos. Estos códigos son exhaustivos, integrales y holísticos, y lo mejor de todo es que cualquiera puede usarlos fácilmente.

Todos tenemos la capacidad de despertar a esta dimensión superior de nosotros mismos y de vivir nuestro verdadero potencial, pudiendo disfrutar así de buena salud y bienestar de manera constante en nuestra vida. De hecho, hacer exactamente esto forma parte del propósito de nuestra vida. *Conocer, sentir, experimentar* y, lo que es más importante, *vivir* como la divinidad que somos (no recluidos en el silencio meditativo, sino en la vida cotidiana) es el Cielo en la Tierra y está a nuestro alcance ahora mismo.

El conocimiento que necesitas está en tus manos. Estos pasos —los códigos energéticos— se explican detalladamente y con términos sencillos en las páginas de este libro. Al igual que han transformado mi vida y la de miles de personas, sé con certeza que también transformarán la tuya.

DESCUBRE TU PROPIA MAGNIFICENCIA

Como verás, lo que deseo compartir contigo tiene más que ver con lo que está bien (con lo que es bueno y verdadero) que con nada de lo que haya podido aprender en la facultad sobre cómo diagnosticar trastornos y ponerles solución. Nuestra cultura, tan enfocada en la patología y la prevención, se ha centrado en lo que está mal y en cómo solucionarlo. Mi mensaje es diferente y tiene que ver con la verdad de quién eres realmente y de qué estás hecho. Sí, claro que te explicaré cómo puedes sanarte (física, mental y emocionalmente), pero lo mejor es que también te mostraré cómo abrazar tu propia magnificencia y la profunda verdad de que, para empezar, en realidad nunca ha habido nada malo en ti. Quiero que experimentes esto a un nivel muy profundo y que aprendas a expresarlo y vivirlo diariamente.

Esto es mucho más importante que cualquier logro que puedas alcanzar en tu vida social, incluyendo conseguir cualquier clase de reconocimiento, premio o trofeo, batir cualquier récord, adquirir más cosas, perder peso o pedir un ascenso (¡e incluso que te lo concedan!). Este es el único logro interior que importa más que cualquier otra cosa: *despertar a tu verdadera naturaleza*. Puede que parezca increíble, pero este objetivo constituye la vanguardia de nuestra conciencia como especie. ¡Es verdaderamente lo más avanzado!

Pero tampoco es algo nuevo: forma parte del fundamento esencial de la Biblia, el Corán, la Torá, los Upanishads y muchos otros textos antiguos. Durante miles de años, individuos pertenecientes a distintas culturas de todo el planeta han recurrido a esta línea de cuestionamiento. Somos muchos los que en algún momento nos hemos interesado en saber quiénes somos y por qué estamos aquí.

El uso de la energía como método de sanación también se remonta a los tiempos históricos más antiguos de los que se tienen registros. Los antiguos jeroglíficos egipcios describían el uso de la energía para tonificar y sanar el cuerpo físico. Los primeros cristianos usaban la «imposición de manos» para practicar sanaciones milagrosas. Hace más de cinco mil años, en la antigua India, los Vedas (los comentarios más antiguos de los que se tiene conocimiento sobre el potencial de desarrollo de los seres humanos) ya describían la circulación de la energía a través del cuerpo y el aumento de la frecuencia vibratoria para facilitar la sanación y para que la conciencia despertase a reinos superiores. Estas prácticas no eran una especie de «magia» imaginaria, ¡sino que estaban (y hoy en día siguen estando) basadas en la verdad de que *somos seres de energía*!

Actualmente la investigación científica está revelando lo que los antiguos practicantes ya comprendieron mucho tiempo atrás. La ciencia está demostrando la existencia del campo energético humano, un campo que es tan real y tan sensible como la piel, y que afecta de modos absolutamente drásticos y radicales a nuestra realidad física. Por ejemplo, estamos descubriendo que nuestro ADN recibe instrucciones sobre cómo actuar a través del campo energético de nuestro organismo. Esto podemos encontrarlo, por ejemplo, en los hallazgos del Dr. Bruce Lipton, quien, a través de las investigaciones que llevó a cabo en la Escuela de Medicina de la Universidad de Stanford, encontró evidencias de que los cambios que se producen en los organismos son causados por la activación génica derivada de un estímulo proveniente de la superficie de la pared celular, en lugar de darse directamente en el código genético dentro del núcleo celular, tal como se creía comúnmente. Esto nos demuestra que los mensajes del entorno en el que se encuentran nuestras células (en el que se incluyen los pensamientos y los estados emocionales) generan un flujo de energía de una naturaleza determinada en la superficie de la célula que, en última instancia, determina lo que la célula «hace». Este descubrimiento supuso una significativa contribución a una nueva rama de la ciencia llamada *epigenética*, que básicamente sostiene que, en lo concerniente a nuestra experiencia y a la expresión de la salud y el bienestar, el entorno es más importante que la herencia genética. Ese entorno es generado por la energía de nuestros propios pensamientos y actos individuales, los cuales, a nivel químico, conducen a la producción y la transformación de las moléculas, lo que a su vez lleva a la activación del ADN e incide en el funcionamiento general de las células. Dicho de otro modo, ¡creamos nuestras propias posibilidades de sanación a través de lo que pensamos y lo que hacemos, ya que esto afecta a nuestra energía!

Con estos nuevos avances y descubrimientos, la importancia de restaurar y mantener el flujo energético se ha vuelto cada vez más clara y evidente. Si queremos reclamar nuestro verdadero potencial, tenemos que generar los circuitos necesarios en nuestro cerebro y en nuestro cuerpo, de modo que podamos vivir conscientemente como seres de energía. Al hacerlo, estaremos en condiciones de sanar todas las partes que componen nuestro ser y nos volveremos expertos en generar una experiencia vital basada en la magnificencia.

No necesito recurrir a la ciencia para saber que esto es así. Sin embargo, al haberme criado en un hogar en el que era importante que el conocimiento contase con el debido respaldo de la ciencia, la científica condicionada que hay en mí se deleita con cada evidencia que llega a mis manos y que valida mi experiencia. Dichas experiencias, a su vez, ayudan a mi mente a ponerse al nivel de lo que mi corazón, mi instinto y mi sabiduría más profunda ya saben de manera innata. Por fortuna, actualmente la ciencia está avanzando muchísimo en lo que se refiere a cerrar la brecha que separa el mundo visible y material del mundo invisible de la intuición, la intención y la espiritualidad, ¡por lo que antes de que nos demos cuenta todos vamos a tener la oportunidad de experimentar este «saber» y de confiar en él!

La cuestión que se nos plantea es: ¿cuánto tiempo hará falta para que esta indagación de nuestra verdadera naturaleza pase a ser una prioridad y comencemos a encontrar respuestas por nosotros mismos? ¿Cuándo se volverá realmente evidente que ese conocimiento y, por tanto, vivir según nuestra verdadera naturaleza es lo más importante que puede haber? La respuesta es que, por lo general, no lo hacemos hasta que el dolor que sentimos se vuelve tan insoportable que comenzamos a buscar a nuestro alrededor y a preguntarnos si esto es todo lo que la vida puede ofrecernos. Pero yo me pregunto, ¿por qué no interesarnos en vivir desde nuestro verdadero ser ahora y no más adelante, para poder así pasar el resto de nuestra vida celebrando el logro más grande jamás conocido? Este libro te guiará paso a paso a lo largo del camino que te conducirá a alcanzar ese objetivo.

¿QUÉ HAY EN ESTE LIBRO?

En la primera parte, «Una nueva forma de ver: la inversión cuántica», aprenderás a establecer los cimientos que necesitas para dejar de vivir confinado en tu identidad basada en el miedo y pasar a hacerlo como el ser ilimitado, completo y creativo que realmente eres. Esta sección presenta los principios sobre los que debe girar tu forma de interactuar contigo mismo y con el mundo exterior, de modo que puedas sacar provecho a tu ilimitado potencial y crear la vida que realmente deseas tener. Con los conocimientos que te aportará esta primera parte estarás listo para empezar a realizar las prácticas que propone la siguiente parte y que te permitirán alcanzar tu Alma.

En la segunda parte, «Una nueva forma de ser: el programa de los códigos energéticos», aprenderás los siete códigos energéticos que activan en tu interior los «circuitos» o el «cableado» necesario que te permitirá vivir como tu Alma. Los códigos te ofrecen un sistema integral para tratar tus desequilibrios, despertar a tu propia magnificencia y, lo más importante, vivir una vida mágica. Te mostrarán de una manera simple y directa cómo encarnar tu verdadera naturaleza y llevar la vida que realmente te gustaría tener.

Si esta es tu primera incursión en el uso de la energía como tratamiento o, por el contrario, si estás bien versado en la materia, los revolucionarios métodos de los códigos energéticos pondrán en tus manos ideas y protocolos únicos que te cambiarán la vida tanto a ti como a todos aquellos con los que te relaciones.

En la tercera parte, «Una nueva forma de vida: la vida encarnada», veremos cómo puedes integrar los códigos energéticos en tu vida diaria y cómo, en última instancia, esta nueva forma de vivir acabará amplificando tu presencia en el mundo y tu contribución al mismo.

Aunque, como la poderosa herramienta de transformación que es, este libro está basado en las ciencias de la física cuántica, la neurobiología y los métodos de sanación energética, me he esforzado al máximo por hacerlo lo más accesible posible para que puedas utilizarlo de verdad. Los resultados de los que he sido testigo me llevan a pensar que en tan solo unos meses, o incluso semanas, a partir de ahora, muy bien podrías convertirte en una versión completamente nueva de ti mismo: más saludable, más feliz, más empoderada. ¡Pero esto solo será posible si aplicas lo que vayas aprendiendo! El tiempo pasará de todos modos, así que te invito a que lo emplees en sumergirte de lleno en estas prácticas; te prometo que no te arrepentirás de haberlo hecho.

¿Listo para comenzar? Muy bien. Pues ¡vamos allá!

PRIMERA PARTE

Una nueva forma de ver: la inversión cuántica

CAPÍTULO 1

Proyecto despertar: del dolor a la felicidad

EN MIS CHARLAS SUELO DECIR: «Todo es energía... Incluso este atril», y luego doy unos golpecitos con el bolígrafo en la superficie de madera que tengo al lado. Con ese «clic» característico que se produce cuando chocan dos objetos sólidos, me doy cuenta de que algo también hace clic en la mente de los asistentes.

La idea más importante (y para gran parte del público, la más sorprendente) que expongo en estas sesiones es el hecho de que, bajo la forma física y tangible de nuestro cuerpo, los seres humanos somos pura energía inteligente y consciente (como lo es también todo lo que existe en el universo).

Normalmente no pensamos que el suelo por el que andamos, las herramientas y los equipos que utilizamos o las personas con las que nos encontramos e interactuamos estén hechos de energía, pero así es. Y, lo que es más importante, *nosotros mismos* también lo estamos. El mundo físico que percibimos a través de los cinco sentidos en realidad no es más que energía comprimida y lo suficientemente densa como para poder tocarla. A esta energía comprimida la denominamos *materia*, pero en realidad no es diferente de otros tipos de energía, como las ondas de luz, las ondas sonoras o los pensamientos.

Crecí siendo la hija de un pionero en medicina energética, por lo que tuve ocasión de ver y escuchar muchas cosas que validaban la realidad energética de nuestra naturaleza. En su larga carrera, mi padre, el Dr. M. T. Morter Jr., ejerció como presidente en dos facultades de quiropráctica, y como educador e investigador trabajó con cientos de miles de pacientes y profesionales de todo el mundo, siempre a la vanguardia de los avances más punteros y novedosos. Pero, por muy increíbles que fuesen los descubrimientos a los que a menudo tenía acceso, nada de lo que vi o escuché en los años en los que estuve trabajando a su lado me preparó para conocer y experimentar en su plenitud la realidad y las implicaciones de lo que en verdad significa ser un *ser de energía*. De hecho, fue en aquella profunda experiencia en la que sentí que era un ser de energía cuando aprendí, de la manera más profunda posible, qué y quién soy realmente (quiénes somos *todos*).

Somos *energía*. Nuestra materia, nuestra mente y nuestros pensamientos son energía. La carne y los huesos de nuestro cuerpo son energía. Somos seres integrados multidimensionales hechos de pura energía, y lo que determina hasta qué punto vivimos inmersos en el dolor o en la felicidad es en qué medida somos conscientes de esta verdad acerca de nosotros mismos.

Después de mi despertar, me di cuenta de que había aspectos de mi nueva comprensión, relativos a qué y quiénes somos en realidad, que el trabajo de mi padre no abordaba. Para mí fue algo totalmente nuevo tener que aprender a manejarme en el nivel de la pura conciencia y explorar la vida desde dentro hacia fuera en este nivel invisible de energía del «espíritu», de modo que me dediqué a buscar respuestas en las antiguas tradiciones orientales y en los maestros de la conciencia de dichas tradiciones. Con el tiempo, abandoné el negocio familiar y me establecí por mi cuenta para así poder enseñar las profundas verdades que estaba viviendo y experimentando. Pensé que mi padre lo entendía. Al menos eso fue lo que me dijo. Después de todo, él había hecho lo mismo cuando comenzó su carrera como profesional de la salud y se alejó de la forma de trabajar de su familia. Le causó cierta desilusión que me distanciase de ellos, y no estaba de acuerdo con algunas de mis decisiones, pero, en general, éramos almas gemelas, pues ambos nos dedicábamos a ir por el mundo tratando de sanar y empoderar a la gente.

Cuando mi padre falleció yo tenía cincuenta y un años. En el momento de su transición me encontraba a su lado, sosteniendo su mano. No quería que se fuera: él era mi ídolo, mi héroe, mi mentor. Fue él quien había inventado algunas de las técnicas fundamentales que yo utilizaba en mi práctica. Compartíamos mucho, incluso a pesar de que ya no estuviésemos trabajando codo con codo. Sencillamente no podía imaginarme vivir sin él.

Las últimas palabras que me dirigió fueron: «Te amo desde lo más profundo de mi corazón».

«Yo también te amo, papá», le respondí en un susurro.

Dos semanas después de su muerte, me encontraba en Colorado dirigiendo un retiro de tres días para mujeres. Veinte minutos antes de subir al escenario para comenzar la primera sesión del retiro recibí un correo electrónico de mi hermano Ted que decía simplemente: «Te envío el testamento de papá». Puesto que mi madre había fallecido varios años antes, su testamento determinaba cómo quería distribuir todas sus posesiones.

Al leerlo, me quedé sin aliento. Había eliminado mi parte de las ganancias de la venta de la casa de mis padres, por lo que mis dos hermanos iban a ser los únicos beneficiarios de toda la finca.

«¿Acaso dejó de amarme?», me preguntaba. «¿Qué he hecho para merecer esta clase de rechazo?». Mis ojos se anegaron en lágrimas mientras con la mano trataba de encontrar a tientas la silla más cercana. Durante varios minutos me limité a quedarme ahí sentada sacudiendo la cabeza. «¿Cómo es posible?». Me sentía absolutamente destrozada. ¿Cómo demonios iba a ser capaz de subirme en unos minutos al escenario para dirigir este curso?

No es que quisiera ni que necesitase el dinero o las cosas materiales, aunque el hecho de que se me negase la posibilidad de quedarme con las tazas de té y los cuadros de mi madre sí que supuso un duro golpe. No; lo que ocurrió fue que me parecía que el hecho de haber sido excluida del testamento de mi padre era la mayor falta de amor que pudiese imaginar. Habíamos trabajado juntos, hicimos muchos descubrimientos juntos, logramos tantas cosas juntos... Me había pasado toda la infancia y la adolescencia deseando tener su atención y su aprobación, y más adelante había dedicado muchos años (y miles de kilómetros viajando) a enseñar su trabajo en su nombre, incluso a pesar de que eso siempre supusiera abandonar mi propia práctica profesional. Pero en aquel momento sentí como si hubiese retirado todo su apoyo respecto a todo lo que yo era y todo lo que estaba haciendo. El dolor que esto me produjo fue muy profundo, casi insoportable.

«¿Está usted lista, doctora Sue?». Una voz me trajo de vuelta a la habitación y me recordó que en breve tenía que subir al escenario. «¿Cómo voy a ejercer de maestra y facilitadora para los demás en este momento?», volví a preguntarme. Pero entonces recordé el trabajo que realizo y las verdades que enseño. Tenía que recomponerme mental, emocional y (lo más importante) energéticamente. Tenía que realinearme y reintegrar mi «desbaratada» energía para poder sentirme entera y continuar con el trabajo que constituye mi misión en el mundo, así que inmediatamente me puse a hacer lo que me había pasado los últimos quince años descubriendo y enseñando a los demás: puse en práctica los códigos energéticos.

Paulatinamente, me fueron inundando sentimientos de paz y seguridad, y lo primero en calmarse fue mi cuerpo. Le siguió la mente, posándose suavemente sobre ese sólido sentido de identidad que era como una cálida y resplandeciente bola de luz que se iba haciendo cada vez más grande y más brillante en mi interior. De pronto comprendí que estaba ilesa, que este inesperado giro de los acontecimientos no me había dañado. Todo iba a salir bien. Sabía por experiencia propia que aquello que tan absolutamente devastador me había parecido unos segundos antes, a la larga, acabaría siendo beneficioso para mí en un contexto más amplio y completo.

Y lo más importante fue que pude sentir una vez más la verdad del amor de mi padre. Comprendí que, en última instancia, dejarme fuera de su testamento no fue una traición. Fui capaz de vivirlo como un regalo de amor (un regalo que me sería revelado como tal en el momento más adecuado).

A medida que esta nueva perspectiva tomaba ventaja, se iba dibujando una sonrisa en mi rostro. Desde lo profundo de mi núcleo, volví a sentirme vigorizada, empoderada. Ahora estaba deseosa de subirme al escenario y hacer lo que hago más de doscientos cincuenta días al año: compartir el asombroso descubrimiento de *quiénes somos realmente* y cómo podemos transformar milagrosamente todos los aspectos de nuestra vida al vivir de un modo más consciente desde esa versión de nosotros mismos.

La semana fue avanzando y yo seguí aplicando los códigos energéticos; permanecí tranquila, totalmente presente y con una actitud abierta y amorosa. En las semanas y meses que siguieron, cuando surgían pensamientos o emociones negativos relacionados con el testamento de mi padre, volvía a recurrir a los códigos energéticos no solo para ejercitarme en ellos, sino también para beneficiarme de sus efectos. Ahondé en mi compasión y mi comprensión hacia todos los involucrados en la situación y, en última instancia, incluso llegué a vislumbrar el propósito más elevado que, para empezar, se ocultaba tras lo ocurrido. (Te hablaré de esto un poco más adelante).

Ahora bien, he de confesar que, si hubiese recibido la noticia sobre el testamento de mi padre en algún momento anterior de mi vida (es decir, antes de haber tenido mi gran revelación espiritual y de haber desarrollado los códigos energéticos), todo habría sido muy pero que muy distinto. Hubiese traducido la decisión de mi padre como: «¿En qué he fallado o qué he hecho para merecer esto?», y me habría sumido en una espiral de dudas sobre mí misma. Me hubiese sentido herida y enojada, y probablemente me habría alejado de mi familia, seguramente arruinando con ello nuestra relación. Y, puesto que mi carrera estaba muy ligada a la de mi padre, incluso podría haber abandonado el trabajo de mi vida. Estoy segura de que para mí habría sido un camino de sufrimiento y dolor.

¿Que cómo lo sé? Pues porque hasta que no nos experimentamos a nosotros mismos en el contexto de una realidad mayor, únicamente podemos afrontar las situaciones difíciles que nos presenta la vida desde la percepción de que somos inadecuados, de que nos falta algo, de que estamos equivocados o hay algo mal, algo erróneo, en nosotros. Sin haber conocido una versión de nosotros mismos que sea perfecta, plena, completa y total (la versión a la que yo me refiero como el *Alma*), no tenemos ningún punto de referencia más allá de esa vieja historia de incapacidad e insuficiencia.

Nuestro problema como seres humanos no es que seamos inadecuados o que, de algún modo, seamos defectuosos; nuestro problema es que *creemos* que lo somos. Este es el error fundamental que subyace a todos los demás problemas, disfunciones y padecimientos que tenemos. Es lo que convierte los dones en cargas, el amor en una necesidad no correspondida, y algunos momentos difíciles en trastornos que arrastramos de por vida.

La buena noticia es que no tenemos por qué seguir viviendo esta mentira. No tenemos por qué seguir contándonos a nosotros mismos todas esas viejas historias sobre quiénes somos y sobre qué es «real» en nuestra vida. Podemos realizar y reclamar nuestra verdadera magnificencia y aceptarnos como los poderosos seres de energía que somos (y crear desde esa perspectiva). Esto podemos conseguirlo recordando que somos seres de energía, y que la energía es la clave de todo.

VIVIR EN EL DOLOR O EN LA FELICIDAD

Aquella experiencia transformadora que tuve y que fue como un «rayo de luz», la gran apertura que se produjo en mí mientras estaba meditando, me mostró la verdad de mi esencia como ser de energía de un modo tan claro que resultaba imposible negarla o ignorarla. Ahí, suspendida sobre la Tierra como un ser de luz radiante, me encontraba por completo en otra realidad. Había despertado a un modo totalmente distinto de percibir la vida (y a mí misma dentro de ella). Fue como si estuviese buceando, como si mirase desde detrás de una máscara, consciente de que el mundo submarino que ahora experimentaba era más real y verdadero que la vida en la costa. Tenía la sensación de que siempre había estado ahí, y de que nunca iba a abandonar ese lugar. Aquí me sentía más en mi verdadero hogar que en cualquier idea de «hogar» que pudiera haber concebido antes mentalmente. En lugar de estar asustada —como lo había estado durante gran parte de mi vida—, de repente me sentí, por así decirlo, «completamente completa». No había ningún lugar al que ir, nada que hacer; simplemente podía *estar* en mi absolutidad, en mi unidad con todo.

Esta sensación integral de completitud contrastaba frontalmente con el modo en que me había experimentado a mí misma hasta la fecha. Como persona adulta, encontré significado y propósito en el trabajo que desarrollaba con mi padre en sus seminarios, pero también sufría frecuentes migrañas que me debilitaban y una fatiga persistente; durante muchos años tenía que echarme la siesta en el descanso del almuerzo. Siempre estaba dispuesta a complacer a los demás, a solucionar las cosas y hacer lo que fuese necesario para evitar el conflicto. A menudo mis relaciones eran arduas, aunque yo me proponía «hacer que funcionasen», incluso si eso significaba no ser fiel a mí misma. Tras graduarme en la facultad de quiropráctica puse una consulta y me fue muy bien; podría decirse que tuve un gran éxito en el mundo exterior, pero seguía sin haber logrado una profunda alegría interior, una verdadera sensación de realización. En resumen, estaba sufriendo. No porque estuviese haciendo nada «mal», sino porque me comportaba siguiendo un conjunto de reglas que no estaban basadas en mi verdadera naturaleza.

Cuando nos cuesta tanto hacer las cosas no es porque haya algo mal en nosotros, porque «seamos defectuosos» o indignos, sino porque intentamos resolver los problemas, el dolor y los retos de la vida recurriendo a las mismas fuerzas que los generaron: es decir, usando la mente y la personalidad protectora.

LA DOLOROSA PERSPECTIVA DE LA PERSONALIDAD PROTECTORA

Hasta que no somos conscientes de que somos energía (o espíritu), creemos que somos el cuerpo o la mente. Esta sola percepción errónea sobre nuestra identidad nos causa un sufrimiento indecible y constituye la esencia de todos los problemas que tenemos en la vida. ¿Por qué? Porque gran parte de nuestra verdadera naturaleza queda excluida en esta forma de percibir. Sentimos que nos falta algo, y eso nos lleva a creer que tenemos alguna carencia, que hay algo mal, algo «roto» o «defectuoso» en nosotros. Entonces (como yo misma hice durante años en mi carrera profesional) dedicamos todo nuestro tiempo y esfuerzo a tratar de compensar este sentimiento de deficiencia. Tanto el estrés como las disfunciones, los trastornos o las enfermedades son subproductos de esta percepción errónea. Como sentimos que nos falta algo, tratamos de demostrar nuestra valía, nuestra respetabilidad, procuramos mostrar que todo está bien en nosotros; intentamos arreglar aquello que está descompuesto. Cuando no nos identificamos con la energía que realmente somos, no podemos sentir nuestra integridad, nuestro bienestar y plenitud inherentes. Entonces, en un intento por lograr un cierto sentido de orientación con el que poder manejarnos en la vida, la mente empieza a elaborar historias que confirman que nos falta algo, que hay algo que no está bien en nosotros.

A su vez, estas historias y pensamientos nos afectan a nivel energético (porque *somos* energía). El poder de los pensamientos afecta a nuestra realidad, y lo mismo sucede con estos relatos mentales. La mente, en lugar de ser consciente de hasta qué punto estamos integrados en el tejido del universo e inherentemente conectados a la Totalidad de lo que existe, se dedica a urdir historias que inciden en que estamos solos y separados, por lo que así (solos y separados) es como nos percibimos. De este modo, al sentirnos aislados, no nos sentimos seguros. Pensamos que para poder existir en el mundo necesitamos protección. Estamos constantemente en guardia contra las posibles amenazas y analizamos el mundo exterior en busca de todas aquellas situaciones o lugares en los que no conseguimos la aprobación, la aceptación y el amor que creemos que necesitamos para estar a salvo. En lugar de crear desde el verdadero deseo de nuestro propio corazón y perseguir de forma activa la vida que nos encantaría tener, estamos continuamente maniobrando y disputando simplemente para sobrevivir.

A esta identidad basada en el miedo y centrada en la supervivencia se la denomina en ocasiones *ego* o *falso yo*, pero yo la llamo *personalidad protectora*. En todo caso, independientemente de cómo la llamemos, esta forma de encarar la vida desde la búsqueda de la protección tiende a limitar lo que estamos dispuestos a intentar, ya que su principal prioridad es la «seguridad». Esto hace que las relaciones que establecemos con los demás sean muy condicionales, nos mantiene en un perpetuo estado de desequilibrio y crea un estrés continuo que, con el tiempo, acaba produciéndonos un gran daño mental, emocional y físico.

Además de todo esto, no hay esperanza alguna de tener éxito en las batallas en las que nos sumimos como personalidad protectora, pues esta se basa únicamente en la destructiva creencia de que *nosotros* somos el problema. Aunque todos tenemos nuestras propias herramientas para hacer frente a esta creencia, e incluso para evitarla, circunnavegarla o gestionarla hasta cierto punto, nadie está exento de vivir (al menos en parte) desde esta perspectiva dolorosa. Sencillamente es un aspecto de la condición humana... Una vez más, ¡hasta que deja de serlo!

Por fortuna, el propósito más profundo de los códigos energéticos es la integración de la personalidad protectora con nuestra verdadera naturaleza (con el Alma). Esta integración nos ofrece un potencial casi ilimitado para la sanación en todos los niveles de nuestra vida. Cambiamos las reglas del juego. Dejamos de considerar que vivir desde la personalidad protectora sea la única opción posible. Como especie, esto supone que estamos evolucionando hacia una nueva y más completa forma de vivir, de amar y de ser.

CIELOTIERRA: EVOLUCIONANDO PARA VIVIR COMO EL ALMA

Cuando empezamos a vernos a nosotros mismos como los seres de energía pura y grandiosa que somos, comenzamos de forma automática el viaje hacia la experiencia de la totalidad y la plenitud. Realmente es así de simple.

Cuando somos conscientes de que somos seres de energía, empezamos a alejarnos de las historias basadas en el miedo que nuestra mente ha creado y comenzamos a vivir desde esta otra opción que está disponible para nosotros: desde la perspectiva de nuestra naturaleza verdadera y eterna como Alma. En lugar de enfocarnos en lo exterior, de estar siempre escudriñando el horizonte en busca de aquello que nos puede dañar, dirigimos nuestra atención hacia dentro, hacia la energía que está dentro y alrededor de nuestro cuerpo, y confiamos en que ella nos muestre lo que es verdadero en nosotros. De este modo la vida fluye sin esfuerzo y las oportunidades para el amor y la expansión comienzan a revelarse de forma natural; solo tenemos que abrirles las puertas, inclinarnos hacia ellas, decirles «sí» y dejar que se desarrollen. Entonces nos volvemos poderosamente amorosos y amorosamente poderosos; conocemos y sentimos nuestra unidad con todo y no nos sentimos separados de nada; el estrés y la preocupación dejan de existir, porque sabemos de forma inequívoca que, en última instancia, todo en nuestra vida está al servicio de nuestra expansión y es para nuestro bien.

Hablo de este estado pacífico y mágico desde mi propia experiencia directa del mismo. Mi viaje hacia el despertar como Alma se inició tras un momento crucial de rendición que me transformó irreversiblemente. Sentía como si mi cuerpo emitiese luz, como si resplandeciese. Mi mente solo quería seguir deleitándose con aquello a lo que había estado expuesta, sin procesarlo en modo alguno. Había adquirido una perspectiva completamente nueva sobre qué y quiénes somos realmente. Si bien aún no había empezado a integrar la experiencia (de hecho, al principio me sentía bastante desorientada y me llevaron a un edificio cercano para que pudiera acostarme), sabía que mi realidad nunca sería la misma. Eso resultó ser cierto, y el período que siguió inmediatamente después de la experiencia fue, por decirlo suavemente, ¡de lo más interesante!

Cuando llegué a casa aquella noche, caí en un estado de éxtasis que jamás hubiese querido abandonar. Durante muchos días, cada vez que levantaba la cabeza de la almohada era como si me sacasen del arrobamiento y me plantasen justo bajo las estruendosas hélices de un helicóptero a punto de despegar. Por lo que parecía, había absorbido una energía de muy alta frecuencia para la que ni mi cuerpo ni mi mente tenían el contexto adecuado. Luego, cuando volvía a recostar la cabeza o cuando caía de nuevo en un estado de meditación, me sumergía de inmediato en el más exquisito estado que se pueda imaginar. Aparecían en mi mente visiones de colores y formas eléctricas e iridiscentes, así como imágenes de otros reinos. Eran las visiones más hermosas que jamás había presenciado. A estas les seguían algo así como viñetas de imágenes que traían consigo mensajes y percepciones de toda clase de verdades. ¡Todo era tan grandioso, tan prístino y brillante! Me encontraba en un estado de beatitud, de *ananda* o *samadhi*, como lo denominan las tradiciones yóguicas, y en todo ese tiempo ¡no quería moverme!

Permanecí días y días acostada en la cama, simplemente experimentándome a mí misma como un ser de energía pura y divina. Mi personalidad protectora comenzó a fusionarse con mi Alma. Sentía una gran libertad mental y emocional y una relajación hermosa y profunda en todo el cuerpo. Pasé muchos momentos sumida en el asombro y la admiración que me producía el hecho de saber y constatar de esta manera tan pura que somos seres verdaderamente cósmicos. Aun así, este proceso no fue instantáneo; esta apertura de la energía sutil no fue más que el comienzo de mi comprensión de lo que significa ser verdaderamente este ente de energía que es el Alma.

Más o menos una semana después ya había integrado la energía de alta frecuencia lo suficiente como para poder sentarme, ponerme de pie o caminar, pero incluso entonces el mundo más allá de mi habitación me parecía excesivamente áspero, abrupto y ruidoso. Era extraordinariamente sensible a los sonidos cotidianos, como los de la radio o la televisión, y a cualquier actividad que supusiera moverse con rapidez: la gente que pasaba a toda prisa a mi lado, los coches que iban a toda velocidad, y hasta los camareros que iban y venían frenéticamente en los restaurantes. Al principio mi cuerpo parecía tan liviano que apenas podía sentirlo. Luego, a medida que fue pasando el tiempo, comencé a anclarme conscientemente en él de una manera más consistente, lo que me produjo la sensación de tener una fuerza increíble.

Aun así, retomar mi vida cotidiana supuso todo un reto. De alguna manera sentía que estaba «entre dos mundos», y no tenía idea de cómo manejarme desde esta posición. Ya no era capaz de limitarme a ver las caras de la gente, interpretar su lenguaje corporal o simplemente confiar en sus palabras; ahora podía ver la energía que subyacía bajo esa fachada superficial que mostraban. Se me estaba revelando algo más, una nueva información que parecía ser mucho más real y verdadera. Mi atención se vio arrastrada a otro nivel de realidad que antes siempre me había resultado imperceptible, salvo durante un breve período en mi primera infancia.

Cuando tenía unos seis años, estaba jugando en el lecho de un riachuelo mientras el sol refulgía sobre la superficie ondulante del arroyo. Los renacuajos reposaban en las aguas someras mientras les iban saliendo las patitas y el inmóvil aire veraniego parecía perfecto. Me miré las manos sobre el agua y vi una luz dorada a su alrededor, un resplandor que irradiaba en todas direcciones. A esa edad también solía ver esferas de energía de colores alrededor de las personas (de mi padre, por ejemplo, cuando estaba atendiendo a algún paciente o dando clases; de mi madre, cuando pintaba; o alrededor de los otros niños en el patio de la escuela). Yo creía que era algo normal y que todo el mundo veía estas cosas, pero después de tener varias malas experiencias al hablar sobre lo que veía y descubrir que los demás no percibían lo mismo, empecé a temer que la gente pensase que era rara y, por ese motivo, me rechazase. Así que, cuando tenía unos ocho años, simplemente cerré la conexión que mantenía con estas visiones. No obstante, ya en la veintena y la treintena, seguía recordando estas hermosas experiencias y anhelando volver a generarlas, algo que ya no era capaz de hacer. Me preguntaba si tal vez no me las habría «inventado» o «imaginado», tal como se supone que hacen los niños.

Sin embargo, tras mi apertura al reino energético, no solo podía *ver* nuevamente la energía como lo hacía de niña, sino que también podía *sentirla, percibirla*. Siempre había sido algo real. ¡Lo único que había hecho que dejase de ver esas luces fueron las historias que me había contado a mí misma sobre ellas!

Una vez más, me encontraba en un estado en el que era capaz de percibir cosas que los demás no percibían (y una vez más esta capacidad me hacía sentir bastante incómoda, sobre todo porque a menudo me costaba dar sentido a lo que veía y sentía). Por ejemplo, les preguntaba a los pacientes sobre algo que estaba viendo o sintiendo, pero ellos no reconocían lo que yo percibía. Para mí, sus patrones de energía (que representaban algún tipo de emoción desajustada, como la tristeza, el miedo o la ira) eran obvios, pero ellos seguían diciendo cosas como «Estoy bien» o «Todo va genial».

Sin embargo, en lugar de volver a ocultar mis nuevas percepciones, decidí persistir en ellas. Entonces me di cuenta de que mis pacientes, que afirmaban no saber de qué les estaba hablando durante una visita, en la siguiente cita me confirmaban que tenía razón, que lo que yo había sentido era la verdad, solo que simplemente en ese momento no habían caído en la cuenta. Por ejemplo, durante una sesión con Cecile, una de mis pacientes, le pregunté sobre el débil flujo de energía que veía en su sistema. En ese momento me dijo que todo iba bien en su relación, pero a su regreso me confesó que había estado negando un problema muy real que tenía con su esposo. De modo análogo, cuando le hablé a Brian del sumidero de energía que podía percibir a su alrededor, este se limitó a asegurarme que llevaba muy bien todos los viajes que tenía que hacer por trabajo, pero más adelante acabó diciéndome que se había dado cuenta de que era hora de cambiar de profesión. Una y otra vez la gente regresaba y me decía que no había sido consciente de algún problema, pero que «se le había encendido una luz» después de nuestra sesión.

Veía y percibía las interferencias en el campo energético de las personas, incluso antes de que ellas mismas pudieran percibir su presencia. Cuando sentía un campo energético fragmentado, preguntaba a los clientes sobre algún asunto determinado, lo que a menudo conducía a la revelación de algún problema latente, como algún suceso relacionado con abusos sexuales en la infancia o con patrones de comportamiento poco saludables. Una vez que la luz de la propia conciencia del paciente era capaz de alumbrar desde esta perspectiva más amplia, podíamos resolver sus problemas. Esta validación de mis ideas y percepciones me llamaba poderosamente la atención. Era como si hubiese una sutil capa de verdad por debajo de lo que estuviese percibiendo la mente consciente de alguien, una capa que necesitaba tiempo y atención para volverse evidente.

Otros cambios fueron un poco más difíciles de manejar, como, por ejemplo, mi mayor conciencia sobre mi propio campo energético. A veces, cuando hablaba con alguien, podía sentir y ver mi propio campo energético alrededor de mi cuerpo, y de repente sentía que mi energía se superponía a la de la otra persona, se situaba por encima de ella, cuando en realidad yo me encontraba a una distancia adecuada. Con cierto apuro, me retiraba un poco para no ser invasiva, solo para comprobar con consternación que el otro daba un paso hacia mí para mantener lo que suele considerarse una distancia normal de interacción. ¡Esto me resultaba muy confuso! Me parecía como si estuviésemos uno «dentro» del otro, porque nuestras energías se superponían completamente. Me alejaba en repetidas ocasiones y mi interlocutor me seguía, hasta que, continuando con esta peculiar danza, ya habíamos ido de una punta a otra de la habitación o habíamos recorrido toda la acera de la calle. (Más adelante aprendí que nuestros campos energéticos ciertamente se superponen, pero, hasta que nuestro sistema nervioso no desarrolla la sensibilidad sensorial —o los *circuitos*, como yo los llamo— para percibirlo, simplemente no somos conscientes, de modo que sentimos como si «no hubiese nada» ahí, en el espacio que nos separa, cuando lo cierto es que este campo energético es la forma más profunda de conectar con los demás como una sola humanidad unida).

Por muy extraño y embarazoso que esto me pareciese en ocasiones, todas mis interacciones con el mundo me indicaban claramente que yo *estaba de regreso*, que mi *yo real* había vuelto. Me sentía más en paz, en casa y en mí misma de lo que me había sentido nunca desde que de pequeña experimentara esos momentos tan místicos y especiales. Día y noche me sentía alegre sin razón alguna, segura, relajada, cómoda, a gusto. Respiraba de un modo distinto y mucho más profundo que nunca. Sabía que todo estaba bien, y que todas esas circunstancias de mi trabajo y mi vida personal que antes me resultaban tan dolorosas iban a ser diferentes (como si se me hubiera facilitado una especie de «respuesta»).

También sabía que este yo *real* y recientemente expandido tendría que aprender a gestionar las contradicciones con las que me topaba de forma continua; tendría que aprender a tomar decisiones «racionales», mientras que, al mismo tiempo, seguía los dictados de mi saber interno, no solo por mí misma, sino también como profesional de la salud, como amiga y como confidente de muchos líderes importantes de mi comunidad. Por ejemplo, a menudo veía que los líderes de la ciudad no actuaban con integridad, y esta comprensión me permitía tomar decisiones que para mí eran las correctas sin sentir por ello ningún conflicto interno ni ninguna necesidad de esforzarme por pertenecer a un grupo, de agradar o de rebelarme. A menudo, cuando hablaba con alguien, podía ver claramente de qué modo esa persona estaba creando las circunstancias de su vida para defender y proteger una versión «más pequeña» o «reducida» de sí misma, como si inconscientemente estuviera insistiendo en vivir como un falso yo, alimentándose del drama y del dolor.

Por decirlo en pocas palabras, muchas veces la realidad que ahora podía ver (nuestra realidad como seres energéticos plenos, totales, completos y poderosos) no estaba en sintonía con las percepciones que los demás tenían sobre sí mismos o con la manera en la que vivían su vida. Me di cuenta de que me encontraba en una encrucijada, así que tenía que tomar una decisión: ¿debía o no debía dejarme guiar por lo que era verdad?, ¿vivir en un estado de dicha y felicidad o regresar a una vida de negación, padecimiento y autoengaño? Gran parte de todo lo que había construido en la vida (mis amistades, mi negocio y mis relaciones) parecía estar en juego; sin embargo, para mí estaba muy claro que mi nueva realidad era más importante que cualquier otra cosa. Era mi verdad, y tenía la obligación de seguirla.

Momento a momento, fiel a los mensajes energéticos que aparecían en mi interior, elegí la felicidad (muchas veces yendo en contra de la lógica o de lo que los demás entendían por *realidad*). Había gente que trataba de asesorarme y me recomendaba encarecidamente que incorporase ciertas modalidades o equipos específicos en mi práctica clínica, tratamientos de los que se decía que eran el último grito en tecnología, pero, si sus consejos no me parecían adecuados, simplemente optaba por un sencillo «no, gracias». Meses o años después aparecían nuevos estudios que ponían de manifiesto que esos equipos en realidad no funcionaban como se pretendía hacer creer en un primer momento. O me invitaban a participar en conferencias sobre inversión o en prácticas empresariales que, en un primer momento, parecían muy buenas oportunidades. Sin embargo, este flujo de energía sencillamente tomaba las decisiones por mí y me llevaba a rechazar muchas de esas invitaciones. Entonces, a veces incluso años después, se descubría que esa oportunidad o esa práctica comercial en concreto no actuaba con la integridad que cabría esperar de quienes habían decidido participar en ella.

Aquello se convirtió en una especie de gracia (lo que yo denomino una *oleada de gracia*) que guiaba mi vida. Muchas veces sencillamente sentía que debía dirigir mi atención en una dirección particular, y lo siguiente que sabía, a menudo en cuestión de horas o de días, era que, sin que mediase absolutamente ningún esfuerzo por mi parte, aparecía alguna fabulosa invitación exactamente en ese «lugar» (por ejemplo, para participar en un documental o para realizar una ponencia en algún congreso importante). Además, muchísimas veces sentía que conectaba con alguien con quien llevaba meses o años sin hablar, le llamaba o le enviaba un mensaje y recibía una respuesta en la que esa persona me decía que «ese mismo día» había querido preguntarme algo o compartir conmigo alguna preocupación, y «¡ahí estaba yo!».

Mi vida se volvió mágica, se desplegaba de un modo que estaba lleno de alegría y no implicaba ningún esfuerzo, habían desaparecido los sentimientos de inseguridad, los conflictos internos y las dudas sobre mí misma que antes me paralizaban. Finalmente, por así decirlo, había aterrizado en un lugar más elevado, era capaz de tomar decisiones de una manera en la que no era necesario pensar. Simplemente seguía los claros y ostensibles impulsos energéticos que me decían en un instante qué debía elegir y, milagrosamente, estos impulsos siempre demostraban estar en lo cierto. De forma inevitable, mis reacciones instintivas se revelaron como una opción muchísimo mejor que cualquier cosa que pudiera haber inventado mi mente lógica y bien formada. Comenzar un nuevo negocio, trasladar mi despacho, abandonar relaciones laborales que ya no estaban al servicio del más elevado e importante propósito de mi verdadera visión... Todas estas cosas pasaron a ser decisiones fáciles que sencillamente aparecían en mi núcleo. La energía que fluía por mi interior se convirtió en mi brújula; con el tiempo, dejé de necesitar información proveniente de fuentes externas para validar mis decisiones.

Ir por la vida con esta clase de conocimiento o de guía interior absoluto resulta mucho más que liberador. En lugar de esforzarme tanto por entender las cosas y tratar de forzar la vida para que se plegase y adaptase a mi voluntad, ahora dejaba que fuese ella (la vida misma) la que llevase las riendas, y eso se convirtió en una revelación, en un constante despliegue del camino correcto por el que debía transitar. Entró en escena una sabiduría superior que excedía con mucho la visión limitada de mi mente formada y condicionada.

A medida que iba siguiendo esta verdad que emanaba de mi propio interior, mi vida comenzó a tomar un nuevo rumbo. Me sentí impelida a dar más clases sobre sanación energética. Al principio las impartía en la sala de recepción de mi clínica, pero el espacio no tardó en quedarse pequeño; casi siempre se ocupaban todos los asientos y parte del público tenía que quedarse de pie. También daba regularmente clases de meditación en las que compartía con mis pacientes y alumnos las experiencias que había tenido en mis propias meditaciones.

Por ejemplo, una noche me encontraba en pleno estado meditativo, cuando de pronto sentí una oleada de energía que descendía por el centro de mi columna y se quedaba circulando a baja altura, por la zona de la pelvis; al mismo tiempo, la zona central de mi cerebro se «iluminó» con una experiencia de plena presencia, mientras que una profunda sensación de saber o de conocimiento inundó todo mi ser. Así que en la siguiente clase procuré guiar al grupo basándome en este proceso. Mientras practicábamos lo que yo misma había hecho, me detenía a observar cómo respondían sus campos energéticos, y podía comprobar que lo que había compartido con ellos les ayudaba a despertar su propia capacidad de transformación y a manejar sus propios campos de energía, lo que a su vez provocaba cambios drásticos en sus vidas. En la siguiente clase compartían conmigo sus historias sobre las cosas nuevas que les habían sucedido desde la última vez que nos habíamos visto.

Así, semana a semana, mes a mes, fueron sufriendo una verdadera transformación. Por ejemplo, Bonnie, tras un largo período de indecisión, finalmente se dio cuenta de que podía dejar su trabajo. Nicole tuvo una serie de revelaciones que le permitieron caer en un estado meditativo profundamente relajante que antes, a pesar de llevar muchos años intentándolo, nunca había sido capaz de alcanzar. Y Courtney finalmente consiguió soltarse en la meditación y permitir que la energía fluyese a través de su cuerpo, lo que hizo desaparecer las migrañas que llevaba sufriendo regularmente durante años. Estos y muchos otros resultados fueron posibles gracias a la práctica regular de técnicas de respiración específicas, relajación de la mente y meditaciones guiadas. Yo observaba, tomaba nota y codificaba toda esa información. De este modo, comenzaron a surgir con claridad ciertos principios y prácticas que con el tiempo se convertirían en los códigos energéticos que vas a aprender en este libro.

En esta nueva vida también me invitaron a dar conferencias en hospitales locales para hablar sobre las herramientas de medicina energética que enseñaba y compartía en mi clínica, y esto fue mucho antes de que estos temas siquiera se mencionasen en las principales corrientes de la atención sanitaria. La gente respondía. Empezaron a llegarme invitaciones para eventos cada vez más importantes. Pero todo esto sucedió rápido y sin esfuerzo, todo gracias a que me había entregado y le había dicho «sí» a esa energía tangible y a su sabiduría innata (la cual se iba manifestando en mi interior). Literalmente, podía *ver* cómo fluía la energía de una situación a otra.

Hoy considero que todas las situaciones en las que me encuentro son «empujoncitos» que el universo me da para acercarme un poco más a mi propia grandeza. He conseguido deshacer todas esas antiguas e inútiles dinámicas que se dan en las relaciones para encontrar tan solo amor allá donde antes había dolor y distanciamiento. Además de haberme curado por completo de las migrañas y la escoliosis, me siento más joven que hace veinte años. Ahora no solo creo en los milagros, sino que constantemente soy testigo de cómo se producen. Y ahora que sé de dónde vienen esos milagros y cómo podemos sacar el mayor provecho de ese estado, también soy capaz de apoyar y fomentar constantemente lo milagroso y lo mágico en la vida de los demás.

Vivir esta especie de existencia llena de gracia no solo es posible, sino que es nuestro derecho de nacimiento. Es para lo que tanto nosotros como nuestra vida hemos sido *diseñados* en realidad. Por lo tanto, del mismo modo que me ha sucedido a mí, también te puede suceder a ti.

De hecho, despertar a este cambio de identidad personal (pasar de vivir como la personalidad protectora a hacerlo como el Alma) es *el propósito mismo de la vida humana*. Cuando el Alma se encuentra con la conciencia, la humanidad despierta a su verdad y conoce la paz. Para eso estamos aquí, para descubrir la naturaleza energética de nuestra alma y vivir como esa verdadera naturaleza aquí, bajo esta forma física; para despertar a la divinidad que subyace en el seno de nuestra humanidad, para experimentar el Cielo mientras estemos en la Tierra y para vivir el espacio unificado que denomino *CieloTierra*.

Todo esto está disponible para nosotros en este mismo instante. ¿Que cómo es posible? Pues porque en realidad ya somos el Alma. Podemos experimentar esa realidad de forma espontánea, en un nanosegundo, tal como yo lo hice aquel día meditando. Está justo aquí, esperando a que la reconozcamos. No hay ningún lugar al que podamos acudir ni nada que podamos hacer para convertirnos en el Alma. En esto no hay calificaciones, no hay aros por los que tener que pasar de un salto. Simplemente es algo que desconocemos, y este desconocimiento de nuestra verdadera naturaleza es precisamente el estado de ser propio de la personalidad protectora.

Con los códigos energéticos te enseñaré la manera de despertar a tu plenitud, a tu totalidad y tu perfección, a tu verdadero ser, a tu magnificencia, y también a incrementar la presencia de esa verdadera identidad en tu vida cotidiana. Cuando lo hagas, tu vida, al igual que la mía, se verá mágicamente transformada.

Si bien esta transformación que nos lleva de la personalidad protectora al Alma puede darse de forma espontánea (del modo en que lo hizo, en parte, en mi caso, y en el de otros que han tenido experiencias igualmente profundas y transformadoras), para la mayoría, la realización del Alma se produce por etapas. Y aunque hasta ahora puede que no hayas estado esforzándote de forma consciente e intencionada por lograr este objetivo del despertar, lo cierto es que toda tu vida has estado trabajando en pos de su consecución, pues, sencillamente, eso es lo que has venido a hacer aquí. Sí, todo lo que ha sucedido en tu vida hasta este momento te ha estado llevando hacia el despertar de tu verdadera naturaleza. Por este motivo, a la vida la llamo el *proyecto Despertar*.

Una vez que comprendas cómo se da este proceso del despertar, puedes contribuir de manera consciente e intencional a que se produzca en ti mismo con mayor gracia, facilidad y rapidez. Yo lo explico aquí, en el contexto de lo que he llamado el *modelo del despertar.* Ser capaces de «ver» el lugar desde el que estamos evolucionando y saber hacia dónde nos dirigimos en dicha evolución ayuda a la mente a pasar por la transformación necesaria y poder así percibir con más facilidad el Alma (y, por consiguiente, vivir como tal).

EL MODELO DEL DESPERTAR

El modelo del despertar refleja los tres niveles diferenciados de conciencia que se manifiestan en nuestro organismo a medida que vamos evolucionando y profundizamos en descubrir y vivir nuestra verdad. El modelo, como si de una moneda se tratase, tiene dos caras. El *reverso* (la «cruz» en la moneda de la imagen de la página 60), que consta de dos etapas, representa la personalidad protectora. Aquí estamos constantemente en modo supervivencia, echando mano de las formas de reacción predeterminadas de nuestro sistema y gastando toda nuestra energía en elaborar estrategias para lograr seguridad y protección. Solo llegamos al *anverso* del modelo (la «cara» de la moneda) cuando abandonamos el apego que sentimos hacia los patrones o circuitos reactivos de nuestro sistema nervioso y generamos otros circuitos nuevos y de mayor capacidad que nos permiten activar completamente nuestro genio creativo, nuestro papel como Creadores. En el anverso del modelo es donde reclamamos y vivimos desde una posición que refleja nuestro verdadero poder; es donde creamos consciente y activamente nuestra vida como el Alma que somos.

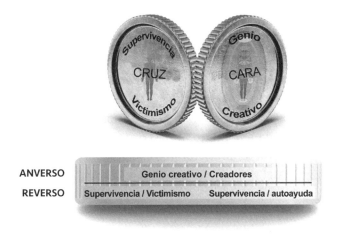

ANVERSO	Genio creativo / Creadores	
REVERSO	Supervivencia / Victimismo	Supervivencia / autoayuda

PRIMERA ETAPA: VICTIMISMO

La primera etapa del reverso del modelo (abajo a la izquierda en el diagrama) es la perspectiva de la supervivencia/victimismo. Dicho brevemente, aquí vemos la vida como algo que nos sucede y creemos que no podemos tener ningún impacto sobre la misma. Somos completamente inconscientes de nosotros mismos como creadores, como entidades con capacidad de influencia y, en consecuencia, nos atenaza un fuerte sentimiento de fatalismo y resignación. Creemos que no podemos hacer lo que queremos debido a fuerzas externas que se oponen a ello y que parecen estar fuera de nuestro control. De hecho, podemos encontrarnos en un extremo tan alejado del anverso del modelo que ni siquiera seamos conscientes de que no estamos satisfechos o de que pueda existir otra forma de ser; puede que nos limitemos a dejarnos llevar, que hagamos lo que sea creyendo que simplemente es lo que tenemos que hacer porque la vida es así.

Por ejemplo, en la primera etapa puede que le eches la culpa de tu infelicidad y de tus sentimientos de insatisfacción al hecho de haber nacido en circunstancias desafortunadas, a no haber recibido la educación universitaria que deseabas, a haberte casado demasiado joven y no haber tenido ocasión de estudiar una carrera o de seguir alguna pasión particular, o simplemente a no tener suficiente dinero para hacer las cosas que realmente quieres hacer (o puede que ni siquiera pienses en ello y no le pongas nombre en absoluto). Este paradigma se caracteriza por la ira, el miedo, la desesperanza, la impotencia, la resignación, el fatalismo, la lucha por sobrevivir y cosas por el estilo. Su lema es «La vida es algo que me viene dado, y yo no tengo ningún control sobre ella. Simplemente es así». Puede que ni tan siquiera lo expreses con palabras, que tu percepción se limite a desplegarse como si esa fuera la verdad.

SEGUNDA ETAPA: AUTOAYUDA

Esta es la etapa en la que se encuentra casi todo el mundo en la actualidad. Supone un gran paso adelante en la conciencia desde la primera etapa, pero aún pertenece al reverso del modelo porque sigue estando basada en operar de manera reactiva a partir de la percepción *inconsciente* de insuficiencia e incapacidad de la personalidad protectora, en lugar de operar creativamente desde una posición en la que somos conscientes de nuestro verdadero poder y magnificencia como Alma.

En esta etapa ya no aceptamos como explicación de nuestro lamentable estado que la vida simplemente es así. En lugar de eso, despertamos a la sensación de que realmente estamos sufriendo y a la posibilidad de que tal vez esto no tendría por qué ser así. En lugar de limitarnos a ser víctimas resignadas, ahora contamos con la noción de que algo puede cambiar, de que podríamos ser más felices, disfrutar de una mejor salud o gozar de un mayor respeto, y esto nos lleva a empezar a investigar qué podemos hacer para que se produzcan estos cambios.

En este paradigma seguimos considerando en gran medida que la vida (tanto lo «bueno» como lo «malo») es algo que nos ocurre, que viene dado desde fuera, pero ahora por lo menos creemos que podemos hacer algo al respecto (si no en todas las ocasiones, al menos sí parte del tiempo). Nos damos cuenta de que muchas veces podemos mejorar o incluso arreglar por completo nuestra situación, y posiblemente también ejercer un cierto control sobre lo que sentimos y experimentamos escogiendo los pensamientos que tenemos y nuestra forma de actuar. Con la mentalidad adecuada, podemos sacar lo mejor de una situación desfavorable y, al obrar de este modo, quizá seamos capaces de extraer algún beneficio o algún don del dolor que sentimos. El lema de esta etapa es «Aunque la vida sea algo que me viene dado desde fuera, elijo intentar sacarle el mayor provecho». Es el enfoque que dice «Sí, algo está mal, pero voy a arreglarlo. No voy a permitir que las circunstancias se lleven lo mejor de mí».

A esta etapa la denomino *de autoayuda* porque en ella ponemos todo nuestro empeño en arreglar aquello que creemos que está mal, que nos falta, o incluso que está «roto» en nosotros o en los demás y nos esforzamos por ser más felices. Gran parte de las técnicas que existen para hacer frente a las dificultades, de las sesiones de terapia y de los libros y programas de autoayuda operan en este nivel de conciencia. Diagnosticamos un problema y luego nos lanzamos con entusiasmo a tratar de solucionarlo. Ciertamente este paradigma me ayudó a disminuir mis propios niveles de dolor y de angustia y a conseguir más de lo que quería en épocas anteriores de mi vida; me siento muy agradecida por ello y por la ayuda que también le ha ofrecido a muchos de mis pacientes, pero, aunque esto es mucho mejor que estar completamente bloqueado y a muchos nos ha servido durante muchas décadas, no es el estado avanzado de conciencia que deseamos alcanzar y no hace honor a nuestra verdadera capacidad.

El hecho de seguir buscando y encontrando «problemas» y de gastar nuestros recursos en solucionarlos, únicamente nos hace mejores en eso, en resolver problemas. Desafortunadamente, esto también hace que tengamos una constante necesidad de problemas que arreglar para «saber quiénes somos». No contribuye a aumentar nuestra capacidad para percibir alegría y plenitud sin depender del contraste que nos aportan el dolor y el sufrimiento. Es un enfoque que no nos permite avanzar ninguna casilla en el tablero de juego. A un nivel más profundo, en realidad en la segunda etapa aún seguimos creyendo que nos hemos «quedado cortos» en la vida, que no damos la talla, solo que ahora disponemos de algunas herramientas para compensar dicha creencia. Todavía no pensamos como creadores poderosos y, en consecuencia, en verdad este paradigma no nos sirve para progresar.

Afortunadamente, podemos alcanzar un nivel de conciencia que nos lleva mucho más allá de este simple «hacer lo mejor que podemos con las cartas que nos ha dado la vida». Es el anverso del modelo, donde experimentamos quiénes somos verdaderamente en todo nuestro poder y toda nuestra gloria. En aquel momento en que me quedé suspendida sobre la Tierra, bañada en mi propio resplandor, *supe* que esta era mi verdad y la de todos nosotros. ¡Sí, la tuya también!

TERCERA ETAPA: NUESTRA CAPACIDAD CREADORA

El anverso del modelo muestra una interpretación de la vida muy diferente a la del reverso. Este es el lugar desde el que vivimos en el modo de *genio creativo*, desde nuestro papel como auténticos *creadores*, el cual es característico del Alma. Aquí comenzamos a comprender que en realidad no existe algo así como una «mala circunstancia» de la que tengamos que intentar ver el «lado positivo», ya que, para empezar, nunca hubo nada que estuviese mal, nada que faltase, nada «defectuoso», nada que estuviese «roto». Aunque la idea de procurar ver «el lado positivo» sea un concepto hermoso y nos haya ayudado cuando estábamos atrapados en el reverso del modelo, sigue siendo un uso muy pobre e incompleto de nuestras verdaderas habilidades creativas. Por el contrario, en el anverso somos conscientes de que todas las dificultades que se nos presentan en la vida están a nuestro servicio; sentimos y sabemos que, en los niveles más altos del alma, hemos jugado un importante papel en su creación. Todo tiene un propósito, y ese propósito es que despertemos a nuestra verdadera grandeza. Sí, jugamos un papel activo en nuestro propio proceso de despertar. La parte más grande de nuestro ser está lanzando una invitación a la más pequeña para que esta se funda con ella y generar así la experiencia de plenitud e integridad que buscamos.

Desde esta perspectiva, la vida siempre se está desplegando a nuestro favor, siempre está al servicio de nuestra expansión, a pesar de lo que nos parezca o de cómo nos haga sentir en el momento. Y en esto no hay excepciones. Nuestra personalidad protectora comienza a disolverse en esta verdad, ya que reconoce que, si las cosas tuviesen que haber sido de otro modo en nuestra vida, lo habrían sido. Como suelo preguntar a los alumnos en mis cursos presenciales: «¿Cómo sabemos que algo tenía que ocurrir?». La respuesta es: «¡Pues precisamente porque ha ocurrido!».

En lugar de «hacer lo mejor que podamos» con una situación, lo que implica que algo «malo» ha sucedido y debemos trabajar en ello para convertirlo en algo «bueno», ¿qué pasaría si, para empezar, la situación, sin importar cuál sea, en realidad nunca ha sido «mala», si nunca ha sido algo «equivocado» o «incorrecto»? Por supuesto, cuanto más dolorosa sea una situación, mayor es el reto que supone aceptar este punto de vista y abrirnos a él, pero no hay ningún problema en que así sea. Seguiremos explorando esta idea a medida que vayamos avanzando en el libro. Por ahora, me gustaría que simplemente reflexionases sobre lo siguiente: ¿qué pasaría si fueses capaz de comprender que todas las cosas que suceden en tu vida ocurren en última instancia para tu propio beneficio? ¿Y si fueses consciente de que tú mismo has estado desempeñando un papel en este proceso para, de este modo, hacerte despertar a ti mismo a una realidad más amplia y abarcadora, una realidad en la que tuvieses más libertad y poder? ¿Y si en realidad lo más doloroso estuviese escondiendo el mayor regalo que pudieses recibir jamás? Es indudable que esta comprensión cambiaría la calidad de tu vida aquí, en la Tierra (por supuesto, ese es el motivo por el que viniste a ella).

Si tuvieses la facultad de ver tu propia vida de esta manera (como algo que en última instancia está ocurriendo única y exclusivamente para tu propio beneficio), vivirías fluyendo y colaborando plenamente con ella. Tendrías la capacidad de ser consciente del plan mayor que opera entre bastidores. Serías capaz de captar mucho más rápidamente la ganancia que se oculta en toda pérdida. Serías consciente, por ejemplo, de que perder aquel empleo fue lo que hizo posible que acabases encontrando tu verdadera vocación, lo que realmente te llena y te hace sentir realizado. Entenderías que aquella lesión que te obligó a permanecer inactivo te sirvió para aprender más sobre la compasión y para profundizar en tu propio sentido de identidad. Comenzarías a aceptar la pérdida de un ser querido como un medio para llevar tu corazón a niveles que quizá nunca hubieses conocido de otro modo. Sentirías un profundo agradecimiento por la vida y todos sus misterios. En última instancia, dejarías por completo de considerar las pérdidas como tales. Verías y sabrías que en cada suceso, en todo lo que te ocurre, sin importar lo difícil que sea, hay un beneficio igual o mayor que el sufrimiento que conlleva. Con esta comprensión, dicho sufrimiento se reduciría drásticamente, y tal vez incluso llegaría a desaparecer por completo.

Ahora imagina que pudieses saber de antemano cómo trabajar con tu cuerpo, tu mente y tu campo energético para que los grandes sucesos de la vida no te generasen nunca dolor ni angustia. Eso es lo que aprenderás en este libro: cómo trabajar con todo lo que eres, con todas las facetas de tu ser, de un modo consciente, por debajo del nivel de las historias que cuenta la personalidad protectora, de modo que todas y cada una de las experiencias que tengas en la vida se conviertan en un paso significativo y relevante que te permita ahondar en tu plenitud, en tu totalidad, en tu verdad y en el establecimiento de una relación de confianza con el universo.

Interpretar los acontecimientos de nuestra vida a través de la lente de la confianza (es decir, saber que «todo está bien» y que todo está a nuestro favor) *en el momento mismo en que ocurren*, a la larga nos evita tener que pasar por el proceso de perdonarnos a nosotros mismos o a los demás por las situaciones en que nos encontramos. Este es el punto de vista del Alma, cuyo lema es «Todo lo que ocurre en mi vida es siempre a mi favor, y yo mismo lo he creado en algún nivel más elevado de mi propia conciencia con el propósito de descubrir mi propia magnificencia».

––––––

Ver la vida desde esta perspectiva basada en la idea de que «todo está bien» supone encontrarse en el umbral mismo del anverso del modelo. Sin embargo, este despertar no se produce simplemente reformulando nuestras creencias sobre nuestra verdadera identidad o modificando nuestra forma de pensar sobre la naturaleza de la vida; no hay ningún «atajo o desvío espiritual» que consista simplemente en contarnos a nosotros mismos una historia más optimista, más halagüeña y prometedora. Ni mucho menos.

Durante milenios, las tradiciones espirituales han defendido la idea de que somos seres espirituales que viven una experiencia terrenal o física. Me gustaría ofrecerte una forma distinta de entender esta idea: en realidad, somos seres espirituales que están teniendo una experiencia *espiritual* en un mundo físico y energético, y para poder experimentar y vivir en plenitud nuestra verdadera naturaleza hemos de comenzar a vivir conscientemente como seres hechos de espíritu —como *seres de energía*— en el ámbito físico de la vida.

Eso significa que tenemos que ir más allá de saber, de una forma puramente intelectual, que somos energía o espíritu; en realidad, tenemos que *encarnar*, incorporar o manifestar en nuestro organismo esta naturaleza energética o espiritual. Debemos, literalmente, traer nuestra energía a la vida dentro del cuerpo físico e identificarnos con y como ella. Cuando así lo hacemos, la transformación que nos hace pasar a la perspectiva del Alma en el anverso del modelo se produce automáticamente mediante un cambio repentino, radical e integral, al que denomino *inversión cuántica*.

LA INVERSIÓN CUÁNTICA NECESITA LA ENCARNACIÓN ADEMÁS DE LA ILUMINACIÓN

En física cuántica hay un fenómeno conocido como «inversión cuántica» o «volteo cuántico» (en inglés, *quantum flip*), término que describe la capacidad que tiene un átomo (uno de los elementos fundamentales del mundo cuántico) de cambiar su dirección de rotación de forma instantánea, sin disminuir en ningún momento la velocidad a un estado de momento cero, tal como ocurre con otras formas de la materia. Podríamos pensar en esto como lanzar una canica hacia una pendiente. En física clásica, la canica subiría un poco por la pendiente, luego disminuiría su velocidad antes de que su momento alcanzase el valor cero; entonces comenzaría a rodar hacia abajo lentamente, ganando velocidad a medida que fuese avanzando en su descenso por el terreno inclinado. Sin embargo, en el campo de la física cuántica, la canica rueda cuesta arriba y luego, instantáneamente, comienza a rodar hacia abajo sin que en ningún momento se produzca una disminución de la velocidad hasta ese punto de práctica inmovilidad. Por un instante, la canica está esencialmente moviéndose en dos direcciones a la vez, sin pasar nunca por el proceso de desaceleración e inversión del sentido de su marcha, sino simplemente ¡girando de forma instantánea en el nuevo sentido! Sí, los átomos pueden saltar entre dos estados de movimiento estables con momento igual y opuesto sin pasar por el estado de momento cero que los separa, lo que se conoce como una *inversión cuántica*.

La transición al anverso del modelo y la conversión en el Alma es un proceso que ocurre de un modo muy similar; en un instante podemos comenzar a ver el mundo de un modo completamente diferente y a tomar decisiones en función de esta nueva perspectiva.

Esencialmente, siempre existen dos formas de ver las cosas, y cualquiera de las dos será la verdadera si seguimos su potencial creativo particular. Una nos llevará al anverso del modelo, y la otra, al reverso. Podemos elegir, y el universo cuántico nos apoyará plenamente en la elección que tomemos. No importa si llevamos toda la vida subiendo por la misma pendiente; nuestra realidad puede cambiar en un instante si así lo decidimos. Y, como demuestra la inversión cuántica, ¡ni siquiera tenemos que alcanzar ese punto inmóvil para realizar el cambio!

La mente juega un papel muy importante en la inversión cuántica. La diferencia entre este método y otros que puedas conocer es que aquí usamos la mente de una manera completamente distinta, en estrecha colaboración con el *cuerpo* y el espíritu. Ya habrás notado el especial énfasis que pongo en el *cuerpo*. A fin de cuentas, aunque seamos seres espirituales, hemos llegado a este mundo tridimensional y nos hemos manifestado de forma física, como un cuerpo, por lo que este va a desempeñar un papel muy relevante a la hora de liberarnos de la mente hiperactiva y temerosa, y podemos y debemos aprovechar al máximo todas las ventajas que nos ofrece para nuestro propio despertar. Como veremos, la plena expresión del Alma en el cuerpo implica establecer nuevas conexiones: nuevos circuitos tanto físicos como mentales por los que pueda fluir la energía del Alma, y que además permitan al entendimiento percibir esa energía.

LA INVERSIÓN CUÁNTICA
(dos direcciones a la vez)

En realidad, vivir como el Alma se reduce a una cuestión de conexiones: a contar con la comunicación y con los circuitos sensoriales necesarios en funcionamiento para poder sentir, anclar y activar dentro del organismo esa energía que somos realmente. Es como si cada uno de nosotros fuese una ciudad y el sistema nervioso fuese la red eléctrica: no podemos «ver» en aquellos lugares a los que no llega el cableado. Las farolas de esas áreas permanecerán apagadas hasta que no les llevemos energía conscientemente y las iluminemos. Entonces la energía consciente comenzará a fluir y podremos percibir lo que ocurre en esas zonas de una manera nueva.

El logro de este estado «conectado», «encendido» o «lleno de luz», es un retorno a nuestra verdadera naturaleza. El espíritu *es* luz. Como seres espirituales, estamos literalmente hechos de esa energía de alta frecuencia a la que llamamos *luz*. La ciencia de hoy en día nos dice incluso que las células de nuestro cuerpo emiten luz cuando realizan sus funciones. Se ha descubierto que las neuronas del cerebro y los nervios de la columna vertebral producen fotones (pequeñas partículas de luz que influyen en nuestra estructura atómica) cuando se envían impulsos entre sí, es decir, se comunican por medio de la luz. Por su parte, la luz que canalizan los microtúbulos en los tejidos contribuye a activar diferentes partes del cerebro con una mayor rapidez que las sinapsis nerviosas. Somos unas criaturas verdaderamente asombrosas y milagrosas... ¡Y estamos hechos de energía luminosa!

La razón por la que no somos conscientes de nuestra propia divinidad no es que no seamos divinos, sino que carecemos de los circuitos necesarios para percibirla. Esta falta de conexiones limita nuestra capacidad de experimentar distintos aspectos de nuestra verdadera naturaleza. Para manifestar esta totalidad o completitud en nuestro organismo (es decir, para conocerla, sentirla y vivirla) tenemos que establecer y activar en el sistema nervioso los circuitos necesarios para «encender las farolas». Y esto lo podemos conseguir trabajando directamente con el sistema de energía. Cuando entendemos de verdad que todo es energía, incluidos nosotros mismos, empezamos a ver y a interactuar con la vida más allá del nivel físico y material; empezamos a relacionarnos desde niveles más sutiles de la vida, se da una mayor fluidez, las cosas cambian, fluyen y se transforman con más facilidad, por lo que el cambio nos resulta más accesible. Desde aquí es desde donde tenemos el mayor poder para crear una vida que realmente nos guste y amemos.

La clave para tener una experiencia de vida plenamente empoderada es encarnar o expresar en el propio cuerpo la energía que somos. No solo debemos iluminarnos para comprender nuestra verdad como seres energéticos, sino que también tenemos que vivir plenamente como esa verdad, materializarla y manifestarla en nuestro organismo. En los próximos capítulos aprenderás que la encarnación de tu verdadera naturaleza supone un enlace directo con tu intuición, y, además, comprenderás que vivir desde tu mente intuitiva, y no racional, significa adoptar una forma de vida guiada por tu ser más auténtico y creativo. Verás que esto no es solo una vía fiable y eficaz para lograr una transformación positiva y duradera, sino también la ruta más rápida posible para experimentar todo tu ser aquí, en tu forma física.

Con esta sola clave puedes desbloquear tu capacidad creativa innata para transformar todos los aspectos de tu experiencia vital, desde la salud hasta las relaciones, tu sentido de identidad, tu propósito en la vida o la contribución que quieres legarle a este planeta. Por el contrario, sin este conocimiento seguimos atrapados en una versión y una visión muy limitadas de nosotros mismos que se caracterizan por el esfuerzo, el conflicto, el sufrimiento y el dolor.

¿Cómo activamos los circuitos necesarios para sentir, anclar y activar nuestra verdadera naturaleza, nuestra Alma? Para eso son los códigos energéticos.

¿QUÉ SON LOS CÓDIGOS ENERGÉTICOS?

Los códigos energéticos son un conjunto de prácticas que puedes trabajar por tu cuenta para realizar tu propia inversión cuántica; es decir, para dejar atrás la confusión, las enfermedades, el agotamiento y la frustración, y pasar a un estado caracterizado por una mayor capacidad, por la alegría, la claridad, la salud, el bienestar y la expresión creativa. Estas prácticas te enseñan a generar nuevos circuitos internos que sirven para apoyar o dar soporte a tu verdadera naturaleza como ser de energía. Al restablecer el flujo natural de energía en el organismo, produces también un cambio en tu identidad, que deja de estar basada en la personalidad protectora para fundamentarse en el Alma.

Los códigos energéticos te proporcionan las herramientas necesarias para sentir y saber en tu propio cuerpo, mente y espíritu que todo en tu vida es energía. Vivirás por debajo (o más allá) del nivel de la mente y sus argumentos, en tu núcleo, lejos del drama y del dolor. Ver la vida desde esta perspectiva tan rica y profunda transformará el significado de prácticamente todo lo que hagas, de todas las actividades que emprendas. A medida que vayas llevando la atención y la presencia conscientes a tu cuerpo, irás dándote cuenta de que los códigos energéticos tienen un poder de afianzamiento increíble, lo que te brinda un sentido de solidez que te permite percibir con un nivel general de conciencia más elevado, como el árbol que hunde sus raíces más profundo para así poder crecer más alto.

Al vivir como la energía que eres, te vuelves plenamente capaz de manifestar en ti mismo el verdadero regalo que quieres hacerle al mundo sin la más mínima duda o vacilación. Por ejemplo, Jamie, una estudiante de los códigos energéticos, ahora es capaz de tomar decisiones sobre su anciana madre con facilidad mientras que antes esto le causaba conflictos, un enorme esfuerzo y un gran dolor. Muchos adolescentes han usado los códigos energéticos para encontrar su lugar en el mundo y han dejado de recurrir a comportamientos autodestructivos, como la adicción a las drogas, los trastornos alimentarios o herirse a sí mismos con cuchillas en un intento por «sentir» algo. La necesidad de encajar o de sentir que pertenecemos disminuye cuando nos vemos y nos experimentamos a nosotros mismos como seres hechos de energía creativa y como líderes naturales (en lugar de seguir a la muchedumbre o de compararnos con los demás). Con este nuevo entendimiento de ti mismo como creador sentirás una presencia y una capacidad para ser paciente que no has conocido nunca antes e irrumpirás en la vida como el líder que nunca antes imaginaste ser.

Además, practicar los códigos energéticos ¡sencillamente nos hace sentir bien! Te iré explicando cómo llevar a cabo ciertos ejercicios de respiración, movimientos y meditaciones simples pero efectivos, entre los que se incluye un poco de yoga específico, que harán que tu energía se ponga en movimiento en aquellas zonas de tu cuerpo (y de tu vida) en las que se haya quedado estancada, causando así dolor e impidiéndote experimentar la versión más verdadera de ti mismo. Conforme se vaya restaurando el flujo de energía, comenzarás a apreciar de inmediato toda una serie de cambios positivos, entre los que pueden incluirse: una mejoría o incluso la curación completa de disfunciones y trastornos mentales, emocionales y físicos; una mayor energía, motivación y claridad; estabilidad, equilibrio y bienestar en todas las áreas de tu vida, o una percepción directa de tu verdadera naturaleza y vivir con plenitud tu propósito divino. En lugar de recurrir tan solo al pensamiento para saber cómo manejarte en la vida, verás que cuentas con un sentimiento muy claro que emana de lo más hondo de tu núcleo, que enfrentarás tu vida con la convicción de que lo que te ocurre es lo que está «destinado a ocurrir» y efectivamente sucede a tu favor.

Mary, por ejemplo, consideraba que no tenía el empleo adecuado para sentirse plenamente realizada en la vida. Estaba rodeada de personas que parecían carecer de toda inspiración y se pasaban el día hablando de cosas que a ella le resultaban mezquinas y negativas. Quería dejar su trabajo y empezar a realizar otra labor que satisficiese su deseo de crecer y evolucionar. Ahora que practica los códigos energéticos, se ha dado cuenta de que puede encontrar lugares y situaciones propicios para su práctica en el propio seno de su ocupación actual y experimenta una gran plenitud cada vez que realiza alguna de las prácticas durante su jornada. Ahora es consciente de que todo en su vida está ahí para su propio despertar. Este cambio de perspectiva ha transformado la forma en que interpreta lo que ve y, por lo tanto, aquello en lo que piensa y lo que hace.

El espíritu es energía, poder, la mayor fuerza de la naturaleza, y tú eres ese espíritu. Los códigos energéticos no te van a convertir en algo que no seas ya; simplemente ¡te ayudarán a expresar esa grandeza sin explotar que ya llevas dentro de ti!

Como su propio nombre indica, los códigos energéticos trabajan con la energía, y he sido testigo de los enormes beneficios que pueden producir en la aplicación de otras técnicas basadas en la energía (como la acupuntura, la quiropráctica, la terapia craneosacral, la osteopatía, el *reiki*, la acupresión, el *rolfing*, la reflexología, la liberación miofascial o el masaje) tanto en mis propios pacientes como a través de médicos, enfermeras y psicólogos de otros centros que trabajan con las energías y de profesionales de estas disciplinas que forman parte de mis alumnos. Sin embargo, mi objetivo no es solo mejorar tu salud y tu estado de bienestar (ni, ciertamente, limitarme a «arreglar» algo que aparentemente falte o sea «defectuoso» en tu vida); los códigos energéticos van mucho más allá al activar el proceso de la inversión cuántica y catapultarte al anverso del modelo para que puedas vivir como un ser energético consciente y despierto, y también para ayudarte a mantenerte en esta nueva forma de vivir.

En otras palabras, este libro no trata de cómo usar la mente para entender nuestra verdadera realidad a partir de nuestra historia personal. No trata únicamente de la iluminación, ni tampoco explora en exclusiva el tema de sanación. Este libro explica cómo *materializar* en tu propio cuerpo la energía del gran genio creativo que eres y, una vez hecho, vivir como tal. En este sentido, cambiará de forma radical el modo en el que experimentas y creas en todas las facetas de tu vida.

————

El estado en el que se encuentra tu energía tiene un efecto directo en tu forma de ver las cosas y en cómo es tu vida. Lo sé porque así lo vivo, y también porque tengo la oportunidad de comprobar claramente cómo funciona este mecanismo en la vida de otras personas. Lo mismo se aplica a ti también. Aunque la inversión cuántica que nos lleva al anverso del modelo y a vivir como el Alma que somos no es algo que se produzca de forma intelectual (es decir, solo a nivel mental), el hecho de abrir nuestra mente a una realidad diferente y a una nueva cosmovisión forma parte del proceso. Este primer capítulo nos ha servido como toma de contacto, en el siguiente profundizaremos un poco más en estas cuestiones.

CAPÍTULO 2

El papel que juegas
en la creación de tu vida

E N EL CAPÍTULO 1 HAS APRENDIDO que eres energía, que la energía es tu verdadera naturaleza, que en realidad eres un ser hecho de energía. También has aprendido que el grado en que te conozcas a ti mismo como energía y en que *vivas desde ese conocimiento* determinará la cantidad de dolor (o de dicha y felicidad) que habrá en tu vida. En este capítulo te mostraré por qué esto es cierto. Veremos que, en tanto que ser energético, eres el único creador del modo en el que experimentas la vida, y que al abordar la vida desde el nivel de la energía (en lugar de desde el nivel psicológico/mental de la «historia personal») puedes crear la vida que de verdad te gustaría tener.

Parte de la inversión cuántica que nos lleva de la personalidad protectora al Alma tiene que ver con identificarnos como esa Alma. Para hacerlo, primero has de ser consciente de que hay una realidad energética desplegándose y teniendo lugar por debajo del nivel de la historia personal. Con el fin de ayudarte a abrir tu mente a esta realidad más profunda y a que estés listo para el trabajo que conlleva realizar la inversión cuántica (lo que veremos en la segunda parte del libro), me gustaría compartir contigo las distintas ideas y verdades fundamentales que he ido encontrando a lo largo de mi camino.

Somos parte de una verdad mayor, de un estado de ser más amplio de lo que, por lo general, somos conscientes. Es algo que se sabe y se viene enseñando desde el principio de los tiempos, pero mientras que muchas culturas indígenas siguen viviendo esta verdad, las modernas estructuras religiosas, culturales y sociales nos han alejado de esa realidad de conexión espiritual y energética. La ciencia cuántica ha confirmado ese saber al demostrar que todos estamos conectados, tanto entre nosotros como a la tierra y al mundo físico. Ahora nos toca a nosotros ponernos a la altura (cultural y espiritualmente) que la ciencia ya ha alcanzado y vivir como verdaderos seres de energía; es decir, con el profundo conocimiento de que la energía es lo único que existe. En muchos sentidos, ¡esta realización es el eslabón perdido que muchos de nosotros llevamos tanto tiempo buscando! Afortunadamente, ha llegado el momento de que conozcamos y vivamos esta verdad.

Si bien la ciencia que subyace en todo esto puede ser algo complicada y confusa, voy a hacer lo posible por que sea simple. He destilado los principios más importantes en lo que denomino *las cinco verdades del código energético*. Estas verdades me resultaron útiles en mis años de búsqueda (y descubrimiento) de mi verdadera naturaleza como ser energético, así que espero que a ti también te ayuden a familiarizarte con tu verdadero yo.

Las cinco verdades son:

1. Todo es energía.
2. Tu vida es un reflejo de tu energía.
3. Tú eres el creador de tu vida.
4. Tu creación (tu vida) siempre se está expandiendo.
5. El propósito de tu vida es descubrir tu capacidad creadora.

Veámoslas con un poco más de detenimiento.

VERDAD N.º 1: TODO ES ENERGÍA

Todo lo que conforma el universo entero es simplemente energía en diferentes longitudes de onda, vibrando a diferentes frecuencias. Las frecuencias más altas son pura luz, y abarcan desde las que no son visibles para el ojo humano hasta lo que conocemos como el espectro visible. Las frecuencias de los sonidos no son más que versiones más condensadas de la misma energía. Nuestros pensamientos y emociones son simplemente frecuencias vibratorias diferentes, e incluso las formas físicas no son más que energía comprimida. Lo que experimentamos como pensamientos «positivos» son patrones de energía que se caracterizan por ser más abiertos y espaciosos, mientras que los patrones de energía de los pensamientos «negativos» son más densos. Más adelante aprenderemos a utilizar cada uno de estos patrones en nuestro propio beneficio a la hora de gestionar los resultados que aparecerán en nuestra vida.

Nuestro cuerpo físico está compuesto por un número infinito de frecuencias diferentes. Los cinco sistemas circulatorios principales del cuerpo (el respiratorio, el hormonal, el inmunitario, el cardiovascular y el digestivo) existen como frecuencias únicas y particulares en el espectro de energía, y difieren incluso de las frecuencias de los órganos individuales que los componen.

Existen campos de energía específicos en todos los niveles de la vida, desde el organismo completo hasta los diversos sistemas que lo forman, los órganos y glándulas que constituyen dichos sistemas, las células, las moléculas, los átomos y las partículas subatómicas que forman parte de cada órgano. Así es que, nuevamente, todo en nuestro mundo, tanto lo que podemos ver como lo que no, es, en esencia, energía, y vibra a una frecuencia o longitud de onda particular.

Si todo es energía, entonces eso significa que no hay nada que *no* sea energía, lo cual a su vez significa que nada existe aisladamente, que no hay separación entre las cosas. Todo existe en lo que el Dr. James Oschman, mi colega e investigador en biofísica, denomina *una matriz viva* (formada por distintas capas de interconexión) en su libro *Energy Medicine: The Scientific Basis*. En el nivel más real y profundo todo está conectado con todo lo demás en un gran campo unificado.

Lo que me resulta más sorprendente es que, dado que estas capas o niveles individuales de energía están conectadas mediante vías o cauces de comunicación, cada una de las capas sabe lo que «están haciendo» las demás. Somos un sistema unificado de energías, y en este libro aprenderemos a sacar partido de la frecuencia común que comparten bajo la superficie, así como a despertar al increíble y glorioso hecho de que estamos conectados y formamos parte de todo un universo que está constituido por esa misma energía sutil.

Muy a menudo nos vemos tanto a nosotros mismos como a las actividades que desarrollamos como cosas independientes, separadas, aisladas; creemos que lo que hacemos o lo que pensamos no tiene efecto alguno sobre nada ni nadie más, cuando la verdad es que, a través de esta matriz, de esta red o campo unificado, *todo está conectado* y *cualquier cosa afecta a todas las demás*. En el nivel más fundamental de nuestro ser, todos somos uno. Eso significa que lo que cada uno de nosotros hace *importa*, que lo que hacemos en un área específica de nuestra vida afecta a todas las demás, y que todo lo que hacemos causa un impacto en todo lo demás y en todas las demás personas. También significa que, aunque a la mente le guste creer que es una entidad separada, aislada e independiente, los recursos de los que disponemos van mucho más allá de lo que antes pudiéramos haber imaginado.

La ciencia lleva años confirmando la existencia de esta interconexión. Una de las experiencias más relevantes para mi propia comprensión de este tema fue ver, en uno de los seminarios de mi padre, un vídeo de investigación de la Dra. Valerie Hunt, profesora emérita de Ciencias Fisiológicas en la UCLA, en el que demostraba, mediante el uso de fotografías Kirlian y electrofotografía, que el biocampo de una persona (el campo energético que hay dentro y alrededor del cuerpo) cambiaba siguiendo diferentes patrones y frecuencias en función de cuáles fuesen los pensamientos y las acciones del sujeto de estudio. Si, por ejemplo, alguien comía alimentos sanos, integrales y con alta energía, como frutas y verduras, mostraba un campo amplio e intenso; en cambio, si ingería comida basura, su campo era casi imperceptible. Cuando el perro de un sujeto de estudio entraba en la habitación, su campo energético se expandía y seguía el rastro del perro mientras este correteaba a su alrededor. Cuando una persona cantaba «Om», su campo se multiplicaba por diez. Este vídeo ponía de manifiesto que nuestro campo energético personal fluye a una cierta frecuencia vibratoria y que dicha frecuencia cambia en función de nuestra propia actividad interna (pensamientos, sentimientos, comportamientos, etc.), así como en función de aquello con lo que entramos en contacto en nuestro entorno. Hoy en día, estos hallazgos han sido validados y mejorados gracias a la investigación continua y al desarrollo de tecnologías específicas. Por ejemplo, los instrumentos de terapia de campo electromagnético, como los equipos de electroencefalografía o los dispositivos superconductores de interferencia cuántica (SQUID, por sus siglas en inglés), entre otros, pueden monitorear y medir con un nivel de detalle importante esta sustancia llamada *energía*, de la que estamos hechos y en la que, por así decirlo, nadamos.

Esta influencia o intercambio de energía funciona en ambos sentidos: el efecto en el mundo que produce nuestra energía, nuestra presencia, se manifiesta tanto en nuestro entorno como en nuestro interior. Mis amigos y colegas del Instituto HeartMath han compartido investigaciones que demuestran que podemos modificar nuestro ADN (un aspecto o frecuencia vibratoria de nuestro sistema) por medio de las emociones (una frecuencia vibratoria diferente dentro de dicho sistema). Con la ira, la rabia y el odio, las moléculas de ADN se comprimen longitudinalmente, mientras que, con el amor, la compasión y la alegría, se expanden. Por lo tanto, la frecuencia vibratoria de nuestras emociones produce un impacto directo en el cuerpo físico y en la salud.

Otro ejemplo lo encontramos en el trabajo del físico ruso Vladimir Poponin, quien en la década de los noventa demostró que nuestro ADN produce un efecto en su entorno circundante por el mero hecho de estar ahí. Se creó un espacio vacío tomando un tubo de vidrio y eliminando todo el aire de su interior hasta que no quedase nada excepto unos pocos fotones (los cuales se encuentran entre las partículas más pequeñas de materia/ energía que podemos hallar en el mundo físico) colocados al azar. Al colocar una muestra de ADN humano dentro de este vacío, los fotones respondían cambiando su disposición en función de la molécula de ADN. Incluso cuando posteriormente se retiraba el ADN del vacío, los fotones se mantenían en las mismas posiciones, lo que reveló que con nuestra mera presencia producimos un efecto en nuestro entorno. Así es cómo la humanidad ha creado la «realidad»: provocando modificaciones en la disposición de los fotones a lo largo de milenios.

Como vemos, las energías siempre están afectándose mutuamente, influyéndose unas en otras en un intercambio constante. La vibración de un campo energético determinado afecta a todas las cosas que vibran a ese mismo nivel. Aquí tenemos un ejemplo: si cogemos dos guitarras que estén afinadas entre sí y las colocamos en los extremos opuestos de una habitación, al hacer sonar la cuerda correspondiente a la nota sol en una de ellas, la cuerda de sol de la otra también comenzará a vibrar. Esta misma dinámica se da también a nivel físico entre los seres humanos, así como entre diferentes aspectos, o frecuencias, dentro de cada uno de nosotros. Los códigos energéticos te enseñarán cómo hacer que estos aspectos de tu ser colaboren entre sí para alcanzar el máximo «genio colectivo», un estado en el que cada sistema apoya y sustenta a los demás con el fin de alcanzar la mejor salud y bienestar.

Gracias a los trabajos que desarrolló en la UCLA, la Dra. Valerie Hunt fue la primera en descubrir la relación que existe entre los cambios que se producen en nuestro biocampo y la salud. Además, determinó que en realidad los problemas físicos tienen su origen en el campo energético. En sus propias palabras: «Hasta ahora, muchas dolencias humanas se han descrito como "de etiología desconocida". Es decir, que la causa de la enfermedad no se ha podido determinar y, por lo tanto, el único tratamiento posible en estos casos ha sido procurar aliviar los síntomas. Pero los síntomas fisiológicos aparecen debido a alteraciones en el campo. Si corregimos estas anomalías, los síntomas desaparecen y, con ello, nos curamos. En cambio, si tratamos los síntomas directamente, entonces, cuando alguna situación estresante agrave una vez más la energía incoherente, que es la verdadera fuente del problema, la enfermedad volverá a presentarse».

En realidad, el campo bioenergético es un patrón energético que determina lo que sucede en el cuerpo físico. Hasta existen evidencias de que una interferencia en el campo energético precede a (e incluso predice) una lesión, lo que significa que podría haber una disfunción en el campo energético del individuo y *posteriormente* este podría, por ejemplo, bajar un bordillo y fracturarse el tobillo; es decir, que ni tan siquiera los «accidentes» son simples eventos aleatorios. En realidad, todos estos estudios científicos exploran el conocimiento profundo que me ha acompañado toda la vida; un conocimiento que también está presente en ti.

Así pues, podemos resumir lo expuesto anteriormente diciendo que todo está conectado energéticamente. Los pensamientos y las emociones que elegimos tienen un impacto directo en nuestro propio ADN y en nuestra función celular. Por su parte, nuestro ADN afecta al mundo que nos rodea y, por consiguiente, causamos un impacto sobre la realidad en la que vivimos. De este modo, *creamos* la realidad dando forma a su expresión a través de las frecuencias vibratorias emitidas por los pensamientos y las emociones que tenemos. Resulta bastante increíble, ¿verdad? Y, sin embargo, cuando accedemos a nuestro conocimiento más profundo, a nuestro más hondo saber, tiene todo el sentido del mundo.

VERDAD N.º 2: TU VIDA ES UN REFLEJO DE TU ENERGÍA

La vida es un reflejo de nuestra propia conciencia. Dicho de otro modo, encontramos aquello que estamos buscando. He tenido ocasión de constatar esto en profundidad al trabajar con los cuadros sintomáticos y las actitudes de mis pacientes.

Al ser capaz de percibir de un modo activo la realidad sutil y energética que se desplegaba bajo la superficie, me fascinaba observar que los campos de energía de las personas vibraban de forma distinta conforme se ocupaban de sus quehaceres diarios. Me dediqué a estudiar a mis pacientes para ver si sus síntomas coincidían con los trastornos que percibía en sus campos de energía. En una jornada típica de diez horas trataba a unos cincuenta o sesenta pacientes, así que tuve ocasión de recopilar metódicamente una gran cantidad de información relevante.

Todo lo que veía y sentía confirmaba que somos una energía inteligente y sensible que vibra de diferentes maneras dependiendo de los pensamientos y emociones que estemos teniendo. Por ejemplo, pude constatar que, cuando alguien se sentía inspirado por aquello de lo que estuviésemos hablando, su energía vibraba de un modo resplandeciente y con gran vitalidad. En cambio, cuando alguien me hablaba de algo que «tenía que hacer» (dando a entender que lo veía como una obligación), su energía se reducía hasta volverse insignificante. También era capaz de discernir si alguien estaba nervioso o si estaba diciendo algo que no se correspondía con cómo se sentía realmente, porque en estos casos su campo energético se «bamboleaba». No es que sacase esta clase de información de su lenguaje corporal o del tono y las fluctuaciones de su voz, sino que traducía literalmente los cambios vibracionales en los colores o patrones de su campo energético.

A medida que fui teniendo más experiencia, comencé a reconocer e identificar los distintos patrones de energía. Por ejemplo, el campo energético de una persona que encajase con el patrón de «víctima», que estuviese atrapada en sus circunstancias, alguien que sostuviese la creencia de que no podía cambiar su vida o sus relaciones, se presentaba como un campo delgado que comenzaba a dispersarse y desgajarse a unos sesenta centímetros de la superficie de su cuerpo. Esto contrastaba claramente con el campo energético grueso, sólido, robusto y de más de un metro de ancho que cubría por completo a un individuo que se sintiese auténticamente seguro de sí mismo y que hubiese decidido asumir todo su poder y tomar la iniciativa. Un tercer patrón que pude identificar, si bien con menos frecuencia, fue el inmenso e intenso sistema de energía en circulación que emanaba de quienes parecían estar plenamente felices, alegres e inspirados. El campo de energía de estas personas tendía a estar centrado en su núcleo, y a veces se extendía más alto que el techo de la sala en la que estuviesen y se solapaba con el de otras personas que se encontrasen a su alrededor. Era como si pudiera ver a través de la parte física de la gente y de este modo percibir su verdadera esencia; realmente veía la actitud o la perspectiva que aplicaban en su propia vida.

Al observar una y otra vez estos tres patrones generales, me fui volviendo cada vez más consciente de la existencia de un espectro de patrones de energía y de las actitudes, perspectivas o modos de ver la vida a los que correspondía cada uno de ellos. Así es cómo llegué a descubrir el modelo del despertar. El hecho de que la energía de una persona fuese más superficial y estuviese dispersa (o, por el contrario, que apareciese integrada, fluida y estuviese centrada en su núcleo) parecía reflejar directamente —más adelante me di cuenta de que incluso *determinaba*— si esa persona vivía desde el reverso o desde el anverso del modelo. Dicho en otras palabras, cuanto más unificado en torno a su núcleo estuviese el campo energético de una persona, más despierta estaba a su verdadero poder y su verdadera naturaleza.

Esto supuso un avance sustancial y apasionante en mi comprensión de lo que hace falta para dar el salto que nos lleva de la personalidad protectora al Alma. Pensé que si pudiésemos modificar *conscientemente* nuestro patrón de energía para conseguir que dejase de estar dispersa y pasase a estar unificada, también podríamos crear *conscientemente* los circuitos que se requieren para experimentarnos a nosotros mismos como el Alma.

La energía dispersa es aquella que no fluye de un modo intenso, continuo y libre de obstrucciones. Piensa en lo que sucedería si pusiéramos un montón de piedras en una corriente que fluye rápidamente. El agua «colisionaría» y saldría rebotada en todas direcciones. Incluso podrían crearse remansos en los que el agua quedase estancada y no participase en absoluto de la corriente principal. Esta dispersión ocasionaría una pérdida de intensidad en la fuerza o momento global del agua; parte de ella fluiría lentamente alrededor de los obstáculos (que actuarían como una presa en el seno de la corriente) en lugar de moverse con rapidez. Estas piedras que impiden que el agua fluya vendrían a ser el equivalente a los «bloqueos», «atascos», «concreciones», «acúmulos» (o sencillamente, «mugre») presentes en nuestro campo energético. En conjunto, crean «interferencias», las cuales son un subproducto de ese flujo de energía lento y torpe;

un flujo incapaz de conservar el impulso suficiente para mantener la vitalidad y la buena salud en nuestro cuerpo y en nuestra vida. Esto también es un ejemplo de falta de conexiones o circuitos en la zona en la que esté bloqueado el flujo. Si estos circuitos estuviesen presentes, la energía fluiría adecuadamente. Contamos con la ayuda de la naturaleza para darle la vuelta a esta situación. Nuestra energía se parece más al mercurio, un metal líquido, que al agua. Imagina que vuelves a estar en una de las clases de Química de la escuela y que se te cae un frasquito de mercurio. Salpicaría en todas direcciones y formaría pequeños glóbulos semiesféricos. Sin embargo, cuando vas juntando estas gotitas de mercurio, se fusionan de inmediato y van formando un charquito más y más grande. Al igual que el mercurio, nuestra energía también «quiere» volver a encontrarse o reunificarse consigo misma, así que está lista para cooperar con nuestros intentos de «recomponernos».

Ahora imagínate ese mercurio líquido manando en una corriente ancha, espesa, robusta y unificada. Nuestro sistema de energía está diseñado para hacer exactamente lo mismo, pero, del mismo modo que a las pequeñas gotas de mercurio les hace falta un empujoncito en la dirección correcta, nuestra energía también necesita disponer, aunque sea levemente, de un cauce o un canal por el que discurrir. En los siguientes capítulos aprenderás a crear estos canales o circuitos y a sentir y dirigir tu campo de energía para que vuelva a fluir de forma unificada. (Hablaremos más sobre esto en el capítulo 3, donde veremos en detalle el sistema energético del cuerpo).

Esta dispersión o esta colisión de nuestra energía se produce cuando experimentamos traumas, miedos, juicios o rechazo. Sentimos un rechazo consciente o inconscientemente cuando no nos gustan los acontecimientos, lo que sucede en nuestra vida. Colisionamos siempre que estamos expuestos a algo más grande de lo que somos capaces de comprender (algo que nos sobrepasa, algo tremendamente desestabilizante o atemorizante), o cuando no podemos aceptar y procesar algo y fluir con la vida a medida que esta va sucediendo. Nuestros procesos, al igual que le ocurre a la corriente de agua que de pronto se llena de piedras, no pueden seguir funcionando de forma adecuada. La mente se detiene y la energía deja de fluir. Estas respuestas de resistencia y rechazo, por lo general en forma de pensamientos y emociones, crean acúmulos o concreciones energéticas de menor vibración dentro de nuestro sistema. Posteriormente, dado que nuestra energía es el patrón o la plantilla que determina cómo es nuestra vida, estas concreciones producen atascos y disfunciones tanto en nuestra conciencia como en nuestro mundo físico. Estos acúmulos de mayor densidad pueden presentarse como «piedras» en la corriente energética, como una tendencia a la colisión (y es fácil entenderlas de este modo), pero en realidad son más bien como puntos ciegos en nuestra conciencia, zonas o áreas (aspectos o facetas) en las que aún no hemos despertado a nuestra Alma. Cuando, mediante el uso de las herramientas de los códigos energéticos, ponemos nuestra atención en estos puntos ciegos, reintegramos esas partes o aspectos dispersos de nosotros mismos y los reunificamos con la totalidad del campo.

Mi sencilla representación del «hombre energético» muestra el campo de energía del organismo tal como yo lo veo cuando trabajo con mis pacientes. Creo que nos puede ayudar a profundizar en este concepto.

EL HOMBRE ENERGÉTICO

El sistema humano está formado por energía que fluye a muchos y muy distintos anchos de banda. Para nuestros propósitos, veremos los cinco niveles o capas primarios, comenzando desde el más externo y desplazándonos hacia el interior del cuerpo físico. Estos niveles son:

1. El cuerpo espiritual: nuestra naturaleza básica o pura energía.
2. El cuerpo mental: que comprende los pensamientos, las creencias, etc.
3. El cuerpo emocional/sintiente: que es la frecuencia en la cual sentimos y percibimos.
4. El patrón etérico: donde reside el sistema de los chakras.
5. El cuerpo físico: nuestro vehículo aquí en la Tierra.

En la filosofía del yoga, estas capas o niveles corresponden (en orden inverso) a los *koshas* o «envolturas» descritas en el Taittiriya Upanishad. Cuando comencé a trabajar con estas energías no conocía esta estructura tradicional, pero me encantó descubrir, años más tarde, que los textos antiguos validaban todos y cada uno de mis hallazgos y las prácticas que había desarrollado por mi cuenta.

De fuera hacia dentro, estas energías van siendo cada vez más densas (o más concentradas) y sus longitudes de onda se acortan. Por otro lado, cada capa tiene un impacto directo en la capa inmediatamente inferior. Hay que tener en cuenta que el primer nivel (el cuerpo espiritual o de pura energía) no solo subyace a todos los otros niveles, sino que también los impregna por completo y, en última instancia, influye en la totalidad del sistema. Incluso el denso cuerpo físico no es más que una versión comprimida del cuerpo espiritual; por lo tanto, cuando comenzamos a despertar las energías del cuerpo espiritual, todo el sistema se ve afectado. Esto activa la remisión espontánea y las sanaciones milagrosas sobre las que hemos leído o de las que hemos oído hablar, y es el propósito principal de aprender a trabajar directamente con la anatomía de nuestra energía sutil.

En el diagrama podemos ver que se trata de que la capa externa (la vibración más alta de la energía consciente; es decir, nuestra verdadera esencia como Alma) llegue al cuerpo físico completamente despierta y propiciar de este modo la presencia de esa energía consciente en nuestro núcleo. En esto consiste la encarnación, en comprimir completamente nuestra esencia, nuestra divinidad, en una forma más compacta, hasta que esta se vuelve física y podemos vivir como el Alma que en verdad somos. Las interferencias energéticas, los bloqueos o los «acúmulos de suciedad» (que pueden aparecer en las capas mentales o emocionales debido al rechazo, la resistencia a lo que está sucediendo o la incapacidad para procesar las circunstancias de la vida) impiden que esa energía pura y fundamental complete su viaje.

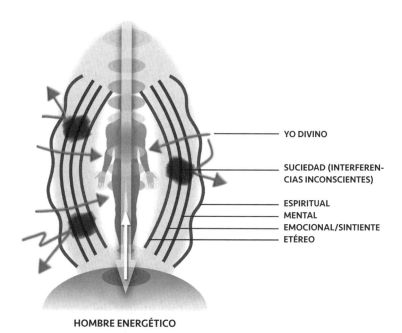

HOMBRE ENERGÉTICO

Estas concreciones de «mugre» (estos bloqueos formados por energía densa) se producen cuando la mente no es capaz de percibir nuestra verdadera naturaleza. Los bloqueos representan aquellas zonas en las que aún no hemos despertado como el Alma, y estas «zonas de colisión» son en sí mismas la personalidad protectora. Cuanto más dispersa esté nuestra energía y más acúmulos densos haya en nuestro sistema, más nos dedicaremos a buscar nuestro sentido de identidad y plenitud en el mundo exterior, lo cual solo conduce al miedo y el estrés. Por otro lado, cuanto más unificada e integrada esté la energía dentro de nuestro sistema (cuando, por ejemplo, sencillamente acogemos lo que sea que esté sucediendo en nuestra vida), mayor será nuestra capacidad para experimentar la totalidad de nuestro ser de un modo inherente y para vivir en paz y armonía independientemente de cuáles sean nuestras circunstancias externas.

UNA SORPRESA EN LA INDIA

Mi primer viaje a la India me mostró esta verdad de una forma absolutamente inesperada. Poco después de que tuviese mi primer despertar, le hablé de algunas de las experiencias multidimensionales que había vivido al asistente personal de la maestra del grupo de meditación al que acababa de incorporarme. Le expliqué que había visto otros mundos en colores que no formaban parte de este, que había presenciado cómo los tejidos «internos» de mi propio cuerpo y mi cerebro se iluminaban y se volvían visibles, que con mi visión externa había experimentado una profundidad de campo tal que hacía que me diese la impresión de que prácticamente podía ver a través de los objetos, un poco como si hubiese algo en el aire alrededor de las cosas que estuviese «bailando» en su superficie. También experimenté lo que en ese momento descubrí que se conocía como *la perla azul,* que consiste en ver la realidad a través de la lente de un estado de conciencia muy elevado. A consecuencia de esto, me incluyeron en un pequeño contingente de personas a las que la líder del grupo había invitado a su casa en la India, en la pequeña localidad de Puttaparthi, donde se encuentra una de las sedes del gurú Sathya Sai Baba y que al mismo tiempo funciona como *ashram*. Acepté encantada. Sabía que me esperaba algo grande en esta aventura en la otra punta del mundo.

Emprendí este viaje pensando que podría utilizar parte de mis propios conocimientos de sanación para ayudar a la gente que encontrase allí, a la vez que procuraba aprender tanto como pudiese sobre el nuevo reino que se abría ante mí. Sin embargo, para mi sorpresa, la gente a la que pensaba que debía ayudar poseía algo que yo aún no tenía del todo. La mayoría de los habitantes de Puttaparthi no poseían bienes materiales, ni tampoco parecían desear nada, pero todos ellos hacían gala de un alma profundamente abierta.

Toda esa gente que trabajaba en esas pequeñas tiendas, que iba por la calle caminando para visitar a otro o a comprar alimentos u otros artículos básicos irradiaba una esencia sumamente hermosa, cálida y presente, que era una delicia sentir. La conexión de corazón a corazón que se producía a través de ese contacto visual tan directo e inquebrantable era mucho más de lo que podría encontrar durante días o incluso semanas en los Estados Unidos, mi lugar de procedencia. Y, sin embargo, aquí, mirase donde mirase, ahí estaba. Estas personas estaban conectadas con lo que más importa: vivir desde el verdadero ser. Gracias a esto (y aunque les sobraban razones para no sentirse así), su campo energético no estaba lleno de acúmulos de «suciedad» que lo atascasen o empantanasen. Vivían como seres espirituales, aún seguían vibrando con la naturaleza. A pesar de sus más que evidentes carencias materiales, esta gente estaba en paz. Reconocí su presencia como un gran don, como una presencia que coincidía con la vibración que había experimentado en mi experiencia cumbre y que todos podemos sentir una vez que recordamos cómo hacerlo. En el Alma no hay impurezas o acúmulos energéticos, no hay concreciones o estancamientos. En nuestro verdadero estado, la mente es plenamente consciente de que somos perfectos, íntegros, totales, de que estamos completos. Y cuando nuestra energía adopta el patrón del Alma tenemos una experiencia continua de esa totalidad a nivel mental, emocional y físico; conocemos este estado como el bienestar o la plenitud absolutos.

Dondequiera que se hallen estos acúmulos o interferencias, ese será el nivel en el que tendremos «problemas» o donde sentiremos que nuestra vida está estancada. Si, por ejemplo, la obstrucción se encuentra en la capa mental o emocional, interpretaremos las motivaciones y las cosas que nos ocurren como si nos encontrásemos en el reverso del modelo; nos veremos inmersos en discusiones, sentiremos que tenemos la razón, y eso puede impedir que conectemos íntimamente con los demás; nos quedaremos perplejos intentando encontrar la razón por la que el mundo es tan increíblemente cruel e insensible; nos sentiremos heridos, decepcionados o desilusionados hasta el agotamiento. En resumen, nos veremos sumidos en el dolor. Puesto que las interferencias de una capa afectan a todas las capas subyacentes, las obstrucciones de los niveles mental y emocional también puede acarrear problemas en el nivel del cuerpo físico, como, por ejemplo, lesiones corporales, trastornos o enfermedades. De esto hablaba la Dra. Hunt en sus investigaciones, las cuales confirman que la conexión mente-cuerpo es una realidad.

Reconocer *dónde* se dispersa nuestra energía es clave para poder sanar y restablecer cualquier zona o cualquier aspecto «problemático» que podamos tener. En la segunda parte de este libro te proporcionaré las herramientas necesarias para descubrirlo y para integrar esa energía dispersa, de modo que puedas experimentar el bienestar absoluto que está disponible para ti.

No obstante, por el momento, lo único que quiero es que te quedes con la idea de que, cuanto más dispersa esté tu energía, más problemático, confuso y doloroso será el modo en el que experimentarás tu vida. Y a la inversa: cuanto más integrada o unificada esté tu energía, más al mando te sentirás y más relajado y alegre estarás. Y cuanto más cerca de tu núcleo puedas llevar esa energía dispersa, mayor será la capacidad y el poder personal de los que gozarás.

También quiero que sepas que inequívocamente tienes la capacidad de integrar (de sanar) aquellas partes de tu sistema que se encuentren desestabilizadas, lo que nos lleva a la siguiente verdad...

VERDAD N.º 3: ERES EL CREADOR DE TU VIDA

Un día estaba en mi despacho charlando con Karen, una de mis pacientes, antes de comenzar su sesión de tratamiento. Me contó que recientemente había sufrido un accidente de tráfico y que, a consecuencia del mismo, tenía unos dolores insoportables en el cuello y el hombro. Ya de primeras, su carácter encajaba dentro del tipo de «persona estresada», y este incidente, según sus propias palabras, «era más de lo que podía soportar». Mientras hablaba, podía ver con claridad cómo su energía se dispersaba más allá de su cuerpo, aparentemente sin estar atada a nada en absoluto. Rompió a llorar al hablarme del pánico que había sentido cuando vio que aquel camión estaba a punto de embestirla. Puse mi mano suavemente sobre su hombro y, cuando la toqué, su campo energético comenzó a asentarse un poco. Al ver esto, decidí dar por concluida la conversación y le pedí que se tumbara en la camilla.

Centré el interés en aquellas zonas en las que no fluía su energía (es decir, donde estaba dispersa o atascada) y coloqué mis manos sobre su corazón y su estómago. De inmediato, la energía de esas zonas comenzó a cambiar. Cuando empezó a prestar atención al movimiento de mis manos, la energía se volvió aún más intensa en esos lugares. Me dijo que se sentía más tranquila, y pude observar cómo su sistema se iba calmando y asentando. Cuando retiré las manos y le pregunté de nuevo por el accidente, su energía se dispersó al instante en un patrón errático, como si colisionase y salpicase en todas direcciones. Entonces le pedí que recordase lo que había sentido al poner mis manos sobre su corazón y su estómago y que intentase volver a generar esa sensación por sí misma. Al hacerlo, fue capaz de concentrar nuevamente su propia energía en su núcleo.

Todos tenemos esta capacidad para manipular o administrar la energía que fluye a través de nuestro sistema y hacer que esté más unificada. Eso es precisamente lo que te enseñan los códigos energéticos. Todos contamos también con la capacidad de dispersar inconscientemente nuestra energía mediante la clase de alimentos que comemos, los pensamientos que tenemos, la forma en que tratamos a los demás, las relaciones que establecemos, etc. Nuestras experiencias también afectan a nuestra energía, la cual, a su vez, determina nuestra siguiente experiencia. Y así, mediante este bucle de retroalimentación, es como creamos nuestra propia realidad; nosotros somos los creadores de nuestra propia vida. Esta es una de las ideas más importantes que podemos albergar respecto de nosotros mismos, y, cuando la aceptamos, nos proporciona un poder y una libertad tremendos.

¿Cómo funciona esta dinámica? Para entenderlo tenemos que fijarnos en un aspecto simple de nuestro sistema de energía: el fotón, una de las partículas más pequeñas conocidas del universo cuántico (de hecho, tan pequeña que se considera que no tiene masa). Podemos concebir el fotón como el extraordinario umbral que separa la energía de la materia. Se considera literalmente como energía, pero también se puede medir como una partícula de energía cuántica. Cuando se hacen ensayos para comprobar si es una masa física, se comporta como si lo fuese, pero, cuando los experimentos se realizan para ver si es energía, también se comporta como tal. Es decir, responde a nuestras expectativas y a nuestros pensamientos (tanto conscientes como inconscientes).

LA DENSIDAD FOTÓNICA Y EL NÚCLEO CENTRAL

Cuando hablamos del patrón de energía de nuestro cuerpo, de lo que estamos hablando realmente es de la disposición de los fotones dentro de nuestro sistema humano o biocampo. Y cuando decimos que tenemos la capacidad de manipular o dirigir nuestra energía, nos estamos refiriendo a la capacidad para desplazar los fotones, y los electrones sobre los que estos influyen (es decir, la capacidad de cambiar su disposición), dentro de nuestro campo. De este modo, el cuerpo físico se convierte en un reflejo de nuestro patrón de fotones y electrones.

Nuestra capacidad de atención es una de las herramientas con las que contamos para modificar esta disposición. Es posible que hayas escuchado decir que la atención crea la realidad. Pues bien, esta es la dinámica en la que se basa esa expresión: la *densidad fotónica* de aquello en lo que nos centramos aumenta. Dicho de otro modo, cuando fijamos la atención o la conciencia en algo, los fotones se reorganizan en el nivel energético. Al reordenarse los fotones y otras partículas subatómicas de acuerdo con ese pensamiento enfocado, nuestras intenciones se vuelven más «reales», están más presentes en el mundo físico. Por lo tanto, el objeto de nuestra atención determinará también dónde concentramos la energía y de dónde la extraemos o, dicho con otras palabras, dónde ubicamos nuestro poder creativo. Si de donde más energía extraemos es del mundo exterior, nos volveremos dependientes de ese mundo, dependeremos de él para que nos dé su confirmación y para construir nuestro propio sentido de identidad. En cambio, si nos nutrimos en mayor medida de nuestro profundo espacio central, podremos sentirnos y percibirnos en dicho espacio y tener una mayor sensación de seguridad y bienestar.

Este, dicho sea de paso, es el fenómeno que subyace en la ley de la atracción: el principio metafísico que establece que las energías de nuestros pensamientos, emociones, palabras y actos atraen energías de ese mismo tipo a nuestra vida. La clave (que casi siempre se pasa por alto) para poder manifestar de este modo está en que la disposición de los fotones y de los electrones (es decir, lo que creamos) no solo viene determinada por nuestra atención consciente (aquello de lo que somos conscientes, lo que estamos pensando o a lo que le estamos prestando atención), sino también por lo que esté sucediendo en la mente inconsciente (de lo cual, por definición, no somos conscientes). Más adelante veremos esta cuestión con más detalle.

Por ahora, puedes concebirlo de esta manera: cuando no contamos con un cierto sentido de nuestra verdadera naturaleza (nuestra auténtica plenitud, nuestra totalidad o completitud), el enfoque de la atención se dirige hacia el exterior en busca de orientación y protección. Desarrollamos la capacidad de percibir lo que hay ahí fuera, pero estamos dispersos. Para poder desarrollar esta apreciación o este sentido de nuestra verdadera naturaleza, plenitud y bienestar debemos dirigir la atención hacia el interior, hacia el núcleo, con el fin de concentrar más atención en esa zona y crear en ella un patrón cuántico más denso. Concentrando la energía de tal manera que el sistema nervioso sensorial pueda comenzar a captar nuestra verdadera presencia en el lugar en el que se halla nuestra profunda sabiduría central o esencial, podemos volver a sentirnos completos, íntegros, enteros.

La historia que te he contado sobre mi paciente Karen es un buen ejemplo de esto. Cuando se concentraba en el recuerdo de su accidente y revivía el terror que había sentido en ese momento, su energía se fragmentaba y se dispersaba hacia el borde externo de su campo. En cambio, cuando coloqué mis manos sobre ella y le pedí que pusiese en ellas su atención, fue como si la densidad fotónica aumentase en el núcleo de su cuerpo. Su sistema nervioso sensorial podía percibir que su energía estaba «volviendo a casa», lo que hizo que se calmase. Una vez que supo dónde poner su atención, fue capaz de hacerlo sola.

Una vez más, esto nos muestra la principal diferencia entre los patrones de energía de la personalidad protectora y del Alma. Como personalidad protectora no podemos sentir ni conocer nuestra completitud; puesto que la personalidad protectora se basa en la parcialidad, no nos sentimos completos ni seguros. En esta perspectiva, la mente se encuentra en un estado de miedo y temor y se dedica a escanear el mundo exterior en busca de desaires, ofensas o amenazas. La mente está enfocada hacia el exterior, por lo que la energía se dispersa hacia fuera, alejándose así del núcleo. En cambio, cuando vivimos en (desde y como) el Alma, nuestra energía se enfoca hacia dentro y se concentra en el núcleo, donde nos percibimos a nosotros mismos como seres de energía, íntegros, totales, completos.

Para poder aumentar la conciencia de nuestra Alma en nuestra vida, tenemos que ser más conscientes de ella tanto en el cuerpo como en el biocampo. Por lo tanto, lo que hemos de hacer es aumentar la densidad fotónica del Alma centrando la atención en nuestro núcleo. Queremos pasar de estar enfocados externamente a estar enfocados internamente (de mirar fuera de nosotros mismos para ver cómo nos perciben los demás a mirar dentro de nosotros mismos para sentir y percibir nuestra verdadera naturaleza). Solo entonces despertamos y nos *convertimos* en nuestra auténtica esencia.

Aquí tenemos otro sencillo diagrama que nos ayuda a ilustrar esta idea. Piensa en él como si fuese una sección transversal

de un biocampo humano, con una capa externa que contiene cantidades variables de obstrucciones energéticas o «acúmulos de suciedad» y un núcleo interno que es nuestra verdadera esencia. Cuanto más centrados y enfocados estemos en el exterior (es decir, cuanto más desplacemos nuestra energía esencial a la superficie de nuestro ser), más densidades u obstáculos permitimos y más gruesa se volverá la capa exterior, y, cuanto más prominente sea esta, más pequeño se volverá nuestro núcleo (el asiento del Alma). Por lo tanto, nuestro objetivo es doble: por un lado, eliminar los acúmulos u obstrucciones de la capa exterior y, por otro, ensanchar o aumentar la densidad del núcleo.

Esta es otra manera de ver la progresión que se da a lo largo del modelo del despertar: del estado temeroso y sintomático propio de la personalidad protectora a la vida desenvuelta, grácil y libre de padecimientos del Alma. Cuanta más dispersión o más acúmulos tengamos, menos conoceremos y, por consiguiente, menos podremos identificarnos con nuestra verdadera naturaleza y más difícil nos resultará la vida (más cuesta arriba se nos hará). Por el contrario, cuanto mayor sea la presencia energética de nuestra verdadera naturaleza, menos dispersa estará nuestra energía y menos dolores o síntomas de disfunciones tendremos.

Con los códigos energéticos aumentamos la densidad en el núcleo de nuestro ser y generamos un mayor sentido de certeza y autenticidad (el Alma) con el que poder integrar la energía dispersa y caótica de la personalidad protectora. Al modificar nuestro biocampo de esta manera, alteramos también nuestra perspectiva, nuestra fisiología y nuestra experiencia física de la vida. Todos estamos inmersos en el proceso de estar más y más despiertos a nuestra verdadera naturaleza como Alma, y eso significa que, a nivel energético, estaremos cada vez más integrados y unificados, menos dispersos. ¡Sé que a veces la vida parece contradecir esta idea, pero te aseguro que es cierta! Las verdades 4 y 5 nos ayudarán a entenderlo mejor.

VERDAD N.º 4: TU CREACIÓN (TU VIDA) SIEMPRE SE ESTÁ EXPANDIENDO

Hay evidencias de que el universo físico se está expandiendo. Tu vida y tu conciencia son parte de la creación universal, por lo que también están siempre expandiéndose. Algunos científicos, entre los que me incluyo, interpretamos que esto significa que estamos en constante evolución, que siempre estamos despertando. Esto quiere decir que todo lo que te sucede en la vida está al servicio de esa expansión y que, por lo tanto, todo lo que te ocurre juega a tu favor, es *bueno* para ti. Ya sé que no siempre parece ser así, pero, a medida que vayas poniendo en práctica las técnicas de la segunda parte del libro, empezarás a adquirir un cierto sentido de esta verdad.

Nunca elegiríamos conscientemente muchas de las cosas que nos suceden, y nos cuesta muchísimo asimilarlas y darles algún sentido, pero, cuando decimos que *nos cuesta*, nos estamos expresando desde una posición de rigidez o estancamiento en nuestro interior (es decir, estamos hablando desde el lugar en el que nuestra energía vital se dispersa y carece del impulso suficiente para seguir fluyendo). El empleo de los códigos energéticos puede contribuir a que tu mente deje de luchar, oponerse o rechazar (manteniendo así esa energía atascada) lo que sea que ocurra en tu vida. En parte, esto se consigue dándole a lo que ha ocurrido un nuevo contexto con el que poder entenderlo. Y a este nuevo contexto lo denomino la Conversación en la parada del autobús.

ELLIE DESCUBRE LO INMENSA QUE ES

Ellie, una de mis alumnas, era una mujer de cuarenta años encantadora, fuerte e inteligente, que pensaba que podía evitar que su pasado afectase a su vida. Cuando la conocí sufría de migrañas agudas y otros problemas de salud. Durante la infancia la habían hospitalizado en varias ocasiones por problemas estomacales y digestivos, como náuseas, estreñimiento y diarrea. Estos problemas siguieron estando presentes en su vida adulta. También había ganado demasiado peso y tenía dificultades para establecer relaciones íntimas y auténticas.

Desde los veinte hasta entrar en la cuarentena, Ellie creía que estaba haciendo todo lo necesario para llevar una «vida normal». En el trabajo destacaba por sus capacidades y siempre buscaba tener éxito para no sentirse tan mal consigo misma. A menudo coqueteaba con hombres solo por sentir alguna clase de conexión, y en ocasiones se veía envuelta en situaciones comprometidas por malentendidos en lo tocante al tema del sexo. Cuando le pregunté por qué creía que le costaba tanto esfuerzo sentir amor y tener un sentido de pertenencia en su vida, me contó que, cuando tenía unos cuatro años, su padre comenzó a abusar de ella. Su pediatra creía que las heridas de su cuerpo se debían a que pedaleaba con demasiada fuerza en la bicicleta. A resultas de estas experiencias, creció sin saber cómo distinguir entre lo que es auténtico y lo que no. Su personalidad protectora era experta en esconder la culpa y la vergüenza que se habían ido acumulando a lo largo de los años en sus intentos por mantener en secreto la imagen que tenía de sí misma; en sus propias palabras, se sentía «como una persona que no llega ni a la altura del suelo por el que se arrastra una serpiente».

Con veinte años, estando soltera, se quedó embarazada de un joven con el que estaba saliendo. Sentía que tenía que contarle a su familia la verdad sobre los repetidos abusos que había sufrido para mantener a su padre alejado de su hijo, y también para proteger a sus hermanos pequeños de él. Sus temores de que su familia no la apoyase resultaron ser ciertos, ya que ni su madre ni sus hermanos la creyeron. Hasta llegaron a amenazar a Ellie con ingresarla en un psiquiátrico por ser capaz de hacer falsas acusaciones tan graves.

Durante el embarazo Ellie estuvo viviendo con sus padres, así que se sentía completamente sola y desamparada. Finalmente, tomó la decisión de dar a su hija en adopción para mantenerla alejada de su padre. Empezó a hacer terapia y se esforzó mucho por estar bien. Al final, sus sobrinas admitieron ante un asesor escolar que su padre también había abusado de ellas, por lo que los Servicios de Protección Infantil interpusieron una demanda judicial contra él y fue a la cárcel, pero Ellie siguió sintiendo con gran intensidad el dolor de su pasado y este repercutía en sus actuales conflictos internos. A sus cuarenta años seguía sufriendo físicamente, estaba emocionalmente reprimida y había pasado por una serie de relaciones poco saludables, por lo que constituía el ejemplo perfecto de lo que sucede cuando vivimos desde la personalidad protectora. Ellie necesitaba ver su vida bajo una nueva perspectiva.

Una vez, dando una clase, un caballero me preguntó: «¿Cómo puede usted decir que todo está "bien" cuando vemos a nuestro alrededor tantísimo dolor, tanto trauma y abandono?». En ese momento me vino a los labios una explicación que reflejaba una serie de impresiones captadas en momentos de meditación, a la que me refiero como la *Conversación en la parada de autobús*. El enfoque que sustenta ayudó tanto a Ellie como a otros de mis alumnos. A continuación te explicaré por qué funciona:

La energía ni se crea ni se destruye. Por lo tanto, dado que nosotros mismos somos pura energía, sabemos que *siempre hemos existido* y que *siempre existiremos*. En este momento, aunque estemos en esta dimensión terrenal viviendo una experiencia física, sabemos que esta materialidad nuestra no es lo único de lo que estamos hechos. Nuestra energía (nuestro espíritu) es nuestro verdadero ser, nuestra verdadera identidad; cuando dejemos el cuerpo y abandonemos este plano de la existencia seguiremos siendo lo que en verdad somos. Vernos a nosotros mismos a la luz de este contexto cósmico hace que nos planteemos lo siguiente: ¿y si el hecho de que tengamos este cuerpo y estemos aquí, en este planeta, no es un simple evento aleatorio, sino un medio para poder experimentar esta otra realidad mayor como el Alma que somos? Y, si así fuese, ¿cómo explicaría esto lo que hemos experimentado en la vida hasta la fecha? Ahí es donde entra en juego la Conversación en la parada del autobús.

LA CONVERSACIÓN EN LA PARADA DEL AUTOBÚS

Imagina que estás en una parada de autobús cósmica, donde tú y los demás hacéis una breve pausa entre un viaje al plano físico y el siguiente. Mientras esperas, empiezas a conversar con las otras almas con las que te encuentras. Intercambiáis impresiones sobre vuestros planes y lo que esperáis hacer en vuestra vida en la Tierra. Les cuentas lo que deseas aprender, cómo te gustaría crecer y madurar, qué quisieras experimentar ahí como medio para revelarte a ti mismo tu propia y verdadera naturaleza divina como el ser de energía y el creador de tu propia vida que eres.

—A mí me gustaría profundizar en mi sabiduría —dice una de las otras almas.

—Yo voy a aprender a ser más valiente —declara otra.

—Pues yo quiero experimentar lo que es amar incondicionalmente —comenta una tercera.

—¿Y tú? ¿Qué vas a hacer allí? —te pregunta alguien. A lo que tú podrías responder:

—Pues voy a tener un montón de experiencias en las que poder despertar. Quiero conocer plenamente mi capacidad para perdonar. Sí, en esta ocasión he optado por tener una experiencia del perdón del máximo nivel. No un leve atisbo o una pequeña muestra. No; ¡esta vez voy a poner toda la carne en el asador!

—Un perdón del máximo nivel... ¡Vaya! De acuerdo, pero ¿cómo lo vas a conseguir? —te pregunta otra alma.

—Bueno, no estoy del todo seguro. Supongo que alguien tendrá que hacerme algo que sea... casi imperdonable.

Uno de tus compañeros de parada te formula la pregunta obvia:

—¿Qué te haría falta para eso?

—Bueno, pues... Alguien tendría que hacer algo como empinar el codo más de lo debido en la hora feliz de un bar, ponerse al volante, salirse de su carril en la carretera y chocar de frente contra mi coche. Para exagerarlo aún más, tendría que quitarles la vida a todos los miembros de mi familia, o dejarme paralítico. Tiene que ser algo que se pudiese haber evitado, una completa irresponsabilidad por parte de alguien.

»Después, tras muchos años de dolor, ira y sufrimiento, más intensa si cabe debido a mi incapacidad para perdonar, me sumergiré en lo más hondo de mi corazón y ahí descubriré una capa más profunda de mí mismo, una capa que jamás hubiese podido llegar a conocer en otra circunstancia. Y, así, lograré perdonar finalmente a la persona que me hizo eso.

Haces una pequeña pausa y te das cuenta de que ese lugar, la parada de autobús, te ofrece una fantástica oportunidad para reclutar a otras personas que te ayuden a conseguir lo que quieres en tu vida terrenal:

—¿Quién quiere ayudarme haciendo de conductor? —preguntas, pero nadie se ofrece voluntario.

—Venga, ¿quién se anima? —les suplicas—. Llevo esperando una eternidad para tener esta oportunidad de evolucionar. Os lo pido por favor. ¿Puede alguno de vosotros hacerme el favor de ayudarme a no dejar pasar esta oportunidad?

Finalmente, alguien interviene:

—Yo lo haré. Está claro que significa mucho para ti. Además, también me vendrá bien con mi propia misión, pues yo tengo que aprender a perdonarme a mí mismo.

—¡Genial! Muchísimas gracias. Me conmueve profundamente que estés dispuesto a hacer esto por mí. Bueno, pues nada, supongo que... ¡nos vemos en la Tierra!

Y emprendes tu viaje, listo para abordar la más grande e importante tarea que tu ser ha realizado hasta ahora.

————

Por supuesto que la Conversación en la parada de autobús no es más que una metáfora para que comprendas que tu propia energía trabaja para disolver las ilusiones que te hacen creer que eres un yo separado. Así (considerando nuestras circunstancias de un modo menos personal e interpretándolas como un proyecto que nos va a permitir volver a conectar) es como conseguimos deshacernos de nuestra tendencia a interrumpir el flujo natural de la vida. Al considerar nuestra propia vida a través de esta perspectiva más amplia, nos damos cuenta de que en realidad somos unos seres de lo más sorprendentes, pues hemos creado exactamente lo que necesitamos para nuestra propia expansión, para lograr el crecimiento que deseamos y para descubrir el verdadero alcance de nuestra belleza, fortaleza, bondad, valor, capacidad para amar, etc. (en otras palabras, los muchos y muy variados aspectos de nuestra propia magnificencia).

¿Te das cuenta de que esto nos proporciona una forma de ver las cosas que ocurren en nuestra vida que realmente nos capacita y nos empodera? ¿Ves hasta qué punto elimina cualquier sentido de victimismo, cualquier aspecto propio del reverso del modelo, al pensar en nuestras experiencias? He puesto un ejemplo bastante crudo e intenso porque esa es la forma en la que miles de personas se han transformado en las clases que he dado por todo el mundo. A nivel energético, y con el fin de sanar, generará un espacio que te brinda la oportunidad de abrir el corazón a tu propia Conversación en la parada de autobús.

De este modo, empezamos a ver la vida de una manera nueva: «Muy bien, hasta ahora he estado procurando afrontar las situaciones negativas de la mejor forma posible, pero ¿y si en realidad yo mismo he *generado* esas situaciones para así poder despertar a algo, volverme consciente de algo más respecto a quién soy realmente? ¿Y si, en algún nivel superior, yo mismo he *solicitado* tener esta experiencia para poder explorar una parte hermosa, poderosa y magnífica de mí mismo de la que antes no era consciente?

Esta revelación nos libera y nos fortalece de un modo increíble. Llegados a este punto, te invito a hacer una pausa para tomar aliento, y luego pasaremos a explorar la inspiradora verdad n.º 5 de los códigos energéticos.

VERDAD N.º 5: EL PROPÓSITO DE TU VIDA ES DESCUBRIR TU CAPACIDAD CREADORA

Verte a ti mismo como creador y penetrar en tu verdadera naturaleza como Alma no significa que vayas a dejar de tener dificultades o que ya no vayas a experimentar algunas emociones dolorosas. Sin embargo, cuando ves tu vida desde esta perspectiva y eres consciente de que todo lo que ocurre en ella está a tu servicio, descubres que no tienes ninguna necesidad de añadir más sufrimiento innecesario al dolor. Ya no interpretas lo que te ocurre a nivel personal como algo negativo o limitante respecto de ti mismo, los demás o el mundo. Dejas de crear esos acúmulos y obstrucciones energéticos que te hacen sentir frustrado, atascado. Ya no operas desde ese punto de vista que te hace creer que eres inferior, que no estás a la altura de ese poderoso creador para quien la vida es benevolente y se desenvuelve perfectamente y de acuerdo con el plan establecido. El mero hecho de tomar la decisión de creer en lo que refleja la Conversación en la parada de autobús te ayuda a ubicar tus experiencias (tanto las dolorosas como las alegres) en el mejor contexto posible y te deja libre para que puedas avanzar de la manera más positiva.

Ellie es un muy buen ejemplo de este cambio de perspectiva. Al comprender que las difíciles circunstancias de su vida y los retos a los que tuvo que hacer frente para encontrar su propia voz estaban al servicio de la evolución de su alma, no solo se mostró agradecida por cómo se habían desarrollado los acontecimientos, sino que también comenzó a ser consciente de su propia grandeza, de lo inmenso que era su ser real. Ahora se veía a sí misma como la creadora de toda su experiencia de vida y, por lo tanto, se encontraba en el anverso del modelo con respecto a las mismas cosas que anteriormente la habían atormentado y causado tanto dolor. Lo que entendemos por *perdón* (desprendernos de nuestros sentimientos de ira, enojo y resentimiento hacia otra persona a la que vemos como alguien que nos ha perjudicado o causado algún daño) se produjo de manera perfecta y automática cuando fue consciente del propósito al que servían los sucesos de su vida y, en consecuencia, ya no era ni siquiera necesario pasar de forma consciente por el proceso de perdonar.

Después de esta epifanía, Ellie sentía un gran interés por usar las prácticas de los códigos energéticos (que tú mismo podrás aprender en la segunda parte del libro) con el fin de disolver cualquier residuo que pudiese quedar de sus experiencias pasadas y vivir cada vez más como su Alma. El resultado de su práctica ha sido el restablecimiento, la recuperación y la sanación en todas las facetas de su vida: los dolores de cabeza y los síntomas de trastornos digestivos han desaparecido, ha perdido casi cincuenta kilos (y sigue bajando peso) y ahora disfruta de relaciones llenas de amor y confianza tanto con su familia como con otras personas.

Puesto que de niña yo misma he sido durante años víctima de abusos sexuales por parte de uno de los miembros de mi familia, sabía exactamente cómo guiar a Ellie en su trabajo con los códigos energéticos. Esas experiencias precoces me provocaron una enorme confusión sobre el auténtico significado de la confianza, el amor o la verdadera conexión con el mundo exterior, y puesto que mi acosador me amenazó advirtiéndome que, si alguna vez se lo contaba a alguien, sería muy malo para mí, durante décadas fui incapaz de expresar mi verdad sobre muchos otros aspectos de mi vida. Más adelante puse en práctica los principios de los códigos para materializar en mi propio cuerpo los dones y las enseñanzas que encerraban esos sucesos, y ese es, al menos en parte, el motivo de que pueda afirmar con tanta convicción que los códigos funcionan. De hecho, ahora me siento agradecida por el horrible comportamiento de ese miembro de mi familia, ya que eso ha sido lo que me ha permitido ser consciente de mi capacidad para perdonar y me ha revelado el profundo interés que ahora tengo por ver lo bueno de las cosas. También fue uno de los principales factores que me empujaron a buscar respuestas más allá de lo que mi vida y mi entorno anteriores podían ofrecerme. Hizo que me lanzase a la búsqueda de respuestas y, en última instancia, contribuyó a que desarrollase los códigos y a que escribiese este libro.

Ahora, cuando echo la vista atrás y analizo mi vida desde el lugar que ocupo actualmente (es decir, con el enfoque propio de la integración del anverso del modelo), veo claramente las diferentes perspectivas desde las que he vivido, desde aquellos momentos en los que me sentía por completo víctima de mis circunstancias, hasta ser completamente libre y estar totalmente empoderada. Desde esta nueva posición ya no siento que haya un mundo exterior ajeno a mí que ponga experiencias en mi camino y que me controle; ahora resulta obvio que todas las experiencias que he tenido en la vida han emergido *a través* de mí y que, en última instancia, provienen de mí y han sido para mi propio beneficio. Para mí resulta evidente que he sido yo misma quien las ha puesto ahí, como si fuesen miguitas de pan que fuese dejando por el camino para guiar a la parte escindida y limitada de mi ser hacia el descubrimiento de mi yo mayor, de mi espléndida y majestuosa identidad como creadora.

Esta comprensión, que he tratado de reflejar en la Conversación en la parada de autobús, también fue lo que me capacitó para perdonar a mi padre por las decisiones que había tomado en su testamento y seguir adelante con amor, lo que a su vez me permitió realizar contribuciones adicionales a su propio trabajo. A pesar de lo dolorosa que me pareció en un primer momento, a la larga, aquella experiencia resultó ser uno de los mejores aprendizajes que he recibido sobre mi propio poder y capacidad personal. Descubrí que no necesito ninguna validación externa para vivir (y sentirme) como la mejor versión posible de mí misma. Independientemente de lo que pase en el exterior, mi Alma está intensamente presente en todas y cada una de las capas de mi ser. Siempre amé y sigo amando a mi padre profundamente, y ni tan siquiera su decisión de excluirme del testamento fue capaz de resquebrajar la certidumbre que tenía sobre mi propio valor, mi poder y mi capacidad como creadora de mi propia vida. Saber esto, y vivirlo de verdad, es lo más profundo que puede haber. Cuando somos capaces de perdonar a quienes nos han hecho daño porque sabemos que jugaron un papel en nuestra liberación y expansión final, y que hemos sido nosotros mismos, como creadores de nuestra propia vida, quienes hemos solicitado tener esta relación con ellos en la parada de autobús cósmica, es cuando verdaderamente vemos la vida desde el anverso del modelo. Esto no significa que tengamos que culparnos a nosotros mismos por lo que muy bien pudiera ser una gran cantidad de dolor o de trauma, sino que más bien nos está señalando nuestra verdadera grandeza. Si el soporte que buscabas no ha llegado a manifestarse, tal vez sea porque, en realidad, no lo necesitas. Si no has recibido algo que querías, o algo que te hubiese hecho la vida más fácil, quizá se deba a que eres lo suficientemente poderoso como para crearlo por ti mismo. O si te ha ocurrido algo tremendamente doloroso, tal vez haya sido para mostrarte tu verdadera envergadura, para hacerte ver lo grande que eres, ya que, puesto que eres el universo mismo, nada puede ocurrir que sea más grande que tú. Tal vez has venido aquí para volverte consciente de eso.

Te invito a que te detengas un momento a considerar esta idea. Cuando yo lo hice, me cambió la vida para siempre.

Es importante darse cuenta de que las solicitudes que se hacen en la parada de autobús cósmica no son nada específicas; no podemos conocer los detalles exactos de cómo se manifestará la oportunidad que buscamos en nuestra vida. Incluso el ejemplo que he puesto de buscar una capacidad de perdón del máximo nivel posible no es más que algo teórico; hemos hecho referencia a cómo *podría* ocurrir, pero no a cómo *ocurrirá* en realidad. Pero ten la seguridad de que, como la pura conciencia misma que somos, siempre se nos proporciona lo que necesitamos para crecer del modo en que pretendíamos hacerlo cuando vinimos aquí (y, casi siempre, será algo que en principio no nos parece que pudiésemos haber elegido conscientemente). Cuando Ellie acudió a mí, un factor muy importante para su crecimiento fue darse cuenta de que ella no había pedido ni creado en la parada del autobús los abusos que sufrió. En lugar de eso, lo que solicitó o creó fue la oportunidad de poder tener una experiencia del perdón tan intensa como fuese posible, y descubrir de este modo su auténtica capacidad para amarse incondicionalmente tanto a sí misma como a los demás.

Hay ocasiones en las que la Conversación en la parada de autobús cósmica trata sobre asuntos mucho más duros que otros de menor importancia, como no contar con el apoyo de nuestra familia o tener que soportar a un jefe complicado en el trabajo. ¿Por qué algunos vivimos experiencias tan descomunales de pérdida, abuso o enfermedad? Pues porque los grandes seres se embarcan en proyectos realmente ambiciosos, y se lanzan a ellos de inmediato. Los grandes seres piden en la parada del autobús que les ocurran cosas muy intensas sencillamente porque otras circunstancias más leves, más tenues o menos relevantes no son suficientes para manifestar la auténtica grandeza de un alma tan antigua y bregada. Hace falta un verdadero reto, un desafío realmente mayúsculo y tremendo, para sacudir los cimientos de un ser que ya tiene en su haber muchas y muy variadas experiencias terrenales. Puesto que esta clase de seres son capaces de gestionar y solventar los problemas menores sin la menor vacilación, solicitan que les ocurran «grandes cosas», como las que le sucedieron a Ellie, con el fin de tener ocasión de profundizar y así descubrir toda su magnificencia.

TRABAJAR EN EL NIVEL DE LA ENERGÍA
Y NO EN EL DE LA HISTORIA PERSONAL

Hasta que no entendemos la dimensión espiritual y energética de nuestra experiencia física, simplemente vamos por la vida siguiendo la ruta que nos marca nuestra historia personal (es decir, creyéndonos los dramas que ocurren en el exterior o en la superficie de la vida, sin ser conscientes del plan cósmico que se oculta tras estas historias). Yo me refiero a esta ruta determinada por los relatos y las historias personales diciendo que es «vivir como si fuésemos coches de choque». Mientras que la vida siempre está en expansión y al servicio de nuestro propio despertar, nosotros nos dedicamos a crecer «a base de golpes», a madurar por medio de fricciones (el dolor psicológico y las lecciones vitales que aprendemos a un alto precio) como medio para descubrir nuestra verdadera esencia. Pasamos muchísimo tiempo experimentando aquello que es falso sobre nuestra identidad con la esperanza de poder descubrir de algún modo lo que es real, auténtico y verdadero. Como los coches de choque de los parques de atracciones, nos damos de bruces con algo, retrocedemos, giramos un poco el volante y volvemos a avanzar; luego nos topamos con alguna otra cosa y volvemos a hacer lo mismo... Y así constantemente. Mediante este penoso proceso de eliminación, vamos dilucidando lo que creemos que es verdad.

Pero, una vez que entendemos realmente lo que implica la Conversación en la parada del autobús cósmica, adquirimos la plena capacidad de operar y colaborar con la vida de un modo absolutamente sorprendente. Cuando reconoces que tú mismo eres el creador de tu vida y asumes conscientemente ese rol, pasas a una nueva posición de poder y autoridad (por así decirlo, pasas de estar sentado en el asiento trasero del coche, tratando torpemente de conducir desde la distancia, a estar firmemente sentado en el asiento del conductor). Esto te ayuda a enfocarte y poner todo tu esfuerzo conscientemente en evolucionar y avanzar hacia la plenitud, en lugar de tratar de resolver de forma inconsciente las cosas desde tu historia personal (lo que implica meses o incluso años de tener que ir vadeando el dolor y el estancamiento); te permite pasar directamente a trabajar en el nivel de la energía, donde esa misma tarea tan solo te lleva unos minutos, horas o días. Como seguiremos viendo, en el nivel de la energía es donde tenemos la capacidad de cambiar de forma rápida, efectiva y sostenible.

Cuando tú mismo sientas que de verdad has «captado» en tu interior lo que trata de explicar la Conversación en la parada del autobús cósmica, descubrirás que, en el mismo momento en el que se produce la aceptación y la realización, se pone en marcha el proceso que te libera verdaderamente del miedo y de la falta de conciencia y que te hace comenzar a lograr de forma consciente el propósito de tu vida. Te pones a trabajar en la disolución y resolución de los bloqueos y acúmulos creados por los traumas y otras dificultades, y comienzas a hacerte una idea de lo que estos te revelan sobre tu verdadero ser. Y, lo que es más importante, te estarás colocando a ti mismo en las inmediaciones vibratorias en las que puede darse la verdadera iluminación. Abandonarás los confines de la perspectiva limitada a lo tridimensional y comenzarás a prepararte para acceder y sentir el ámbito multidimensional de lo Divino.

Cuando recordamos que la historia personal se corresponde con el nivel de los síntomas, y que el nivel en el que se encuentra la causa real de lo que nos está sucediendo en la vida es el de la energía subyacente que, por así decirlo, fluye por debajo de dicha historia, comenzamos a entender de verdad que donde tenemos una mayor capacidad para producir cambios es ahí, en el nivel de la energía. La ruta de la historia personal siempre es más difícil. ¿Por qué? Porque una vez que la mente crea una historia, se identifica y se aferra a ella (lo que ofrece a la mente un falso

sentido de orientación, de afianzamiento o arraigo). Entonces la
mente convierte esa historia en «buena» o «mala», lo que le agrega otro nivel de energía más y hace que tengamos que pasar por
un proceso añadido en la búsqueda de una solución. Sin la historia somos libres de realizar cambios eficientes y sostenibles en
el flujo de energía, lo que a su vez nos proporciona una nueva y
rejuvenecedora energía con la que vivir.

Pronto veremos en detalle cómo lograr este objetivo, pero
por el momento tu tarea es comenzar a ver tu propia vida como
si no estuviese llena de problemas a los que sobrevivir o a los
que reaccionar. En lugar de eso, considera cada «problema» como
un proyecto. Las cuestiones o los aspectos de tu vida en los que
haya problemas o dificultades no son cosas que «estén mal», que
de algún modo sean «defectuosas» o estén «estropeadas» y, por lo
tanto, necesiten ser sanadas o reparadas, sino preguntas cuyas
respuestas han de liberarse y surgir de lo más hondo de tu ser,
respuestas a las que tienes que permitir que se eleven hasta un
nivel en el que puedas ser consciente de ellas. Todas las concreciones o acúmulos de tu sistema son fragmentos de tu propia
magnificencia que se han escindido y han formado un embolsamiento. Todos ellos contienen en su seno una parte especial de
tu completitud que te hará sentir más cómodo en tu interior y
en el mundo. En última instancia, cuando estos embolsamientos
se abran y vuelvan a conectarse con el flujo de tu sistema, tu mayor y más profunda abundancia se elevará hasta el nivel consciente de tu vida y revelará de este modo un sentido de inspiración, de exaltación, de creatividad, de asombro y maravilla: una
vida absolutamente mágica.

———

Antes de que comiences a trabajar en el nivel de la energía
para transformar tu vida tienes que saber algunas cosas más sobre tu sistema de energía: cómo es, qué aspecto tiene, cómo fun-

ciona y de qué herramientas dispones para trabajar con él, con el fin de generar una transformación positiva y sostenible. Por ello, en el siguiente capítulo vamos a hacer un breve recorrido por algunos conceptos básicos de medicina bioenergética. Posteriormente, en la segunda parte del libro, veremos a fondo el programa de los códigos energéticos y dejaremos atrás la teoría para comenzar a encarnar nuestra verdadera esencia como el Alma.

CAPÍTULO 3

Tu yo invisible: principios básicos de bioenergía

IMAGINA QUE LLEGAS A ESTE MUNDO como un ser de energía. Hace un momento acabas de terminar de conversar en la parada del autobús cósmica y ya te has subido al autobús. Lo siguiente que sabes es que aterrizas con fuerza y de un modo algo desmañado en este plano de la existencia. Tu energía se dispersa en todas direcciones y te conviertes en una versión fragmentada de tu yo original, lo que te deja sin recursos para manejarte en este nuevo mundo. Eres un claro caso de «amnesia cósmica»; es decir, en realidad no sabes quién eres. Al carecer de un sentido de verdadera identidad, lo único que puedes hacer es guiarte por lo que encuentras aquí, en el plano físico, por lo que no tardas en desarrollar un nuevo yo (un yo falso). En un intento por darle sentido a tu vida tal como la experimentas ahora, tu mente empieza a crear historias sobre por qué te sientes perdido, quién te hizo así o qué significan tus circunstancias con respecto a ti mismo, los demás o el mundo. Estos relatos, que en tu mente no tardan en convertirse en creencias, resultan muy limitantes en comparación con la verdad de tu naturaleza esencial.

La humanidad entera pasa por esta caída, por esta falta de identidad. Nuestro destino colectivo es integrar o recomponer esta energía dispersa y despertar de nuestra amnesia cósmica para recordar («remendar») nuestra verdadera realidad. Por eso me refiero a la vida como el proyecto Despertar. El propósito de vivir es manifestar cada vez con más intensidad la energía de mayor frecuencia, propia del Alma (es decir, continuar el proceso de encarnar cada vez más en el cuerpo la totalidad de nuestro ser espiritual), para así poder conocer y experimentar aquí en la Tierra nuestra plenitud, nuestra totalidad. A medida que vamos integrando en nuestro sistema todos los aspectos dispersos de nuestra energía, creamos nuevos circuitos y nos expandimos, lo que nos permite tener una experiencia mucho más amplia de nosotros mismos. Una vez que nuestra energía vuelve a estar unificada, sabemos quiénes somos realmente y desaparecen todos esos dolores existenciales que nos hacen sentir inadecuados, defectuosos, como si nos faltase algo esencial. Nos sentimos «completamente completos».

NUESTRO SISTEMA ESTÁ DISEÑADO PARA REGENERARSE

La buena noticia es que ya te estás dirigiendo hacia este estado de integridad y plenitud. Tus sistemas han sido diseñados para avanzar hacia esta integración y te han estado dando pistas (mediante la producción de síntomas que demandan tu atención) para hacerte saber en qué partes de tu ser hay dispersión. Es posible que tu mente tan solo vea estos síntomas como problemas, complicaciones o patrones de comportamiento poco saludable (como sabotear tus relaciones, negar tu propia responsabilidad en los desacuerdos o alejarte de cualquier clase de intimidad). Cosas como la pérdida repetida de puestos de trabajo, problemas financieros interminables o patrones recurrentes de dolores físicos pueden ser factores que estén ahí para incitarte a que tomes conciencia de tus desequilibrios. Otros síntomas pueden ser dolores de cabeza o de espalda, o problemas digestivos crónicos y persistentes. Todos estos factores indican que hay mucho más aguardándote y disponible de lo que has aceptado.

Esta clase de síntomas continúan produciéndonos dolor hasta que de algún modo conseguimos resolverlos o hacer las paces con ellos, lo que por lo general suele ocurrir únicamente si comprendemos el propósito al que sirven. Cuando los resolvemos, tenemos acceso a toda una serie de cualidades de mayor frecuencia que son consustanciales a nuestra verdadera naturaleza, como el valor, la capacidad para perdonar, la compasión, el amor, la creatividad, la aceptación y la alegría. Pasar por situaciones difíciles es lo que progresivamente nos hace expresarnos cada vez más como el verdadero ser espiritual que somos.

También aparecen síntomas o indicios en el nivel de la energía interna. Llevas toda tu vida experimentándolos, quizás inadvertidamente. Se presentan como cambios de energía que generan sensaciones corporales (un nudo en el estómago o en la garganta, o una tensión en la mandíbula, como respuesta ante una crítica, un evento próximo o un pensamiento sobre algo o alguien de tu pasado...). Son los escalofríos que te recorren la espina dorsal, la piel de gallina en los brazos o el tembleque que te entra en las piernas cuando alguien te pide que hagas algo para lo que no te sientes preparado.

Estamos mucho menos familiarizados con enfrentar o abordar la vida en este nivel de sensación/energía de nuestro cuerpo, pero lo cierto es que es el camino más fácil y rápido hacia la sanación, la plenitud y la integridad, porque a nivel energético no hace falta que descubramos qué se necesita para resolver nuestros problemas antes de que estos comiencen a cambiar. Lo que opera aquí es una inteligencia que está por encima de la mentalidad lógica, racional y estratégica, y esa inteligencia es la que nos guía hacia la sanación, el restablecimiento y la integridad. Y la verdad es que la mente no tiene por qué saber de forma consciente de qué modo opera nuestro sistema. Permíteme que comparta contigo un par de experiencias personales para ayudarte a comprender lo que quiero decir.

OTRAS SORPRESAS EN PUTTAPARTHI

En Puttaparthi, el pequeño pueblo en el que residía el gurú Sai Baba y en el que se encontraba uno de sus *áshrams*, tuve otras sorpresas de lo más impactantes. Todos los días, mis compañeros de viaje y yo íbamos al *áshram* y nos sentábamos durante horas en un duro suelo de mármol para meditar junto con otras diez mil personas ahí congregadas que aguardaban la llegada de Sai Baba. La verdad es que a mí, que era nueva en este mundo de la meditación y el estudio espiritual, esto me resultaba de lo más incómodo. Las calles estaban polvorientas y llenas de basura, las gentes del lugar estaban sucias y desaseadas, la comida me resultaba desconocida y aquellos olores tan punzantes e intensos se clavaban en mis sentidos. De no ser por lo lejos que estaba de casa y por las extraordinarias experiencias que había tenido meditando antes de que me invitasen a ir a la India, lo más probable es que me hubiese ido a los pocos días, pero algo me mantuvo allí.

Un día, en lugar de ir al *áshram* a sentarnos como de costumbre, mis compañeros y yo nos quedamos en el apartamento de nuestra maestra, que estaba ubicado justo encima del propio *áshram*. Las ventanas daban al patio por el que Sai Baba pasaba caminando lentamente cada mañana al dirigirse al salón principal. Ese día en concreto había una celebración para las mujeres del *áshram*, por lo que, en lugar de hacer el recorrido habitual, Sai Baba dio la vuelta y se dirigió a la zona que quedaba justo bajo la ventana a la que nosotros estábamos asomados en el tercer piso. Cuando ya casi había alcanzado el final de la alfombra roja que se había dispuesto para él, se detuvo frente a una comitiva de miles de mujeres y levantó las manos en un gesto de bendición.

Yo, que me sentía un poco escéptica ante toda aquella extravagante devoción y adoración, me limitaba a observar. Entonces ocurrió algo de lo más extraño. En el mismo momento en el que Sai Baba elevó sus manos, ¡las mías se elevaron también! Fue literalmente como si las hubiese levantado una entidad ajena a mi mente o a mi voluntad. De repente, noté un ardor muy intenso en el pecho, una gloriosa sensación de plenitud prendió en mi interior y me sentí ligera como una pluma. Un segundo después, una ola de energía me golpeó en el pecho con tanta fuerza que me echó hacia atrás y me hizo perder el equilibrio. A Julia, otra mujer de nuestro grupo que era una gran sanadora energética, le ocurrió lo mismo. Cuando las dos nos echamos hacia atrás trastabillando, nos miramos sin poder dar crédito a lo que nos estaba ocurriendo.

De pronto estaba ardiendo, encendida, ruborizada. Julia me ayudó a sentarme apoyándome en una de las paredes del apartamento. Tras unos breves instantes, toda la habitación se volvió de un rojo brillante que me impedía ver nada más, como si alguien hubiese encendido un reflector gigante. Después cambió a naranja, amarillo, verde, azul, añil, violeta y, finalmente, blanco. Más tarde me di cuenta de que cada vez que experimentaba un nuevo color también aparecía en mi interior una sensación emocional concreta. Cuando el color rojo inundó la habitación experimenté una profunda sensación de pertenencia. Cuando todo lo que me rodeaba quedó teñido de naranja, la sensación pasó a caracterizarse por ser reconfortante, sabia, como un saber o un conocer que me hacía sentir conectada. A esto le siguió una sensación de premura, rapidez y claridad cuando la habitación se tornó amarilla.

Entonces todo lo que percibía se fundió en la más encantadora y adorable sensación de calidez y asombro a medida que el espacio a mi alrededor comenzó a resplandecer en una amalgama de todos estos colores. Un «amoroso» rosado-anaranjado empezó a transformarse en un fulgor de tonos dorados, luego adquirió un matiz verdoso, y lo siguiente que sentí fue que el amor me envolvía por completo en su cálido abrazo. A medida que mi entorno se fue asentando en esta presencia amorosa, la luz se fue volviendo más intensa. Era como mirar por unos prismáticos puestos del revés; una sensación de concentración, de enfocar de forma exagerada mi visión interna; un sentido de «causación», de generación o creación impregnaba todo mi ser. Fue como una aceleración, como una precipitación, y me daba la sensación de que era algo que ya había hecho miles de veces antes. Entonces un brillante azul cobalto iluminó el espacio. Sentía al mismo tiempo frío y calor en el centro de la cabeza, y como si el espacio dentro de ella se extendiese a una distancia de años luz. Llegado este momento, ya no pude distinguir los límites de mi ser. Una luz violeta relampagueó intermitentemente y yo permanecí ahí un rato, con la sensación de estar sentada en un inmenso vacío. Finalmente, desaparecí en una vasta blancura durante lo que me pareció ser bastante tiempo, vibrando en un estado de felicidad tan absolutamente incluyente que muy bien podría haberme quedado ahí para siempre. Sentía como si algo me estuviese llevando con su aliento hacia mi totalidad, hacia la completitud y la plenitud de mi ser.

Cuando abrí los ojos, la habitación estaba vacía. Mis compañeros habían tenido la gentileza de dejarme ahí para permitir que se diese este proceso. Este episodio hizo que nos resultase más que evidente, no solo a mí, sino también a algunos otros de los presentes, que ese reino tan profundo de mi interior que había comenzado a abrirse en mi lugar de origen seguía desplegándose. Ahora veía este asombroso mundo de las energías de una manera completamente distinta; la energía se desplazaba y mi conciencia la seguía como si eso fuera lo único que existiese. De hecho, era como si yo misma fuese esa energía. Más adelante aprendería que podía abrirme a este estado a voluntad, y que también podía conectarme con otros a través de esta increíble matriz oculta que constituye la base de nuestro ser. Y, más tarde aún, comprendería que todos somos capaces de hacer esto mismo.

En todo caso, esto fue un suceso involuntario y no algo que yo hubiese intentado generar intencionadamente o para lo que hubiese estado ejercitándome. Tanto este como otros momentos de apertura que experimenté fueron espontáneos, sucedieron sin ningún esfuerzo por parte de la mente. Si bien esta falta de esfuerzo mental acabaría convirtiéndose en una parte importante de mi trabajo que me permitiría ayudar a miles de personas, en ese momento simplemente me limité a disfrutar del viaje.

YOGA NOCTURNO

Cuando volví de la India, mi viaje hacia el reino energético se aceleró. Día y noche me encontraba inmersa en un flujo continuo de nuevos «sucesos». De hecho, me encontré a mí misma viviendo permanentemente desde un nivel energético: veía y sentía cómo se movía la energía antes de que mis propios pensamientos me resultasen obvios. No era algo que estuviese tratando de crear o de conseguir; simplemente lo observaba. Se trataba de algo completamente ajeno al uso normal de mi mente racional y pensante. Por ejemplo, me despertaba en medio de la noche con el cuerpo en posturas extrañas que después no era capaz de reproducir. Me sentía inmersa en algún patrón o forma de energía desconocida, y, durante el sueño, mi propio sistema de energía se alineaba con él. Era de lo más misterioso, pero también maravilloso, porque mi cuerpo se estaba curando es-

pontáneamente de la escoliosis que había padecido desde que
nací, así como de las migrañas relacionadas con el estrés y con
los propios problemas estructurales de los desajustes de mi columna.

Estos episodios nocturnos siguieron produciéndose, y yo comencé a reconocer en esos patrones de energía las expresiones
de las geometrías sagradas conocidas como *posturas de yoga*. Empecé a ser capaz de reproducir durante el día lo que mi cuerpo
había hecho de modo natural por la noche. El yoga no me era
completamente desconocido, pero esta espontaneidad lo estaba
llevando mucho más allá, a un nuevo territorio de sanación e integración. De hecho, estaba redescubriendo y reinterpretando la
inmensa sabiduría sobre la sanación y la regeneración que impregna la antigua práctica del yoga, gran parte de la cual se ha
ido perdiendo a lo largo de los siglos. Esta nueva comprensión
del propósito y de la potencia verdaderos del yoga me inspiró a
desarrollar un sistema de enseñanza llamado *yoga BodyAwake*
(que, traducido, sería algo así como «yoga para despertar el cuerpo»). Desde entonces, este sistema ha conducido a miles de personas a auténticos milagros y revelaciones tanto dentro como
fuera de la esterilla de yoga. Dado que la práctica del yoga constituye un complemento perfecto para los códigos energéticos, en
cada uno de ellos he añadido una postura básica (un *asana*) con
la que podrás asentarte y afianzarte aún más en tu cuerpo y despertar en él la conciencia.

Además de este yoga nocturno, descubrí que mientras dormía percibía todo un mundo de experiencias desde el interior de
mi propio cuerpo. Sin proponérmelo, me encontraba en un estado de duermevela, medio dormida y medio despierta, en una
especie de sueño lúcido muy similar a la meditación que se presentaba de forma automática y por sí solo en mitad de la noche.
Podía sentir cómo mi energía iba «resolviendo cosas» en mi organismo, como si algo se estuviese desplegando o desenredando

por su propio pie. Esta energía era atraída desde más allá de mi cuerpo físico, desde una zona que estaba por encima de mi cabeza, y se desplazaba a lo largo de todo mi cuerpo hasta salir por los pies de manera palpable, y causaba a su paso una transformación estructural de las distintas partes a las que iba afectando. Los músculos de mi cuerpo se relajaban, sentía como si pudiese deslizarme a zonas de mi organismo que nunca antes había experimentado, como si por medio de la respiración pudiese llevar mi auténtico Ser a todas sus partes, abriéndome y relajándome en el proceso. Las articulaciones de la columna vertebral recuperaron su movilidad, los tejidos del intestino y del torso se soltaron y relajaron, y mi cuerpo se iba estirando y desentumeciendo de adentro hacia fuera a medida que iba aprendiendo a dejarme llevar por este profundo movimiento interno de energía y a participar en él. (A esta clase de despertar, los antiguos le pusieron el nombre de energía *kundalini* y *samadhi*, un estado de intensa concentración interna).

Cuanto más seguía estas sensaciones con mi conciencia y «colaboraba» con lo que estaba sucediendo (contrayendo suavemente la zona que estuviese siendo afectada *en el mismo momento* en el que estaba siendo afectada), mayor era mi capacidad para sentir y trazar su recorrido y permitir que los tejidos se ajustasen a ella, que se asentasen y se relajasen. En ocasiones, estos cambios en la energía iban acompañados por determinados estados emocionales; sin previo aviso rompía a llorar o sentía una inmensa alegría sin que hubiese ninguna razón aparente para ello. Yo sentía que estas experiencias tan colosales y espectaculares eran sagradas.

La psicología somática ha descubierto que cuando se produce un trauma o una sobrecarga emocional y no somos capaces de procesar por completo una experiencia, las partes no procesadas del episodio se disocian de la mente y quedan registradas en el cuerpo (en el campo energético). Con el fin de liberar el trauma del sistema cuerpo-mente y reintegrar las partes escindidas que residen en la mente, hemos de procurar darnos cuenta de forma consciente de qué es lo que se ha dividido. De este modo recomponemos el «relato» completo de lo que nos ocurre. Yo ya llevaba años aplicando con éxito este enfoque en mi consulta clínica, pero lo que me estaba ocurriendo ahora era distinto. No estaba actuando sobre la «historia» de mi vida y los acontecimientos que en ella habían tenido lugar; no trataba de resolver desde la mente mis traumas o heridas no resueltas. De hecho, no usaba la mente pensante en absoluto; esta se limitaba a observar y seguir a la energía. De esta manera, estaba operando, por así decirlo, «por debajo» de la historia, al nivel de la energía bruta, en lo más profundo de mí misma. En esta experiencia, lo único que existía era mi conciencia, la energía que se movía a través de mi cuerpo y los efectos que esta producía (los cambios que estaban ocurriendo en mi organismo) en su recorrido. De hecho, cuanto más me dejaba llevar por lo que estaba sucediendo, mayor era la sensación de que yo misma *era* esa energía, que era yo la que recorría los tejidos de mi cuerpo para deshacer los bloqueos desde dentro. Fue algo que me transformó por completo.

La energía fluía —podía verla, sentirla—, y a su paso iba desenmarañando viejos patrones emocionales de los que nunca antes había sido consciente. Los resultados fueron tangibles, no solo en mi caso, sino también en aquellas personas con las que iba compartiendo este enfoque: Des, que participaba en carreras de aventura, pulverizó sus propios récords; Jenny, a quien los médicos le habían dicho que no podía quedarse embarazada, dejó atrás sus problemas reproductivos y tuvo varios hijos, y David salió de la depresión en la que se quedó sumido diez años atrás tras el fallecimiento de su esposa. El mundo de la energía es real, y es el camino que nos lleva a la libertad y la felicidad.

Te invito a que trabajes en este nivel de tu ser (el nivel que está más allá de los pensamientos y sentimientos del cuerpo mental y emocional) con todo aquello que se presenta en tu vida en forma de síntomas o problemas, porque es aquí donde se originan, en el nivel en el que la energía colisiona, se fragmenta y se dispersa. Devolver el equilibrio a nuestra vida y sanar en el nivel de la energía implica renunciar al control de la mente lógica. Nuestra energía es nuestro yo real y, como tal, nunca nos fallará. Tenemos que dejar que sea nuestra energía la que nos guíe y que la mente la siga. Para ello, hemos de mirar en nuestro propio interior, dirigir la atención a la energía que fluye dentro del cuerpo. Es ahí donde encontraremos la orientación y las respuestas y no en el mundo exterior. Este autorreferenciar nuestra propia energía sobre sí misma constituye la base sobre la que ir siendo cada vez más conscientes del Alma y vivir como tal.

Los principios védicos del antiguo Oriente afirman que de entre todas las cosas que podemos aprender a hacer, una de las ocho más importantes es retirar los sentidos del mundo exterior y dirigirlos al interior; es decir, retirar la conciencia de la realidad relativa de nuestras historias personales y llevarla a la realidad absoluta de la energía subyacente. Esta fue la verdad que yo misma descubrí (sin tan siquiera conocer de antemano esta información) en mi propio proceso de encarnación. Si queremos despertar, si queremos llegar a tener un verdadero dominio de nosotros mismos, hemos de enseñar a la mente a fundirse con nuestra verdadera esencia (es decir, con la energía o la sabiduría que llevamos en lo más profundo) y no buscar referencias en el mundo sino en nosotros mismos. El objetivo no es aprender a responder mejor ante el mundo exterior, sino ser creativos y productivos en nuestros pensamientos, acciones y expresiones. Queremos actuar desde un espacio de veracidad, desde nuestro yo más auténtico y verdadero, pues solo así podremos experimentar una vida de verdadera felicidad y disfrutar de una salud radiante y un bienestar total.

En este sentido, los códigos energéticos te proporcionan una metodología sistemática para volverte autorreferencial y vivir como la energía que constituye tu esencia. Sin embargo, para poder utilizarlos mejor, te resultará muy beneficioso entender con un poco más de detalle cómo es tu sistema de energía, cómo funciona y cómo se produce realmente la integración (el objetivo que queremos alcanzar).

LO IMPORTANTE ES EL FLUJO

Cualquier practicante de alguna de las distintas especialidades de sanación energética podría confirmarte que nuestro sistema energético es dinámico, pero que, no obstante, fluye de un modo estructurado. Mi ilustración del hombre toroide (que puedes ver en la página 129) representa el desplazamiento de la energía a través de nuestro sistema, el cual se da a lo largo de ciertas vías o canales en el interior y alrededor del cuerpo físico, así como a través de centros o ejes, que se forman de manera natural, llamados *chakras*. Un *toro* o *toroide* es una lente que refracta la luz y la energía, y el que rodea al hombre toroide muestra la potencia tridimensional y simétrica de la energía que circula por el cuerpo.

EL HOMBRE TOROIDE

Este diagrama muestra a una persona de pie sobre la tierra y la energía que fluye a través de su sistema y a su alrededor en una cuadrícula con forma de dónut (es decir, una gradilla toroidal). Vemos también un campo más pequeño cuyo centro se encuentra en el área del corazón, en la cual se produce una asombrosa concentración de energía. La flecha que desciende hacia la

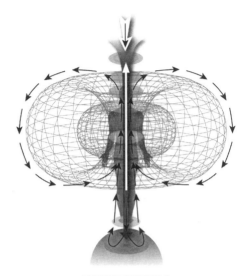

HOMBRE TOROIDE

coronilla del sujeto representa la energía universal o cósmica, una energía de alta frecuencia que proviene de más allá del cuerpo físico y se precipita hacia abajo a través de un canal central que existe en el interior de la persona, la atraviesa, sale por los pies y penetra en la tierra.

Esta energía que circula por el cuerpo del hombre toroide es nuestra verdadera naturaleza o esencia; es pura energía espiritual, pura conciencia. Es tu verdadero *yo*. En este sentido, eres tú mismo el que se vierte directamente hacia la tierra y luego, al reflejarse en esta, vuelve a ascender, creando de este modo un flujo energético que es lo que conoces como tu cuerpo físico.

El hecho de que esta energía cósmica impacte contra la tierra y se asiente hace que la energía del Alma reduzca su frecuencia vibratoria, quedando así disponible para el consumo humano, lo que significa que podemos percibirla bajo nuestra forma humana y trabajar con ella en aras de nuestra propia evolución consciente. Esta energía asciende por el canal central del cuerpo y, en su recorrido, va activando los distintos centros energéticos. A pesar de nuestra incapacidad para recordar (hasta que nos volvemos capaces de hacerlo) nuestra verdadera naturaleza debido a la «Gran Colisión» que sufrimos cuando llegamos a este mundo físico, esta energía es claridad o autenticidad pura y esencial. Es el Alma, lo que realmente somos. Y no solo constituye y regenera el cuerpo, sino que también crea absolutamente todo lo que experimentamos en la vida física.

Los chakras (un antiguo término sánscrito que significa «ruedas») son los componentes clave en esta dinámica de la energía y de la creación de la realidad. Existen siete centros de energía giratorios a lo largo de la columna vertebral, que constituye nuestro principal canal de energía.

LOS CHAKRAS

De un modo muy parecido a como ocurre con las distintas emisoras de radio, cada uno de los centros de energía de nuestro cuerpo posee una frecuencia vibratoria única y particular, y cada uno de ellos, al corresponder a una frecuencia diferente del espectro lumínico, está asociado a un color específico. Los colores que percibí en aquel apartamento desde el que veíamos a Sai Baba fueron el resultado de la energía esencial que estaba ascendiendo por los centros de energía (y, a su paso, despertándolos) de ese canal central de mi sistema. A medida que la energía iba atravesando cada uno de mis chakras, fui experimentando la frecuencia, las propiedades y la capacidad para hacerme despertar características de cada uno de ellos.

Este campo toroidal fluye en el sentido que indican las flechas del diagrama. Las flechas que hay debajo de los pies nos muestran que, una vez que la energía esencial ha atravesado todo el canal central del organismo y ha penetrado en la tierra, se gira y vuelve a subir por él. En su ascenso, se va encontrando con los chakras (que no son más que vórtices de energía en rotación) en el campo electromagnético del cuerpo. Estas ruedas llevan la energía lumínica de alta frecuencia (fotones) a subdivisiones bien diferenciadas de nuestro cuerpo. Lo bien o mal que integremos estas energías será lo que determine en última instancia nuestro nivel de conciencia.

Cuando estos centros de energía están abiertos y fluyen de manera óptima, la energía asciende por el cuerpo sin ninguna interferencia. En la ilustración anterior, la energía asciende y recorre todo el canal central hasta salir disparada por el chakra de la coronilla, situado en la parte superior de la cabeza. Después, emana como si fuese una fuente, desciende en todas direcciones y regresa al chakra raíz (también llamado *chakra basal* o *primer chakra*), que se encuentra en la base de la columna vertebral. La energía circula de forma continua siguiendo este patrón cíclico y creando así el flujo toroidal, el cual recibe un aporte constante de energía desde el espacio que queda por encima de la cabeza. Por decirlo una vez más, esa energía eres *tú*. El sistema fue diseñado para funcionar de este modo, y este patrón se corresponde con la perfecta salud y el perfecto bienestar. Y puesto que somos la energía que fluye a través del cuerpo (esa energía inteligente del Espíritu que es pura creatividad), dicho flujo ha de estar libre de obstáculos para que pueda darse la plena integración en nuestra vida física (es decir, para poder alcanzar un estado de total plenitud). Cualquier otro estado que sea inferior a este flujo óptimo significará que, de un modo u otro, nos experimentaremos a nosotros mismos como seres alienados, incompletos, escindidos, con pensamientos dispersos.

Si alguno de nuestros chakras está empantanado o bloqueado con acúmulos energéticos, se crea una perturbación u obstrucción que interrumpe el flujo, ya que la energía ahora debe moverse alrededor del bloqueo en lugar de viajar a través del canal central en un recorrido completamente recto. Cuando la energía se distorsiona y comienza a desestabilizarse, distorsiona el campo energético y nuestra percepción de la realidad (haciendo que pasemos a considerarla erróneamente como carente de posibilidades, de amor o de abundancia). A continuación podemos ver una representación del hombre toroide con inestabilidades que causan una distorsión en su campo energético.

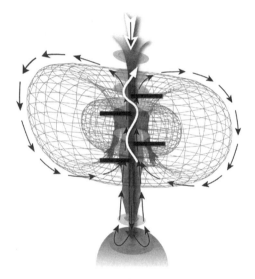

**HOMBRE TOROIDE INESTABLE
/ DISTORSIONADO**

Volviendo a la verdad n.º 2 de los códigos energéticos («Tu vida es un reflejo de tu energía»), aquí podemos ver que el campo toroidal es el que crea nuestra realidad. Cuando diriges tu atención hacia el mundo, las percepciones que tienes varían en función de cómo esté funcionando este campo. Cualquier obstrucción, interferencia o hueco que aparezca en el circuito que une estas emisoras de radio que son los chakras crea una distorsión en el campo energético, lo que hace que veas el mundo a través de un filtro distorsionado. Así, la personalidad protectora percibe la vida como algo cruel, desagradable, o bien hace que nos percibamos a nosotros mismos como seres en los que algo falta, en los que algo no está bien, seres de algún modo inadecuados. En gran medida, la energía se convierte en realidad física a través de los chakras, ya que estos se correlacionan directamente con diversos aspectos de nuestra conciencia. El estado de energía en el que se encuentra un chakra en particular determina la manera en la que percibimos el campo (el ámbito) de la vida con el que se relaciona dicho chakra, así como el modo en el que funcionaremos en esos aspectos. Una falta de flujo o cualquier otra clase de perturbación en cualquier chakra se convertirá en alguna clase de anomalía, trastorno o disfunción en aquel aspecto de nuestra vida que gobierne ese chakra concreto. Por otra parte, cada chakra está asociado también a una determinada glándula endocrina, de modo que el hecho de que haya un flujo equilibrado y libre de obstáculos a través de los chakras también afecta a la química de nuestro organismo por medio de las secreciones glandulares que la energía activa en su recorrido. (En el capítulo 9 exploraremos otras teorías en las que las ciencias emergentes están unificando la luz, la energía y la química para elaborar modelos y concepciones diferentes de la increíble creación que somos).

Por ejemplo, la falta de flujo a través del chakra raíz (que se halla en la base de la columna) da lugar a una falta de anclaje, de arraigo, a la sensación de no pertenecer a esta vida, de no estar entre iguales, de no disponer de los dones, la capacidad ni el derecho a vivir una vida maravillosa. Esta distorsión o inestabilidad en la raíz podría crear un problema adicional en los chakras que se encuentran por encima de ella a medida que asciende la energía. El segundo chakra, que ahora también se ve comprometido, podría dar lugar a relaciones complicadas, falta de creatividad o desequilibrios en la energía sexual. Por su parte, los desequilibrios en el tercer chakra se traducirían como baja autoestima y

LOS CHAKRAS

	ÁREAS DEL CUERPO AFECTADAS	SÍNTOMAS DEL «REVERSO»	CARACTERÍSTICAS DEL «ANVERSO»
7 - CORONILLA *Nota musical: si* **Luz / Violeta, blanco** *Coronilla*	Parte superior del cráneo, piel, córtex cerebral, ojo derecho, hemisferio derecho del cerebro, sistema nervioso central, glándula pineal	Depresión, pensamiento obsesivo, confusión, hipersensibilidad a los contaminantes, fatiga crónica, epilepsia, alzhéimer	Personalidad Divina, magnetismo, logros milagrosos, trascendencia, paz con uno mismo, colaboración con un propósito superior, visión interna. «Soy un ser divino». «Yo soy eso». «La vida es un reflejo de todo lo que soy».
6 - TERCER OJO *Nota musical: la* **Conciencia / Índigo** *Hacia dentro desde el centro de la frente, en la zona media del cerebro; entre las cejas y un poco por encima de ellas*	Ojos, base del cráneo, orejas, nariz, ojo izquierdo, hemisferio izquierdo del cerebro, senos nasales, glándula pituitaria y glándula pineal	Pesadillas, alucinaciones, dolores de cabeza, dificultades de aprendizaje, mala visión, problemas neurológicos, glaucoma	Carisma, elevado grado de intuición, enfoque saludable de la vida, desapego, gran capacidad para la creatividad profunda y perspicaz, perciben más allá de los cinco sentidos, ven el significado profundo u «oculto» de las cosas. «Yo soy aquel que está detrás de los ojos».
5 - GARGANTA *Nota musical: sol* **Sonido / Azul** *A medio camino entre el corazón y la garganta, en el centro de la base del cuello*	Boca, garganta, orejas, cuello, voz, pulmones, pecho, mandíbula, vías respiratorias, nuca, brazos, tiroides y glándulas paratiroides	Perfeccionismo, incapacidad para expresar emociones, bloqueo de la creatividad, dolor de garganta, problemas de tiroides, dolor de cuello, acúfenos, asma	Buen comunicador, facilidad para la meditación, inspiración artística, capacidad para escuchar. «Percibo y expreso la verdad con amor y compasión». «Me manifiesto aquí plenamente». «Mi vida es un reflejo de mi mundo interior».
4 - CORAZÓN *Nota musical: fa* **Aire / Verde, rosa** *En el centro del pecho, debajo del esternón*	Corazón, pecho, sistema circulatorio, brazos, manos, parte inferior de los pulmones, caja torácica, piel, zona superior de la espalda, glándula del timo	Miedo a ser traicionado, codependencia, melancolía, respiración superficial, presión arterial alta, trastornos cardiovasculares, cáncer, incapacidad para percibir y recibir amor	Compasión, amor incondicional, hacer el amor conscientemente. «Hay más que suficiente para todos». «No hay más que uno; todos somos uno». «Todo es un reflejo de lo Divino y juega a mi favor».
3 - PLEXO SOLAR *Nota musical: mi* **Fuego / Amarillo** *A unos siete centímetros por encima del ombligo, en la base del esternón*	Sistema digestivo, músculos, estómago, hígado, diafragma, vesícula biliar, zona lumbar, trampilla del sistema nervioso autónomo, bazo, páncreas	Hipersensibilidad a las críticas, necesidad de control, baja autoestima, úlceras estomacales, problemas digestivos, fatiga crónica, alergias, diabetes	Respeto por sí mismo y por los demás, fuerza y entereza personal, flexibilidad, alta autoestima, espontaneidad, desinhibición. «Me permito ser como soy y que tú seas como eres». «Abro mi mente a nuevas posibilidades».
2 - SACRAL *Nota musical: re* **Agua / Naranja** *Justo debajo del ombligo*	Vejiga, próstata, matriz, pelvis, sistema nervioso, zona lumbar, funcionamiento de los fluidos, glándulas suprarrenales, órganos sexuales	Impulso sexual desequilibrado, inestabilidad emocional, sensación de aislamiento, impotencia, frigidez, problemas de vejiga y próstata, dolor lumbar	Conocimiento interno, confianza, expresión, sintonizar con los sentimientos, creatividad. «Veo claro cuál es mi camino en la vida». «No necesito nada de ti y estoy aquí simplemente para compartir». «Sigo mi instinto».
1 - RAÍZ *Nota musical: do* **Tierra / Rojo** *Base de la columna*	Huesos, estructura esquelética, caderas, piernas, pies, genitales, base de la columna, riñones, fuerza vital del cuerpo, dientes, uñas, sangre, formación de células, glándulas suprarrenales	Letargo mental y desorientación, incapacidad para aquietarse internamente, osteoartritis, mala salud general, falta de energía vital	Autodominio, alta energía física, firmeza, arraigo, salud vibrante. Un cierto reconocimiento y sensación de «Estoy aquí como la Fuente». «Este es mi sitio». «Pertenezco». «Soy yo quien manifiesto lo que quiero experimentar».

PRÁCTICAS	EJERCICIOS DE RESPIRACIÓN	POSTURAS DE YOGA PARA UNA MAYOR INTEGRACIÓN
• Descubre qué estilo de meditación se ajusta mejor a ti • Caminar en la naturaleza realizando la respiración del canal central • Presencia consciente y libre de pensamientos • Fusionar patrones para potenciar el Alma	Respiración del canal central	• Postura del cadáver (śavāsana) • Postura sobre la cabeza o del trípode (śirsāsana) • Postura del conejo (sasangāsana) • Flexión hacia delante con piernas abiertas (prasārita pādottānāsana)
• Programa de nutrición basado en las cenizas alcalinas • Ejercicio consciente • Modificar la composición química por medio del pensamiento • Yoga cerebral de los códigos energéticos	Respiración visionaria	• Postura del perro hacia abajo (adho mukha śvāṅāsana) • Postura de la vela (salamba sarvāngāsana) • Postura del niño (bālāsana) • Postura del guerrero exaltado (viparīta vīrabhadrāsana), también llamada guerrero IV • Posturas de equilibrio
• Técnicas de respiración para los chakras 1 a 7 1 y 7: Respiración del canal central 2: Respiración del cuenco (o del vientre de Buda) 3: Respiración del plexo solar 4: Respiración de coherencia cardíaca 5: Respiración de la manifestación 6: Respiración visionaria • Respiración de las mil pajitas • Respiración de la hoja de helecho • Técnicas de respiración curativa	Respiración de la manifestación	• Postura de la cobra (bhujaṅgāsana) • Postura del arado (halāsana) • Postura del puente (setu bandhāsana) • Tonificación por medio del sonido (Oṁ, Ma, Ha)
• Generar presencia amorosa: elegir ser amado • Establecer el amor como prioridad • Verlo todo como amor (también llamada «Todo juega a mi favor»)	Respiración de la coherencia cardíaca	• Postura del triángulo (trikonāsana) • Postura del ojo de la aguja (sucirandhrāsana) • Postura del pez (matsyāsana) • Postura de torsión espinal reclinado (sputa matsyendrāsana)
• Marcha Morter • Paso mPower • Eliminación BEST	Respiración del plexo solar	• Postura del camello (ustrāsana) • Postura del arco (dhanurāsana) • Postura del sol o de la mesa invertida (purvottanāsana) • Postura de la luna creciente (anjaneyāsana) • Aliento de fuego (kapalabhati prānāyāma)
• Llevarlo al cuerpo • No le pongas nombre; siéntelo • Mantener un ojo puesto en el interior • No lo desees; tenlo	Respiración del cuenco (o del vientre de Buda)	• Postura del barco (navāsana) • Postura de la paloma (eka pada rajakapotāsana) • Bicicleta yóguica (dwichakrikāsana) • Postura de torsión espinal sentado (ardha matsyendrāsana) • Aliento de fuego (kapalabhati prānāyāma)
• Sujeto-objeto-sujeto • Puntos de anclaje del canal central • Respiración del canal central • Soltar hacia dentro, soltar hacia abajo	Respiración del canal central	• Postura de la silla (utkatāsana) • Guerrero I (vīrabhadrāsana I) • Postura de la pirámide (pārśvottānāsana) • Postura del árbol (vṛkṣāsana) • Postura de flexión hacia delante (uttānāsana)

falta de claridad en el mundo, lo que daría lugar a una actitud defensiva y doliente.

En las páginas 134 y 135 has podido ver un cuadro-resumen con las distintas energías del sistema de chakras y el nivel de conciencia al que corresponde cada uno. En la segunda parte del libro veremos más a fondo el efecto que cada chakra tiene en nuestra realidad.

Para poder realizar la inversión cuántica que nos lleva a encarnar el Alma y disfrutar de una vida más pacífica, fluida y alegre, hemos de eliminar los huecos, acúmulos, densidades o interferencias de nuestro campo energético y devolverlo a su estado de flujo óptimo. Como siempre digo: «¡Si algo no fluye en tu vida, es porque no fluye en tu cuerpo!». O, dicho al revés: «¡Si no fluye en tu cuerpo, tampoco fluirá en tu vida!».

Si queremos que la energía vuelva a fluir en una zona concreta, activamos el chakra correspondiente. Cuanto más activados estén nuestros chakras (con la energía fluyendo adecuadamente en ellos y entre ellos a lo largo del canal central), mayor será nuestra capacidad para expresar nuestra verdadera fuerza y potencial. Por ejemplo, alguien que goce de un flujo saludable en el tercer chakra (el chakra del plexo solar), el cual, entre otras cosas, gobierna la actividad mental, experimentaría un elevado sentido de poder personal, confianza y asertividad. Alguien que disfrute de un flujo sano y sin obstrucciones en su cuarto chakra (el chakra del corazón) será auténticamente amoroso, cariñoso y afable. Del mismo modo, una persona que presente un flujo saludable entre estos dos chakras podrá hacer valer su poder personal de una forma amable, empática y amorosa.

Así que, de nuevo, cuanto mayor sea la parte de nuestro sistema que fluya adecuadamente y que esté integrada, mayor será nuestra capacidad para manifestar en nuestro propio cuerpo la expresión del Alma. Por lo tanto, facilitar un flujo limpio y saludable a través de este canal central constituye una parte muy importante del trabajo que tenemos que hacer. Vamos a trabajar con este espectro completo de energía vital para eliminar las obstrucciones y las interferencias que nos están impidiendo vivir como el ser verdadero, completo, unificado e integral que somos. Antes de pasar a ver cómo deshacernos de estos acúmulos o densidades energéticas, me gustaría ofrecerte otra manera de considerar la dinámica del flujo de energía: quiero que veas los bloqueos como *huecos* o *lagunas*, en lugar de como obstrucciones.

CREAR LOS CIRCUITOS NECESARIOS
PARA PERCIBIR EL ALMA

Por lo general, consideramos los impedimentos como bloqueos, como obstrucciones. Decimos cosas como: «Tengo que descubrir qué es lo que se está interponiendo en mi camino y deshacerme de ello». Pero lo cierto es que no hay nada que sea un «bloqueo». En realidad eso no es más que una percepción errónea. Una mejor forma de entender un bloqueo, un acúmulo denso, una interferencia o una obstrucción causada por la acumulación de porquería energética, consiste en verlo como una *ausencia* de fuerza vital consciente. Si todo es energía (y, efectivamente, así es), entonces ese lugar en el que *no fluye* la energía ¡no es más que una zona que carece de la *capacidad* para hacer que fluya la energía! Es un lugar en el que no circula la suficiente conciencia. El espíritu no está vivo y activo en esta zona, pero no es porque no se encuentre ya ahí, sino que lo único que ocurre es que la mente aún no ha despertado para percibirlo en ese lugar concreto. Dicho de otro modo, la mente todavía no tiene conciencia de nuestra verdadera naturaleza (nuestra esencia o magnificencia) en esa zona en particular.

En realidad, la encarnación tiene que ver con *despertar* (con despertar nuestra mente o conciencia a la presencia del Alma en nuestro cuerpo). Así es cómo llevamos al Alma a la vida bajo esta forma física. Por así decirlo, la «encendemos», la «conectamos», hacemos que «esté *online*». La forma más sencilla de imaginarlo es recurrir a la analogía de los circuitos. Ya lo hemos mencionado de pasada anteriormente, pero ahora vamos a profundizar un poco más en esta cuestión.

El Alma cuenta con una serie de circuitos electromagnéticos. Las tradiciones orientales los describen como una red de *nadis* o meridianos que recorren todo el cuerpo y que, cuando se encienden o se activan, llevan al cuerpo (y a nuestra vida física) la energía, la perspectiva y la visión propias del Alma. Estos circuitos revivifican nuestro sistema nervioso central. Podemos incrementar la capacidad del sistema nervioso central para percibir la energía sutil del Alma por medio de técnicas bioenergéticas (ahí donde las capas energéticas de nuestra biología conectan con las capas energéticas del Alma para crear así nuestra vida, aquí, en la Tierra).

En ocasiones seguiré usando términos como *bloqueo* o *barrera* para referirme a esas zonas del campo energético en las que el circuito está desconectado. Lo hago únicamente porque la gente está acostumbrada a pensar de esa manera, pero en realidad no hay ningún bloqueo o barrera, sino tan solo una ausencia o una falta de los circuitos necesarios en el Alma.

¿Cómo se escinden o se desconectan ciertas zonas del cuerpo? Por lo general, esto sucede cuando nos enfrentamos a alguna situación con la que no sabemos cómo lidiar ni mental ni emocionalmente, por lo que la esquivamos, la sorteamos: hacemos todo lo que se nos ocurre para poder sobrevivir o hacer frente a esas circunstancias, pero no afrontamos la situación de cara, directamente, con un sentido intacto de nuestra verdadera identidad. Cuando el circuito directo se encuentra activo, somos plenamente conscientes de nuestra verdadera naturaleza, estamos despiertos a ella. Y a la inversa: si hay ciertas zonas del circuito que no están recibiendo energía (que están apagadas o desconectadas), no podremos percibir nuestra verdadera naturaleza. En esos casos nuestro campo energético se distorsiona, comienza a tambalearse, se produce una distorsión, la percepción se nubla y se vuelve confusa, la salud física disminuye y otros aspectos o facetas de nuestra vida también se ven sacudidos. Sencillamente no tenemos activados en esa zona los circuitos que nos permitirían percibirnos a nosotros mismos con precisión y afrontar directamente la situación, atravesarla sin titubear (entonces aparecen síntomas como problemas en las relaciones de pareja, conflictos mentales o emocionales, o alguna clase de dolor físico crónico).

La historia de Angela ilustra muy bien esta idea. Fue criada en el seno de una familia que formaba parte de una secta en la que sufrió abusos (mentales, emocionales y sexuales) que le causaron graves traumas, hasta que, con dieciséis años, empezó a ingeniárselas para estar en casa lo menos posible. Tenía tres trabajos, se ofreció como voluntaria en la escuela, aceptó un trabajo fuera del estado durante el verano... Todo con el fin de sobrevivir. Tanto su padre como su madre estaban mentalmente enfermos, y no tenía a nadie con quien hablar sobre sus horribles traumas ni ningún lugar al que acudir en busca de ayuda. Antes de que yo la conociese, no había compartido los detalles de su historia con nadie. Se había limitado a cerrar sus circuitos para poder sobrevivir. Estaba aterrorizada de abrirse a la confianza y al amor, aterrorizada de la vida misma. Gracias al trabajo que realizó con los códigos energéticos fue capaz de transformar por completo la imagen que tenía de sí misma y de descubrir su capacidad para revelar su más profunda verdad. Ahora ha conseguido disminuir en gran medida problemas que llevaba arrastrando toda su vida, como la anemia, la sinusitis crónica, los daños en los tímpanos, las infecciones de vejiga, la depresión profunda, el dolor físico extremo, las convulsiones y el estrés postraumático. Le habían diagnosticado cáncer de mama, pero ella atribuye su remisión al uso de los códigos energéticos y otras técnicas de medicina natural. Hoy en día Angela es feliz y lleva una vida llena de motivación e inspiración: ahora pinta, se ocupa del jardín, viaja y es capaz de disfrutar de relaciones íntimas. Continúa creando y cultivando sus circuitos para involucrarse plenamente en sus experiencias de vida, en lugar de circunnavegarlas en aras de la seguridad.

Cuando conectamos o activamos circuitos que han estado desconectados, despertamos nuestra percepción consciente del Espíritu en ese chakra. La sanación (física, mental y emocional) se produce en aquellos aspectos de nuestra vida con los que se relaciona dicho chakra. Esta recuperación de una salud vibrante y resplandeciente se produce de forma automática cuando, paso a paso, vamos devolviendo la fuerza vital a cada zona de nuestro organismo que se encuentra en estado latente o durmiente, recordando de este modo la totalidad o la plenitud de nuestro ser.

Por lo general, creemos que la sanación consiste en «solucionar un problema» (es decir, arreglar un trastorno, una disfunción o una enfermedad), pero en realidad no se trata de eso. Cuando sanamos de verdad, el problema simplemente desaparece porque creamos un estado óptimo y saludable que lo abarca todo. Contar con la presencia de la fuerza vital esencial es, por definición, un estado de salud perfecta: los trastornos, las anomalías y las enfermedades no pueden coexistir con ella.

La experiencia de Sara es un claro ejemplo del éxito que supone volver a conectar los circuitos. Cuando comenzó las clases de mi curso presencial de nivel 1, le costaba muchísimo expresar su verdad más íntima a los demás. Su cerrazón y su ansiedad emocional eran tremendas, tanto que a veces tenía que abandonar el aula durante horas. Sara se dio cuenta de que la mera idea de permitir que la verdad de su ser resplandeciese, o de decir su verdad en voz alta, hacía que le «temblase el alma», pues no creía que nadie la hubiese invitado nunca antes a hacerlo, ni se sentía lo suficientemente segura o cómoda para atreverse a dar ese paso. Esta resistencia afectaba energéticamente a todo su sistema.

Gracias a nuestro trabajo conjunto, aprendió a «conectar» o «encender» la energía de cada uno de sus chakras y empezó a encarnar su verdadero yo. Ahora se ha recuperado de forma espectacular en muchos aspectos. Como ella misma explica, «El disco S1, que parecía haber desaparecido por completo (tanto que las vértebras se tocaban) se ha regenerado. Antes padecía mucho de síndrome de intestino irritable, ¡pero ahora también ha desaparecido! ¡Tampoco queda rastro de la psoriasis que tenía en la parte interna de las rodillas, las manos y la cara! ¡Ni de los intensos dolores articulares que sufría en tobillos, pies, manos y muñecas! Tanto las mamografías que mostraban anomalías precancerosas como las citologías vaginales han vuelto a dar valores normales. No he vuelto a tener migrañas. La fascitis plantar ha desaparecido. ¡Y el enorme miedo y la profunda tristeza que sentía también! ¡Ya no queda nada de todo eso! ¡Nada!». Ahora que ha recuperado la alegría, se dedica a enseñar los códigos energéticos y así ayuda a otras personas a sanarse.

Como vemos, el objetivo de fondo de los códigos energéticos no es solucionar los problemas de la manera en que incluso algunas prácticas basadas en la medicina energética (antiguas y actuales) pueden hacerlo, sino más bien manifestar o encarnar en nuestro propio organismo nuestro ser más pleno, real y verdadero, lo cual produce como resultado secundario o adicional la sanación y el restablecimiento del equilibrio en todos los aspectos de la vida. El espíritu es la fuerza sanadora de la vida. O, dicho de otro modo, puesto que la sanación tiene lugar cuando el ser energético (nuestro yo real) se activa en todos sus circuitos, dicho ser de energía (el Espíritu) es el médico o el remedio que llevamos en nuestro propio interior.

Entonces, ¿cómo activamos los circuitos del sistema nervioso sensorial para percibir en nuestro cuerpo esa energía sutil que es el Alma? ¿Qué podemos hacer para recordar o remendar (literalmente «volver a unir») nuestro ser a nivel energético y volver a conectar nuestro flujo de energía, de modo que podamos sanar desde el interior (de dentro hacia fuera) en vez de hacerlo desde el exterior (de fuera hacia dentro)? Para esto hace falta algo más que simplemente pensar de una forma distinta o usar la mente de una manera completamente nueva; es necesario adoptar un enfoque holístico que suponga la colaboración de la mente, el cuerpo y el espíritu.

INTEGRACIÓN MEDIANTE LA UNIFICACIÓN DE LA MENTE, EL CUERPO Y EL ESPÍRITU (O ALIENTO)

Para conseguir la plena integración de nuestro sistema (para alcanzar un estado en el que la energía fluya adecuadamente, como en el hombre toroide) son necesarias dos cosas: por un lado, tenemos que integrar la energía de aquellos problemas que han quedado sin resolver y de las interferencias inconscientes que nos mantienen fragmentados y que hacen que sigamos viviendo desde la personalidad protectora; y, por otro, tenemos que activar una mayor cantidad de esos circuitos de energía de alta frecuencia (el Alma) que no estamos aprovechando. En realidad, estos dos aspectos son como las dos caras de la misma moneda, ya que aquí nos estamos ocupando de la totalidad de nuestro ser: el cuerpo, la mente y el aliento (la respiración).

Echemos un vistazo general al papel que juega el cuerpo en todo esto.

EL PAPEL DEL CUERPO

Cuando estamos fragmentados y somos la personalidad protectora, nos identificamos como la mente racional y creemos que *tenemos* un cuerpo y (si hay en nosotros una cierta tendencia hacia lo espiritual) un alma o espíritu, pero, en realidad, como hemos visto, *somos* el Alma (el ser energético), y esta es la que *tiene* un cuerpo y una mente. Es decir, el cuerpo y la mente simplemente son herramientas que nos posibilitan disfrutar de la vida más divina y celestial posible aquí en la Tierra, pero hasta ahora no las hemos utilizado como se supone que debíamos hacerlo (es decir, no las hemos empleado para aquello para lo que están diseñadas, para cumplir con la finalidad para la que fueron creadas).

No somos tan solo seres espirituales que tienen una experiencia física o terrenal, sino que somos seres espirituales que tienen una experiencia *espiritual* en el extremo físico del espectro de energía. La diferencia entre ambos enfoques es enorme; es la diferencia que existe entre vivir como la personalidad protectora y vivir como el Alma, y el cuerpo juega un papel crucial en esta distinción.

A menudo pensamos que nuestro cuerpo es el vehículo del que disponemos para experimentar la vida física, pero, si bien es cierto que el cuerpo nos ubica en la tridimensionalidad y que nos permite tener una realidad física e interactuar con la materia, también es la herramienta de la que disponemos para conectar con las dimensiones espirituales. De hecho, se trata del principal dispositivo de comunicación del alma, que lo utiliza como intermediario o como traductor para «hablar» con la mente consciente.

Todo lo que ocurre en el cuerpo físico sucede primero a nivel energético. Las sensaciones corporales son cambios de energía que se producen en el cuerpo energético y se sienten en el cuerpo físico. Por lo tanto, el cuerpo es un importante portal de entrada al ámbito energético de nuestra vida. Gracias a él (a través de él), la mente puede percibir los sutiles cambios de energía que revelan el estado en el que se encuentra nuestro campo energético e interactuar con dicho campo, alterando o modificando sus patrones para que de este modo podamos obtener diferentes resultados en nuestra vida.

Lo que nos lleva al papel de la mente.

EL PAPEL DE LA MENTE

En la personalidad protectora, la mente se centra en protegernos, en mantener a salvo el cuerpo físico y la identidad personal o sentido del yo. Aquí, la mente pensante está a cargo de todo, es la que lleva las riendas, y para ello recurre a la parte más arcaica y reactiva de nuestro cerebro y de nuestra fisiología. Está constantemente en guardia, siempre fijándose en el pasado en busca de comparaciones y en el futuro en busca de posibles amenazas. Envía sin cesar a través del cuerpo sustancias químicas relacionadas con el estrés, pues, en mayor o menor medida, siempre está en modo ataque/huida/miedo.

Para despertar como Alma, debemos usar la mente que observa y atestigua para sentir o percibir lo que está sucediendo en el cuerpo energético, descubrir cualquier dispersión y dirigir la energía que pueda restablecer la integración. La parte más antigua y reactiva del cerebro no puede hacer esto. Es una tarea que han de llevar a cabo otros centros más elevados, evolucionados, creativos e intuitivos: es decir, la anatomía del Alma. Tenemos que permitir que la capacidad sensorial del sistema nervioso central tome las riendas, pues esta es la herramienta que siempre ha estado disponible para todos, pero que hemos infrautilizado. Albert Einstein se estaba refiriendo a esto mismo cuando, según se dice, expresó: «La mente intuitiva es un don sagrado y la mente racional un sirviente fiel, pero hemos creado una sociedad que honra al sirviente y se ha olvidado del don sagrado».

Dicho de otro modo, nuestra mente pensante y reactiva es como un ventilador de techo que gira a gran velocidad. Nunca pondrías ahí el dedo para sentir qué hay al otro lado, pues lo más seguro es que te lastimases o te hicieses un corte. Lo mismo ocurre con la mente pensante; su rápido movimiento detiene el flujo de ascenso suave y natural de nuestra energía esencial (que es precisamente el que nos permite alcanzar nuestro pleno potencial de despertar). Ahí es donde se encuentra nuestra Alma, nuestra energía esencial, limitada por las falsas creencias y las reacciones instintivas de la personalidad protectora.

Hay una versión de la vida que se encuentra más allá de las aspas giratorias de la mente pensante, y si queremos experimentar todo nuestro potencial, *tenemos* que entrar en contacto con ella. Para poder empezar a vislumbrarla (ya no digamos contactar realmente con ella), antes debemos reducir la velocidad de las cuchillas sibilantes lo suficiente como para poder acceder al otro lado. Los códigos energéticos nos brindan una forma muy eficaz de hacerlo usando la mente, el cuerpo y la respiración. Cuando sujetamos la mente al cuerpo (tal como haremos con los códigos), cuando otorgamos a la mente el mayor uso que se le puede dar como observadora y como guía, esta se ralentiza. Esto es así porque la frecuencia a la que vibra el cuerpo es más baja que aquella a la que vibra la mente por sí sola. Una vez que, por medio de la conciencia, la mente se conecta al cuerpo, comienza a disminuir su velocidad hasta alcanzar una frecuencia más cercana a la tierra y la naturaleza. (Este es el estado de frecuencia alfa del cerebro, del que seguramente hayas oído hablar). De repente, somos capaces (como la pura conciencia que somos) de percibir la vida desde un ángulo diferente, desde una perspectiva en la que hay mucha más soltura, desenvoltura y gracilidad.

Conectar la mente con el cuerpo nos ayuda a ralentizar el proceso de pensamiento y nos brinda la oportunidad de ser conscientes de su constante búsqueda de seguridad. Las prácticas de los códigos energéticos devuelven a la mente la función para la que ha sido creada: usar su capacidad de atención, de concentración, intención y voluntad para sentir, anclar y activar nuestra energía esencial dentro del cuerpo físico. En realidad, lo que vamos a hacer es reeducar a la mente, forjar y fortalecer las rutas neuronales para no perder el contacto con esa versión más real y profunda de nosotros mismos, el Alma. Los mensajes y las instrucciones del Alma (a la que no mueven el miedo y la protección, sino más bien la sabiduría y el amor) nos harán avanzar de un modo rápido e indoloro en nuestra evolución.

La respiración es fundamental para restablecer esta conexión mente-cuerpo y para disminuir la velocidad del ventilador de techo.

EL PAPEL DE LA RESPIRACIÓN

A nadie se le escapa lo crucial que es la respiración; es la función más importante del organismo. Podemos aguantar días e incluso semanas sin agua o sin comida, pero no hacen falta más que unos pocos minutos sin aire para que perdamos la conexión con el cuerpo y abandonemos este plano físico. La respiración es uno de los aspectos centrales en la mayoría de las prácticas de meditación. Cuando es rápida y superficial, las funciones primitivas del cerebro, basadas en la supervivencia, toman el control, lo que hace que la mente funcione de manera reactiva y defensiva (es decir, acelerando el zumbido de las aspas del ventilador) y que se desencadene en el cuerpo la respuesta de ataque/huida/ miedo. Algo muy distinto ocurre cuando la respiración es lenta, deliberada y profunda, cuando llevamos plenamente el aire a los lóbulos inferiores de los pulmones, pues en este caso se activan las muchas terminaciones nerviosas parasimpáticas que existen en esta zona, lo cual nos ayuda a calmar instantáneamente tanto la mente como el cuerpo, haciendo que este abandone el modo supervivencia para ingresar en un estado mucho más creativo.

Respirar profunda, consciente e intencionadamente nos capacita para alejarnos de la superficie de nuestra vida y penetrar en su interior. Puedes comprobarlo ahora mismo: sin dejar de leer, empieza a disminuir la velocidad de tu respiración al tiempo que vas haciendo que sea más profunda. Verás que la respiración te trae más al momento presente y te permite captar mejor este mensaje. Una respiración corta y superficial causa agitación en tu sistema y hace que se disperse tu energía, sobre todo si te encuentras en alguna situación particularmente estresante.

Aparte de cumplir sus funciones vitales, la respiración posee una gran capacidad transformadora. De hecho, el aliento es el espíritu en forma «física», es la principal fuerza vital. Cuando la respiración se detiene es porque el espíritu ha abandonado el cuerpo completamente y por última vez. Por lo tanto, tiene sentido pensar que la respiración es clave a la hora de restituir la fuerza vital a aquellas zonas en las que falta para reavivar los *nadis* (los canales de energía) y activar aquellos circuitos de nuestro sistema que aún no estén conectados.

Así es cómo la respiración nos ayuda a integrar la energía que se encuentra dispersa en nuestro interior: infundiendo la energía de alta frecuencia del Alma en los acúmulos densos y de baja frecuencia de nuestro sistema, elevando la vibración, despertando nuestra conciencia en esas áreas y activando esos circuitos y conexiones. Literalmente «inspira» o «infunde» la energía inteligente, que es la fuente de toda la creación, y la lleva a través del cuerpo energético y del cuerpo físico (a través de los espacios vacíos que quedan entre las partículas que forman los átomos que, a su vez, forman las moléculas que, a su vez, forman las células y que, en última instancia, forman todos los tejidos del organismo).

La unificación se produce como una danza en la que participan estas tres partes vitales: el cuerpo, la mente y el espíritu (el aliento, la respiración). En la segunda parte del libro aprenderás los pasos específicos que componen esta danza de unificación. En realidad es bastante simple: el alma habla al cuerpo y el cuerpo traduce el mensaje a la mente. ¡La desconexión ocurre cuando la mente no escucha al cuerpo cuando este le habla! Así que vamos a enseñar a la mente a escuchar, de modo que sea fácil y natural reducir la velocidad de las aspas del ventilador lo suficiente como para ser capaces de escuchar al cuerpo y sentirlo cuando nos habla como el Alma, y también para poder seguir lo que nos dicen estos mensajes que nos guían hacia el despertar.

USA LA IMAGINACIÓN

Para trabajar con nuestro sistema de energía también hace falta un poco de imaginación. La ciencia cuántica nos dice que todo sucede en el plano energético antes de que ocurra en el físico (es decir, que empezamos a manifestar lo que pensamos conscientemente haciendo que las partículas subatómicas se dispongan siguiendo un patrón específico). La imaginación es la herramienta adecuada para modificar esos patrones de energía, pero eso no significa que lo que vamos a hacer no sea «real», sino únicamente que tus pensamientos serán productivos, originales e inspirados, en lugar de repetitivos, reaccionarios o condicionados. A esta manera de pensar la denomino *pensamiento alfa*, ya que utiliza la frecuencia alfa del cerebro. La imaginación te pone nuevamente en contacto con el resto de tu ser, con esas otras partes que constituyen tu verdadera identidad.

Ahora me gustaría compartir contigo una historia que muestra los resultados reales que obtuvo uno de mis alumnos cuando puso en práctica algunos de los métodos que aprenderás en este libro.

LA MÚSICA VUELVE A LA VIDA DE JERALYN

Acababa de terminar de guiar una meditación en el acto de apertura de una de las excursiones de mi programa Journey-Awake (algo así como «viaje consciente» o «viaje para el despertar») en Cuzco, Perú, cuando una mujer se me acercó con una pequeña fotografía.

Con las manos temblorosas, se arrodilló frente a mí y me entregó la foto:

—Este es mi hijo Dylan, quien siempre quiso ir a Machu Picchu. Ahora ya no está con nosotros, así que le he dicho que yo haría el viaje en su lugar. —Asentí y dejé que continuase su relato—. Busqué en internet «viajes sagrados a Machu Picchu» y apareció su retrato. Yo esperaba encontrar un chamán peruano, pero Dylan me dijo que viniese con usted, así que... Aquí estoy.

Dylan se había quitado la vida tres meses antes de esta excursión y Jeralyn, su madre, estaba absolutamente destrozada. Le aseguré que estábamos ahí para ayudarla a encontrar una sensación de paz (pero también sabía, dada la intensidad de la energía que rodeaba su historia, que probablemente descubriría mucho más que eso).

Guardé la foto en mi mochila. Durante los dos días siguientes, Jeralyn me fue contando más detalles de su vida. Se había divorciado de un marido que abusaba de ella. Todavía estaba inmersa en plena batalla legal por el dinero cuando Dylan había abandonado este planeta. En los días posteriores a nuestro encuentro, se la podía ver paseando, con la mirada distante, por los templos del Valle Sagrado del Perú. Otros miembros de nuestro grupo la acogieron y cuidaron, pero, incluso así, ella procuraba estar a solas. Al ver esto, no me sorprendió cuando me comunicó que no iba a unirse al resto del grupo más pequeño que, tal como habíamos planeado, iba a hacer el sendero que llevaba hasta la cima del Huayna Picchu. Se encontraba demasiado apesadumbrada para esto. Le dije que lo entendía y que la tendríamos presente en nuestros pensamientos.

Ya en la cima de la montaña realicé una ceremonia para permanecer en el Espíritu de la Vida y le «mostré» a Dylan las vistas que él mismo habría podido disfrutar desde donde estábamos. Greg, uno de los miembros de nuestra comunidad, me sacó una foto sosteniendo el retrato de Dylan para poder compartirla con su madre cuando bajásemos de la montaña.

Esa misma tarde, Greg se sentó a mi lado en el tren que nos llevaba de regreso a casa. Se le saltaban las lágrimas al enseñarme la foto que había tomado en la cima de la montaña: un rayo de luz emanaba resplandeciente del cielo y caía justo en el centro del rostro de Dylan, como si fuera una flecha que emanase directamente de lo Divino y se clavase en sus labios. Me puse a llorar cuando Greg y yo nos miramos, pues éramos conscientes de que algo muy profundo acababa de suceder. Dylan le estaba enviando un mensaje a su madre para hacerle saber que todavía estaba ahí para ella.

Después de ver esta señal tan inconfundible, Jeralyn se sumergió en las ofrendas fundamentales de los códigos energéticos y, con la respiración, empezó a horadar y quebrantar esa inmovilidad en la que la había sumido el dolor que sentía. El alivio mental y emocional que experimentó fue inmediato. En los meses siguientes se comprometió a aprender todo lo que pudiera sobre cómo vivir como el Alma. Vino a verme en varios eventos en diversas partes del mundo. Me decía: «Sé que aquí hay respuestas para mí. Todos los días soy testigo de cómo me están transformando».

Jeralyn era cantante de ópera profesional y sentía un amor y un aprecio extraordinariamente profundos por la música. Puesto que parte del enfoque del trabajo que se hace con los códigos energéticos tiene como objetivo acceder a nuestra verdadera esencia, pensé que, en su caso, la música podría ser una vía adecuada para lograrlo, pero resultó ser mucho más que eso.

Mediante las prácticas de los códigos energéticos y la integración de la Conversación en la parada de autobús, Jeralyn comenzó a darse cuenta de que su enorme dolor escondía también algunos regalos o enseñanzas muy valiosos. Redescubrió su aliento y, con él, su presencia central. También encontró la forma de conferir una nueva expresión a su exquisito talento y empezó a emplear su música para sanar a los demás, del mismo modo que la ayudó a sanar a ella. Había recibido educación musical formal y le habían enseñado a interpretar, pero ahora su manera de entonar, de cantar y de crear música surgía de un lugar completamente distinto. Los sonidos eran diferentes, y —lo que era aún más importante— el sentimiento también era distinto. Comenzó a sentir una nueva vida a medida que fue aprendiendo a anclarse en su núcleo, a respirar con el vientre (ahí donde residían sus ritmos más reconfortantes) y a aplicar las prácticas que aprendió en nuestros cursos; equipada con estas herramientas, fue capaz de sentir plenamente su dolor, su amargura y su desilusión y disolverlos por completo.

Al reactivar aquellas partes de sí misma que se encontraban desconectadas, Jeralyn fue capaz de atravesar el dolor y la confusión que la rodeaban y encontrar un nuevo sentido de claridad y certeza absolutas del que nunca antes había disfrutado. Asentada en esta nueva paz y esta nueva fortaleza, empezó a ponerse en contacto con otros padres que también habían perdido a sus hijos. También ofrecía conciertos de sanación mediante el sonido para pacientes con cáncer, los cuales vieron su dolor considerablemente reducido y su vitalidad y alegría restauradas, y empezó a ayudar a otras personas a encontrar su camino a través del dolor, tal como ella misma había hecho.

Todo este despertar ocurrió en el primer año desde su pérdida; nadie había presenciado nunca una transformación tan completa y radical fuera de nuestra comunidad. El director general de Compassionate Friends, una organización internacional para familias que han perdido un hijo, declaró que en los quince años que llevaba en el cargo nunca había visto a nadie recuperarse tan bien y en tan poco tiempo, así que quiso saber qué es lo que había hecho para conseguirlo.

Gracias a su proceso de inversión cuántica, Jeralyn siente a diario que su hijo está con ella. Incluso la guía mediante una especie de colaboración divina. Ella lo sabe porque puede penetrar en su núcleo y vivir desde ese lugar verdaderamente anclado y enraizado de su Alma. Ahí experimenta un lugar en el que no existe separación entre ambos mundos, su CieloTierra personal.

Como es natural, aún hay veces en las que siente profundamente la pérdida de Dylan en su forma física, pero en estos casos recurre a sus prácticas de los códigos energéticos para volver a asentarse bien hondo en su núcleo como el Alma. En ese lugar no tiene por qué extrañarlo, pues puede sentirlo a su lado, conectado a ella a través de la energía eterna de la identidad divina que ambos comparten.

OTRAS HISTORIAS DE ALUMNOS Y PACIENTES

Lo que sigue son algunos ejemplos tomados de la vida real que ilustran las transformaciones que se producen gracias a la aplicación de los códigos.

Mike pidió cita conmigo para tratar su depresión y su extrema ansiedad. En aquel momento tomaba siete medicamentos diferentes y llevaba siete años sin ser capaz de dormir toda la noche de un tirón. Le habían diagnosticado un brote de esquizofrenia y vivía con una gran angustia mental, emocional y física. A los pocos meses de aplicar los códigos energéticos y otras técnicas de medicina bioenergética ya era capaz de funcionar bastante bien tomando solo uno de los medicamentos que le habían recetado, y poco después su médico también dejó de prescribirle ese fármaco. La infancia de Colleen fue bastante difícil. Su padre murió cuando ella tenía once años, y su dominante y controladora abuela frustraba todos los intentos de su madre de criarla por su cuenta. Colleen tenía varios trastornos verbales, cognitivos y de desarrollo físico. Con nueve años le diagnosticaron diabetes y empezaron a administrarle insulina. La relación con su abuela era muy tensa, hostil y turbulenta. En general, Colleen tenía muchos problemas para entablar relaciones de cualquier tipo. Después de trabajar con los códigos energéticos experimentó una serie de cambios espectaculares en su salud y en su bienestar emocional. Además de ser capaz de ver a su abuela con compasión y de aprender a dejar de depender de su aprobación, por primera vez en su vida comenzó a forjar amistades relevantes y significativas. Ahora lleva ya seis años sin diabetes y sin necesitar ningún fármaco para regular los niveles de azúcar en sangre. Incluso está experimentando cambios más que notables en la vista, pues el astigmatismo que antes padecía ha desaparecido por completo y ha reducido la corrección refractiva de sus gafas para la miopía (ha pasado de 7 dioptrías a 3,25). Ahora siente que está viviendo desde una perspectiva completamente diferente, y atribuye el mérito de sus nuevas habilidades y destrezas a los códigos energéticos.

También he sido testigo de muchos casos de mejoría (e incluso de total recuperación) una vez que fue resuelto el problema energético subyacente en alergias, asma, lesiones crónicas y toda clase de patrones de dolencias y enfermedades. A lo largo del libro compartiré contigo otras historias reales sobre la sanación y la recuperación de la plenitud en todas las facetas de la vida mediante el uso de los códigos energéticos.

LOS SIETE CÓDIGOS ENERGÉTICOS

Los siete códigos energéticos son la hoja de ruta que utilizamos para vivir como el Alma. Tú mismo puedes poner en práctica sus principios y métodos siguiendo las indicaciones de la segunda parte del libro. Te ayudarán a aliviar y sanar cualquier trastorno o disfunción mental, emocional o física, a recuperar el equilibrio y la sensación de plenitud y bienestar en todas las áreas de tu vida, así como a manifestar tu verdadero propósito divino. Cada uno de los siete códigos se corresponde con un chakra (es decir, con un centro energético importante del organismo). Dichos chakras van desde la base de la columna hasta la coronilla. Dado que cada código se basa en los anteriores, lo más recomendable es ir viéndolos en el orden en que se presentan.

Aquí tienes una breve descripción de los siete códigos energéticos:

1. *El código de anclaje: regresar al cuerpo.* Vivimos identificados con (y como) la mente y creemos que no existe nada más. A consecuencia de esto, nos pasamos todo el tiempo tratando de dilucidar qué tenemos que hacer para lograr una vida mejor. Pero la energía pura que fluye por nuestro organismo nos muestra una realidad muy diferente sobre nuestra verdadera naturaleza. Con el código de anclaje dirigimos la atención hacia el interior del cuerpo y afianzamos ahí nuestra conciencia, dando así los primeros pasos en el proceso de transformación mediante el cual dejamos de poner el foco de la atención en el mundo exterior para dirigirlo al núcleo energético (hacia nuestra verdadera esencia) y, así, identificarnos con (y como) dicha esencia: el Alma.

2. *El código del sentir: el lenguaje del alma.* Una vez que ya hemos anclado la atención en el núcleo del cuerpo, pasa-

mos ahora a despertar nuestro sistema nervioso sensorial y a ejercitarlo para que perciba todo lo que en realidad es capaz de percibir. A medida que percibimos y sentimos los cambios de energía que tienen lugar en el cuerpo, comenzamos un diálogo divino entre nuestro verdadero ser (el Alma) y la mente. Esto nos ofrece una forma revolucionariamente nueva de comprender y de responder a lo que sucede en nuestra vida, al mismo tiempo que refuerza nuestra presencia como Alma.

3. *El código de eliminación: el poder curativo del inconsciente.* Para la mayoría de nosotros, la comunicación entre el nivel consciente e inconsciente de la mente ha quedado interrumpida debido a sobrecargas emocionales sufridas en momentos clave de nuestra vida. Esto significa que no podemos coger impulso para crear lo que queremos en la vida porque los problemas que han quedado sin resolver y que se encuentran fuera de nuestra percepción consciente nos frenan y retienen. Con el código de eliminación aprenderemos a abrir nuevamente la puerta de nuestro inconsciente, eliminar los residuos de las experiencias que han quedado ahí atrapadas y reintegrar al flujo de nuestro sistema las energías que dichos residuos llevan asociadas, proporcionándonos al mismo tiempo la potencia energética y la coherencia que necesitamos para manifestar nuestros deseos y acercarnos cada vez más a vivir plenamente, a vivir en totalidad como el Alma que somos.

4. *El código del corazón: el disolvente universal.* La frecuencia vibratoria que experimentamos como amor es la energía del Alma. Esta energía constituye nuestra verdadera naturaleza y la vibración más alta que podemos experimentar aquí, bajo esta forma física. También es un disolvente universal, pues es capaz de hacer desaparecer todas las obstrucciones o adherencias, de transmutar todas las interfe-

rencias y curar todas las heridas. En el código del corazón, generamos a propósito y deliberadamente esta asombrosa y sobrecogedora vibración en nuestro propio interior, que es donde la sentimos con mayor intensidad (a pesar de lo que hayamos creído hasta este momento sobre la necesidad de encontrar o conseguir el amor en los demás). Entonces, lo utilizamos para disolver los acúmulos energéticos de baja frecuencia de la personalidad protectora y para crear más neurocircuitos sensoriales con los que poder percibir, activar y reavivar al Alma.

5. *El código de la respiración: el poder de la vida misma. Manifestar* significa traer a la realidad física. Con este código aprenderemos que la respiración es la herramienta más eficaz de la que disponemos para manifestar el espíritu o la energía en forma física. El aliento es en sí mismo energía, vitalidad, fuerza vital; es la vida misma. Cuando, por medio de la respiración, llevamos sistemáticamente nuestra energía esencial a los acúmulos o densidades energéticos (aquellos lugares en los que hemos quedado atrapados o estancados), conseguimos que la personalidad protectora mengüe, que se vuelva menos consistente, más ligera. Al respirar llevando el aire al núcleo del cuerpo, logramos que el Alma se revitalice y se llene de energía. Si bien ya hemos estado haciendo esto mismo en los códigos anteriores, en este aprenderemos técnicas de respiración adicionales y más avanzadas con las que poner remedio a problemas físicos específicos, así como para continuar despertando a nuestra conciencia más elevada y avanzar hacia nuestro pleno potencial.

6. *El código químico: la alquimia de la encarnación.* Por lo general, estamos mucho más acostumbrados a responder de manera reactiva a nuestro entorno externo que a generar de manera proactiva (desde nuestro interior) la vida que

nos gustaría tener. En consecuencia, tanto nuestro enfoque como nuestro cuerpo se encuentran en modo supervivencia y producen la química propia de la respuesta ataque/huida/miedo. El código químico nos proporciona las claves para lograr que nuestra fisiología pase de manera rápida y efectiva del modo «amenaza» al modo «seguridad», lo que facilita aún más la transformación de la personalidad protectora en el Alma. Este código nos muestra cómo crear un entorno físico óptimo y favorable, un «hogar» en el que poder aumentar la presencia del Alma.

7. *El código espiritual: donde los muchos se vuelven uno.* Al identificarnos como la mente, nos mantenemos separados de todo: de los demás, de la naturaleza, incluso de nuestra propia energía (de nuestra verdadera identidad como seres espirituales). Sin embargo, nuestro sistema está diseñado para que experimentemos la conexión y la unidad que, a nivel energético, constituye nuestra auténtica realidad. Para cuando llegamos a este código (dado que previamente ya hemos integrado suficientemente nuestra energía dispersa y hemos activado los centros del cerebro superior que nos permiten vivir «por encima» de la respuesta de ataque/huida/miedo), vemos automáticamente la vida desde una perspectiva diferente. En el código espiritual nos centramos en calmar la mente pensante y en estar verdaderamente presentes, de modo que podamos percibir con facilidad los mensajes del alma que constantemente se elevan por el interior de nuestro cuerpo y actuar en concordancia con ellos, sin duda ni vacilación. Esto es actuar como creadores. Es vivir como el Alma.

Los códigos energéticos constituyen una forma completamente nueva de abordar el tema de la salud y la sanación. Por lo general, el enfoque que ha adoptado nuestra cultura para tratar las enfermedades se basa en aproximarse al individuo desde fuera hacia dentro, de arriba a abajo y de delante a atrás. Si queremos crear la vida que deseamos experimentar (o, lo que es más importante, cumplir nuestro destino como verdaderos creadores) debemos cambiar esta situación.

Para aprovechar al máximo este trabajo y crear el nivel de integración y encarnación que nos prometen los códigos energéticos hemos de hacer los siguientes cambios en el modo en que percibimos la salud, la sanación y nuestra propia identidad:

1. Lo que nos daña (y lo que nos sana) no proviene del mundo exterior. Tenemos que dejar de pensar que solo los virus, las bacterias y otros microorganismos son los causantes de que estemos «enfermos», o que la medicina y la cirugía son los responsables de que volvamos a sentirnos «bien». Hemos de entender que la plenitud, la sanación y la interacción verdaderas provienen de nuestro interior, pues se originan en nuestro campo energético.

2. Somos mucho más que «simplemente humanos». Cuando estudiamos la espiritualidad tradicional (o incluso modalidades menos convencionales como el yoga), tendemos a vernos a nosotros mismos como «simples mortales», como meros seres humanos en busca de Dios o el Espíritu, que es quien nos salvará de la suerte que nos ha tocado en la vida. Pero lo cierto es que ya somos aquello que buscamos. Somos seres hechos de energía, y puesto que todo en el universo está interconectado, somos uno con la energía divina, que es la Fuente. Nuestras raíces se hunden en el Cielo, y nuestra última frontera está en en-

carnar plena y completamente nuestra Alma aquí, en la Tierra.

3. No hay nada «malo», «erróneo» o «equivocado» en tu vida. No hay problemas que superar ni obstáculos que vencer. Cuando realizamos la inversión cuántica y empezamos a ver la vida desde el anverso del modelo, comprendemos que nada ha estado nunca «mal», porque, en última instancia, todas las experiencias que tenemos en la vida suceden para nuestro propio beneficio. Todo está a nuestro favor. Siempre lo ha estado.

En el programa de los códigos energéticos encontrarás información detallada sobre cada código, instrucciones sobre cómo realizar las prácticas, descripciones de los resultados que puedes esperar de cada una de ellas, etc. Aprenderás todo lo que necesitas saber para llevar a cabo tu propia inversión cuántica y empezar a vivir plenamente como el Alma. Tu comprensión de todas las verdades que hemos visto hasta ahora no hará más que ir en aumento a medida que te vayas sumergiendo en la tarea de conectar o volver a «poner en línea» tu yo energético, divino y completo, y vayas integrando las distintas capas o niveles que componen tu ser.

Sin más, ¡empecemos a usar los códigos energéticos!

SEGUNDA PARTE

Una nueva forma de ser: el programa de los códigos energéticos

CAPÍTULO 4

El código de anclaje: regresar al cuerpo

U NA TARDE, ESTABA SENTADA en la mesa del comedor escribiendo la descripción de un curso que me habían invitado a impartir, cuando, de repente, sentí una vibración en la cabeza. Fue tan intensa que tuve que sacudir la cabeza un par de veces para intentar deshacerme de la sensación y recuperar la compostura. Al rato cesó, así que volví a lo que estaba escribiendo en el ordenador, pero instantes después comenzó de nuevo. Volví a sacudir la cabeza, pero, en esta ocasión, la vibración persistió, y en un instante se volvió tan aguda que tuve que dejar lo que estaba haciendo y tumbarme en la cama.

En el mismo momento en que apoyé la cabeza en la almohada experimenté una sensación de incandescencia y vibración tanto dentro de la cabeza como alrededor de la misma, así como lo que parecía ser un rayo de luz dorada que subía y bajaba por el centro de mi cuerpo, desde la zona central de la cabeza hasta el extremo inferior de la columna. Su mera presencia hizo que mi atención se dirigiese hacia dentro. Al igual que me ocurrió en mi primera experiencia cumbre, esta vez también supe que estaba despertando nuevamente a una versión diferente de lo que significaba ser «yo», solo que en esta ocasión en lugar de ser un rayo de luz sin límites precisos, lo estaba experimentando en el interior de mi cuerpo. Parecía como si el Cielo y la Tierra se estuviesen fusionando al tiempo que el aspecto espiritual de mi naturaleza cobraba vida de un modo absolutamente claro y tangible dentro de mi forma física. Sin proponérmelo realmente, me encontré sintiendo y percibiendo mi cuerpo de un modo muy profundo, de una manera que no sabía que fuese posible. Sentí como si pudiera ver dentro de mi propio pecho, cuello y cabeza. Mi mente se llenó de imágenes de lugares, algunos de los cuales parecían ser paisajes de otros mundos. Me resultaban sumamente familiares, pero al mismo tiempo no eran sitios en los que hubiese estado, al menos no que pudiese recordar. Aun así, con cada una de estas imágenes sentía que pertenecía a ese lugar, como si hubiera visitado esos parajes cientos de veces.

En las semanas y meses que siguieron, seguí teniendo estas sensaciones de vibración; me di cuenta de que, si llevaba la atención al núcleo de mi cuerpo, era capaz de controlarlas sin tener que dejar lo que estuviese haciendo; podía dejar que se diese el proceso sin que me sacase de mis ocupaciones diarias. Simplemente apretar los músculos del núcleo de mi cuerpo y llevar el aire con la respiración a esas zonas vibrantes me permitía dirigir y enfocar a voluntad esta inmensa cantidad de energía. Cuando así lo hacía, sentía que la energía se acumulaba y se intensificaba en mi núcleo. En todas estas ocasiones tenía la sensación de estar recordando algo que provenía de lo más profundo de mi ser.

Junto con este cambio también llegó una transformación radical en mis pensamientos y emociones, así como en lo que sentía dentro del cuerpo; cuanto más concentrada estaba la energía en mi núcleo, mayor eran la libertad, la soltura y la espontaneidad de las que disfrutaba. Durante la mayor parte de mi vida me había sentido muy vulnerable, ansiosa y fragmentada, pero ahora me encontraba mucho más calmada y enraizada en mi cuerpo y en el mundo; sentía que era más dueña de mí misma. A partir de este estado, mi vida comenzó a desplegarse de verdad (es decir, empezó a sanar y a fluir). Todas las áreas de mi vida cambiaron de forma radical a medida que esta energía fue aumentando su presencia en mi interior, según se fue afianzando en mí lo que más tarde conocería como *Alma*.

Antes de esto ya había experimentado sensaciones vibratorias similares; de hecho, todos lo hacemos en mayor o menor medida, pero, si no las reconocemos como algo útil, como algo que podemos utilizar (y que reclama nuestra atención), a menudo las dejamos pasar sin más. En aquel momento, el sentimiento era demasiado intenso y vivo dentro de mí como para ignorarlo, pero no se trataba de un fenómeno nuevo, ni de algo que fuese únicamente producto de mi experiencia cumbre. Fue como si mi despertar simplemente se intensificara o «subiera el volumen».

Años más tarde, supe que llevar la atención al núcleo del cuerpo es una práctica llamada *pratyahara* que los maestros orientales de la conciencia enseñan como forma de «habitar» en la totalidad de nuestro ser, pero, durante aquel brote de crecimiento energético, me limitaba a encontrar por mi propia cuenta el camino de entrada a mi cuerpo, usando como brújula las indicaciones que estaba recibiendo desde mi propio sistema. A partir de las prácticas que desarrollé en ese momento empezaron a surgir los códigos energéticos (comenzando por este, el código de anclaje). Tal como indica su nombre, este código nos permite anclar la parte esencial y energética de nuestra naturaleza en nuestra forma física: el cuerpo. Y este es el primer paso para vivir como el Alma.

¿QUÉ ES EL CÓDIGO DE ANCLAJE?

Como seres de energía, elegimos nuestro destino físico en la parada de autobús cósmica; ahí es donde decidimos venir a este mundo bajo las condiciones y circunstancias más adecuadas para nuestro crecimiento. Pero, tras abandonar la parada de autobús, aterrizamos aquí, en el plano tridimensional, y, al entrar en contacto con él, nos dispersamos. Es como si la mente fuese por un lado, el cuerpo, por otro, y el alma (o el aliento), por un tercero, por lo que no recordamos quiénes somos realmente ni de dónde venimos. (Por supuesto, todo esto forma parte de la diversión). Así que tratamos de descubrir quiénes somos, dónde estamos, si estamos seguros o no, tratamos de averiguar cómo encajar, cómo seguir las reglas, cómo complacer y agradar a aquellas personas que parecen ser las más importantes para nuestra supervivencia, y así sucesivamente. En definitiva, intentamos orientarnos, pero, con lo mucho que tenemos que resolver, averiguar, discernir y dilucidar, al final terminamos usando la mente de un modo desproporcionado en comparación con la totalidad de nuestro ser; vivimos casi exclusivamente en la cabeza, desconectados del cuerpo, de la energía y del resto de nuestra verdadera naturaleza, en lugar de referirnos internamente a nuestro propio conocimiento inherente, a nuestra propia verdad. La cultura en la que vivimos nos enseña y refuerza esta forma de ser, ya que la práctica totalidad de las personas que nos rodean están atrapadas en esta visión y actúan siempre del mismo modo.

Sin embargo, el problema de vivir desde la cabeza es que nunca llegamos a sentirnos plenos, íntegros, totales; no llegamos a sentir que este estado sea nuestro verdadero hogar, el lugar al que pertenecemos. No nos sentimos ni cómodos, ni completos ni seguros. Dedicamos todo nuestro tiempo y energía a tratar de «arreglar» o negar nuestra sensación de incompletitud, pero nada de lo que hacemos resuelve el problema (que es, precisamente, que no nos conocemos a nosotros mismos como seres completos, totales; como el Alma). La clave para sentirnos enraizados en nuestra completitud reside en nuestro propio cuerpo físico, en este cuerpo que vive y respira.

Para poder sentir que este mundo es nuestro verdadero hogar y actuar con nuestra verdadera capacidad de salud, bienestar, felicidad y creatividad, debemos *anclarnos* (es decir, anclar nuestro verdadero Yo como seres energéticos) a este plano terrenal y al cuerpo físico. Debemos dejar de vivir exclusivamente en la cabeza para empezar a habitar en todo el sistema y vivir de forma combinada en la mente, el cuerpo y la respiración. Tenemos que *encarnarnos*. Después de todo, el cuerpo no es más que la capa más concentrada de nuestra energía; no es algo de lo que estemos separados. Cuando dejamos de habitar en el cuerpo abandonamos por completo el plano terrenal, lo que nos indica con toda claridad que ¡el cuerpo tiene absolutamente todo que ver con la razón por la que estamos aquí!

La encarnación tiene lugar cuando reconocemos que *somos* el Espíritu y que *tenemos* una mente y un cuerpo. Utilizamos la mente y el cuerpo para poder tener una profunda experiencia aquí, en la Tierra, pero no debemos confundirlos con nuestra identidad real. Para integrar nuestro espíritu con la mente y el cuerpo tenemos que dejar de buscar referencias y nuestra identidad fuera de nosotros mismos y, en su lugar, hacer que nuestros sentidos entren en sintonía con la vibración del Alma.

¿Cómo podemos lograr este objetivo?

Hemos de poner nuestra atención en el canal central de energía, que se encuentra en el núcleo del cuerpo, donde los chakras presentan su estado de mayor concentración. Este canal central es el hogar del Alma. Mediante las prácticas de este código comenzaremos a construir este hogar para que podamos percibir el Alma y la plenitud de nuestro ser pueda prevalecer.

El código de anclaje te asienta y te enraíza en el cuerpo, al tiempo que sustenta tus esfuerzos por dejar de establecer tu identidad en la mente. Es el primer paso para que dejes de poner la atención y el enfoque en el mundo exterior y los dirijas al núcleo energético que constituye tu verdadera esencia. Por supuesto, seguirás usando la mente y los cinco sentidos, solo que ahora los utilizarás de manera diferente a como lo has venido haciendo hasta ahora: en lugar de dirigirlos hacia fuera, los diriges hacia dentro con el objetivo de crear una relación auténtica entre la mente, el cuerpo y el alma. Esta unidad, a su vez, te proporcionará el impulso energético que necesitas para integrar tu energía dispersa y empezar a crear una estructura ordenada a partir del caos. Esto despierta al sanador interno que hay en ti y también te confiere una mayor energía cinética en tu forma de experimentar el día a día, así como paz mental, calma y una sensación general de bienestar. Entonces tu vida se convierte en una aventura que tú mismo has elegido tener, en lugar de algo que simplemente tienes que soportar o a lo que has de sobrevivir.

Las prácticas del código de anclaje mejoran en gran medida nuestra capacidad de percibir las pistas y señales (sobre cómo desarrollarnos hasta alcanzar nuestra verdadera magnificencia) que nuestra Alma va dejando en todo momento a la mente. Si bien este código es el primer paso de un proceso de mucha más envergadura, el mero hecho de llevar a cabo estas prácticas producirá notables cambios en tu energía interior. A medida que te vayas alineando y creando un mayor flujo en tu canal central, esos cambios se irán traduciendo en mejoras significativas en tu vida física, mental y emocional.

Las prácticas del código de anclaje hunden sus raíces en antiguas tradiciones (como las enseñanzas yóguicas del *pratyahara*), pero las he depurado y simplificado para que cualquiera sin excepción pueda acceder a ellas desde ya. No hace falta viajar hasta la India o el Tíbet, ni pasarse años y años en contemplación silenciosa, para estar «preparados» para recibir estos conocimientos. De hecho, ni siquiera tienes que dejar de hacer ninguna de las actividades en las que ocupes tu día a día; ¡no tienes que modificar nada en absoluto! Solo necesitas dedicar unos minutos a realizar estas prácticas en cualquier lugar y en cualquier momento del día.

Antes de lanzarnos a ver las prácticas de los códigos energéticos, me gustaría recordarte una cuestión fundamental: estas prácticas no se pueden hacer solo mentalmente. No puedes limitarte simplemente a imaginarte a ti mismo haciéndolas. Tienes que experimentarlas físicamente, en el cuerpo. Has de poner en funcionamiento todo tu sistema para poder crear los circuitos necesarios: cuerpo, mente y respiración/energía/espíritu.

Al trabajar con el cuerpo podemos eludir la fase de «pensamiento/historia personal» de la mente (con todos sus dramas y percepciones de sufrimiento) y dirigirnos directamente al lugar en el que se encuentran tanto la fuente del problema como su solución. Las prácticas de los códigos energéticos son tu «manual de instrucciones» para entrenar la mente, el cuerpo y la respiración y aprender a vivir como el Alma.

Así que ¡pasemos a las prácticas!

LAS PRÁCTICAS DEL CÓDIGO DE ANCLAJE

PRÁCTICA 1: SUJETO-OBJETO-SUJETO

¿Alguna vez has visto una película tan intensa que te ha absorbido por completo? Puede que incluso te descubrieses a ti mismo hablando con la pantalla, o pisando a fondo un acelerador imaginario durante la escena de la gran persecución. O tal vez te sentías tan completamente inmerso en un diálogo doloroso que rompiste a llorar. Entonces, de repente, a menudo sin razón aparente, sales de ese estado y vuelves a encontrarte nuevamente en el cine, rodeado de espectadores, simplemente viendo una película como todos los demás... En ese momento, cuando regresas de golpe a la realidad, algo cambia de forma radical en tu interior. Aunque durante unos breves instantes te has sentido como si realmente estuvieses ahí, en ese otro mundo, en realidad tan solo estabas viéndolo desde fuera.

Pues bien, pasamos por nuestra propia vida de un modo muy similar. Nos enfocamos en cosas externas a nosotros mismos y quedamos completamente absorbidos en ellas, hasta el punto de que olvidamos que somos nosotros quienes estamos a cargo de las experiencias que tenemos dentro de nuestro propio cuerpo. Arrojamos nuestra energía fuera, la depositamos en el objeto de nuestra atención y la anclamos allí, en lugar de hacerlo en nuestro propio interior. Entonces, cuando nuestra energía ya ha quedado atrapada en todas estas entidades externas, nunca somos capaces de relajarnos del todo, pues no nos sentimos fuertes, completos, seguros. La dispersión debilita nuestro sistema y puede llegar a producir un colapso en el sistema inmunitario y en nuestra propia capacidad de recuperación y sanación.

Esta dispersión se produce incluso si el objeto de nuestra energía es alguien a quien amamos o algo que nos encanta y que nos hace disfrutar enormemente. El hecho de abandonar nuestro cuerpo, incluso si es en una situación positiva, en realidad tiene un efecto debilitante, ya que nos hace perder nuestro sentido del yo, nuestra identidad. Esta es la dinámica que entra en juego cuando la gente «se pierde» en las relaciones. En lugar de estar centradas, estas personas (el sujeto) quedan atrapadas en el objeto hacia el que dirigen su afecto.

Por el contrario, cuando llevamos la atención y la conciencia a nuestro propio canal central y nos enfocamos en él, permanecemos concentrados energéticamente incluso cuando estamos participando plenamente en las actividades del mundo. También tenemos mucha más energía a nuestra disposición, porque actuamos a partir de un lugar que está bien anclado, enraizado o, por así decirlo, «conectado a la tierra».

Para ayudar a la gente a ingresar de forma consciente en este estado empoderado suelo recurrir a una práctica llamada Sujeto-objeto-sujeto que tú mismo puedes llevar a cabo de este modo:

1. Observa algo externo a ti que esté aproximadamente a metro y medio de distancia. Puede ser una persona, un objeto, cualquier cosa.
2. Enfócate y pon toda tu atención en eso; analízalo con verdadera intención. Siente como si estuvieses lanzándole tu energía. Incluso puedes dirigir tu amor hacia ese objeto.
3. Ahora retira tu conciencia del objeto y llévala de vuelta a ti mismo, ponla de nuevo en tu núcleo. Siente que ahora estás aquí, en tu cuerpo, observando a través de tus propios ojos.
4. Fíjate en cómo es esta sensación. Tu visión periférica se expande. Puede que incluso llegues a verte la nariz o las mejillas. Más aún, puedes sentirte habitando tu propio cuerpo de nuevo.
5. Mantén esta conciencia de ti mismo durante varias respiraciones.

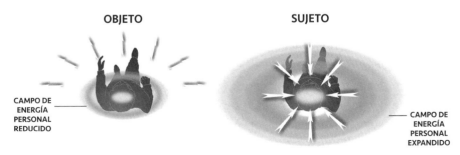

OBJETO   SUJETO

CAMPO DE
ENERGÍA
PERSONAL
REDUCIDO

CAMPO DE
ENERGÍA
PERSONAL
EXPANDIDO

SUJETO-OBJETO-SUJETO

Muchas veces, cuando hablo para un grupo de gente, hago una demostración de esta práctica. Me pongo de pie delante del público y les digo: «Arrojad todo vuestro poder sobre mí. Sencillamente despojaos de vuestra propia energía y enviádmela toda a mí». Luego, una vez que lo han hecho, añado: «Ahora, reclamad todo vuestro poder. Concitar toda vuestra energía para que vuelva a vosotros, al lugar que le pertenece».

Cuando la audiencia lanza toda su energía sobre mí, literalmente me empuja hacia atrás, me aleja, como si me hubiese golpeado una ola enorme. Luego, cuando vuelven a atraer su energía hacia ellos mismos, me siento impelida hacia ellos. Y esto me ocurre siempre, con todos los grupos (y todos los presentes en la sala pueden dar fe de que así es).

La ironía de esto es que, cuando lanzamos toda nuestra energía y atención sobre algo o sobre alguien, lo que estamos haciendo en realidad es alejarlo de nosotros, y esto puede dar lugar a toda clase de complicaciones en las relaciones, incluyendo confusiones, mensajes contradictorios o problemas de control. En lugar de tratar de dilucidar cuál es la historia que se esconde tras los denodados intentos de alguien por hacerse el duro y eludir nuestro amor, si anclamos la energía en nuestro núcleo seremos capaces de expresar amor e invitar a acercarse al objeto de nuestro amor, por la sencilla razón de que no le estaremos agobiando o avasallando con nuestra energía (no nos estaremos «esforzando en exceso»). Esto nos permite, en suma, ser responsables y capaces de responder. (Más adelante hablaré más en profundidad sobre el Alma en las relaciones).

Dejar de poner nuestro enfoque fuera de nosotros mismos para llevarlo a nuestro interior (es decir, retirar la atención del objeto y ponerla en el sujeto) supone una diferencia absoluta en los resultados que se desprenden de nuestras relaciones y de nuestros esfuerzos creativos. Estamos tan acostumbrados a dispersar nuestra energía lanzándola al mundo que es muy probable que ni tan siquiera seamos conscientes de que lo hacemos, pero este comportamiento supone que sigamos viviendo bajo el paradigma de la personalidad protectora, con todos los dramas que esta lleva asociados. Tan solo hace falta un simple cambio de conciencia (volver a conectar con nuestro cuerpo) para empezar a vivir como el Alma. El resto de las prácticas del código de anclaje te proporcionarán una serie de herramientas adicionales necesarias para empezar a realizar este cambio. Todas las herramientas que se ofrecen en cada uno de los códigos son más efectivas si al ponerlas en práctica te «mantienes en tu Yo, en tu Ser». Y date cuenta de que permanecer en el Ser no supone en absoluto que estés menos disponible para la vida; tan solo hace que estés menos condicionado. De hecho, tu verdadera disponibilidad aumenta cuando dejas de depender tanto del mundo exterior para sentirte bien.

PRÁCTICA 2: PUNTOS DE ANCLAJE DEL CANAL CENTRAL

Anclar la conciencia dentro de nuestro cuerpo de una manera estructurada es el primer paso para realizar o manifestar el Alma en el organismo. Los Puntos de anclaje del canal central son una de las principales herramientas para lograr este objetivo, ya que el canal (o núcleo) central constituye la base o el fundamento del Alma.

En esta práctica utilizamos cuatro de los principales puntos de anclaje o «cierre» para fijar o amarrar nuestra energía esencial en el canal central. El primer chakra o chakra raíz es la puerta de entrada a través de la cual nos conectamos con la tierra (lo que nos permite existir plenamente en este mundo físico y participar en él). Por lo tanto, lo primero que haremos será poner ahí nuestra atención empleando para ello una versión modificada de una antigua práctica llamada *mūla bandha*, que en sánscrito significa «fijar, sellar o bloquear la raíz».

Mūla bandha o «cierre raíz»

Tanto por correo electrónico como por otros medios, recibo infinidad de mensajes de agradecimiento por esta práctica. Es una técnica que nos ancla en el cuerpo de inmediato. Pero cuidado; es muy posible que si la realizas ¡ya no puedas seguir recurriendo a esos «desequilibrios» a los que tanto cariño tienes! La gente me dice constantemente que recupera la cordura tan pronto como empieza a utilizar el *mūla bandha*.

Para hacer posible este sorprendente cambio de energía vas a centrar tu atención en la base de la columna vertebral (en el extremo inferior del sacro). Esto hace que, de forma instantánea, los focos dispersos de energía que hay por todo tu sistema se concentren y queden sujetos ahí.

Imagina un montón de globos de helio repartidos por toda la habitación. Al hacer *mūla bandha* es como si agarrásemos todas las cuerdas, las juntásemos y las atásemos a una pequeña bolsa de arena que entonces cae a la tierra (anclándose en ella). ¡Zas! De pronto, aquello que no era más que un revoltijo caótico se asienta y se vuelve mucho más organizado. De repente nuestra conciencia se redirige desde las capas superficiales y externas de nuestro sistema hacia el núcleo del organismo, lo que significa la primera pequeña transformación que nos hace abandonar la perspectiva de la personalidad protectora para ingresar en la del Alma.

El resultado es una sensación inmediata de anclaje, de arraigo y bienestar profundos, la sensación de que perteneces a este lugar y de que esta vida es «lo tuyo», que «se te da bien». A medida que sigas reuniendo todos esos globos energéticos, reorganizándote a partir de tu anterior estado disperso y disgregado, comenzarás a sentir tu fuerza y tu presencia en el cuerpo. Ya no te verás a ti mismo como una víctima de las circunstancias o de los acontecimientos de la vida, sino que más bien comenzarás a vivir como el creador de tu propia vida. Con la técnica del *mūla bandha* comenzamos a generar los neurocircuitos sensoriales necesarios para establecer esta nueva identidad. Dejar de vivir en la cabeza para empezar a vivir desde nuestro núcleo parece algo sencillo, ¡pero en realidad supone un gran reto!

Se hace de esta forma:

1. Contrae los músculos de la base de la cavidad pélvica y tira de ellos hacia arriba, hacia el ombligo, como si estuvieses extrayendo energía de la tierra y haciendo que ascienda por tu cuerpo. (Es posible que conozcas esta maniobra con el nombre de *ejercicio Kegel*; es la misma contracción muscular que se produce cuando estás orinando y detienes voluntariamente la micción). No te preocupes si te lleva unos días o incluso semanas dominar esta técnica; ¡antes o después lo conseguirás!

2. Una vez que hayas practicado unas cuantas veces la contracción de estos músculos y te hayas acostumbrado a la sensación, apriétalos todo lo que puedas y luego libera la mitad de la tensión (es decir, mantenla al cincuenta por ciento). Permanece ahí mientras inspiras y espiras varias veces con el abdomen, no con el pecho. Respirar con el pecho activa la respuesta de ataque/huida/miedo debido al tipo de terminaciones nerviosas (simpáticas) que se encuentran en los lóbulos superiores de los pulmones. En cambio, la respiración abdominal activa los procesos de sanación y de creatividad debido al efecto calmante de las terminaciones nerviosas (parasimpáti-

cas) de esta zona, y también aumenta el suministro de sangre en los lóbulos inferiores de los pulmones.

3. Ahora relaja nuevamente la mitad de la tensión (es decir, mantenla al veinticinco por ciento) y permanece ahí durante varias respiraciones más hasta que comiences a tener la sensación de «estar ahí» sin tensionar ni tener que hacer demasiado esfuerzo. Nuestro objetivo es crear conciencia en aquellos tejidos de los que normalmente no somos conscientes y, una vez hecho esto, desarrollar la percepción sensorial en esa zona en un grado progresivamente más y más sutil y refinado. Al final, a medida que vayas avanzando en esta práctica y tus tejidos se vayan tonificando, solo te hará falta una pequeña cantidad de tensión en la musculatura para enfocar ahí la energía, pero, por el momento, ¡pon todo de tu parte y contrae los músculos todo lo que puedas!

4. Realiza esta práctica varias veces al día, tanto como puedas o quieras. ¡En esto no es posible pasarse!

Con la práctica, esta variación del *mūla bandha* permite que el campo energético quede sujeto o amarrado de una forma lo suficientemente concisa y consistente en la base de la columna vertebral como para que los tejidos empiecen a despertarse. Una nueva vibración se establece por sí misma, ¡y esto permite que los tejidos sepan que el Alma está penetrando en ellos!

Contrae el corazón

Para desplazarnos hasta el siguiente punto de anclaje subiremos por el canal central hasta llegar el centro del corazón, llamado *anāhata chakra*, que se encuentra justo en el centro del pecho. Aquí, al igual que hicimos en el *mūla bandha*, vamos a tensar los músculos para atraer nuestra atención consciente hacia esa zona y «encerrar» la energía ahí. Así es cómo tenemos que trabajar con el punto de anclaje del centro del corazón:

1. Contrae la zona interna del espacio del centro del corazón apretando los músculos del centro del pecho (no hacia la izquierda, donde se encuentra realmente el músculo del corazón, sino el área del chakra; es decir, en el centro de la columna). Tira de los músculos pectorales como si quisieras juntarlos y lleva la tensión hacia atrás, hacia la columna. Echa los omóplatos hacia dentro (también como si quisieras juntarlos) y hacia abajo. Baja los deltoides (los músculos que rodean los hombros) y ténsalos también. Desde ahí, dirígete hacia dentro del pecho. (Si estas especificaciones te parecen algo confusas, simplemente imagínate que estás tumbado boca arriba haciendo *press* de *banca* levantando una barra con pesas. También puedes practicar levantando o empujando algo muy pesado y fijándote en cuáles son los músculos que se activan).

2. Tensa los músculos de este modo y mantente ahí durante unas cuantas respiraciones abdominales. Luego, como hicimos en el *mūla bandha*, relaja la tensión a la mitad (al cincuenta por ciento) y respira varias veces más llevando el aire al vientre.

3. Relaja nuevamente la mitad de la tensión (es decir, mantenla al veinticinco por ciento) y continúa respirando. A medida que te vayas sintiendo más cómodo con este ejercicio, deja que tu conciencia vaya penetrando cada vez más profundamente en el pecho. Trata de contraer los diminutos músculos que se encuentran alrededor de la columna vertebral y por detrás del corazón e intenta profundizar lo más posible en el núcleo de tu cuerpo.

4. Practica este ejercicio varias veces al día, tanto como puedas o quieras. El objetivo es dejar que la parte frontal del centro del corazón se abra al tiempo que permanece contraído por los lados y por detrás. Hay un tejido conectivo que ancla físicamente el corazón a la columna; cuando realices esta práctica, visualízalo a la vez que te relajas con confianza sobre el apoyo que te brinda. ¡Te hará sentir estupendamente bien!

Contraer el corazón de esta manera genera la misma sujeción de nuestra conciencia (nuestra energía esencial) al cuerpo que hicimos en el chakra raíz por medio del *mūla bandha*, lo que nos proporciona otro punto adicional de contacto en el que anclar la conciencia del Alma. Esto desplaza aún más la conciencia de fuera hacia dentro y atrae físicamente la energía consciente al centro del corazón para activar la serenidad, la calma, la relajación, la regeneración y el amor. Tu mente comenzará a comprobar lo fantásticamente bien que se siente al activar la presencia amorosa del Alma.

Contrae la garganta

Nuestra siguiente parada subiendo por el canal central se encuentra en la garganta. Aquí nuestro objetivo es apretar la garganta hasta un punto en el que respiremos como Darth Vader (constriñendo los conductos respiratorios y sintiendo y oyendo el aire al pasar por ellos). Tu respiración ha de hacer un sonido claramente apreciable tanto al inspirar como al espirar. En yoga, esto se conoce como *ujjayi pranayama*, o «aliento victorioso», y es una práctica que nos permite «seguir» el sonido hacia el lugar desde el que deberíamos estar viviendo todo el tiempo (la victoria de la inversión cuántica que nos sumerge en el Alma).

Se hace de este modo:

1. Deja que la mandíbula inferior caiga y se abra ligeramente, cierra los labios y contrae suavemente los músculos de la garganta al tiempo que llevas la parte posterior de la lengua hacia arriba y hacia atrás, estrechando de este modo la apertura. Lleva la barbilla un poco hacia atrás (pero sin apretar los dientes) y siente cómo la nuca y la coronilla se estiran hacia arriba.

2. Respira profundamente varias veces desde el vientre cogiendo y soltando el aire por la nariz. Tanto al entrar como al salir, deja que el aire produzca como un siseo o un silbido, un sonido que recuerda al ruido que hacen las olas al romper en la arena. Es casi como un ronquido. ¡Tienes permiso para respirar todo lo fuerte que quieras!

En el momento en el que hayas contraído la garganta lo suficiente como para oír la respiración, sabes que tu energía esencial está anclada en el canal desde la base del sacro hasta este punto. Al seguir el sonido con la mente y llevarlo al canal central del cuerpo, consigues atraer aún más la conciencia hacia el núcleo del organismo. Esto es importante para el éxito general del proceso de encarnación, ya que contribuye enormemente a centrar la confianza y la claridad.

Sé aquel que está detrás de los ojos

Nuestra última parada a lo largo del canal central se encuentra en el centro de la cabeza. La energía fluye hacia arriba desde la garganta, y lo que queremos ahora es dirigirla a través del mesencéfalo, o cerebro medio, hasta la zona que está justo en medio y por debajo de los dos hemisferios cerebrales. Aquí es donde se encuentra la importantísima glándula pineal, que contiene células receptoras de luz llamadas *conos* y *bastones* (muy similares a las que hay en los ojos). Parte de su función puede ser recibir y «ver» la energía sutil, invisible y de alta frecuencia del mundo interior, mientras que los ojos reciben y transmiten la energía de la luz visible. Dicho de otro modo, aquí es donde reside nuestro sentido interno o sexto sentido. Es algo que yo misma he podido experimentar personalmente desde que desarrollé esta extraordinaria percepción sensorial y los circuitos de mi propio proceso de encarnación.

Así es cómo se hace este ejercicio:

1. Con los ojos abiertos o cerrados, pon tu atención en el centro de la frente, entre las cejas, en el área conocida como *el tercer ojo*. Al mismo tiempo, lleva la atención a tu Yo (al sujeto) y fíjate en cómo te hace sentir enfocarte en ese punto.
2. Si te hace falta algo más intenso para sentir de verdad que estás anclado ahí, gira los ojos hacia arriba hasta que sientas una cierta tensión detrás de ellos.
3. Mantén esta tensión temporalmente mientras inspiras y espiras desde el vientre varias veces.

Del mismo modo que en el ejercicio Sujeto-objeto-sujeto, el objetivo de centrarte en este punto de anclaje es que puedas reconocerte a ti mismo como «el que está detrás de los ojos». Esto desplaza de forma radical tu enfoque del exterior al interior, de «allá fuera» a «aquí dentro», al «hogar» que se halla en el seno de tu núcleo. Para estar anclado en el cuerpo tienes que ser de verdad la conciencia que mira a través de los ojos del mismo.

Ahora que ya te has familiarizado con los cuatro puntos de anclaje del canal central, lo siguiente que tienes que hacer es tratar de ver y experimentar el canal como una vía vital de flujo energético (como la superautopista de todo tu sistema de energía). Más adelante, cuando seas capaz de realizar el trabajo sin recurrir a la guía adicional que te brindan los puntos de anclaje, podrás relajarlos y dejar que la sensación se derrame a través de tu cuerpo (veremos esto con más detalle). Entretanto, ¡aprieta bien los músculos!

Comienza contrayendo los puntos de anclaje uno por uno: el cierre raíz, el centro del corazón, la garganta y, finalmente, el tercer ojo. Mantén la tensión a la vez que inspiras y espiras de forma audible por la nariz. Una vez que hayas completado el recorrido ascendente por el canal, conecta las cuatro zonas como si una plomada vertical descendiese a través de todo el canal: desde la tensión que sientes detrás de los ojos a la constricción de la garganta, donde puedes oír el paso del aire; de ahí al corazón, que mantienes contraído; y, siguiendo hacia abajo, hasta el *mūla bandha*, y desde ahí hasta abajo del todo, llegando hasta la tierra y hundiéndose en ella como si fuesen las raíces de un árbol.

Practica con frecuencia el hecho de sentir esa alineación; percíbela, imagínala, incluso invéntatela si es necesario. Cuanto más lo hagas, más se desarrollará tu percepción sensorial en estas zonas, y al contar con más circuitos en el sistema sensorial tanto tu conciencia del Alma como tu flujo energético se incrementarán.

Recuerda esa cita que a menudo se atribuye a Albert Einstein: «La mente intuitiva es un don sagrado y la mente racional un sirviente fiel, pero hemos creado una sociedad que honra al sirviente y se ha olvidado del don sagrado». Esta sensibilidad (esta capacidad perceptiva) es como deberíamos usar la mente racional (es decir, esta debería estar al servicio de la mente intuitiva). Ahora estás empleando la mente para usar y dirigir tus sentidos de una manera completamente diferente a como lo has hecho hasta ahora, y el resultado es que despiertas en tu verdadera esencia de una forma de la que nunca antes habías sido consciente.

Además de los cuatro puntos de anclaje, el otro ingrediente sumamente importante y eficaz que nos ayuda a conectar plenamente nuestra verdadera esencia dentro del canal central es el siguiente patrón de respiración.

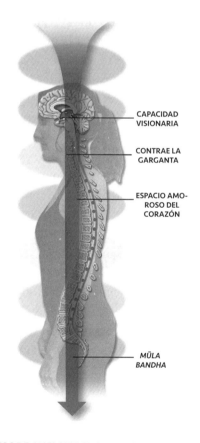

CAPACIDAD VISIONARIA

CONTRAE LA GARGANTA

ESPACIO AMO-ROSO DEL CORAZÓN

MŪLA BANDHA

PUNTOS DE ANCLAJE DEL CANAL CENTRAL

PRÁCTICA 3: RESPIRACIÓN DEL CANAL CENTRAL

Si hay algo que constantemente veo que impide a la gente vivir en toda su plenitud ¡es que apenas respira! La respiración es energía, de modo que, cuando inhalamos y exhalamos el aire dentro y fuera de nuestro cuerpo, también estamos moviendo energía dentro y fuera de nuestro campo energético personal. Respirar mientras mantenemos una conexión consciente con nuestros puntos de anclaje y con la tierra es una forma muy eficaz de activar los centros de energía (los chakras) y consolidar la energía en el canal central (el asiento en el que se produce la encarnación del Alma). La Respiración del canal central es una práctica fundamental en los códigos energéticos. Respirar a través del núcleo del cuerpo te proporciona la experiencia tangible de tu realidad multidimensional (cuerpo-mente-espíritu), te aleja rápidamente del modo centrado en la supervivencia y la reactividad y te lleva a una perspectiva basada en un sentido de propósito superior o más elevado.

Al igual que hemos hecho en las otras prácticas, aquí también vas a hacer respiración abdominal, lo que significa que tienes que expandir la zona del vientre con cada inspiración y comprimirla al espirar (en lugar de respirar superficialmente con el pecho). Según vayas llevando la respiración por el canal central de acuerdo con las instrucciones que siguen, has de poner un especial cuidado en que tu concentración se desplace arriba y abajo a través de cada centro de energía del núcleo del cuerpo; un poco como ir dentro de un ascensor que sube y baja por su hueco, pero siempre sin saltarte ninguna parte del canal central. Esto es clave para poner en marcha todos tus circuitos electromagnéticos y, posteriormente, los neurológicos.

Así es cómo se practica la Respiración del canal central:

1. Comienza con los puntos de anclaje: eleva el suelo pélvico en *mūla bandha*, contrae el corazón como si estuvieses haciendo *press de banca*, constriñe la garganta hasta que respires como Darth Vader y tensa
   momentáneamente la parte trasera de los ojos.
2. Lleva la atención al espacio que queda por encima de la
   cabeza (a unos quince centímetros de distancia) e inspira desde ahí. En un primer momento quizá te ayude visualizar una bola de luz blanca o dorada que se desplaza
   con la respiración, así que siéntete libre de hacerlo. (Sin
   embargo, el objetivo último es que te des cuenta de que
   tú mismo eres esa bola de luz, de modo que puedas sentir cómo vas bajando por la coronilla y atraviesas tu propio canal central —como si estuvieses dentro del ascensor y bajases hasta el sótano—, en lugar de verla desde
   un punto focal externo).
3. Inspira llevando el aire hasta bien abajo a lo largo del canal, hasta el vientre, al tiempo que mantienes los puntos
   de anclaje contraídos lo mejor que puedas. Con la inspiración, expande el vientre.
4. Suelta el aire desde el vientre llevándolo directamente
   hacia abajo a través del *mūla bandha* y, de ahí, hacia la
   tierra, sin dejar de apretar los cuatro puntos de anclaje.
   Con la espiración tira del vientre hacia la columna.
5. Ahora haz lo mismo pero al revés: respira cogiendo el
   aire de la tierra y llévalo hacia arriba a través del *mūla
   bandha* hasta llegar al vientre. Y, al espirar, siente que tú
   mismo eres la energía que va elevándose en su fluir por
   el eje del canal central hasta emerger hacia el espacio
   que queda por encima de la cabeza.

Repite el ciclo en su totalidad. Ten en cuenta que un ciclo
incluye dos respiraciones completas: una inspiración desde la

parte superior (a unos quince centímetros por encima de la coronilla) y de ahí hacia el espacio corazón/vientre/núcleo, seguida
por una espiración hacia abajo hasta penetrar en la tierra; y luego
una inspiración desde la tierra hasta el espacio corazón/vientre/
núcleo seguida de una espiración que sale por la coronilla.

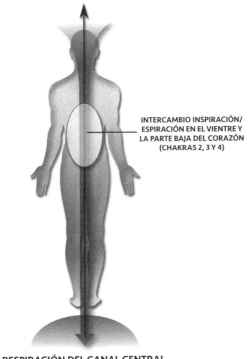

INTERCAMBIO INSPIRACIÓN/
ESPIRACIÓN EN EL VIENTRE Y
LA PARTE BAJA DEL CORAZÓN
(CHAKRAS 2, 3 Y 4)

RESPIRACIÓN DEL CANAL CENTRAL
CHAKRAS 1 Y 7

Cuando realices esta práctica por primera vez, respira a un
ritmo que te resulte cómodo. Esto te permitirá concentrarte en
mantener la tensión en los puntos de anclaje y desplazarte
(como el aliento de la respiración) arriba y abajo por el canal
central. Más adelante, una vez que adquieras cierta habilidad y
empiece a parecerte más natural mantener en tensión estos pun-

tos de anclaje, puedes acelerar o ralentizar deliberadamente la respiración para, de este modo, conseguir resultados específicos. Las versiones más intensas y activas de esta práctica (es decir, aquellas en las que respiras de un modo más rápido, fuerte y sonoro) sirven para socavar las concreciones densas que pueda haber en los tejidos, así como las zonas de enmascaramiento que puedan darse entre chakras, mientras que las versiones más lentas, suaves y profundas son mejores a la hora de abordar los intrincados detalles de la generación de circuitos y la integración de las energías sutiles. Una respiración lenta también favorece la relajación y ayuda a mitigar los efectos del estrés y la concentración mental prolongada. A medida que vayamos avanzando en el libro te iré dando más información sobre estos detalles específicos.

Si quieres realizar una versión más activa y enérgica de la Respiración del canal central, puedes respirar contando hasta cuatro: al inspirar, cuenta hasta dos, y al espirar, sigue hasta cuatro. Notarás que de esta manera la espiración es bastante más rápida de lo normal. Puedes imaginarte que esa fuerza de respiración perfora cualquier acúmulo o viscosidad que percibas a lo largo de tu canal central.

Para usar una versión más suave de esta práctica puedes ralentizar la respiración contando hasta seis, ocho o diez, pero siempre manteniendo la misma duración para la inspiración y la espiración.

En todas las variantes de la práctica de la Respiración del canal central lo más importante es seguir conscientemente el aliento (e, idealmente, *ser* el aliento mismo) arriba y abajo a lo largo del sistema, a medida que va activando todos los circuitos a su paso. No te saltes ninguno de los puntos de anclaje ni ninguna de las zonas que quedan entre ellos a lo largo del canal.

Si realizas esta práctica varias veces a lo largo del día comprobarás que progresas rápidamente, sobre todo si la realizas todas las noches antes de acostarte, asegurándote de que sea lo último que haces antes de quedarte dormido, y todas las mañanas tan pronto como te despiertes, antes de poner los pies en el suelo. En estos momentos (en los extremos inicial y final del sueño) es cuando la mente consciente y la inconsciente más se comunican entre sí, y por eso son los momentos más adecuados para crear y establecer una nueva realidad.

Para sacar el máximo beneficio de esta práctica, ¡haz que todas las respiraciones de todos los días sean Respiraciones del canal central! Cada vez que respiras desde más allá del cuerpo, a través del mismo y, después, exhalas llevando el aire más allá de él, estás activando la percepción inconsciente de ser algo más que un ser físico, estás captando una parte mayor de tu multidimensionalidad y rejuveneciéndote a ti mismo constantemente. Así es cómo logro ocuparme de tantas cosas al día y sentirme más joven cada año que pasa.

PRÁCTICA 4: SOLTAR HACIA DENTRO, SOLTAR HACIA ABAJO

La práctica a la que denomino Soltar hacia dentro, soltar hacia abajo es una versión más fluida de la Respiración del canal central y tanto su uso como su finalidad son ligeramente distintos. Al igual que ocurría en la técnica Sujeto-objeto-sujeto, el objetivo de este ejercicio es atraer toda nuestra energía hacia el centro del cuerpo para que no esté dispersa en otras zonas como la cabeza, alrededor de la superficie de los hombros o por encima del cuerpo. En esta práctica vamos a soltar la energía para que «caiga» y descienda por completo por el cuerpo como si fuese el agua de una cascada precipitándose en caída libre, barriendo los acúmulos y las densidades a medida que avanza, para después librarse de ellos de forma explosiva arrojándolos con fuerza a la tierra.

Este «lavado» nos es de gran utilidad porque impide que nos aferremos a energías estancadas, como puedan ser viejos patrones de pensamiento o historias y hábitos del pasado, y también evita que tratemos de controlar las circunstancias y las situaciones. No nos aferramos a estas energías inútiles porque nos hagan sentir bien, sino porque son lo único que conocemos, porque nos resultan familiares. Sin embargo, si no nos desprendemos de ellas y las dejamos ir, sus densidades dispersas continuarán debilitando nuestro campo energético y nuestro flujo y crearán una dolorosa fricción en nuestra vida mientras claman por ser liberadas.

Pero si, por el contrario, somos capaces de familiarizarnos energéticamente con la transformación y soltarlas (dejando que la energía fluya a través de nuestro núcleo y se descargue en el suelo, como haremos en este ejercicio) y nos acostumbramos a las sensaciones corporales que nos produce esta liberación, entonces a la mente le resultará cada vez más y más fácil desprenderse de todos aquellos pensamientos e ideas que ya no nos sirven. Y eso es así porque este soltar energético a través del cuerpo imita o replica el patrón energético que experimentaríamos si realmente nos desprendiésemos de alguna carga mental o emocional. Puesto que a la mente le resulta más difícil soltar en el nivel de los relatos y las historias personales, podemos hacerlo de un modo mucho más fácil y rápido a nivel energético, donde residen realmente los bloqueos y las densidades. Entonces seremos capaces de volver nuestra mente hacia actividades mucho más creativas y productivas.

Imagina, por ejemplo, que estás teniendo un conflicto con alguien, y que de verdad quieres que la otra persona vea las cosas como tú y que esté de acuerdo con tu punto de vista. Ahora imagina que, de pronto, esta persona entiende lo que estás tratando de comunicarle y se muestra completamente de acuerdo. De repente, toda la energía y el esfuerzo que has estado poniendo en convencerla se libera. Dejas de tener una agenda o un plan de actuación porque ya has conseguido tu objetivo. Entonces, ese cambio en tu mundo exterior (la desaparición de la fricción debida al cambio que se ha dado en la otra persona) produce también un cambio en tu mundo interior y, al haberse convertido tu deseo en realidad, un torrente de energía se derrama a través de su cuerpo.

Por supuesto, en este ejemplo el cambio se produce de fuera a dentro y, como tal, es algo que en última instancia no podemos controlar, pero lo que sí podemos hacer es lo contrario: generar un cambio de dentro a fuera, desde el interior hacia el exterior. Podemos familiarizarnos con cómo nos sentiríamos si la otra persona ya nos estuviese entendiendo, antes incluso de que lo haga. Esto nos permite abandonar toda intención, todo plan y detener en seco la fricción antes de que genere ningún conflicto. Esta clase de ejercicios son muy buenos para eliminar la energía estancada y liberarnos de los atributos de la personalidad protectora.

Esta es la forma de realizar la práctica Soltar hacia dentro, soltar hacia abajo:

1. Fíjate en la energía que hay ahora mismo alrededor de tu cabeza y de tus hombros. (Seguramente la notes de una forma más pronunciada que en el abdomen, la cadera y las piernas).
2. Suelta toda la tensión que puedas, de una sola vez, y llévala hacia el centro de la cabeza a la vez que respiras profundamente llevando el aire al núcleo. Simplemente relaja y suelta por completo la mitad superior del cuerpo.
3. Después contrae los cuatro puntos de anclaje para centrarte en tu núcleo.
4. Ahora, a la vez que espiras, suelta toda esta energía y deja que caiga por el canal central y llegue al suelo que hay bajo tu cuerpo, ya estés sentado o de pie. Luego relaja todos los puntos de anclaje, pero permanece en el

núcleo. Soltar o dejarte caer hacia dentro te permite sentir una mayor energía en los centros creativos que se encuentran en la zona media del cerebro, y soltar o dejarte caer hacia abajo te permite liberarte de todo lo demás y anclarte con mayor firmeza en tu raíz. Además, ¡te hará sentir estupendamente bien!

5. Realiza esta práctica a lo largo del día y de forma consistente, entre un *mūla bandha* (siendo consciente de que solo va a ser algo intermitente) y el siguiente. Distiende por completo el suelo pélvico, el vientre, los hombros, abre bien las plantas de los pies y déjate caer y hundirte en la tierra mientras caminas. Siente como una cascada de amor cae a través de ti y te sostiene a cada paso.

Siempre que nos aferramos a algo estamos reteniendo nuestra energía, la mantenemos estancada. Esto impide que las cosas se muevan, que fluyan y cambien. Nos mantiene paralizados en la capa mental del diagrama del hombre energético y no nos deja caer distendidamente en nuestro núcleo. Tampoco permite que se produzcan revelaciones. El hecho de mover de forma proactiva la energía estancada es tan solo una parte del autodominio que buscamos lograr con los códigos energéticos. Nuestro objetivo es acostumbrarnos a *mover* energía, no aferrarnos a ella, de modo que podamos encontrarnos en un estado de flujo y desapego o no aferramiento al tiempo que permanecemos anclados en el cuerpo. Este estado óptimo genera un mayor espacio para la creatividad y el amor, y una sensación de bienestar y plenitud que no depende de ninguna circunstancia o validación externa. Más adelante, en los códigos de los siguientes capítulos, aprenderemos que el poder del amor actúa como una hoguera y transmuta todas estas energías densas y estancadas convirtiéndolas en creatividad que podemos usar de manera proactiva para mejorar nuestra experiencia de vida.

CHAKRA RELACIONADO CON EL CÓDIGO DE ANCLAJE: EL CHAKRA RAÍZ

Si bien el trabajo realizado en este código afecta a todo tu sistema de un modo importante, influye especialmente en el chakra raíz, centrado en la zona de la base de la columna. Puesto que cada chakra rige un aspecto específico de la conciencia, un área o faceta de la vida y una región concreta del cuerpo físico, el hecho de mejorar la función y el flujo en un chakra tendrá un impacto positivo específico en tu salud, en tus experiencias y en tu forma de ver y encarar la vida.

El chakra raíz, también conocido como *chakra base* o *mūlādhāra chakra* (literalmente, «soporte raíz» en sánscrito), es el centro de energía asociado con nuestro nivel de ser más primario y fundamental. Representa la supervivencia física y la seguridad. Quienes muestran inactividad en este chakra no están demasiado arraigados o conectados en su cuerpo, en su realidad física, y tienden a sentirse ansiosos, inestables, inseguros y constantemente asediados por cuestiones relacionadas con la supervivencia. Pueden actuar de un modo materialista, frívolo o volátil, o simplemente estar enfocados en lo externo. A menudo tienen muchos problemas para comunicarse, así como en lo referente a los sentimientos y la autoestima, por lo que no suelen disfrutar de largos matrimonios o mantener un puesto de trabajo. También puede ser que «entierren» estas tendencias en lo más profundo de sus cuerpos y experimenten un tremendo conflicto interno mientras que, al mismo tiempo, parecen estar felices y ser fuertes de cara al exterior. En estos casos, llega un momento en el que su cuerpo ya no puede seguir compensando este drenaje de energía y no pueden seguir obviando sus miedos.

Muchas personas con problemas en el primer chakra también sienten intensamente que no pertenecen. Parece que tuviesen su propio sentido interno de la realidad (detrás de los ojos) y esta no coincidiese con la realidad externa en la que han de manejarse. En consecuencia, tienden a dudar de sí mismos, a pensar que están locos, o simplemente a refugiarse en sí mismos como estrategia para poder hacer frente a la vida. Puesto que este chakra (y su nivel de conciencia asociado) gobierna el bienestar y la presencia física a nivel global, su mal funcionamiento puede hacer que aparezcan síntomas físicos, como un mal estado de salud generalizado, inmunodepresión o bajos niveles de vitalidad, así como trastornos en el sistema estructural del organismo, como pueden ser osteoporosis, dolores y debilidad en las articulaciones o inestabilidad en piernas y pies.

Si no estás presente en tu chakra raíz, no estás presente en tu cuerpo, y si no estás plenamente aquí, sufres. En ese caso, ¡las prácticas del código de anclaje pueden serte de gran ayuda!

En la siguiente tabla puedes ver un resumen de algunas de las características principales del chakra raíz. Fíjate en que las zonas del cuerpo físico reflejan las propiedades energéticas del chakra.

Debido a su ubicación en la base del canal central (el lugar donde la energía —nuestro verdadero ser— ingresa a nuestro cuerpo desde la tierra), una perturbación o una deficiencia en este chakra puede causar un efecto dominó de anomalías en el resto del canal, impidiendo con ello que se produzca la activación final de los centros del cerebro superior en los que reside la creatividad. Si este es el caso, no podremos nunca experimentar nuestro verdadero destino y, en lugar de eso, seguiremos en modo supervivencia, procurando hacer que la vida funcione lo mejor que podamos desde el reverso del modelo. Por consiguiente, es fundamental para nuestro bienestar que nuestra energía esencial esté activada y que fluya de manera óptima a través del chakra raíz.

El código de anclaje nos proporciona las herramientas para conseguirlo. Usando las prácticas de este código puedes generar

CHAKRA RELACIONADO CON EL CÓDIGO DE ANCLAJE: EL CHAKRA RAÍZ

NOMBRE(S)	Primer chakra, chakra base, *mūlādhāra chakra*
LOCALIZACIÓN	Base de la columna
COLOR	Rojo
NOTA MUSICAL	Do
ÁREAS DEL CUERPO AFECTADAS	Huesos, estructura esquelética, caderas, piernas, pies, genitales, base de la columna, riñones, fuerza vital del cuerpo, dientes, uñas, sangre, formación de células, glándulas suprarrenales
SÍNTOMAS DEL «REVERSO»	Letargo mental y desorientación, incapacidad para aquietarse internamente, osteoartritis, mala salud general, falta de energía vital
CARACTERÍSTICAS DEL «ANVERSO»	Autodominio, alta energía física, firmeza, arraigo, salud vibrante; un cierto reconocimiento y sensación de «Estoy aquí como la Fuente», «Este es mi sitio», «Pertenezco», «Soy yo quien manifiesto lo que quiero experimentar»
PRÁCTICAS	• Sujeto-objeto-sujeto • Puntos de anclaje del canal central • Respiración del canal central • Soltar hacia dentro, soltar hacia abajo
EJERCICIOS DE RESPIRACIÓN (Como se explica en el capítulo 8)	Respiración del canal central
POSTURAS DE YOGA PARA UNA MAYOR INTEGRACIÓN	• Postura de la silla (*utkaṭāsana*) • Guerrero I (*vīrabhadrāsana I*) • Postura de la pirámide (*pārśvottānāsana*) • Postura del árbol (*vṛkṣāsana*) • Postura de flexión hacia delante (*uttānāsana*)

ese fuerte sentido de seguridad, pertenencia y bienestar que resulta de la integración del chakra raíz. Comienzas a reconocer: «Este mundo es mi sitio», «Puedo perfectamente con esto». Puedes cultivar y mantener un buen nivel de energía de por vida. En lugar de percibir el mundo como algo en lo que has de tratar de encajar, te das cuenta de que esta vida es tuya para que juegues con ella, para que puedas expresarte de forma creativa, como en una aventura, y para vivirla con una salud física fuerte y robusta, con vitalidad y autodominio.

YOGA PARA EL CÓDIGO DE ANCLAJE

Llegados a este punto, para aumentar tu capacidad a la hora de realizar las prácticas de los códigos energéticos y reforzar sus beneficios, me gustaría agregar un poco de yoga especializado a la mezcla. El yoga, cuando se hace con concentración y presencia, constituye una combinación perfecta de mente, cuerpo y alma (o aliento). Nos ayuda a enfocar la mente en una zona del cuerpo que activamos y con la que, simultáneamente, respiramos (o a la que llevamos el aire), y esta es precisamente la clase de colaboración que necesitas para conectar y anclar de verdad tu energía esencial en el cuerpo y, por consiguiente, para ser capaz de dirigir y administrar los patrones y los flujos de energía.

Con cada postura de la práctica que yo enseño, a la que denomino *yoga BodyAwake*, se establecen conexiones y circuitos de comunicación consciente en el cuerpo. No te preocupes si el yoga es algo completamente nuevo para ti. Incluso si no lo has practicado nunca antes, lo más probable es que no tengas problemas para realizar las prácticas básicas que se proponen en este libro. Pero no dejes que su aparente simplicidad te engañe; aunque sean simples, a todos (incluso a los practicantes o maestros más experimentados) nos proporcionan una serie de extraordinarios beneficios acumulativos. A no pocos maestros de yoga que llevan muchos años practicando (treinta o más) les ha sorprendido la gran diferencia que suponen estas instrucciones adicionales. ¡Estoy segura de que a ti también te ayudarán!

Y ahora, pasemos a ver las posturas del código de anclaje.

La postura de la silla (*utkatāsana*), simple y accesible para la gran mayoría, puede serte de gran ayuda a la hora de integrar el chakra raíz y afianzar bien la energía en la base del canal central, de forma que puedas comenzar a establecer o manifestar tu propia presencia como Alma. Si te resulta difícil permanecer de pie o mantener el equilibrio, también puedes practicar la postura de la silla sentándote en el borde de... ¡Lo has adivinado: en el borde de una silla!

POSTURA DE LA SILLA (UTKATĀSANA)

En la postura de la silla el cuerpo imita la acción de sentarse en una silla. Se hace de este modo:

1. Ponte de pie y separa los pies el ancho de las caderas. Planta bien en la tierra los talones y los metatarsianos de los pies. Siente la conexión que hay entre tú y el suelo que pisas.
2. Dobla las rodillas y echa la cadera hacia atrás y hacia abajo como si fueras a sentarte en una silla. Empuja los isquiones bien hacia atrás de forma que las rodillas no queden por delante de los dedos de los pies. Mantén las rodillas paralelas; no dejes que se abran hacia los lados. Si necesitas apoyo adicional, junta las rodillas hasta que se toquen.
3. Si la flexibilidad de tus hombros te lo permite, levanta los brazos por encima de la cabeza. De lo contrario, simplemente levántalos lo más alto que puedas sin perder la postura.
4. Mantente así de tres a diez respiraciones, y después estira las piernas para relajar la postura. Baja las manos hasta que reposen nuevamente a ambos lados del cuerpo.

Ahora, para aumentar sus beneficios, vamos a realizar la postura de la silla integrando las prácticas del código de anclaje con los principios de la técnica BodyAwake.

1. Mientras mantienes la postura de la silla, dirige tu atención al espacio que se encuentra más o menos a medio

metro por debajo de tus pies, en la tierra. Siéntete anclado en esa energía.

2. Levanta los dedos de los pies y luego vuelve a apoyarlos en el suelo. Échate ligeramente hacia atrás para poner el peso del cuerpo sobre los talones y siente cómo se abre el canal central. Luego inclínate hacia delante sobre los dedos de los pies y siente cómo se cierra. (Esta es una práctica muy buena para ayudarnos a localizar las sensaciones del canal central). Cuando estés listo, inclínate de nuevo hacia atrás y quédate ahí enfocándote en el canal central.

3. Con los pies relajados, presiona con el pie derecho, y luego con el izquierdo. Gira un poco los tobillos, haciendo presión sobre las articulaciones de esa zona para que puedas «sentirte ahí». Sube y baja un poco, suavemente, poniendo el énfasis en las rodillas. Contrae los músculos de los muslos y las caderas (tensando la articulación de la cadera en sus partes frontal, posterior, interior y exterior) al tiempo que respiras profundamente arriba y abajo a lo largo del canal central, como ya hemos practicado anteriormente. Si tienes las rodillas juntas para apoyarte mejor, apriétalas fuertemente una contra otra para sentir cómo se generan circuitos en esa zona.

4. Contrae el *mūla bandha*. Contrae también la parte posterior del espacio cardíaco juntando y echando hacia abajo los omóplatos. Estira los brazos completamente hacia arriba al tiempo que los «conectas» enérgicamente con las cavidades de los hombros y metes la barbilla hacia dentro. Gira los ojos hacia arriba y siente la tensión que se genera detrás de ellos. Siéntete alineado a lo largo de todo el canal y con la parte frontal de la columna, y también más allá de esta zona, bajando por las piernas hasta llegar a los pies y, finalmente, hundiéndote en la tierra.

5. Respira un par de veces subiendo y bajando por el canal. Comienza absorbiendo energía desde el espacio que queda aproximadamente a medio metro por debajo de donde estás, y luego vete elevándola con la inhalación por todo el canal de las piernas hasta llegar al canal central. Acumula el aliento en el núcleo y luego exhala llevándolo hacia arriba a través del corazón, la garganta, el tercer ojo y hacia el exterior a través de la coronilla. En la siguiente respiración, inhala, imaginando cómo la energía penetra por la coronilla, y lleva el aliento hacia abajo, pasando por la cabeza, la garganta, el corazón, el vientre y el *mūla bandha*. Luego exhala soltándolo por las piernas y dejando que penetre en la tierra. A la larga, lo ideal es que tú mismo *seas* el aliento que pasa a través del cuerpo.

OTRAS POSTURAS DE YOGA PARA INTEGRAR EL CHAKRA RAÍZ

Puedes usar las siguientes *asanas* junto con la postura de la silla para mejorar el trabajo que realices con el código de anclaje. (Puedes acceder a otros recursos relacionados con las posturas de yoga recomendadas para cada uno de los siete códigos energéticos en drsuemorter.com/energycodesbook).

Cuando logres sentirte firme, estable y conectado a la tierra en cada una de las posturas, comienza a integrar también la técnica de la Respiración del canal central: absorbe la energía y el aliento desde debajo de los pies, llévalo a través del canal central y exhala por la parte superior de la cabeza; luego repite lo mismo pero al revés (inhala por la coronilla, lleva el aliento hacia abajo por todo el canal, exhala a través del *mūla bandha* y, de ahí, hacia las plantas de los pies y la tierra).

* Guerrero I (*vīrabhadrāsana I*).
* Postura de la pirámide (*pārśvottānāsana*).
* Postura del árbol (*vṛkṣāsana*).
* Postura de flexión hacia delante (*uttānāsana*).

DIFICULTADES COMUNES EN EL CÓDIGO DE ANCLAJE

Siempre que enseño el código de anclaje en directo a un grupo surgen inevitablemente algunas dificultades. Por lo general es sencillo solventarlas y normalmente desaparecen con la práctica. *Dificultad n.º 1: No es posible contraer los músculos y respirar al mismo tiempo.* A menudo, cuando a la gente le resulta difícil respirar con el abdomen y contraer al mismo tiempo el suelo pélvico y elevarlo hacia el vientre, no saben cuál de estas dos cosas es la que deben hacer. «¿Contraigo el suelo pélvico o respiro profundamente?», suelen preguntar. Yo siempre les respondo: «¡Sí!», pues lo que hay que intentar es hacer ambas cosas a la vez para poder sentir la resistencia —la fricción— que esto genera.

Recuerda que creamos fricción para encontrar un camino que nos lleve a descubrir quiénes somos realmente. La fricción interna que se produce al tensar los músculos y respirar al mismo tiempo es una alternativa interior al enfoque basado en la historia personal y en «vivir como un coche de choque»; una alternativa que usamos para que nuestra conciencia evolucione. Una de las formas en las que aprendemos en este mundo es a través de la resistencia. Por ejemplo, cuando debatimos con alguien, aprendemos más de nosotros mismos (sobre quiénes somos) gracias a las *diferencias* (es decir, a los puntos de vista distintos del nuestro que se están exponiendo). Del mismo modo, cuando generamos resistencia internamente (apretando el suelo pélvico hacia dentro y expandiendo simultáneamente el vientre hacia fuera a medida que se va llenando de aire con la respiración y los músculos se tensan), dicha resistencia crea o pone de relieve la distinción que hay entre contraer (tirar hacia dentro) y distender (tirar hacia fuera). Podemos detectar esta discrepancia con el sistema sensorial y descubrir el lugar en el que se supone que debemos estar «viviendo» dentro del cuerpo de un modo del que quizá no nos hayamos percatado nunca antes. A través de la resistencia aprendemos «quiénes somos» y «dónde estamos». Y al generar esta resistencia en nuestro interior, ya no tenemos que crearla al relacionarnos con el mundo exterior.

La mente se relaja, al igual que la respuesta de ataque/huida/miedo de nuestro cuerpo, y creamos un entorno mucho más propicio para que pueda emerger el Alma. Después, relajamos el suelo pélvico, pero mantenemos este sentido del Yo recién descubierto.

Dificultad n.° 2: No es posible sentir o percibir ninguna de estas zonas cuando las estamos contrayendo. Muchos llevamos tantos años viviendo en la cabeza que ya hemos perdido la capacidad de percibir las sensaciones sutiles de nuestro cuerpo. Pero no hay ningún problema. Si cuando practicas esta contracción interna realmente no puedes sentirla, pon una mano en la superficie externa de esa zona y presiona ligeramente hasta que notes ahí la sensación. Por ejemplo, para concentrarte en la base de la columna al llevar a cabo *mūla bandha*, presiona un poco en el bajo vientre, justo por encima del hueso púbico, o incluso puedes sentarte encima de una mano o de los pies. Para el corazón, aprieta suavemente el esternón con los dedos, «dirígete al interior» y presiona desde dentro contra la mano, o bien túmbate de espaldas y levanta algo pesado como si estuvieras haciendo *press de banca*. Para la garganta, usa la palma de la mano o los dedos para aplicar una ligera presión en el cuello (por delante o por detrás) y, nuevamente, «vete hacia dentro» y, desde ahí, presiona hacia fuera. Y para la glándula pineal, que se encuentra en el centro de la cabeza, presiona entre las cejas al tiempo que giras los ojos hacia arriba. Realmente no tienes que preocuparte por «hacerlo bien». En el siguiente capítulo entenderás mejor qué hacer en esta situación, pero por ahora quédate con estos consejos. Aquí el objetivo es que lleves tu atención y tu presencia consciente a la zona con la que estés trabajando, para que de este modo puedas empezar a generar en ella la densidad fotónica (la presencia) del Alma ¡No te preocupes! ¡Tu capacidad para sentirlo regresará a ti y será cada vez mayor!

Dificultad n.º 3: Hay que hacer demasiadas cosas al mismo tiempo. Cuando la gente comienza a realizar estas prácticas, especialmente la Respiración del canal central, puede sentir que hay que concentrarse en hacer demasiadas cosas a la vez, pero lo mismo se puede decir de muchas cosas de la vida en las que somos expertos, como coordinar pies y manos al aprender a conducir, preparar una comida con varios platos que han de estar listos al mismo tiempo o perfeccionar tu *swing* de golf. Te invito a aproximarte a estas y a todas las herramientas de los códigos energéticos sabiendo que al principio pueden parecerte prácticas un poco incómodas y mecánicas, pero que, como cualquier otra cosa que hayas aprendido a hacer, se volverán mucho más fáciles con la propia práctica. De hecho, es muy probable que empieces a sentirte mucho más cómodo con ellas en cuestión de días. Mantén una actitud amorosa y compasiva hacia ti mismo y así podrás lograr tu objetivo aún más rápido.

Si no te es posible contraer todos los puntos de anclaje y, al mismo tiempo, respirar subiendo y bajando a través del canal central, comienza practicando únicamente *mūla bandha*. A lo largo del día, tómate un momento para elevar el suelo pélvico y sentir tu propia presencia energética en esa zona. Inspira y espira varias veces y luego relaja la tensión. Repite este ejercicio durante el día siempre que te acuerdes de hacerlo. Luego da un paso más y añade la contracción del corazón; practica el hecho de llevar tu conciencia a esos dos centros a la vez que respiras profundamente desde el vientre. Después añade la garganta y, por último, pon la atención también detrás de los ojos. ¡En poco tiempo estarás respirando subiendo y bajando por el canal! Lo más importante es que no te rindas. Todo el mundo puede realizar la técnica del *mūla bandha*, e incluso este único y pequeño esfuerzo tendrá un gran impacto, pues empezará a redirigir la mente hacia la inversión cuántica que estamos tratando de conseguir con los códigos energéticos. Así que empieza por lo más sencillo y poco a poco vete creando una mayor conciencia en el canal central y respirando a través de cada punto de la práctica hasta que el ejercicio completo te resulte más accesible. Esto mismo vale también para las prácticas del resto de los códigos: si es necesario divídelas en porciones más pequeñas, pero no dejes de realizarlas. Los beneficios que pueden aportarte son demasiado grandes como para renunciar a ellos.

Ahora que ya has anclado firmemente tu atención consciente en el núcleo de tu cuerpo, estás listo para profundizar e identificarte un poco más con el Alma. Esto lo consigues sintiendo y percibiendo los patrones de energía específicos que llevas en tu interior y que están asociados con las experiencias que hayas tenido en la vida. Vas a desarrollar una forma completamente nueva de comprender lo que está sucediendo en tu vida y de responder ante ello, lo que te permitirá avanzar más rápido que si continúas aprendiendo únicamente desde tu historia personal. Mi verdadera intención es que dejes de vivir respondiendo al mundo y empieces a hacerlo como el creador que eres (pues ese es tu propósito, eso es para lo que estás diseñado). El mundo necesita más pensadores originales que estén despiertos a toda su capacidad, ¡y eso te incluye a ti también! Ahora es tu momento. Vamos a activar esto y muchas otras cosas en el siguiente capítulo: ¡el código del sentir!

CAPÍTULO 5

El código del sentir:
el lenguaje del alma

ACE UNOS AÑOS PUSE FIN a una relación de ocho años que creía que iba a durar toda la vida. Fue en la época en la que comenzaba a generar nuevos circuitos y a integrar gran parte de lo que se había abierto en mi interior desde aquella experiencia del «rayo de luz» que tuve, por lo que, en conjunto, la situación en la que me encontraba era un nuevo territorio para mí.

No fue agradable. Justo el año anterior acababa de perder a mi madre, y ahora también esta relación se estaba disolviendo. Habíamos llegado a un acuerdo sobre cómo íbamos a vaciar la casa y repartir los bienes, pero las cosas no se hicieron exactamente como se habían acordado. Un domingo por la noche salí del aeropuerto y cuando llegué a casa me la encontré medio vacía. Los perros, que se suponía que debían quedarse conmigo, también habían desaparecido. Me sentí completamente devastada.

Nunca imaginé que pudiese sentir un dolor así. Me rompió el alma en pedazos, tanto peor por el hecho de ser algo completamente inesperado. Sencillamente nunca había tenido esa clase de interacciones en el mundo. Y al mismo tiempo que se producía esta desintegración, comencé a viajar y dar conferencias en público (consciente de que este era mi verdadero camino en la vida), pero también tenía que hacer frente a las responsabilidades de la clínica, dirigir a los otros médicos, ocuparme del resto del personal y atender y orientar a mis pacientes. Muchas veces, diversos problemas con los viajes o las cancelaciones de los vuelos me impedían cumplir con los compromisos que tenía tanto con los pacientes como con mi equipo. Todo esto hizo que empezase a acumular unos niveles de estrés desconocidos para mí.

Un buen día, cuando estaba saliendo de casa para dirigirme a la oficina, me di cuenta de que había olvidado algo, así que di media vuelta y volví al dormitorio. Al acercarme al armario me desplome en la cama. Mi corazón, roto y deshecho, implosionó, y todo mi cuerpo se disolvió en un llanto desconsolado. Sentía como si las lágrimas brotaran de debajo de mis huesos y trajesen con ellas oleadas de desesperación que llegaban hasta la garganta y salían de mi cuerpo de forma descontrolada por la boca y los ojos, y hasta por la piel.

Había estado poniendo muchísima energía en mantener el rumbo, en continuar, en mantenerme fuerte y conseguir que las cosas salieran adelante. Me decía a mí misma: «Bueno, no lo pienses y ya está». No podía ni imaginarme tener que añadir algo más a todo lo que ya estaba sintiendo, pero me encontraba tan exhausta a nivel emocional que simplemente estallé, como la masa de agua que rompe una presa agrietada.

Ahí, tirada en la cama y anegada en lágrimas, me desprendí de todo. Me di permiso a mí misma para simplemente dejarme caer y sumergirme por completo en el dolor. Tal vez estaba cansada de luchar, de aguantar; tal vez sencillamente para mí había llegado el momento de despertar. Sea como fuere, en esos momentos, la experiencia interna que tenía sobre mi verdadera identidad cambió para siempre.

Entre sollozos, me aferré el pecho y el vientre, contraje el núcleo, y estas palabras acudieron a mi mente: «Si todo desaparece, al menos seguiré teniéndome *a mí misma*».

En ese momento, en medio de todas aquellas lágrimas, experimenté la mayor sensación de alegría que jamás había tenido. Resultaba de lo más confuso: estaba más triste y abatida de lo que había estado en años, pero, al mismo tiempo, la dicha y la alegría me desbordaban.

Lo que me permitió encontrarme mejor fue el hecho de dejar de *intentar* estar mejor. Había estado actuando como un guerrero desfilando a paso marcial, pero llegué al límite, a un punto en el que sencillamente ya no podía seguir así. Cuando dejé caer mi armadura y me di permiso a mí misma para sentir, todo me fue revelado. Entonces pude liberarme de la idea de que tenía la obligación de ser fuerte y hacer que todo funcionase. Todos los esfuerzos de mi personalidad protectora se derritieron en un instante, y todas mis emociones no resueltas subieron a la superficie y se vertieron en un gozoso y dichoso desbordamiento.

Ahí, tumbada en la cama, mi mente pensante y su personalidad protectora se rindieron a mi Alma. Hasta ese día no había sabido que iba por la vida en «modo guerrera». Mi obsesión por protegerme, por «arreglar» todo lo que estaba «mal», siempre había permanecido inconsciente hasta ese momento en el que no pude más, lo solté todo y caí en mi propio interior (lo que me llevó a adentrarme en mi núcleo). En ese momento la experiencia cumbre que había tenido años atrás profundizó en mi cuerpo con más intensidad que nunca.

Hoy ya no espero hasta que la presa esté a punto de reventar para desplomarme en mí misma, sino que ahora vivo ahí, en mi interior, la mayor parte del tiempo. Pero si algo me aleja de mi núcleo, tan pronto como siento que está creando una carga en mi campo energético, vuelvo a dejarme caer en mi propio seno y a darme permiso para *sentir* lo que sea que esté sucediendo realmente. Me ahorro a mí misma el dolor de tratar de arreglar las cosas con la mente y con la personalidad protectora y me limito a dejar que mi cuerpo —lo que siento— me diga qué hacer.

Aquí, en el código del sentir, quiero compartir estas prácticas contigo.

¿QUÉ ES EL CÓDIGO DEL SENTIR?

Con el código de anclaje empezamos a unir la energía del Alma al cuerpo físico, proporcionándole así un hogar o un espacio en el que poder habitar. Para lograrlo, enfocamos la mente en el cuerpo y establecimos una relación entre la mente, el cuerpo y el Alma. Esa nueva conexión preparó el camino para aumentar la presencia del Alma y comenzar a recibir sus inestimables mensajes (y, por consiguiente, para experimentar plenamente lo que es en realidad la vida).

La vida es el proyecto Despertar: despertar al Alma para poder involucrarnos en el mundo desde nuestra naturaleza más elevada y verdadera y experimentar una vida mágica en la que nos guía lo trascendente. Este despertar se produce a través de la fricción, chocando contra aquellos aspectos o lugares en los que aún no hemos despertado a nuestra magnificencia, o donde nuestros circuitos aún no están conectados. Sin fricción no podemos ser conscientes de qué partes de nuestro ser permanecen en la oscuridad; para ver en qué zonas necesitamos redirigir nuestra energía y reintegrar las partes fragmentadas y dispersas de nosotros mismos es necesario que nos saquen de nuestro *statu quo*.

Dicho con otras palabras, no podemos evitar la fricción. Sobre esta cuestión no hay nada que decidir: hasta que no vivamos plenamente como el Alma, la fricción nos mostrará los lugares o los aspectos en los que tenemos que crear nuevas conexiones y despertar a nuestra verdadera grandeza. Sin embargo, lo que sí podemos decidir es dónde va a producirse dicha fricción, si en nuestro mundo interior, en el nivel de la energía, o en nuestro mundo exterior, en el nivel de la historia personal. Aquí tienes un ejemplo de cómo funciona este proceso. Supongamos que alguien que forma parte de tu vida te dice algo que no te gusta y te sientes agraviado por ello. Se produce en ti una reacción mental y emocional a lo que esta persona te ha dicho y empiezas a contarte a ti mismo una historia sobre lo que esas palabras significan sobre ti, sobre cómo te relacionas con los demás y sobre el mundo en general. Tu mente empieza a decir cosas como: «¿Por qué me tiene que pasar esto?», «No debería haberse comportado así», o «¿Cómo narices voy a estar bien después de lo que me ha ocurrido?». Después de un tiempo, muy bien podrías empezar a preguntarte: «¿Por qué no puedo superarlo?», o «¿Por qué no soy capaz de perdonar a esta persona?».

La razón por la que no puedes «superarlo» es que la mente está operando en el nivel de los relatos, de las historias personales. La incapacidad de la mente para procesar tus sentimientos es un esfuerzo que está haciendo todo tu sistema para evitar que pases a la siguiente fase hasta que no hayas aprendido lo que necesitas aprender de esa experiencia (es decir, para que conectes ciertos circuitos y reintegres la energía que está dispersa). Muchas veces esta reintegración se manifiesta como una «epifanía» o un «momento de lucidez». Una vez que tu energía se ha transformado y esos circuitos se han activado, la historia cambia, al igual que el modo en el que tu mente se relaciona con el evento que produjo la fricción.

Desde la perspectiva de la personalidad protectora, la fricción se interpreta así: «Esto es una locura. Por supuesto que no puedo dejarlo pasar. Me afecta personalmente. ¡No puedo ignorarlo!». En cambio, desde el punto de vista del Alma, la fricción te está diciendo: «Vamos a mantener lo que ha ocurrido justo aquí, y seguiremos haciéndolo hasta que le prestes toda tu atención y de verdad te rindas a ello, incluso si eso significa que acabes completamente exhausto y agotado». Porque al Alma le da igual si te rindes intencionadamente o si lo haces por puro agotamiento; lo que quiere es que te rindas, sea como sea. Su mensaje es: «Está bien. No hay problema. No me voy a mover de aquí. Me voy a quedar aquí plantada el tiempo que sea necesario hasta que estés listo para descubrirme».

No cabe duda de que la fricción atrae nuestra atención, y es innegable que nos ayuda a crecer y madurar, pero podemos crecer por medio de la fricción, pero abandonando la vía de la historia personal, y eso es precisamente lo que el código del sentir nos ayudará a conseguir. Por lo general, nos contamos a nosotros mismos una historia dolorosa y tratamos de averiguar «por qué» hemos tenido esa experiencia, pero, en lugar de eso, podemos limitarnos a tomar nota de los cambios de energía que acompañan a dicha experiencia justo cuando está teniendo lugar, centrarnos en lo que nos revelan y trabajar con la energía. El cuerpo actúa como intermediario o como traductor en el diálogo continuo que se da entre la mente y el Alma. De eso, de esta conversación, es de lo que trata el código del sentir, el cual nos permite elegir de un modo más consciente cómo es nuestra realidad.

Este cambio de orientación que nos hace pasar de la mente al cuerpo, del *pensar* al *sentir*, de *racionalizar* a *percibir*, pondrá en marcha un cambio drástico en el modo en que percibes las cosas; aumentará tu capacidad intuitiva, mejorará tu flujo energético y hará posible que tu cuerpo físico se regenere y sane porque ya no estará sumido en el estrés ni en una historia de «supervivencia»; abrirá los canales necesarios para que pueda darse una comunicación directa entre la mente, el cuerpo y el Alma. Pero, para poder trabajar con el código del sentir de manera efectiva, antes tenemos que ser conscientes de la diferencia que existe entre *sentimiento* y *emoción*.

En la psicología tradicional, cuando hablamos de «sentir los sentimientos», nos estamos refiriendo a permitirnos experimentar plenamente nuestros estados emocionales para que vuelva a fluir la energía estancada de las emociones que hemos negado o que han quedado sin procesar, pero, no es lo mismo «sentir los sentimientos» que «sentir las emociones». Ambos ocupan el mismo ancho de banda en nuestro sistema, pero, si la atención está puesta en la mente, experimentaremos una «emoción», mientras que si el enfoque está puesto en el cuerpo, lo que experimentaremos será una sensación visceral —celular—, es decir, un «sentimiento». El código del sentir reconoce la diferencia que hay entre el nivel de los sentimientos y el nivel emocional de nuestro campo energético.

Antes se creía que el nervio vago controlaba los mensajes de salida que iban desde el sistema nervioso central (desde el cerebro) a los distintos órganos del cuerpo, pero ahora se ha visto que es el responsable de recibir entre el ochenta y el noventa por ciento de la información *sensorial* que proviene del intestino; es decir, los impulsos que provienen de nuestro núcleo. Sentir desde el interior de nuestro ser más profundo y esencial es algo sutil, pero resulta imperativo para despertar a la realidad más amplia y abarcadora de nuestro interior. El sistema nervioso sensorial es diez, cien o mil veces más rico en el recuento de nervios que el sistema nervioso motor, lo que demuestra la mayor importancia que tiene sentir lo que está sucediendo realmente en nuestro espacio interior en comparación con las acciones que posteriormente podamos tomar en el mundo exterior.

La capacidad del nervio vago para transportar información desde el nivel intestinal (e instintivo) de nuestro ser es parte de la magia del sistema nervioso entérico, al que se considera el «segundo cerebro» del cuerpo. Nos permite integrar la información, metabolizarla y generar respuestas en el seno de nuestro núcleo sin tener que consultar en ningún momento al cerebro y crear así lo que a mi entender es nuestro más profundo sentido de la verdad y del conocimiento. Los códigos energéticos nos enseñan a percibir desde un nivel de energía más sutil para poder manifestarnos de una manera más sencilla y efectiva.

Cuando se da alguna fricción en tu mundo, se producen en ti tres reacciones: una reacción mental, una reacción emocional y una reacción física o sensación corporal. Con todo lo que ya sabemos sobre la energía, no vamos a enfocarnos en las emociones (que están vinculadas a la historia personal), sino en las sensaciones o sentimientos físicos, los cuales son generados por los cambios que se producen en el campo energético.

Incluso si una situación (como pueda ser el fin de una relación o la pérdida de un empleo) tuvo lugar hace un año, o diez, o veinte, si la fricción que generó en nuestro campo energético no se ha resuelto, seguirá produciéndonos una sensación en el cuerpo (por ejemplo, un nudo en el estómago). Hay una razón por la que aún sigue afectándonos en la zona en la que nos está afectando: cuando tomamos conciencia de la sensación y aprendemos a trabajar con ella, creamos los circuitos necesarios para que la energía pase a través de esa zona concreta; en cambio, si permanecemos en el nivel de la historia, la energía tiene que desviarse y crea una distorsión en el canal central y la correspondiente disfunción en nuestra vida exterior. En otras palabras, el hecho de dirigirnos directamente a la fuente hace que nuestra vida se vuelva más fácil y sencilla en todos los ámbitos.

Cuando la mayor parte de nuestros circuitos están dormidos, el esfuerzo emocional que tenemos que hacer es mucho mayor. Acabamos emocionalmente exhaustos. Somos menos flexibles. En lugar de doblarnos, nos quebramos. En lugar de volar y elevarnos, nos estrellamos. En cambio, cuando contamos con una mayor cantidad de circuitos conectados, es fácil perdonar, estar alegre, ser valiente y resistente. Y eso es así porque estas son las cualidades de nuestra verdadera naturaleza, y cuando una mayor parte de dicha naturaleza está despierta, participamos en la vida haciendo pleno uso de nuestras capacidades inherentes.

El código del sentir nos proporciona un nuevo lenguaje energético al que yo denomino *habla corporal* (*body-talk* en inglés). Esta es la clave que nos permite recibir los mensajes del Alma y traducirlos para la mente, de modo que podamos comenzar a descubrir sus lecciones y revelaciones en todos los escenarios de la vida. En otros códigos que veremos más adelante dominaremos algunas formas de trabajar con esta comunicación de un modo aún más efectivo; integraremos el aprendizaje que exige la fricción y nos convertiremos en versiones más completas, integradas y totalmente conectadas de nosotros mismos.

LAS PRÁCTICAS DEL CÓDIGO DEL SENTIR

PRÁCTICA 1: LLEVARLO AL CUERPO

En la práctica de Llevarlo al cuerpo interrumpimos la inveterada costumbre de enfocarnos en la historia y, en su lugar, ponemos la atención en nuestro organismo. De este modo podemos integrar la energía que subyace bajo la historia, en lugar de permanecer inmersos en un bucle en el que la mente no hace más que crear más y más historias. Esta práctica es revolucionaria porque constituye un atajo evolutivo, una técnica que cambia por completo las reglas del juego y que nos evita años y años de trabajo en los niveles mental y emocional al dirigirse directamente a la fuente del problema (la energía) y resolverlo justo ahí.

Así es cómo se hace este ejercicio simple pero totalmente transformador:

Siempre que aparezca alguna fricción en tu vida y tengas una reacción emocional (una reacción «cargada»), pregúntate de inmediato «¿dónde?» en lugar de «¿por qué?». Por ejemplo: «¿en qué parte del cuerpo (dónde) estoy sintiendo esto?», en lugar de «¿por qué me está pasando esto a mí?».

1. Pon el foco de tu atención en el interior de tu cuerpo. Percibe y siente los cambios de energía que acompañan a la reacción emocional que estás teniendo. En algún sitio habrá una «carga». Puedes sentirla como tirantez, tensión, una sensación de vibración o zumbido, como un temblor o un estremecimiento, un dolor sordo o agudo, calor o frío, un movimiento repentino, etc. De algún modo, se producirá un cambio, una alteración.

2. Responde a estas preguntas sobre lo que sientes:
   - ¿Dónde está la sensación? ¿En qué lugar del cuerpo la sientes? ¿Se halla en el corazón, en la garganta, en la cabeza, en el vientre, en los muslos? También puede encontrarse fuera de la línea central del cuerpo, como en los hombros, en los brazos, etc. ¿Va desplazándose de un lugar a otro?
   - ¿Qué aspecto tiene? (Como digo, la sensación puede tener muchas características distintas. No intentes juzgarlas ni darles una explicación. Solo obsérvalas y luego siéntelas, experiméntalas).
   - ¿Con qué centro de energía (o chakra) y con qué área de conciencia se corresponde mejor la ubicación de la sensación? Para responder a esto puede que tengas que consultar la tabla de las páginas 134 y 135. Las manos, por ejemplo, corresponden al chakra del corazón; las piernas al chakra raíz.

3. A continuación, comunícate con esta parte escindida de tu conciencia para hacerle saber que estás entrando en contacto con ella. Esto se consigue contrayendo internamente la zona en la que notes la sensación. De este

modo, tu cuerpo entiende: «Te escucho, y ahora estoy logrando que la mente te preste atención».

4. Al tiempo que contraes los músculos en esa zona, realiza también la Respiración del canal central que aprendiste en el código de anclaje e incluye en el ejercicio la zona específica en la que aparezca la sensación. Comienza el patrón de respiración desde el extremo del canal que quede más cerca de la zona que estés contrayendo, luego «agarra» mentalmente esa parte del cuerpo e introdúcela en el flujo de energía. Por ejemplo, si la sensación es un temblor nervioso en los muslos, empieza la Respiración del canal central desde la tierra que queda por debajo de tus pies y, desde ahí, vete llevando el aliento (la energía) hacia arriba a través del canal pasando por los muslos mientras los mantienes apretados, luego «agárralos» y llévalos al flujo del canal, con el *mūla bandha* y los otros tres puntos de anclaje. Continúa inspirando a medida que la energía va elevándose hacia el abdomen y el corazón, y después espira desde la zona del vientre/corazón hacia arriba por el canal central hasta que, finalmente, salga por la coronilla hacia el espacio que queda por encima de la cabeza. Luego haz lo mismo pero invirtiendo el sentido: inspira desde encima de la cabeza y vete llevando el aliento hacia abajo pasando por los puntos de anclaje del canal central hasta llegar a la zona del vientre/corazón, luego contrae los muslos al espirar al tiempo que empujas la energía hacia abajo hasta que penetre en la tierra. Imagina que la parte central de los muslos y las pantorrillas está hueca y que la energía puede pasar sin obstrucciones a través de ellos.

5. Repite todo lo anterior. Asegúrate de hacer al menos un par de ciclos completos a través del canal. (Como recordatorio, un ciclo es un recorrido completo hacia arriba y

un recorrido completo hacia abajo, independientemente de la dirección en la que hayas comenzado). Continúa haciendo el ejercicio hasta que aprecies un cambio en la energía, o entre seis y ocho veces si aún no notas nada. No te preocupes, ¡tarde o temprano lo sentirás!

La práctica de Llevarlo al cuerpo es una de las técnicas más potentes y eficaces para acelerar tu evolución en lo que respecta a la conciencia y la encarnación. En lugar de perder tiempo y recursos energéticos en «tejer» o «urdir» historias sobre si lo que te ha pasado está «bien» o «mal», o culpándote a ti mismo o a los demás, o evitando la situación, simplemente te fijas en qué parte de tu cuerpo estás activando en ese momento y te pones a trabajar en resolver el problema justo en el lugar que está reclamando tu atención. Recuerda que la sensación que estás teniendo en esa zona de tu cuerpo no es una mera punzada, no es únicamente un temblor nervioso, sino un puntero láser que te está mostrando exactamente el lugar en el que hay una falta de flujo comunicativo de la energía; el lugar en el que tienes que crear más circuitos en el sistema nervioso sensorial para que puedas llegar a percibirte a ti mismo más plenamente en tu interior y despertar a una mayor parte de tu completitud y tu magnificencia. Es la energía del alma hablándole a la mente a través del cuerpo, mostrándole en qué zona existe un hueco o laguna en el flujo de la información y la energía.

Al principio, es posible que usar la mente de este modo (evitando la historia personal) te resulte un poco extraño y complicado, pero obrar de cualquier otro modo resulta improductivo, porque la historia no es la razón por la que viniste aquí. Los relatos que nos contamos a nosotros mismos no tienen nada que ver con nuestra divinidad (salvo en el sentido de que estamos destinados a desarmarlos). En nuestros esfuerzos más eficientes no alteramos nuestra realidad a través de la historia, sino que conseguimos modificarla trabajando con la energía pura, real y eterna que constituye la versión más real de nosotros mismos. La energía sigue a la conciencia. Al respirar conscientemente a través del canal central con esta nueva práctica que regenera nuestros circuitos, encarnamos de un modo más pleno nuestro ser total.

Quiero dejar claro que no te estoy pidiendo en absoluto que niegues una emoción que ya haya surgido en ti. Como les digo a quienes asisten a mis talleres, antes de nada siempre «acoge lo que sea que ya tengas». Siente siempre lo que sea que ya esté ahí presente, lo que tengas que sentir y, al mismo tiempo, aplica la técnica de Llevarlo al cuerpo. Si de verdad quieres procesarlo, has de estar *conscientemente presente* con todo lo que haya en ti, pero creo que con el tiempo descubrirás que es más rápido y más completo limitarte a trabajar con la energía subyacente. En última instancia, la mayoría de la gente es capaz de comprender que puede dirigirse directamente a este nivel causal sin necesidad de demorarse o permanecer por mucho tiempo en el cuerpo emocional de las energías.

Como descubrirás, para realizar la práctica de Llevarlo al cuerpo hace falta mostrarse vulnerable, pero, como siempre les digo a mis alumnos cuando llegamos a esta cuestión en los cursos, en realidad *nuestra vulnerabilidad es nuestro poder*. Tu disposición a percibir y sentir lo que está realmente ahí presente en tu cuerpo, a permitirte experimentarlo y trabajar con ello, es en sí misma ser vulnerable, porque supone reconocer tu ser real y verdadero. Tienes que dejar de lado todas las estrategias defensivas que la personalidad protectora emplea para evitar que puedan herirte y conectar profundamente, a través de la sensación, con los lugares mismos de tu interior en los que te sientes estancado, herido, dañado.

Irónicamente, trabajar con las heridas, los estancamientos y el dolor desde la energía es mucho menos difícil y amenazante que trabajar con estas cosas a partir de la historia. En lugar de quedar atrapado en emociones y juicios sobre «lo que está bien y lo que está mal», sobre «lo correcto y lo incorrecto», podemos limitarnos simplemente a hacer que la energía fragmentada fluya de nuevo por nuestro sistema hasta que, en última instancia, vuelva a estar completamente integrada. Entonces, como si de un milagro se tratase, la carga emocional que rodeaba a la situación desaparece repentinamente: donde antes había miedo, temor y conflicto, de pronto encontramos los recursos internos de la sabiduría, la resiliencia y el júbilo.

PRÁCTICA 2: NO LE PONGAS NOMBRE, SIÉNTELO

Otra práctica altamente eficaz para disminuir el tiempo y el esfuerzo que dedicamos a «elaborar historias» es dejar de ponerle nombre a nuestros síntomas. Lo único que conseguimos al nombrar y etiquetar una energía que ha quedado atascada es bloquearla todavía más, porque eso la convierte en algo más «real». Recuerda, ¡cuando ponemos la atención en algo, se vuelve más presente!

Cuando te encuentras en una situación que te causa alguna clase de fricción y te provoca una emoción, es posible que, al sentirla, le pongas algún nombre a dicha emoción. Quizá te hayas dado cuenta de que esto la vuelve más intensa. ¿Por qué? Porque ahora no solo estás experimentando la emoción, sino que simultáneamente estás creando también un relato mental sobre ella. Por ejemplo, si estás sentado en el coche en medio de un atasco y empiezas a sentir ansiedad, es posible que en algunas partes de tu cuerpo aparezca una cierta inquietud o agitación, un temblor nervioso o un cosquilleo. En dichas circunstancias, si te diriges directamente a la fuente, empiezas a hacer la Respiración del canal central al tiempo que «agarras» la sensación y la parte del cuerpo en la que aparece y la reintegras de inmediato, te sentirás mejor instantáneamente. Por el contrario, si empiezas a pensar «siento ansiedad», de repente no solo estarás sintiendo esas sensaciones corporales, sino que además estarás reaccionando emocionalmente al relato que te cuentas a ti mismo sobre lo que significa estar ansioso.

En el mismo momento en que le pones un nombre a lo que sientes (sobre todo si se trata de emociones que has etiquetado como *negativas*, por ejemplo, la ansiedad, el miedo, la ira o la tristeza) casi estás obligado a elaborar una historia, porque tienes prejuicios y opiniones sobre esos sentimientos y sobre lo que significan para ti y respecto de ti. No quieres estar ansioso, asustado, enojado o triste, por lo que procuras evitar lo que sientes, te resistes a ese sentimiento, lo que a su vez hace que te resulte aún más difícil soltarlo, desprenderte de él, dejarlo ir y resolver el problema. Sin embargo, si eres capaz de mantenerte fuera de la mentalidad basada en los juicios y las narraciones, podrás liberarte a ti mismo más rápidamente.

Cuando se crean, todas las emociones son iguales

Todas las energías, y, por lo tanto, todas las emociones, son iguales cuando se crean. Comprender esto puede ayudar a la mente a emprender el cambio de paradigma que supone dejar de actuar en el nivel de la historia para comenzar a hacerlo sobre la energía. Cuando consideramos ciertas emociones como indeseables (es decir, cuando asumimos que la alegría y la satisfacción son «buenas», mientras que el miedo, la ira, la tristeza, la vergüenza y la culpa son «malas») es más difícil no nombrarlas. Esto a su vez hace que resulte más complicado trabajar con ellas energéticamente, pero, dado que todas las emociones son simplemente energías de diferentes frecuencias, ninguna es mejor o

peor que las demás. Todas ellas cumplen su papel único en el
pulso de energía universal que constantemente está expandiéndose y anclándose, expandiéndose y anclándose, siguiendo el ciclo natural que tanto nosotros como el resto de la naturaleza
atravesamos. Las así llamadas *emociones positivas* son esfuerzos
por expandirnos, mientras que las *emociones negativas* son esfuerzos por anclarnos. La ira y el miedo, por ejemplo, nos impiden perder la conexión con aquello que es vital para nosotros;
son energías más pesadas, con una vibración más baja. Por el
contrario, el amor, la esperanza y la inspiración rompen nuestros
límites y nos ayudan a expandirnos a través de frecuencias de
energía de mayor vibración.

Puedes pensar en ello de este modo: una medusa nada en el
agua contrayendo y expandiendo su cuerpo. Es la contracción la
que hace que avance, antes de que vuelva a expandirse nuevamente. Cada experiencia sirve a un propósito, y todas las experiencias humanas posibles son necesarias. La ira, por ejemplo, es
la forma predeterminada en la que tu sistema te mantiene más
contraído, más «en el cuerpo», en lugar de dispersarte más (hasta
que aprendes a dejarte caer voluntaria y deliberadamente en tu
interior, lo que elimina por completo la necesidad de que esté
presente la vibración energética de la ira).

Así es que, ¡venga!, intenta evocar en tu interior el sentimiento de enfado, de furia o de ira. Piensa en algo o en alguien
que realmente te saque de quicio. Sentirás como una tirantez, un
agarrotamiento, un «anclaje» en tu campo energético tanto dentro como alrededor de tu cuerpo físico. Observa atentamente
cómo es esa sensación, de modo que cuando se presente más
adelante puedas reconocerla. Luego piensa en algo que te produzca una gran alegría. Lo más seguro es que sientas una «expansión».

Cuando operamos en el nivel de la historia personal, las
emociones que acompañan estas contracciones y expansiones

energéticas no son más que un reflejo o un subproducto de la energía en sí. Ambas son necesarias, pero, si aprendemos a trabajar con la energía, en lugar de esperar a que caiga de manera predeterminada en el estado emocional, ¡conseguiremos dominar nuestra vida antes de que sea ella la que nos domine a nosotros! Si somos capaces de empezar a considerar las emociones como energías (como esfuerzos para anclar o expandir), no tendremos ningún miedo de la tristeza, no intentaremos desviar la culpa. En lugar de eso, nos daremos cuenta de que cada una de estas emociones desempeña un papel en las mareas de este universo que se encuentra en constante expansión, pues actúan como marcadores de posición desde los que dirigir nuestra atención a aquellos lugares en los que nuestra energía está dispersa o fragmentada (un aspecto de nuestra Alma que aún no hemos despertado). Se trata de una dinámica hermosamente orquestada que nos mantiene en el camino de la generación de circuitos hacia la integración total.

LA ENFERMEDAD COMO MARCADOR DE POSICIÓN

Las dolencias físicas también son energía. A mucha gente le aterroriza la idea de caer enferma, pero hay otra forma de considerar las afecciones: como elementos que nos ayudan a llevar la atención a una zona de nuestro campo energético que debemos activar. Cuando vemos las enfermedades de esta manera, podemos comprender la lección que se oculta tras el problema y dejarlo atrás más rápidamente, en lugar de martirizarnos a nosotros mismos pensando que hemos sido los «causantes» de esta horrible situación. Muchos de mis alumnos se sienten muy aliviados al escuchar esto y pasan a ver las dolencias físicas como otro «empujoncito» que nos da el universo para que seamos más conscientes de nuestra propia grandeza (como si se tratase de un amigo que no está dispuesto a rendirse y no nos abandonará nunca hasta que seamos conscientes de nuestra propia magnificencia).

Puedes trabajar con las energías estancadas que se manifiestan como síntomas físicos en el cuerpo de un modo similar a como hemos trabajado anteriormente con las emociones. Lo cierto es que el proceso de la enfermedad no es más que un subproducto de nuestra dispersión (o, dicho en otras palabras, ¡no es más que un problema de circuitos!). De algún modo estamos dispersos, disgregados, escindidos, pero todavía no nos damos cuenta de ello. Cuando enfocamos la atención casi por completo en el mundo exterior, nos olvidamos de prestar la debida atención a lo que sucede en nuestro interior. No percibimos los detalles o los matices (esos pequeños «empujoncitos») que se producen en las fluctuaciones de nuestro flujo de energía sutil, por lo que a dicha energía no le queda más remedio que «hablar más alto» para llamar nuestra atención. Así es cómo nos llegan todas esas llamadas de atención bajo la forma de algún tipo de desequilibrio o de falta de armonía en la vida o en el cuerpo.

A menos que (y hasta que no) repleguemos nuestros sentidos y los llevemos hacia el reino interior, hasta que no honremos y prestemos atención a lo que está sucediendo ahí dentro (y las decisiones que tomemos vayan en consonancia), la llamada para despertar y convertirnos en el Alma será cada vez más y más intensa. No puede ser de otro modo. La energía colisiona cuando llega a ese lugar en el que hay una falta de circuitos (ese lugar obstruido en el que nuestra conciencia aún no ha sido activada), por lo que crea fricción. Al no poder fluir por el sistema, esa energía tiene que dirigirse a algún lugar, por lo que comienza a sobrestimular los tejidos circundantes, lo que experimentamos como inflamación o irritación, hiperfunción de algún órgano o incluso fatiga extrema. Una vez que esos tejidos se han vuelto hiperactivos, llega un momento en el que no pueden más, colapsan y fallan. Esta disfunción celular es lo que consideramos una enfermedad crónica y degenerativa, pero en realidad no es más que el intento por parte del Alma de llamar la atención de la mente. El único motivo por el que un trauma, un trastorno o una enfermedad están presentes es para ayudarnos a discernir qué circuitos necesitamos activar para poder seguir convirtiéndonos en la mejor versión de nosotros mismos. Eliminar una dolencia tiene que ver con mucho más que con simplemente curarnos: también se trata de la evolución consciente del alma.

Desafortunadamente, prestar a nuestras heridas la atención que necesitan a menudo es lo último que desearíamos hacer. Cuando un síntoma es grave, nuestra tendencia es querer alejarnos de él, rechazar la situación como algo externo, algo que nos viene desde fuera, algo ajeno que nos está sucediendo *a* nosotros. Sin embargo, cuanto más tiempo permanezcamos inconscientes de los lugares en los que nuestra energía no fluye, más significativo e intenso será el proceso del trastorno, la dolencia o la enfermedad.

Cuando conocí a Joan, una mujer de treinta y dos años, las úlceras estomacales y la colitis que padecía le estaban produciendo unos dolores muy intensos. La fuerte diarrea y el dolor abdominal que sufría durante toda la noche no la dejaban dormir. Estaba tomando cinco medicamentos, pero ninguno de ellos conseguía mitigar sus síntomas. Su médico le recomendaba cirugía, y estaba asustada ante esta perspectiva. Ella no quería operarse. Su madre había fallecido a causa de una complicación relacionada con una cirugía, por lo que le aterraba imaginar que a ella le pudiese suceder lo mismo. Por otro lado, según sus propias palabras, quería «deshacerse de las partes del colon y el estómago que no estaban funcionando bien». No era la mejor opción, pero, hasta donde ella sabía, no había ninguna otra posibilidad.

Históricamente, el enfoque de la medicina occidental ha sustentado esta actitud de desafección o distanciamiento. Primero le pone un nombre a la enfermedad, con lo cual la vuelve más sólida, más densa y pesada, y le confiere una historia, le atribuye un relato, lo cual hace que sea más difícil de resolver. A continuación, extirpa el problema mediante cirugía o bien lo enmascara con medicamentos. Por muy exitosas que puedan resultar estas estrategias a corto plazo, a la larga nos alejan de la verdad y de la resolución del problema real.

Cuando Joan y yo empezamos a trabajar con los códigos energéticos, comenzó a discernir y localizar embolsamientos de energía emocional que habían sido apartados y escondidos «bajo la superficie» durante toda su vida. Ahora esta energía emocional estaba emergiendo a la superficie y manifestándose para ser liberada, por lo que la estaba devorando por dentro. A través de nuestro trabajo conjunto, Joan se dio cuenta de que no tenía por qué identificar la historia exacta que había creado el bloqueo de energía emocional para liberarlo y restablecer su sistema a un estado óptimo de funcionamiento. Por aquel entonces, ya había sido testigo de cientos de casos de personas a las que les había sucedido algo en la vida que no eran capaces de «digerir» emocionalmente, lo que hacía que tampoco pudieran digerir físicamente los alimentos, pues el cuerpo es un reflejo de nuestra conciencia. Joan aprendió a controlar este proceso que consiste en trabajar «por debajo» de la historia para restablecer el sistema. Haciendo uso de las prácticas de los códigos energéticos se curó por completo sin tener que recurrir a la cirugía. Ya no quería rechazar una parte de sí misma que en realidad había estado tratando de mejorar (e incluso salvar) su vida. En lugar de eso, optó por abrazar su verdadero yo —su Alma— y su cuerpo pudo dejar de llamar su atención y sanarse a sí mismo.

A lo que te invito es a que hagas algo que en un primer momento puede parecer contrario a la lógica: que te apoyes en el problema, que tiendas o te dirijas hacia él y te reclines en el dolor. Dirígete hacia él con tu atención, y luego penetra en él con toda tu intención y deja que tu mente reciba información sobre qué es lo que se necesita en esa zona, porque el cuerpo mismo te lo revelará cuando percibas y sientas plenamente con él. Puede que no sea con palabras, pero ahora sabrás cómo interpretar con tu mente el lenguaje del alma y cómo responder a él. Cuando tengas más experiencia en el uso de las prácticas de este y de los siguientes códigos, serás capaz de detectar las fricciones o la cargas en tu energía y eliminarlas, lo que te permitirá sanar e incluso prevenir enfermedades.

Por ejemplo, Marsha vino a mi despacho con Heather, su pobre hija de dieciocho meses, quien en todo ese tiempo no había hecho ninguna deposición que fuese más grande que el tamaño de una almendra. Tampoco dormía durante más de veinte minutos seguidos a no ser que la pasearan en coche. Marsha, su madre y su esposo hacían turnos las veinticuatro horas del día para procurar que la bebé estuviese lo más a gusto posible. Me interesé por dos cosas: ¿Hubo alguna dificultad durante el parto o algún problema en el matrimonio? Según mi experiencia, estas son las dos razones neuroemocionales más comunes en problemas de salud infantil. Marsha se echó a llorar. La pareja planeaba divorciarse justo cuando se enteraron de que estaba embarazada. Decidieron seguir juntos por el bebé.

Traté a la criatura con las técnicas bioenergéticas que usaba en mi consulta y también puse en práctica los códigos energéticos con Marsha para que pudiese comprender que aún quedaban en ella energías sin resolver y a las que tenía que atender. Se sintió renovada cuando su energía comenzó a ponerse nuevamente en movimiento. En cuestión de días la bebé recuperó la normalidad en su función intestinal y en sus patrones de sueño. Lo más probable es que con esta actuación le estuviésemos evitando a esta niña años y años de problemas de oído, nariz y garganta, ya que establecimos un flujo de eliminación y filtrado en su sistema, y Marsha quedó libre en su mundo interior para permitir que su vida comenzase de nuevo. Fue capaz de conectar con ese «empujoncito», con ese «toque de atención» interno que le estaba reclamando una mayor conciencia de su verdad más profunda: su Alma. Su relación se recuperó y realmente podemos decir que «fueron felices para siempre».

Cuando comprendemos esto de verdad, comprobamos hasta qué punto nuestro sistema está perfectamente diseñado. Incluso las enfermedades crónicas nos muestran en qué lugar resulta más crucial y necesario que pongamos nuestra atención. Y, gracias a Dios, nunca es demasiado tarde para alcanzar el restablecimiento de la salud hacia el que trata de dirigirnos la vida (un restablecimiento que, en sí mismo, tiene mucho más que ver con la *revelación* que con la sanación). Nuestro sistema —la totalidad de nuestra vida— está diseñado para mostrarnos la plenitud o la completitud que somos de forma inherente.

Espero que esto te resulte tan emocionante como a mí, no solo la tremenda capacidad que tenemos para sanar, sino también la guía interna que traemos «de serie», que está disponible en todo momento y que siempre intenta dirigir nuestra vida hacia nuestro bien superior.

Los códigos energéticos te mostrarán cómo prevenir traumas y problemas de salud por medio de la creación de circuitos que eliminan las perturbaciones presentes en el campo energético antes de que se manifiesten en el mundo físico. Pero, antes de seguir adelante, me gustaría dejar claro que no hay ningún problema si en tu caso ya hay enfermedades o disfunciones presentes, pues el proceso de crear circuitos ahí donde ya existen enfermedades es exactamente el mismo que el de crearlos para prevenirlas. Se trata del mismo mecanismo. Cuando a la energía se le permite fluir de nuevo de manera óptima, la salud se restablece tanto si había enfermedades previamente como si no, porque ese flujo óptimo es el estado energético que se refleja como salud o bienestar en el mundo físico.

Como parte de la práctica No le pongas nombre, siéntelo, perteneciente al código del sentir, me gustaría animarte a que dejases de etiquetar tus dolencias. Esto significa que dejes de autodiagnosticarte, o de ir corriendo lleno de ansiedad e inquietud a la puerta del médico para que sea él quien te ofrezca un diagnóstico. La razón es la misma que el motivo por el que tampoco le ponemos nombre a las emociones: en el mismo momento en que le adjudicamos una etiqueta, empezamos a urdir una historia en torno a ella. Buscamos nuestro diagnóstico en internet y descubrimos lo que supuestamente nos sucederá ahora que tenemos esta enfermedad. Por supuesto, hemos de ser responsables y buscar atención médica si algo no está marchando como debiera en nuestra salud (es decir, si hay algún síntoma persistente o si enfermamos con mucha frecuencia) y no somos capaces de solucionarlo por nuestros propios medios, pero al mismo tiempo no podemos perder de vista esa otra verdad subyacente, que es más amplia y abarcadora: que el síntoma, el achaque o la dolencia que ahora se manifiesta en nuestro mundo físico en realidad tuvo su origen en el campo energético, y que si queremos «curarnos» completa y verdaderamente, en última instancia donde tendremos que resolverlo es en el campo energético. Por lo tanto, aunque nunca debes ponerte en riesgo mientras aprendes estas prácticas y en todo caso debes recabar ayuda profesional si algún síntoma te preocupa, no pierdas de vista una de las expresiones favoritas de mi padre: «¡La causa de tu dolor de cabeza no es que haya una carencia de aspirina en tu sistema!». Fijémonos primero en la causa y centrémonos en todos los beneficios que este enfoque nos puede ofrecer.

Me gustaría compartir contigo el ejemplo de Kat, alumna en uno de mis cursos.

KAT DESPIERTA A LA SANADORA QUE LLEVA DENTRO

Hace quince años, Kat sufrió una lesión en el manguito rotador (un grupo de músculos y tendones del hombro) de la que nunca llegó a reponerse adecuadamente, por lo que a lo largo de los años ha ido arrastrando dolores y problemas de falta de rango de movimiento. Siguiendo la recomendación que hago a todos mis alumnos, empezó a tomar clases de yoga, y en sus sesiones incorporó las prácticas respiratorias de los códigos energéticos. Para su pesar, después de una clase de yoga, el dolor que sentía en el hombro se volvió bastante más intenso; ahora se extendía por todo el brazo y por el costado.

En cuanto empezó a sentir este dolor comenzó a contarse a sí misma una vieja historia sobre su hombro: «Bueno, los médicos ya me habían advertido de que esta parte de mi cuerpo nunca se iba a recuperar del todo, que nunca volvería a estar como antes y que sencillamente es algo con lo que tengo que aprender a vivir. Ya me avisaron de que nunca más podría volver a...». Entonces, antes de terminar la frase, se dio cuenta del relato que estaba elaborando en su mente, recordó los ejemplos que yo le había contado sobre mi propia recuperación de lesiones usando los códigos y eligió pensar algo diferente: «¿Y si lo que ocurre es que la energía está cambiando en mi hombro, que en realidad se está curando?». Después de ese cambio de perspectiva, decidió descansar y centrarse por completo en realizar las prácticas de respiración que había aprendido.

En tres días no solo habían desaparecido los dolores de su última clase de yoga, sino también todos los síntomas anteriores de su lesión. No tenía absolutamente ningún dolor y, por primera vez en quince años, había recuperado todo el rango de movimiento en el hombro. No quedaba ni el menor rastro de la lesión después de tan solo tres días realizando las prácticas que te estoy enseñando en este mismo capítulo (empezando con su decisión consciente de no poner nombre a lo que estaba sintiendo ni permitir que el pronóstico —es decir, la historia— de ninguna otra persona inhibiese su propia capacidad de curación). Recurrió a todo su poder mental y a toda su fuerza de voluntad y usó la mente de una manera nueva: sintiendo la interrupción de la energía, restableciendo el flujo en el hombro por medio de la respiración y reintegrándolo en el canal central. ¿El resultado? Un hombro completamente curado y una mayor integración de su Alma.

Cuando interrumpimos los viejos patrones de creencias y dejamos que la energía fluya libremente por debajo del nivel de los relatos y las historias personales, entramos en contacto con en el reino de lo milagroso, un mundo más allá de la lógica, el lugar en el que reside nuestra creatividad suprema. El primer paso, comenzando con el código del sentir, consiste en enseñar a la mente a sentir y sustentar el flujo continuo de la energía para así poder sanar cualquier dolencia o problema que requiera nuestra atención. Si somos capaces de caer en este sentir antes de que la mente se desvíe hacia la narración de historias, estaremos permitiendo que el Alma tome las riendas y nos conduzca a la plena integración. Cuando esto ocurre, hacemos mucho más que sanar: empezamos a revelarnos como nuestro verdadero y magnífico yo, como los creadores que realmente somos.

PRÁCTICA 3: MANTENER UN OJO PUESTO EN EL INTERIOR

Con las dos primeras prácticas ya habrás podido comprobar lo absolutamente fundamental que es Llevarlo al cuerpo en este trabajo. Así pues, quiero invitarte a que esta técnica se convierta en una práctica continua y, en última instancia, en una forma de vida. A esto lo llamo Mantener un ojo puesto en el interior.

Mientras que Llevarlo al cuerpo es más bien una herramienta que nos ayuda a establecer prioridades cuando surge algo molesto (o incluso cuando nos ocurre algo maravilloso y queremos crear o reforzar los circuitos necesarios para mantener sus beneficios —más adelante retomaremos este tema—), Mantener un ojo puesto en el interior es simplemente lo que parece: un estado de continuo ajuste o sintonía con lo que está sucediendo a nivel energético en nuestro cuerpo según nos vamos ocupando de las cosas de nuestra vida diaria.

Además de la calma y el empoderamiento que nos aporta el hecho de ocuparnos con presteza de los cambios de energía (en lugar de dejar que se intensifiquen y se conviertan en emociones intensas, en historias o padecimientos), mantener un ojo puesto en nuestro interior también nos aporta el enorme beneficio de estar permanentemente en contacto con otros tipos de mensajes que nos envía el Alma: los impulsos creativos, la inspiración y el saber intuitivo que constantemente se elevan desde lo más profundo de nuestro núcleo hasta alcanzar la mente consciente. Cuando actuamos a partir de esta comunicación con el alma nos damos literalmente vida a nosotros mismos en el mundo físico como el Alma. El resultado es una forma de vivir verdaderamente mágica e inspirada que nos libera el alma (y dado que el alma es tu verdadero ser, eso equivale a decir que te libera *a ti*).

Para que Mantener un ojo puesto en el interior se convierta en un nuevo hábito, te recomiendo efusivamente comenzar cada día haciendo una Exploración del canal central, para lo cual:

1. Antes de levantarte de la cama para empezar el día, lleva muy lentamente la atención a través del canal central, desde el espacio que queda por encima de la cabeza hasta el centro del cerebro, y de ahí hacia abajo hasta el punto en el que el cráneo se encuentra con el cuello.

Desde ahí, haciendo varias veces la Respiración del canal central, baja hasta la garganta y, luego, centímetro a centímetro, hasta la zona media del pecho, donde se encuentra el centro del corazón. Luego, desde lo más profundo del núcleo, desciende aún más hasta llegar al plexo solar, y de ahí al vientre y a la zona del ombligo. Sigue bajando por el ombligo hasta llegar al segundo chakra, el lugar en el que se encuentra el centro de la sabiduría. Desde ahí, sigue descendiendo por el vientre hasta llegar al extremo inferior de la columna.

2. Realiza esta exploración lentamente (centímetro a centímetro) y con el suficiente detenimiento como para poder captar cualquier aumento de energía o cualquier zona que tu atención parezca saltarse. Observa cualquier sensación que surja, o si te da la impresión de que hay una laguna en el flujo de energía a lo largo del canal. Reconocerás estos «espacios en blanco» como pequeños «saltos». Por ejemplo, irás enfocándote y trazando cuidadosamente cada centímetro del canal central, a través de la cabeza, el cuello, la parte superior del pecho... y de pronto notarás que la atención está justo en el corazón, como si se hubiese saltado ocho centímetros a lo largo del canal. ¡O te descubrirás a ti mismo pensando en la lista de cosas que tienes que hacer hoy! Cuando esto te suceda, puedes estar seguro de que no has podido mantenerte enfocado a lo largo de cada centímetro del canal porque tu circuito energético no está conectado de forma consciente en esas zonas (y, por lo tanto, no llega hasta el final del recorrido).

3. Si detectas una zona que te produce una sensación especial o uno de esos espacios en blanco, retrocede un poco, contrae esa zona y respira a través de ella al tiempo que continúas subiendo o bajando por el canal central en tu

recorrido. Esto hace que empiecen a establecerse los circuitos sensoriales necesarios para llevar una mayor conciencia a esa zona, con lo cual se activa la energía consciente en ella. También te proporcionará información sobre qué faceta de tu vida o qué aspecto de tu ser verdadero y esencial podría estar tratando de llamar tu atención ese día concreto.

4. Toma nota de cualquier sentimiento, sensación o información que te llegue cuando estés integrando esa zona. Si escuchas la voz de tu sabiduría interior guiándote por medio de una sensación, lleva ahí tu mente y escucha lo que tenga que decirte. Y, aún más importante, simplemente «estate con» lo que sea que encuentres. Observa cómo te afecta ser consciente de esto cuando a lo largo del día lo recuerdes y vuelvas a poner tu atención en esa zona.

5. Para ver qué área o faceta de tu vida gobierna la zona que está desconectada, puedes consultar las tablas para cada chakra que aparecen en este libro. Si encuentras que hay un dolor o una sensación especial (o incluso una falta de la misma) en una zona particular, no le pongas a esos síntomas la etiqueta de ninguna dolencia, no lo conviertas en una «cosa» que tener que remediar. En lugar de eso, simplemente concéntrate en integrar la energía. Por ejemplo, si sientes una opresión en la garganta que piensas podría ser el comienzo de una enfermedad, en lugar de llamarla *dolor de garganta*, limítate a empezar a trabajar con la energía. La mayor parte de las veces se disipará ante tus ojos. Es algo que sucede constantemente en mis talleres. Una vez que ha regresado a su verdadero hogar, la gente suele decir que ha dejado de ponerle nombre a tantas y tantas cosas, por lo que ahora hay menos «cosas» en sus vidas que tengan que ser sanadas.

No debemos olvidar que somos una corriente de energía que fluye, y que nuestro principal objetivo ha de ser que la energía siga fluyendo. Cuando se bloquea y aparecen los síntomas, tendemos a querer ponerle un nombre, a convertirlo en un «algo» a lo que poner remedio. Sin embargo, la invitación que aquí se te hace es a que primero te limites a tratar de poner la energía en movimiento de esta manera y veas cómo cambian las cosas.

6. A lo largo del día, sigue prestando atención a lo que surja en tu campo energético. Una vez más, sin ponerle nombre a las emociones o sensaciones que percibas, sino limitándote a Mantener un ojo puesto en tu interior para ser más consciente de qué es lo que necesitas integrar la próxima vez que pongas en práctica la Respiración del canal central y contraigas los puntos en los que hayas notado alguna sensación especial.

7. Cuando estés acostado en la cama, justo antes de quedarte dormido, haz otra exploración del canal central. Presta una especial atención a las zonas en las que te fijaste por la mañana. ¿Notas alguna diferencia? Realiza la Respiración del canal central a la vez que contraes cualquier punto en el que aparezca una sensación especial o cualquier espacio en blanco. Luego relájate y déjate caer en el sueño.

Yo misma cree muchos de mis circuitos con esta práctica en las primeras horas de la mañana (en concreto, de 3 a 5 de la mañana). Así es que, si te despiertas en medio de la noche, en lugar de estirar el brazo en busca del móvil o de la tablet, o de quedarte ahí tumbado dejando que la mente empiece a elaborar historias sobre tu insomnio, es mucho más inteligente que dediques ese tiempo a realizar estas prácticas, con lo que esa preocupación en concreto dejará de asediarte. Por cierto, en las antiguas tradiciones orientales estas eran las horas sagradas en las que se podía realizar el trabajo más importante de la evolución consciente.

Aunque resulta sencillo y beneficioso mantener un ojo puesto en el interior cuando realizas estas exploraciones a primera hora de la mañana y a última hora de la noche, también puedes usar esta práctica en cualquier momento del día con el fin de saber más sobre cómo te han afectado (y siguen afectándote) las experiencias que has tenido en la vida. Por ejemplo, puedes tomarte unos minutos para pensar en un conflicto o en alguna dificultad concreta que estés experimentando hoy, y practicar Llevarlo al cuerpo para ver dónde aparece; luego contrae esa zona y respira llevando el aire ahí antes de continuar con las tareas del día.

También puedes repasar toda tu vida, pararte a pensar o a escribir sobre aquellas experiencias que claramente formaron parte de tu Conversación en la parada del autobús (no tendrás problemas en identificar cuáles son porque se trata de las experiencias que conforman o constituyen los verdaderos problemas de tu vida). A la vez que reflexionas sobre alguna de estas experiencias, lleva la atención al cuerpo y fíjate en qué te revela este mientras vas siguiendo las instrucciones que hemos visto en este capítulo para esta práctica.

Cuanto más practiques, más fácil te resultará descifrar el lenguaje energético de tu Alma tal y como se expresa en el cuerpo. Las prácticas que aprenderás en los restantes códigos te proporcionarán más detalles y matices sobre esto, pero, por ahora, pasa todo el tiempo que puedas manteniendo un ojo puesto en tu interior, familiarizándote con la cadencia de tu lenguaje emocional y permitiendo que te revele en qué zonas puedes establecer o aumentar la conexión de tu magnificencia innata (hasta que llegue un momento en el que vivas *desde* este lugar interior, ahí donde reside tu verdadero poder).

PRÁCTICA 4: NO LO DESEES, TENLO

En esta última práctica para el código del sentir vamos a comparar diferentes energías dentro de tu sistema para reconocer, hacerte una idea y familiarizarte con cómo es una de estas energías en particular; una que de verdad puede ayudarte a manifestar lo que desees. Porque si bien este libro es una guía para sanar todas las áreas o facetas de tu vida y regresar a tu Alma, también es una guía sobre cómo manifestar lo que tu corazón desea al encarnar por completo esa energía que constituye la versión esencial de ti mismo. Nuestra realidad física se despliega conforme a nuestro patrón de energía. Aquí, la dinámica que entra en juego es estructural más que personal; lo que determina qué aparece en nuestra vida es la frecuencia vibratoria de nuestra energía.

En esta práctica vas a penetrar en tu interior y a sentir el contraste que presentan dos frecuencias de energía diferentes. Estas frecuencias juegan un papel crucial en si se manifiesta o no aquello que constituye la pasión de tu alma. Es un ejercicio para experimentar (para sentir energéticamente) la diferencia que existe entre *querer* o *desear* algo y *tenerlo* realmente y, una vez hecho esto, para anclar el patrón de energía adecuado a la hora de crear lo que deseamos. En los más de treinta años que llevo trabajando en temas concernientes a la salud y la felicidad de mis pacientes y clientes, muchos de ellos han podido comprobar por sí mismos que esta es una de las mejores herramientas para la transformación y la sanación. Ahora, este libro te da la oportunidad de manifestar en tu cuerpo y en tu vida estos mismos beneficios.

Por definición, si algo vibra en una determinada frecuencia, no vibra en otra. *Desear* tiene una frecuencia diferente a la de *tener*, de modo que, si nos encontramos en la vibración de querer algo, no lo vamos a tener. Una vez más, se trata de una cuestión estructural; cada patrón energético que se pone en movimiento da lugar a un resultado particular. Por lo tanto, para manifestar algo en tu vida, has de encarnar la vibración que corresponde al hecho de *tenerlo* (es decir, has de generar en tu cuerpo las sensaciones y los sentimientos que aparecerían si ya tuvieses aquello que quieres manifestar). Si sigues conectado al «modo deseo», los fotones se dispondrán de un modo coherente con el desear, no con el tener, y hasta que esa frecuencia vibratoria no cambie, es imposible que lo que deseas se manifieste.

La buena noticia es que, una vez que llevas a cabo ese cambio y pasas del desear al tener, ¡es imposible que lo que deseas no se manifieste!

Prueba este ejercicio:

1. Cierra los ojos y dirígete a tu interior. Trae a la mente algo que *desees* de todo corazón. Fíjate en las sensaciones que aparecen en tu cuerpo. ¿En qué zona específica se encuentran? ¿Cómo son? ¿Qué características tienen?

2. Ahora imagina que ya *tienes* el resultado que deseas conseguir, que ya se ha manifestado y forma parte de tu realidad cotidiana. Concéntrate en cómo te sientes en tu cuerpo ahora que «lo tienes». Observa dónde se acentúa la energía y siente la diferencia.

3. A continuación, trae de forma intencionada a la mente la frecuencia vibratoria propia del «tener» y mantenla en tu conciencia todo el tiempo que puedas. Siempre que la atención se te vaya a lo que *deseas*, recuerda la sensación que te produce la vibración del *tener*, e incluso puedes conectar entre sí las zonas que se hayan vuelto prominentes. Esto permitirá que se vaya forjando o esculpiendo una nueva vía de conexión en el campo energético. Continúa con esta práctica y no tardará en volverse fácil, incluso automática.

He presenciado miles de veces cómo esta práctica transforma al instante los patrones de la gente. Chris se sentía listo para empezar una nueva relación. Ya había estado casado antes, y se le partió el corazón cuando se divorció, pero ahora estaba preparado para empezar de nuevo. Sin embargo, cuando describía la vida que quería tener, su anhelo parecía causarle una cierta tensión, de modo que su energía se desplazaba hacia arriba y casi se salía de su cuerpo mientras hablaba. Cuando llamé su atención sobre este hecho y le pedí que se imaginase las sensaciones que aparecerían en su cuerpo cuando ya *tuviera* esa relación amorosa, su energía inmediatamente descendió hasta la zona del corazón e incluso se concentró más intensamente en su núcleo. Sentir dentro del cuerpo y respirar con el fin de generar los circuitos necesarios para mantener esa sensación (es decir, imaginar lo que es *tener* ya esa relación en lugar de desearla) le produjo un alivio inmediato.

Cuando Geri acudió a mí, su denso y sólido campo energético parecía encallado o empantanado; era un campo energético «plano», sin brío. Sus palabras confirmaron que, metafóricamente hablando, llevaba bastante tiempo habitando en un lugar oscuro y sombrío. Me contó que había tenido pensamientos suicidas. No quería estar así, pero aparentemente le resultaba imposible cambiar la forma en que se sentía. La ayudé con la sencilla práctica de hacer circular una energía diferente por su cuerpo mientras imaginaba cómo sería dejar atrás estos momentos difíciles, y solo con eso ya empezó a cambiar. Su energía comenzó a ponerse en circulación al respirar a través del canal central a la vez que generaba en su cuerpo los sentimientos que tendría si *ya estuviese disfrutando* de una vida más feliz, en lugar de desear que llegase en algún momento futuro. Al generar nuevos canales a través de los cuales la energía pudiese fluir desde el sólido y robusto canal central, Geri consiguió sentirse como una persona distinta incluso aquel mismo día, antes de terminar la sesión. Cuando regresó unos días después, ella misma me dijo que, en sus propias palabras, seguía sintiendo «el corazón abierto y la mente más ligera». Lo que hizo fue traer el futuro al presente y permitir que su cuerpo estableciese un nuevo patrón energético como si ya fuera cierto, como si ya fuese realidad. Cuando hablé con ella meses después, se sentía mucho más luminosa y resplandeciente y no albergaba «pensamientos de nada que de algún modo pudiese ser perjudicial, nocivo, dañino o angustioso». De hecho, ¡lo cierto es que se sentía alegre y feliz!

Recuerda, para que cada uno de los pasos que des hacia la iluminación (es decir, los pasos que te acercan a vivir como el Yo Divino) tengan un poder permanente, has de encarnarlos, incorporarlos o manifestarlos plenamente en tu cuerpo. Si añades este componente a cualquier ritual, a cualquier actividad que estés realizando, a cualquier frase de afirmación que pronuncies o a cualquier sueño que puedas tener, aquello que estés intentando crear se manifestará en el plano físico más rápidamente. ¿Por qué? Pues porque en última instancia toda aceptación, liberación, creación y evolución ha de manifestarse primeramente dentro del cuerpo; ha de tener lugar dentro de nuestro cuerpo, en nuestro campo energético. Ha de ser encarnada.

Del mismo modo, podrás comprobar que tus deseos cambian a medida que se activan más y más circuitos de comunicación entre el núcleo interno profundo y la mente, y que comienzas a alejarte de la personalidad protectora. Verás que lo que «deseas» ahora es distinto de lo que solías desear antes. Puede que los impulsos que surjan desde lo más profundo de ti sean toda una sorpresa para tu mente, pero tu corazón cantará de alegría a medida que se vayan desplegando. Recuerda no quedarte atascado en *cómo* van a pasar las cosas; ¡tan solo haz que la vibración en la que pueden hacerlo sea la que predomine!

¡Atrápalo, no lo dejes escapar!

Puedes utilizar estas prácticas para anclar las experiencias maravillosas que tengas en la vida llevando la atención al cuerpo y manteniendo un ojo puesto en el interior mientras disfrutas de las cosas que de verdad te gustan. A esto lo llamo ¡Atrápalo, no lo dejes escapar!, y el modo de ponerlo en práctica es el mismo que los ejercicios anteriores, solo que, en este caso, lo usas cuando hay en ti una carga fantásticamente buena, y no una que de algún modo te resulte desagradable o molesta. Es como si estuvieras «difundiendo las buenas noticias» a través de todo el sistema de chakras o de energías sutiles y revivificando los circuitos con las energías de alta frecuencia que se generan cuando te estás deleitando con algo. Por ejemplo, cada vez que mis alumnos y yo encontramos una hermosa vista mientras estamos visitando lugares sagrados de todo el mundo en nuestras excursiones del programa JourneyAwake, utilizamos esta práctica energética. A medida que vayas conectando la mente con el Alma diariamente, momento a momento, respiración a respiración, también empezarás a disfrutar más momentos profundamente felices en tu vida diaria.

CHAKRA RELACIONADO CON EL CÓDIGO DEL SENTIR: SEGUNDO CHAKRA

El código del sentir está relacionado con el segundo chakra, o chakra del sacro. Conocido como *svādhiṣṭhāna chakra* en sánscrito (que literalmente se traduce como «el asiento propio»), este chakra gobierna el cuerpo o la capa emocional/sentimental/perceptiva del sistema energético humano. Por eso la integración del segundo chakra produce un efecto estabilizador sobre las emociones. Cuando nuestro segundo chakra está libre de perturbaciones o distorsiones, nos desprendemos de la elaboración de historias y somos mucho menos reactivos a nivel emocional, así como más capaces de trabajar en el nivel energético de las sensaciones corporales.

Muchas personas con trastornos en el segundo chakra sufren problemas emocionales y trastornos relacionados con la salud mental, como depresión o ansiedad. Pueden ser excesivamente emocionales o hacer gala de conductas evasivas como estrategia para hacer frente a los sentimientos reprimidos. También es posible que les resulte complicado confiar tanto en ellos mismos como en los demás. Pueden presentar disfunciones en la parte distal del tracto digestivo, así como diversos problemas en el sistema excretor (incluidos los riñones y la vejiga urinaria) o en los órganos reproductivos.

En la página siguiente se muestra una tabla con las características principales del segundo chakra.

Al mejorar el flujo energético y la vitalidad del segundo chakra, el código del sentir también aumenta la creatividad, el deseo sexual y la confianza en todo tipo de relaciones tanto en las interpersonales como en lo referente al modo en el que nos relacionamos con cosas como el dinero, el poder o el tiempo.

Al igual que ocurre con el resto de los chakras, la salud del chakra del sacro puede mejorar enormemente con algunas *asanas* o posturas de yoga concretas.

YOGA PARA EL CÓDIGO DEL SENTIR

Una de las *asanas* principales para crear un buen equilibrio y un buen flujo en este centro de energía es la postura del barco.

CHAKRA RELACIONADO CON EL CÓDIGO DEL SENTIR: EL CHAKRA SACRAL

NOMBRE(S)	Segundo chakra, *svādhiṣṭhāna chakra*
LOCALIZACIÓN	Justo debajo del ombligo
COLOR	Naranja
NOTA MUSICAL	Re
ÁREAS DEL CUERPO AFECTADAS	Vejiga, próstata, matriz, pelvis, sistema nervioso, zona lumbar, funcionamiento de los fluidos, glándulas suprarrenales, órganos sexuales
SÍNTOMAS DEL «REVERSO»	Impulso sexual desequilibrado, inestabilidad emocional, sensación de aislamiento, impotencia, frigidez, problemas de vejiga y próstata, dolor lumbar
CARACTERÍSTICAS DEL «ANVERSO»	Conocimiento interno, confianza, expresión, sintonizar con los sentimientos, creatividad; «Veo claro cuál es mi camino en la vida»; «No necesito nada de ti y estoy aquí simplemente para compartir»; «Sigo mi instinto»
PRÁCTICAS	• Llevarlo al cuerpo • No le pongas nombre, siéntelo • Mantener un ojo puesto en el interior • No lo desees, tenlo
EJERCICIOS DE RESPIRACIÓN (Como se explica en el capítulo 8)	Respiración del cuenco (o del vientre de Buda)
POSTURAS DE YOGA PARA UNA MAYOR INTEGRACIÓN	• Postura del barco (*navāsana*) • Postura de la paloma (*eka pada rajakapotāsana*) • Bicicleta yóguica (*dwichakrikāsana*) • Postura de torsión espinal sentado (*ardha matsyendrāsana*) • Aliento de fuego (*kapalabhati prānāyāma*)

POSTURA DEL BARCO (NAVĀSANA)

Para hacer esta postura:

1. Siéntate en una esterilla o en el suelo con los pies juntos y las rodillas dobladas y apuntando hacia el techo.
2. Para tener un mayor apoyo, coloca las manos en la parte posterior de los muslos. Ahora siéntate todo lo derecho que puedas, contrae el *mūla bandha*, estira la columna

vertebral y mantén el pecho abierto. (No apuntes con la barbilla hacia el techo; déjala en una posición neutral).

3. Sin soltar las manos de la parte posterior de los muslos, inclínate hacia atrás hasta que los brazos queden completamente estirados y el torso forme un ángulo de unos sesenta grados con respecto al suelo. No te inclines demasiado hacia atrás, o la columna vertebral comenzará a curvarse. Si no dejas de tirar hacia arriba del suelo pélvico (*mūla bandha*) y de estirar la columna vertebral, deberías sentir que los músculos de la franja abdominal también están en tensión.

4. Sin dejar de usar los músculos de la franja abdominal para estabilizarte, quita las manos de los muslos y estira los brazos de forma que apunten hacia la parte delantera de la esterilla y queden pegados a los muslos, con las palmas de las manos enfrentadas. Siente tu fuerza interior mientras dejas el torso quieto y suspendido en ese ángulo de sesenta grados.

5. Si te sientes con fuerzas y lo suficientemente equilibrado, levanta los pies del suelo hasta que las pantorrillas queden paralelas al suelo, o incluso (en una versión más avanzada del ejercicio) puedes estirar las piernas hasta que queden perfectamente alineadas con los muslos. Mantén el torso estable y la columna bien recta.

6. Permanece en esta postura durante unas cinco respiraciones, luego, apoya los pies en el suelo y descansa una o dos respiraciones más.

7. Repite el ejercicio entre dos y cinco veces.

Ahora vamos a integrar las prácticas del código del sentir con los principios de la técnica BodyAwake mientras permanecemos en la postura del barco.

1. Sin abandonar la postura (ya sea con los pies apoyados en el suelo o levantados), encuentra el centro que te hace estar bien apoyado y conectado a la tierra al tiempo que llevas la atención al espacio que queda a aproximadamente medio metro por debajo del lugar en el que tus isquiones se apoyan en la esterilla.

2. Dinamiza el núcleo contrayendo los músculos del canal central en los cuatro puntos de anclaje, incluida la rotación de los ojos hacia arriba para sentir tensión detrás de ellos.

3. Contrae todos los músculos de muslos, piernas y pies. (Esto crea miles de circuitos diminutos por los que transportar información energética y activa la matriz de comunicación del tejido conectivo).

4. Contrae los músculos de brazos y antebrazos y estira los dedos de las manos.

5. Inspira cogiendo el aire por los pies y las piernas y llevándolo hacia el *mūla bandha*, y luego espira a través del canal central, apretando bien los músculos en todo el recorrido y dejando salir al aliento por la coronilla. En la siguiente inspiración, toma el aire del espacio que queda por encima de la cabeza y vete llevándolo hacia abajo a través de los puntos de anclaje del canal central hasta llegar al *mūla bandha*; luego, suelta el aire por las piernas y los pies.

6. Mantén el corazón levantado hacia el cielo con un sentimiento de dichosa realización al tiempo que respiras con pasión en esta postura. ¡Estás generando una gran cantidad de circuitos!

OTRAS POSTURAS DE YOGA PARA INTEGRAR EL CHAKRA DEL SACRO

Puedes usar estas *asanas* junto con la postura del barco para mejorar el trabajo que realices con el código del sentir.

Contraer aquellas zonas del cuerpo en las que percibas alguna sensación especial mientras mantienes estas posturas te ayudará a centrarte y enfocarte en tu núcleo, a potenciar la integración de aquellas energías que estén fragmentadas y dispersas y a generar los circuitos necesarios para mantenerte centrado y en equilibrio (no solo cuando estés sobre la esterilla, sino en todo momento). Recuerda que crear resistencias en el cuerpo nos permite orientarnos y evita que tengamos que generar fricciones en el mundo exterior.

Esta contracción te permite encontrar tu verdadero núcleo, pero relajarte en estas posturas (en lugar de contraer aquellas zonas que sientas de un modo particular, como hemos hecho en los ejercicios de este código) también resulta beneficioso, ya que permite que tu sistema también experimente lo que es la distensión, el aflojamiento y la relajación. Hacer unas cuantas respiraciones adicionales en estas posturas (a la vez que simplemente imaginas que la energía hace el mismo recorrido que hemos visto) permite establecer con más firmeza la dirección de la misma, y fomenta la relajación en todo el sistema.

- Postura de la paloma (*eka pada rajakapotāsana*).
- Bicicleta yóguica (*dwichakrikāsana*).
- Postura de torsión espinal sentado (*ardha matsyendrāsana*).
- Aliento de fuego (*kapalabhati prānāyāma*).

———

Con el código del sentir nos hemos familiarizado con el lenguaje del Alma tal como este lo usa para comunicarse a través del cuerpo físico. Hemos aprendido a escuchar las pistas y los indicios que se presentan en forma de sensaciones corporales y que nos señalan los cambios que se producen en el campo energético del Alma. Estos mensajes nos revelan qué «asuntos pendientes», tanto del pasado como del presente, tenemos que procesar para lograr un mayor nivel de integración.

A continuación, en el código de eliminación, daremos otro gran paso hacia la realización de nuestro verdadero potencial al comprender con mayor profundidad de qué modo estos asuntos pendientes están provocando que nuestros circuitos estén desconectados; y, una vez hecho esto, procederemos a eliminar dichos bloqueos para recuperar un flujo energético óptimo. Veremos que es la *mente inconsciente* y no la *mente consciente* la que determina qué manifestamos en la vida, y descubriremos cómo limpiar o despejar el inconsciente para así acelerar la sanación y la integración del Alma.

CAPÍTULO 6

El código de eliminación: el poder sanador del inconsciente

Muchas veces, durante mi niñez y mi adolescencia, bajaba las escaleras a las cinco de la mañana y me encontraba a mi padre sentado en su escritorio, perdido en sus pensamientos, con la única luz de una lámpara encendida justo sobre su cabeza.

—¿Cuánto tiempo llevas aquí? —le preguntaba.

—Casi lo suficiente... pero no lo bastante —me respondía con una sonrisa—. Estoy trabajando en algo y estoy a punto de dar con la clave.

¡Y tanto que dio con la clave! Era un hombre adelantado a su tiempo, y compartía todo lo que aprendía con un magnetismo absolutamente inspirador y arrebatador. Cientos de médicos de todo el mundo acudían a sus seminarios para aprender de él y después incorporaban las técnicas que él mismo desarrolló y con las que ayudó a decenas de miles de pacientes a recuperarse de enfermedades que las técnicas médicas tradicionales no habían conseguido curar.

Todo comenzó a principios de los setenta, cuando mi padre, que por aquel entonces llevaba una consulta quiropráctica normal, empezó a preguntarse por qué, con los mismos tratamientos, algunos pacientes se recuperaban y otros no. En su búsqueda de respuestas, estudió todas las técnicas y las filosofías disponibles en aquel momento en las diversas ramas del campo de la medicina natural, y trató de encontrar un denominador común en los casos en los que se producía un resultado positivo. Descubrió que, cuando había un buen flujo de «energía» (y más específicamente, un buen flujo de la energía electromagnética que circula a través del cuerpo), la gente se recuperaba, mientras que cuando dicho flujo quedaba bloqueado, no se curaba.

Tanto sus investigaciones como su comprensión de estos temas progresaron significativamente con la llegada del nuevo campo de la ciencia cuántica, la cual se centra en el flujo de energía y el campo energético que esta genera. Al aplicar todo lo que estaba aprendiendo al tratamiento de sus pacientes, consiguió una serie de resultados clínicos punteros que se ajustaban a los hallazgos teóricos en este innovador campo de investigación, algo que le llenó de deleite y satisfacción. (Por supuesto, la ciencia sigue evolucionando; por ejemplo, donde antes pensábamos que el movimiento de los impulsos nerviosos eléctricos creaba un campo energético electromagnético alrededor del cuerpo, ¡ahora sabemos que es el campo energético el que genera el sistema nervioso en primer lugar! Lo primero es la energía, y por eso trabajamos con el campo energético, el sistema primario y principal de nuestro ser).

La esencia del trabajo de mi padre se hallaba en comprender que, casi en el cien por cien de los casos, cuando hay un dolor o una disfunción presentes en el organismo, también existe un componente emocional no resuelto que contribuye al bloqueo de la energía. Descubrió que el sistema energético funcionaba de manera similar al sistema digestivo, es decir, descomponiendo y asimilando las experiencias que tenemos en la vida. Sin embargo, cuando nos vemos envueltos en situaciones que no sabemos cómo afrontar, en lugar de procesar los pensamientos y las emociones no resueltas, los retenemos y los almacenamos en nuestro interior; un poco como una comida que no se digiere por completo y permanece en nuestro sistema más de lo debido. Con el tiempo, a medida que se van acumulando más y más experiencias vitales sin procesar (junto con los pensamientos y las emociones que llevan asociadas), esas bolsas de energía se van concentrando y empiezan a bloquear el flujo de energía de nuestro sistema. Si no tratamos estos acúmulos, aparecen los síntomas (que en ocasiones pueden llegar a ser verdaderamente horribles).

Mi padre también se dio cuenta de que la mayoría de la gente no era consciente de que sus pensamientos influían en sus emociones y en el flujo de energía (y, por lo tanto, en la capacidad de sanación de su organismo). Muchos de estos pensamientos se daban de manera *inconsciente*, en una parte del cerebro que queda fuera de nuestra percepción consciente, pero que, sin embargo, juega un papel fundamental en todo lo que sucede, tanto en nuestro organismo como en nuestra vida. Comprendió que, si queremos sanar, tenemos que acceder de algún modo a los pensamientos y emociones que han quedado retenidos en el inconsciente y liberarlos, y descubrió la manera de hacerlo.

Sus investigaciones se centraron en explorar la relación que existe entre los aspectos conscientes e inconscientes del sistema nervioso y el mecanismo que permite o impide la comunicación entre ambos; lo que yo llamo *la trampilla*.

Las técnicas que desarrolló permiten abrir esta trampilla y tener acceso a las interferencias inconscientes que han quedado sin resolver (las dispersiones energéticas) y que nos impiden estar bien mental, emocional y físicamente. El hecho de acceder a esa energía estancada y liberarla hace que se restablezca el flujo energético a través de nuestro sistema (lo que contribuye a mantener, rejuvenecer y sanar el cuerpo y todas las facetas de la vida).

Mi padre desarrolló la técnica de sincronización bioenergética, conocida como BEST (BioEnergetic Synchronization Technique) por sus siglas en inglés, mediante la cual se sincronizan las energías dispersas o fragmentadas a raíz de experiencias particularmente duras o difíciles, haciendo que vuelvan a fluir por el organismo y permitiendo así que se produzca de forma automática la autosanación. En esencia, lo que hace esta técnica es crear conexiones para que pueda restablecerse la comunicación en aquellos lugares que han quedado desconectados.

En los últimos treinta años, cientos de médicos de todo el mundo han estado poniendo en práctica la técnica BEST con miles de pacientes, con resultados sorprendentes. Se han producido curaciones aparentemente milagrosas en todo tipo de casos. Personas a las que les habían diagnosticado enfermedades consideradas crónicas y degenerativas se han curado una vez que la energía ha vuelto a fluir libremente por sus cuerpos. Incluso hubo un caso de regeneración de tejidos amputados, algo inaudito hasta la fecha pero que, sin embargo, ocurrió (y sigue ocurriendo). Daniel, un hombre de veintitrés años, estaba usando una cosechadora en el campo cuando el equipo se atascó. Al tratar de liberar una de las partes móviles de la máquina, se le quedaron atrapados los dedos anular y meñique de la mano y la máquina se los cortó justo por debajo de la articulación distal. Empleando la técnica BEST, Daniel se centró en completar el flujo de energía a través del cuerpo y las manos y consiguió regenerar las puntas de los dedos sin recurrir a ningún tipo de cirugía: le volvieron a salir nuevas yemas completas, incluyendo la estructura ósea y las huellas dactilares. Su cuerpo fue capaz de regenerarse y curarse a sí mismo una vez que el sistema de comunicación volvió a funcionar del modo para el que había sido diseñado.

En el tiempo que estuve trabajando con mi padre, me di cuenta de que uno de los aspectos del propósito de mi vida era continuar con su trabajo y desarrollarlo aún más, capacitar a las personas para que pudiesen curarse a sí mismas y llegasen a comprender la verdad de su propia capacidad individual como creadores a la hora de administrar su energía y transformar sus vidas. Quería que la gente contase con las herramientas necesarias para marcar la diferencia por sí misma, en lugar de tener que depender de un médico para eliminar sus bloqueos de energía y erradicar sus interferencias energéticas. Deseaba poner el poder de este conocimiento en manos de la gente, así que, para lograrlo, le pedí a mi padre que me ayudara a desarrollar una versión de la técnica BEST que la gente pudiese aplicar por sí misma, y él, mi hermano y yo trabajamos juntos para crear un protocolo al que denominamos «eliminación BEST». Después, en el 2006, los tres presentamos esta variante de la técnica ante un grupo de clientes en un congreso que tuvo lugar en Chicago. Una vez más, empezaron a ocurrir «milagros» en el mismo momento en el que la gente empezaba a usar esta versión de autoayuda de la técnica creada por mi padre.

Ahora, cada año enseño la eliminación BEST a cientos de personas en mis cursos presenciales y, a continuación, también voy a enseñártela a ti. Junto con otras prácticas relacionadas altamente eficaces, esta técnica constituye la base fundamental del código de eliminación.

¿QUÉ ES EL CÓDIGO DE ELIMINACIÓN?

Cuando sucede algo que nos resulta profundamente perturbador, desagradable o molesto (hasta el punto de que nuestra mente consciente no es capaz de procesarlo por completo), la mente inconsciente atrapa y oculta ciertas partes de ese evento para que, de este modo, la mente consciente no se bloquee y pueda seguir desenvolviéndose en las tareas de la vida diaria.

Puedes pensar en la mente consciente como si fuese una pequeña habitación en tu cerebro. En el suelo de esa estancia hay una trampilla, y al otro lado de la misma (por debajo), está la mente inconsciente. Cuando sucede algo perturbador, el trastorno al que da lugar inunda la habitación de la mente consciente. Gran parte de esa inundación pasa por la trampilla abierta y se vierte también en la cámara inferior, pero, si el evento es tan intenso que causa una verdadera conmoción, nuestro sistema colapsa: se produce un cortocircuito y la trampilla se cierra de un portazo mientras aún contiene parte de la inundación, por lo que este vertido queda atrapado ahí abajo. Cuando esto ocurre, el último mensaje o la última información que accede al inconsciente justo antes de que la trampilla se cierre de golpe es «conmoción», lo que en el cuerpo se traduce como «emergencia».

Puesto que el inconsciente controla las funciones automáticas del cuerpo (como los latidos del corazón, la respiración y la digestión, entre otros), este mensaje de conmoción, de alteración o desajuste hace que el cuerpo entre en modo de emergencia. Y como ahora la trampilla está cerrada, no es posible enviar nuevos mensajes a la mente inconsciente para desactivar ese comando de emergencia. Después de un tiempo, lo más probable es que la situación que causó la alteración se resuelva en el nivel consciente (es decir, en el nivel donde comprendemos, perdonamos, soltamos o, de algún modo, hacemos las paces con lo sucedido y creemos que ya pasó, que ya terminó y volvemos a estar a salvo). Sin embargo, si la trampilla no se vuelve a abrir nunca para que el inconsciente pueda recibir la buena noticia de que todo vuelve a estar bien, entonces la creencia inconsciente y su correspondiente respuesta fisiológica reflejarán que el problema sigue existiendo; el cuerpo seguirá estando perpetuamente en modo de emergencia y se agotará al seguir tratando de solucionar el problema. En última instancia, esto acaba desembocando en estados de crisis como fatiga suprarrenal, desgaste y agotamiento de la glándula tiroides o desequilibrios hormonales, y como el problema se encuentra en el inconsciente, ni siquiera sabemos qué está sucediendo ni recordamos por qué. Por supuesto, la trampilla es una metáfora; los verdaderos protagonistas de este desastre comunicativo son dos zonas clave del cerebro: el tálamo y el hipotálamo. El tálamo está relacionado con la mente consciente; es la parte del cerebro que, entre otras funciones, recibe la información que proviene de los cinco sentidos y nos revela qué está sucediendo en el mundo exterior. Por su parte, el hipotálamo está relacionado con la mente inconsciente (ahí donde las cosas suceden por debajo del nivel de la percepción consciente), recibe información del tálamo y la transmite en forma de instrucciones al mundo interior (al cuerpo) sobre cómo responder. También juega un papel muy importante dentro de las prácticas de los códigos energéticos, ya que transmite a la mente consciente la información proveniente del interior del cuerpo, lo que nos permite acceder a nuestra profunda sabiduría interna desde un nivel consciente (en gran parte a través del nervio vago y del sistema nervioso entérico).

La trampilla también representa la relación existente entre las decisiones que tomamos conscientemente y la receptividad o el grado de consenso que muestra el inconsciente ante dichas decisiones. Por ejemplo, al final de un largo día de trabajo, lo más probable es que el tálamo, al que nuestros sentidos informan de que es de noche y que ya hemos terminado nuestras tareas diarias, comunique que es seguro y apropiado relajarse y prepararse para dormir, pero, si al hipotálamo no le llega este mensaje, ni las otras partes del cerebro ni el cuerpo en su conjunto se relajarán, sino que seguirán funcionando a plena potencia, lo que podría provocar insomnio, ansiedad u otros trastornos. Si sucede algo que nos altera de tal modo que el tálamo y el hipotálamo dejan de comunicarse, incluso aunque sea parcialmente, perdemos la capacidad de controlar y dirigir de forma consciente nuestra vida. En este caso, lo que sea que quede oculto bajo la trampilla del subconsciente será lo que nos gobierne, sin importar lo que hagamos conscientemente. Esto lo sentimos como algo que, de un modo u otro, no está funcionando como nosotros querríamos (conscientemente) que lo hiciera. Ahí radica la belleza de nuestro sistema, en que lo que está oculto busca ser revelado y nos impulsa a despertar.

Esta clase de cortocircuitos disruptivos se producen siempre que rechazamos algo. Si vamos al meollo del asunto, veremos que todo lo que nos ocurre en la vida o bien lo acogemos de buen grado o bien lo rechazamos. Cuando decimos, o incluso cuando *pensamos* o *sentimos*, «esto no está sucediendo» o «esto es inaceptable» (es decir, cuando evitamos mirar la realidad con claridad porque no nos gusta lo que vemos, o cuando ocurre algo que no está a la altura de nuestros deseos y expectativas conscientes), lo estamos rechazando. No nos estamos permitiendo procesar completamente su energía. Cuando rechazamos, nos desconectamos de nuestra capacidad para metabolizar la vida: para acercar posturas, para soltar, para seguir adelante. Entonces, esa resistencia se convierte en una interferencia o un bloqueo en ese punto de nuestro sistema, y el flujo se detiene ahí.

Cuando rechazamos algo, no desaparece. Lo que ocurre es que lo enviamos, a través de la trampilla, al inconsciente, donde, al menos en parte, queda oculto y se vuelve desconocido para nosotros. Hasta que no abramos la trampilla para mirar y saber qué es lo que esconde (incluso aunque sea a nivel energético y no de la historia personal), permanecerá ahí, seguirá estando al mando y controlará nuestros pensamientos, nuestras decisiones, nuestra fisiología y nuestra frecuencia vibracional, lo cual, a su vez, determinará qué atraeremos a nuestra vida. Aunque no podamos «verlo» conscientemente, esto no impide que sigamos invirtiendo en ello nuestra energía (es decir, nuestro poder), por lo que consume recursos que podríamos emplear para sanar o para crear. Es una dispersión de nuestra atención, de nuestro enfoque, una colisión y disgregación continua.

Otra forma de decir esto mismo es que cuando no estamos de acuerdo con lo que está sucediendo dejamos de estar presentes en ello. Pensamos en cómo debería ser, nos defendemos o escribimos mentalmente un nuevo relato para convertirnos en la víctima. El resultado es que no generamos los circuitos necesarios para invitar a la presencia del Alma por medio de la situación y quedamos atrapados. La energía (nuestro verdadero ser) no permanece en el flujo. Entonces, el cuerpo físico (un reflejo del cuerpo energético) comienza a bloquearse también, deja de funcionar con la eficacia y la eficiencia con que podría hacerlo. Así, lo que comienza siendo un problema energético con el tiempo acaba convirtiéndose en un problema tisular.

Es posible que hayas intentado alcanzar la vida que deseas tener pero no hayas sido capaz de generar un cambio real y sostenible. Quizá hayas probado diversas técnicas de autoayuda, el recitado de afirmaciones o la creación de murales para visualizar tus deseos, pero la pieza que falta es esta comprensión sobre cómo funciona el inconsciente. Lo que deseas no ha sucedido porque en algún momento del pasado esa trampilla de tu mente se ha cerrado de golpe. A pesar de todos tus actos conscientes, la energía que subyace en todos ellos (y que emites en forma de vibración) es de falta de resolución, de falta de perdón, de miedo, o lo que quiera que haya sido el resultado de las experiencias más traumáticas que hayas tenido en la vida. Y, como ya sabes, la frecuencia vibratoria que emites es la que se manifiesta en el mundo físico.

La buena noticia es que nunca es demasiado tarde para abrir esa trampilla y hacerle saber a tu inconsciente que las cosas no tienen por qué seguir siendo así. Para crear una vida que realmente te guste y te enamore —una vida llena de salud vibrante y que rebose alegría y conexión— tienes que empezar por aceptarla tal como es. Usa la perspectiva del anverso del modelo para ser consciente de que todo lo que te ocurre en realidad es para tu mayor beneficio, que la vida está en todo momento a tu favor al cien por cien. Después, has de encontrar la manera de abrir esa trampilla para poder actualizar tus patrones de energía y enviar el mensaje de que en realidad todas esas experiencias que has tenido en el pasado y que rechazaste ya han sido resueltas, de que estás bien y ya no necesitas vivir en modo de emergencia.

Ahí es donde quiero llevarte: a modificar el patrón de energía que está creando tu actual experiencia de la vida. Es algo que hay que hacer *obligatoriamente* a través del cuerpo, abriendo el canal central y estableciendo los circuitos necesarios para que pueda haber un buen flujo. No basta con que tengas una experiencia de realización o de iluminación en la mente consciente; también tienes que *encarnar* dicha realización, porque la realidad se crea desde dentro hacia fuera, desde la energía hacia fuera. Solo cuando encarnamos o incorporamos plenamente en nuestro ser esas experiencias de iluminación podemos alterar la forma en la que nuestra energía se expresa a nivel inconsciente y, por lo tanto, comenzar a crear y a atraer algo distinto en el mundo físico.

En el código de eliminación te proporcionaré diversas formas de acceder a las razones inconscientes por las que estás atascado; esas cosas que, si supieras que están contribuyendo a producir dificultades o padecimientos en tu vida, estarías dispuesto a perdonar y soltar. Este proceso tiene lugar por debajo del nivel de las historias conscientes que te cuentas a ti mismo y a los demás sobre las razones por las que no puedes progresar. Es decir, ¡tiene lugar por debajo del nivel mental! Una vez que seas capaz de acceder a tu trampilla interna, podrás usar los ejercicios de este y de los siguientes códigos para eliminar, despejar o esclarecer esas interferencias inconscientes y restablecer tu sistema energético.

Rara vez estamos bloqueados o atascados por las razones que creemos; casi siempre hay algo más profundo que constituye la causa real. Cuando utilizamos las prácticas de este código para liberar las energías que han quedado atrapadas bajo la trampilla y permitimos que se reintegren en nuestro sistema, regresamos de forma natural a nuestro núcleo: al Alma, el único lugar desde el que tenemos un tremendo poder para crear mediante nuestras decisiones conscientes.

No obstante, antes de que aprendas los pasos que has de seguir para conseguirlo, me gustaría compartir contigo la historia de Rachel, una de mis pacientes; en su caso, los resultados que obtuvo al poner en práctica una versión de la técnica BEST recomendada por su médico le cambiaron la vida. Es un muy buen ejemplo de cómo los traumas pueden quedar atrapados en la mente inconsciente y afectarnos mucho tiempo después de que el evento aparentemente se haya resuelto.

RACHEL POR FIN CONSIGUE LIBERARSE DE SU TRAUMA

Rachel se encontraba en la sala de partos del hospital y estaba a punto de dar a luz a su tercer hijo cuando ocurrió la tragedia. El personal de la sala de partos le había pedido que se tumbase de lado, sobre un costado, para poder administrarle la epidural, pero, como no conseguían introducir la aguja, la sentaron en el extremo de la camilla y le pidieron que inclinase el tronco hacia delante. En esta postura consiguieron ponerle la epidural sin problemas. Después, hubo un momento en el que las dos enfermeras que la estaban atendiendo le dieron la espalda al mismo tiempo. Ella empezó a caerse de la camilla, y como con la epidural no tenía ningún control sobre sus piernas, no pudo sujetarse y evitar la caída, con lo que se desplomó en el suelo como si fuese un peso muerto. Esto provocó que tuviese un parto espontáneo.

Tres días después despertó en la cama de un hospital. El bebé se encontraba bien, pero ella no. Cada vez que levantaba ligeramente la cabeza de la almohada se sentía terriblemente mal. El tiempo pasó, pero el vértigo no mejoró. Pasó los siguientes tres años postrada en la cama o en el sofá porque era incapaz de sentarse erguida sin sentirse terriblemente mareada y vomitar durante horas.

Fue ahí cuando la conocí. Entró «caminando» en mi despacho con la ayuda de su esposo en un lado y la de su suegro en el otro. Cada paso que daba era extremadamente inestable y vacilante, como si estuviera tratando de mantenerse en pie en una piragua. Aquel día tan solo hablamos brevemente, porque se sentía tan mal que yo quise empezar a tratarla de inmediato.

Acto seguido me puse manos a la obra para identificar qué interferencia inconsciente podría estar impidiendo que se recuperase. Quería averiguar por qué, tres años después, su cuerpo estaba en el mismo estado que tres días después del accidente; por qué parecía que su cuerpo ni siquiera había *intentado* restablecerse.

En esa primera sesión, traté a Rachel usando la técnica BEST (el protocolo de tratamiento bioenergético) y se puso fatal al instante, tanto que vomitó justo ahí, en mi despacho, tras lo cual sintió una cierta mejoría, así que hablamos sobre lo que había ocurrido y sobre cómo se sentía ahora. Me contó que había interpuesto una demanda contra el hospital y que le estaba resultando imposible conseguir la atención médica que necesitaba, ya que ningún otro médico quería tener nada que ver en algo que obviamente iba a acabar en los tribunales. Cuando acudió a mí, se sentía completamente rechazada y abatida, y estaba convencida de que su vida iba a ser así también en el futuro. Estaba claro que el momento de la lesión había sido terrible a nivel emocional, y que tres años después aún seguía emocionalmente atrapada o encerrada en él. La siguiente sesión reveló algunas otras piezas del puzle. Si bien a nivel externo, conscientemente, ya no estaba enojada con el hospital, e incluso afirmaba que estaba dispuesta a perdonarles, había una parte de ella que aún seguía aferrándose a lo que había ocurrido. Le dije que, para que su cuerpo pudiese sanar, era muy probable que tuviese que retirar la demanda, ya que a nivel inconsciente era muy posible que su sistema estuviese tratando de mantener la enfermedad al creer que si se recuperaba sería imposible ganar el caso en los tribunales. (Por supuesto que esta no era en absoluto su intención consciente, pero esta clase de cosas son las que pueden suceder a nivel inconsciente).

Así que retiró la demanda, pero incluso entonces su sistema permaneció encerrado en la fisiología propia del estado defensivo. La trampilla se había cerrado de un portazo. A medida que fui trabajando con ella, restableciendo sus circuitos neuronales con técnicas de medicina bioenergética y las prácticas de los códigos energéticos, me di cuenta de que habíamos abierto su sistema, e inmediatamente después comenzó a recuperarse. Tres meses después jugaba de tercera base en el equipo de sófbol que patrocinaba nuestro centro de salud. Fue lo que muchos llamarían *un milagro*, y fue posible porque abrimos la trampilla a un trauma que la había estado afectando física, mental y emocionalmente. Toda esa angustia, esa ansiedad, todos esos asuntos que habían quedado pendientes de resolver se estaban almacenando en su cuerpo, y este estaba tan completamente inmerso en el modo de emergencia (en modo supervivencia) que ni siquiera estaba tratando de curarse.

Con las prácticas del código de eliminación podrás realizar la versión de autoayuda de la técnica con la que tanto Rachel como miles de personas han conseguido curarse finalmente.

LAS PRÁCTICAS DEL CÓDIGO DE ELIMINACIÓN

PRÁCTICA 1: LA MARCHA MORTER

La marcha Morter es una práctica diaria que activa y unifica varios centros del cerebro superior y diversos sistemas del organismo (entre ellos, el córtex somatosensorial, el córtex motor y la capacidad integradora del cerebro; los lados derecho e izquierdo del cuerpo, los hemisferios derecho e izquierdo del cerebro, la parte superior e inferior del cuerpo; los centros visuales y respiratorios y el cerebelo, responsable del equilibrio y que también alberga la memoria inconsciente). Gracias a ella, todos estos sistemas se activan al mismo tiempo, creando una especie de botón maestro de reinicio que nos permite integrar de un modo más fácil, rápido y eficiente aquello que estemos intentando incorporar o encarnar. Esta técnica guarda muchas semejanzas con el trabajo desarrollado en la década de los sesenta por el doctor quiropráctico George Goodheart (colega y amigo de mi padre) y que se conoce con el nombre de *kinesiología aplicada*. Él fue quien estableció las bases y definió el *ejercicio contralateral*, también conocido como *cross crawl*, y sus muchos beneficios de autosanación. El resultado es que eliminamos los patrones inconscientes que han quedado sin resolver y las tensiones que estos generan, cultivando de este modo la presencia del Alma.

Así es cómo se hace la marcha Morter:

1. Ponte de pie con los pies separados al ancho de las caderas y la columna bien estirada.
2. Da un paso adelante con la pierna derecha y dobla la rodilla para adoptar la posición de zancada, de forma que sientas cómo se activan los músculos del muslo derecho. Deja que tu atención consciente caiga de forma suelta y abandonada sobre tu cuerpo.

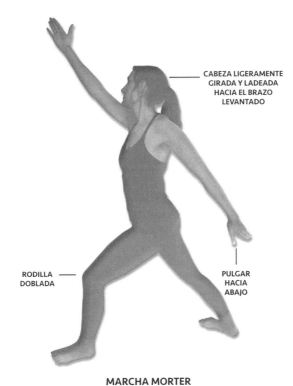

CABEZA LIGERAMENTE
GIRADA Y LADEADA
HACIA EL BRAZO
LEVANTADO

RODILLA
DOBLADA

PULGAR
HACIA
ABAJO

MARCHA MORTER

3. Levanta el brazo izquierdo hacia delante, apuntando en un ángulo de 45° (aproximadamente hacia el lugar en el que se juntan el techo y la pared que tienes enfrente). Gira la mano de forma que el pulgar quede hacia arriba.
4. Estira el brazo derecho hacia atrás y hacia abajo de modo que quede alineado con el ángulo de 45° del brazo izquierdo (es decir, que apunte aproximadamente hacia el lugar en el que se encuentran el suelo y la pared que queda a tu espalda). En este caso el pulgar tiene que apuntar hacia abajo. Estira bien los dedos para revitalizarlos.
5. Gira y ladea ligeramente la cabeza hacia la izquierda y

mira directamente hacia el brazo izquierdo y el pulgar izquierdo. Cierra el ojo derecho.

6. Ahora, mientras permaneces en esa posición, inspira profundamente con el vientre y aguanta la respiración. Concéntrate en una profunda sensación de bienestar o en el sentimiento de perdón, aceptación y amor.

7. Aguanta la respiración todo lo que puedas o el tiempo que te lleve contar lentamente hasta diez.

8. Luego, suelta el aire y da un paso hacia atrás para volver a la posición central inicial, con los pies paralelos y situados en la misma vertical que las caderas.

9. Repite el ejercicio con el lado izquierdo y luego vuelve a hacerlo por cada lado, hasta un total de cuatro repeticiones. Cuanto más practiques este ejercicio del código de eliminación, más y mayores serán los cambios que empezarás a sentir.

Nota: Si no puedes ponerte de pie, también puedes hacer este ejercicio tumbado en la cama.

¿Cómo funciona esto? Ciertamente es de lo más fascinante. El sistema de supervivencia del cuerpo funciona estableciendo prioridades, es decir, utiliza la energía y los recursos para enfrentar primero aquello que suponga una amenaza más grave para la vida. Cuando una experiencia traumática no se resuelve, queda retenida en el nivel inconsciente. Desde ahí, hace que el cuerpo siga respondiendo a dicho trauma, como si aún constituyese una emergencia real en lugar de algo que ocurrió en el pasado. En otras palabras, cuando la experiencia resulta demasiado intensa, la trampilla se cierra de golpe, lo que interrumpe la comunicación entre la mente consciente y la inconsciente y hace que, por consiguiente, la mente inconsciente nunca sea informada de la resolución de la crisis y siga reproduciendo en el organismo patrones innecesarios.

Para que el cuerpo pueda sentir y liberar la energía de los traumas pasados que ha quedado retenida, primero tenemos que conseguir que el sistema nervioso crea que hay algo más importante, vital y acuciante de lo que tiene que ocuparse. Por eso en la marcha Morter aguantamos la respiración; porque, cuando no respiramos, el sistema nervioso empieza a cuestionarse si podremos o no volver a coger aire en los instantes siguientes. Asumiendo la posibilidad de que no podamos, comienza a relajar los músculos que ha contraído para protegerse y a consumir menos oxígeno, lo que te permite disponer de más oxígeno y energía para evaluar cómo responder de manera adecuada a tu situación actual. La sensación de estar sobrepasado se reduce, el sistema puede comenzar nuevamente a procesar de un modo eficiente y el cuerpo y la mente se sienten seguros y a salvo. Esta energía que vuelve a distribuirse deja de malgastarse en un falso sentido de peligro no resuelto y pasa a estar disponible para sanar. Cuando los distintos centros del cerebro se activan en la marcha Morter, los antiguos circuitos que ya existían pueden volver a conectarse, al tiempo que se crean otros nuevos.

Ese momento de liberación y realineación nos brinda la oportunidad de enfocarnos en actualizar el sistema nervioso para que este le envíe un nuevo mensaje al inconsciente. Quizá nos demos cuenta de que ahora podemos perdonar a alguien o algo, o que estamos dispuestos a aceptar algo que antes no podíamos, o que tenemos la capacidad de estar presentes para alguien o de amarle, a pesar de que antes nos resultaba prácticamente imposible hacerlo. Cuando nos visualizamos a nosotros mismos y sentimos que perdonamos o aceptamos, en el instante mismo en que se produce este reinicio al adoptar la postura corporal de la marcha Morter, esta sincronización permite que se produzca una integración. El sistema nervioso revalúa la forma en la que asigna la atención y la energía, redistribuye dicha energía y nuestro campo energético cambia en consonancia. La energía vuelve a fluir a través del cuerpo a medida que el sistema nervioso se adapta al hecho de que realmente hemos perdonado o aceptado ese asunto al que nuestro inconsciente se estaba aferrando. El resultado es que comenzamos a operar cada vez más cerca del anverso del modelo, como verdaderos creadores, en lugar de permanecer atrapados como víctimas de factores de los que ni siquiera somos conscientes. Entonces disponemos de una mayor energía cinética con la que sentir y experimentar a lo largo del día; nos sentimos libres, revitalizados, inspirados y optimistas. Comenzamos a sentirnos más profundamente arraigados en el cuerpo como el Alma.

Estoy encantada de haber podido compartir la marcha Morter con tantas y tantas personas para las que ha sido una valiosa herramienta integrativa. Hace unos años, estaba en el aeropuerto de Heathrow, en Londres, y me llamó la atención una persona que se encontraba al otro lado del vestíbulo. ¡Era un hombre que estaba practicando la marcha Morter! Por supuesto, no pude evitar ir a su encuentro, sorteando la muchedumbre, para darle un abrazo.

Para conseguir una integración aún mayor, aquí tienes una versión más avanzada de la marcha Morter, a la que denomino *paso mPower*.

Te recomiendo que practiques primero la marcha Morter hasta que estés bastante familiarizado con la técnica. Una vez que se convierta en algo natural para ti, estarás preparado para añadir el paso mPower.

PRÁCTICA 2: PASO MPOWER

Esta técnica avanzada añade algunos aspectos a la marcha Morter y mejora el campo energético del cuerpo sutil (incluyendo el sistema de chakras) en combinación con el sistema nervioso. Esta sincronización permite que se den nuevas formas de ser

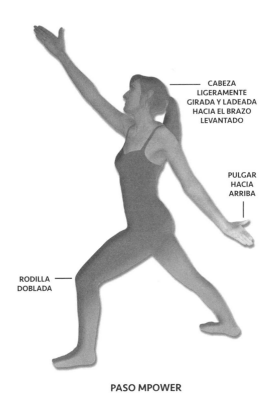

CABEZA
LIGERAMENTE
GIRADA Y LADEADA
HACIA EL BRAZO
LEVANTADO

PULGAR
HACIA
ARRIBA

RODILLA
DOBLADA

PASO MPOWER

y de percibir con las que podrás participar como creador en todas las circunstancias de tu vida.

El paso mPower acentúa el canal central para generar una
densidad de fotones aún mayor en nuestro núcleo. Al crear una
mayor conciencia en esa zona, generamos un Alma físicamente
tangible que nuestro sistema nervioso sensorial puede percibir
con mayor facilidad. Esto facilita enormemente la conversión de
la realización de la cuántica (mediante la cual abandonamos la
personalidad protectora para ingresar en el Alma). En el paso
mPower nos centramos en el núcleo, lo que facilita que se abran
simultáneamente muchas zonas del cerebro y del cuerpo; las ac-

tiva entre sí de forma secuencial, y eso permite que el sistema nervioso (y en concreto, la mente) capte más información con mayor facilidad. El resultado es que podemos desprendernos de los antiguos patrones más rápidamente (que es justo lo que queremos).

Aquí tienes las instrucciones para hacer el paso mPower:

1. Adopta la misma posición que en la marcha Morter; es decir, con la pierna derecha hacia delante, la mano izquierda levantada en un ángulo de 45°, el brazo derecho estirado hacia atrás y hacia abajo, formando también un ángulo de 45°, la cabeza ligeramente girada y ladeada hacia la izquierda y el ojo derecho cerrado.

2. «Abre» las plantas de los pies y las palmas de las manos para despertar los chakras menores de esas partes del cuerpo. (Imagina que te están brotando flores tanto en los pies como en las palmas de las manos). Para ello, levanta los dedos de los pies y vuelve a apoyarlos en el suelo.

3. Gira las palmas de ambas manos de modo que los pulgares queden apuntando hacia arriba. Para hacerlo, gira la mano de abajo hacia fuera, de modo que no sientas que el brazo queda retorcido detrás de la espalda. Una manera sencilla de asegurarte de hacerlo correctamente es juntar las palmas de las manos sobre la cabeza y separar los brazos de modo que los reversos de ambas manos queden mirando hacia la izquierda, y luego ir bajando la mano que queda hacia la espalda hasta que forme un ángulo de 45°. Contrae los músculos de la espalda de modo que los omóplatos se acerquen el uno al otro. Ahora eleva el pecho y el corazón.

4. Después conecta con los puntos de anclaje: contrae el *mūla bandha*, tu «cierre raíz». Contrae también el centro

del corazón, como si lo estuvieras abrazando dentro del pecho. Aprieta la garganta de modo que puedas sentir y oír cómo el aire entra y sale por ella. Al tiempo que diriges la mirada hacia el pulgar levantado, lleva la atención a la zona que queda detrás de los ojos. Además de todo lo anterior, contrae los muslos hacia dentro (como si quisieras juntarlos) para elevar aún más el *mūla bandha* y potenciar la circulación de la energía a través de tu cuerpo.

5. Concéntrate en respirar arriba y abajo del canal central tal como hiciste en el código de anclaje. Respira cogiendo el aire desde encima de la cabeza y llevándolo a la zona abdominal (al vientre). Contrae la parte superior de los muslos al inspirar y mantén en tensión los puntos de anclaje. Siente cómo la energía se vierte en tu cuerpo. Déjate impregnar por esta agradable sensación: ¡están llegando más partes de tu yo real! Aguanta la respiración. Después, espira a través de los pies llevando el aire hacia el suelo.

6. Inspira de nuevo, pero esta vez cogiendo el aliento a través de los pies y las piernas desde el espacio que queda a más o menos medio metro por debajo de ti y llevándolo hasta la zona del vientre. Luego, aguanta la respiración todo lo que puedas. De nuevo, déjate impregnar por esta agradable sensación.

7. Suelta el aire por la nariz de forma rápida y enérgica a través del canal central y siente cómo la energía de la respiración sale disparada por la coronilla como si fueses una ballena lanzando agua por su espiráculo. Intenta expulsar hasta el último resquicio de aire de los pulmones.

8. Cuando hayas soltado todo el aire, inspira profundamente y da un paso atrás con el pie derecho para devolverlo a su posición central original, colocando los pies en

la misma vertical que las caderas y con la columna vertebral bien estirada.

9. Repite el ejercicio con el lado izquierdo, y luego varias veces más por cada lado hasta hacer un total de cuatro repeticiones.

Puede que ocasionalmente sientas una especie de «recalibración» en tu sistema mientras estás quieto en esta posición, pero eso está perfectamente bien. Si te sientes algo mareado o desorientado colócate al lado del respaldo de un sofá o contra la pared para lograr una mayor estabilidad. Estás produciendo los cambios que deseas; te estás acercando a vivir como tu verdadera y empoderada Alma.

Con este ejercicio, además de eliminar los patrones antiguos, también estamos introduciendo un nuevo modelo, una «actualización» del patrón conforme al cual opera el sistema nervioso. Estamos empezando a construir una nueva identidad energética en el núcleo de nuestro ser físico. También le estamos enviando señales al inconsciente, mensajes que le hacen saber que preferimos este estado más liberado, que esta es nuestra nueva base o fundamento, nuestro nuevo punto de referencia. Cuando practicas estas posiciones con un sentimiento añadido de gratitud o alegría, tu inconsciente se reprograma aún más rápido, lo que te proporciona una mayor fuerza o inercia para continuar con la transformación que te lleva de la personalidad protectora al Alma.

Ahora que ya conoces la marcha Morter y el paso mPower, estás listo para hacer frente a las interferencias inconscientes específicas que te han mantenido estancado o insatisfecho en la vida y deshacerte de ellas por medio de la eliminación BEST. No olvides que las razones por las que se produce este estancamiento nunca son las que creemos. Esta práctica nos revela nuestra propia verdad.

PRÁCTICA 3: ELIMINACIÓN BEST

Con esta práctica del código de eliminación vamos a adentrarnos más en profundidad y a eliminar algunos de esos antiguos patrones que, sencillamente, ya no nos sirven. Vamos a examinar de un modo muy específico dónde se encuentran nuestras mayores interferencias inconscientes (aquellas que nos están impidiendo experimentar la vida de la manera que realmente queremos), que son también los lugares o los aspectos en los que mayor es la necesidad de generar nuevos circuitos.

Comenzaremos identificando esos bloqueos a través de un método llamado *test muscular* mediante el cual podemos saber qué se esconde en el inconsciente, pues este se comunica directamente con el cuerpo a través del sistema nervioso central. Puedes realizar los test musculares solo o con la ayuda de otra persona. Cuando apliques la técnica de eliminación BEST usa el método que más cómodo te resulte; no obstante, mi recomendación es que, si no estás familiarizado con los test musculares, al principio trabajes con un ayudante, pues los resultados son más fáciles de observar cuando se usan los músculos del brazo (más largos y grandes) y se trabaja con otra persona.

Empieza haciendo los test musculares: comprobación para el «sí».

Con un ayudante:

1. Ponte de pie frente a la otra persona (que será el sujeto de estudio) y pídele que levante un brazo lateralmente hasta que quede paralelo al suelo. La mano ha de estar abierta y con la palma mirando hacia el suelo, y la mu-

ñeca relajada. Debe permanecer con los ojos abiertos y mirando hacia delante.

2. Sin dejar de estar frente a ella, pon una mano sobre el antebrazo del brazo que tiene estirado. Coloca la otra mano en su hombro contrario para ayudar a estabilizar cualquier movimiento de compensación que pudiera hacer durante la prueba.

3. Pídele que sostenga el brazo en esa posición mientras presionas suavemente su antebrazo hacia el suelo. De este modo puedes evaluar la fuerza de su brazo, lo que te indica que es capaz de resistir la presión que estás ejerciendo oponiendo una fuerza razonable hacia arriba. Con cuidado de no forzar demasiado, encuentra la cantidad de fuerza que tienes que aplicar para vencer su brazo cuando intenta sostenerlo levantado.

4. Ahora pídele que diga algo que sea verdad. Por ejemplo, si se llama Mary, pídele que diga: «Mi nombre es Mary». Comprueba la fuerza de su brazo. Verás que sigue teniendo la misma fuerza.

5. A continuación, pídele que diga algo que sea mentira. Por ejemplo, si se llama Mary, pídele que diga: «Me llamo Betty». Examina nuevamente su fuerza; comproba-

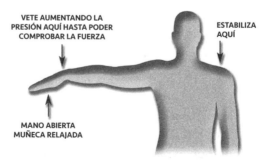

VETE AUMENTANDO LA
PRESIÓN AQUÍ HASTA PODER
COMPROBAR LA FUERZA

ESTABILIZA
AQUÍ

MANO ABIERTA
MUÑECA RELAJADA

PRUEBA MUSCULAR PARA LA ELIMINACIÓN BEST

rás que ahora el brazo está más débil. Luego pídele que piense en algo que sea mentira, con lo que podrás comprobar que su brazo se debilita con tan solo pensar en algo con lo que su inconsciente no puede identificarse.

Autoexamen usando la prueba del anillo:

1. Comienza haciendo un anillo (una «O») con el pulgar y el índice o el dedo corazón de una de las manos. Este será el anillo que tendrás que mantener firmemente y al que nos referiremos como anillo 1.
2. Haz otro anillo con el pulgar y el índice o el dedo corazón de la otra mano. Este será nuestro anillo 2, y es el que usarás para tratar de separar (y, así, examinar) la resistencia muscular del anillo 1.
3. Junta los dedos del anillo 2 (aplanándolo) e introdúcelo en el anillo 1.
4. Di algo que sea verdad. Por ejemplo, si te llamas Mary, di: «Mi nombre es Mary». Comprueba tu fuerza haciendo palanca con el anillo 2 al tiempo que mantienes la tensión en el anillo 1, el cual ha de permanecer fuertemente apretado.
5. A continuación, di algo que sea mentira. Por ejemplo, si te llamas Mary, di: «Mi nombre es Betty». Comprueba nuevamente tu fuerza haciendo palanca con el anillo 2 al tiempo que mantienes la tensión en el anillo 1. En este caso, el anillo 1 debería ceder.

Fíjate en las diferentes sensaciones que tienes en el caso de la verdad y de la mentira, y cómo cada una de ellas afecta a tu resistencia muscular.

AUTOEXAMEN MUSCULAR

Identificar las creencias y las emociones reactivas subconscientes

1. Empleando uno de los dos métodos de análisis que hemos visto, piensa (o pídele a la otra persona que piense) en una creencia, meta u objetivo ideal, algo que para ti tenga corazón y significado. Expresa esa idea en voz alta usando el tiempo presente y con un sentido positivo, no como algo que harás en algún momento futuro, sino como si ya estuviese ocurriendo; por ejemplo, «Gozo de una perfecta salud», «Estoy contento», «Me siento satisfecho». No lo enfoques como algo de lo que quieres escapar o alejarte. Por ejemplo, no digas «Quiero perder 5 kilos». En lugar de eso, enuncia el peso que quieres alcanzar como si ya fuese el peso que tienes ahora: «Peso 59 kilos». Comprueba la fuerza del brazo si estás haciendo la prueba con un compañero (o la fuerza del anillo formado por tus dedos en el caso de que estés haciendo el autoexamen) utilizando afirmaciones positivas hasta que aparezca alguna debilidad (en forma de incapacidad de mantener la fuerza) que te indique un bloqueo inconsciente en particular.

2. Una vez que hayas identificado algún patrón de creencia que cause un debilitamiento, sigue realizando la prueba

del brazo (o del anillo) e identifica la emoción reactiva que causa la debilidad utilizando las seis palabras enumeradas en la tabla de eliminación (a continuación). Habrá una o varias de ellas que harán que el brazo (o el anillo) se debilite. Si hay dos o tres palabras que debilitan el brazo (o el anillo), vete alternando entre ellas hasta que, mediante pruebas continuas, detectes cuál de ellas es la que el cuerpo prioriza. Al final siempre habrá una que destacará sobre las demás. Esta emoción es el patrón almacenado en tu campo inconsciente mental/energético que será actualizado y eliminado a continuación con la aplicación de la técnica de eliminación BEST.

Cuando el músculo muestra debilidad nos está indicando que algún evento que nos ha sobrepasado ha quedado almacenado en el inconsciente. Al hacer que suba a la superficie y magnificarlo con la mente consciente, producimos un efecto de cortocircuito, hasta el punto que el individuo es incapaz de mantener el pensamiento y la resistencia muscular al mismo tiempo. Uno de los dos tiene que ceder, y por eso el músculo se debilita. Este uso del sistema de comunicación del propio cuerpo es lo que hace que los test musculares sean una excelente herramienta a la hora de detectar experiencias emocionales que han quedado sin resolver en nuestro sistema.

Esta tabla contiene las cuatro emociones básicas identificadas en el estudio de la psicología, a partir de las cuales se derivan todas las demás emociones «secundarias». La ira, por ejemplo, es una emoción básica de la que se deriva un amplio espectro de emociones que van desde una ligera irritación hasta el odio más intenso. Por su parte, el miedo, otra emoción básica, genera ansiedad, nerviosismo y compulsividad. En esta práctica recurrimos a estas emociones fundamentales para identificar qué energía se encuentra en la raíz o en el origen de todas las demás, sin

TABLA DE ELIMINACIÓN*

Miedo

Ira

Tristeza

Amor

Disfrute

JUICIOS

importar lo complicadas que estas puedan parecernos inicialmente. Mis colegas y yo hemos visto en nuestra práctica clínica que los juicios y la falta de disfrute interfieren con la capacidad del individuo para estar presente, así como para mantener un buen flujo energético y la trampilla abierta. De hecho, juzgar es la puerta de entrada al yo separado y la personalidad protectora. Lo que hemos podido comprobar es que los pacientes inicialmente generan un juicio sobre algo que ocurrió, por ejemplo «Eso fue algo malo y no debería haber pasado», y entonces rechazan el evento en sí; ya no están presentes en él, con él. Consecuentemente, dejan de ser partícipes de una vida plena y gozosa, por lo que su sensación de gozo o disfrute disminuye.

¿Cómo puede causar problemas de interferencias una emoción como el amor? En realidad, el problema no es el amor, sino cómo lo concebimos y el modo en que nos relacionamos con él. Por ejemplo, si hemos tenido alguna experiencia pasada que nos

---

* En el original inglés, las iniciales de estas cinco palabras (Fear, Anger, Love, Sadness, Enjoyment) forman el acrónimo FALSE, que también significa falso, lo que la autora aprovecha para establecer una regla nemotécnica para recordarlas, ya que junto con la última forman MITAD JUICIOS, que se traduce por juicios falsos. *(N. del T.)*

resultó dolorosa o que de algún modo nos frustró o decepcionó, el inconsciente considerará al amor como algo potencialmente peligroso y en realidad nos protegerá de él. En ese caso, cuando empecemos a amar, el subconsciente saboteará la situación en un intento por mantenernos «a salvo» (¡de un modo ciertamente retrógrado!) y evitar que volvamos a experimentar ese dolor.

Actualizar el patrón de creencia almacenado

1. Adopta la posición integrativa de la marcha Morter o del paso mPower (según con cuál de estas dos técnicas te sientas más cómodo en este momento y sin olvidar que, en última instancia, el paso mPower te permite profundizar más en los detalles, por lo que es más eficaz, así que ¡sigue practicando!).

2. Mantén esta postura y concéntrate en el siguiente pensamiento: «Perdono cualquier interferencia relacionada con mi [aquí pon la palabra que te cause una mayor reacción: el miedo, la ira, etc.] en lo que se refiere a alcanzar mi objetivo, ya sea este conocido o desconocido (es decir, consciente o inconsciente)».

3. Sigue manteniendo la posición de integración, coge aire y luego contén la respiración. Es posible que sientas de manera inmediata un cambio drástico en el patrón de energías de tu cuerpo. Después cambia de lado y repite el ejercicio.

4. Haz el ejercicio dos veces por cada lado (alternativamente).

5. Usa el test muscular para comprobar nuevamente el efecto de la palabra que te causaba reacción. Ahora el brazo (o el anillo formado por tus dedos) debería mantenerse fuerte. (Si no es así, vuelve a comprobar cuál es la

palabra correcta, ya que es posible que la anterior haya dejado de ser la prioritaria, y realiza de nuevo el proceso de eliminación). Luego vuelve a hacer la prueba para la creencia, la meta o el objetivo principal. De nuevo, el brazo (o el anillo) debería mantenerse fuerte. (Y si no es así, es por la razón anterior; por lo tanto, vuelve a hacer el test para corregir la palabra prioritaria original y realiza nuevamente el proceso de eliminación).

En la web drsuemorter.com/energycodesbook encontrarás un vídeo de demostración de la técnica de eliminación BEST.

Si te parece que estos ejercicios son demasiado complejos, intenta hacer solamente el test muscular o el paso mPower hasta que te familiarices con ellos. De este modo, unificarlos posteriormente te resultará mucho más sencillo. Las tecnologías incluidas en estas prácticas del código de eliminación han convertido a mi clínica en un destino mundial para la sanación y el bienestar, así que, por favor, créeme si te digo que de verdad deberías aprenderlas. Es posible que no siempre entiendas, desde de tu historia personal, los cambios a los que dará lugar, pero, en todo caso, siempre mejorarán tu vida. A medida que vayas eliminando los viejos patrones inconscientes y hagas que la energía estancada vuelva a fluir a través de tu cuerpo, verás como tu vida se vuelve más ligera y sencilla, más mágica. La vida misma comenzará a fluir. Tanto los pequeños problemas como los asuntos importantes se resolverán, muchas veces sin que entiendas realmente cómo o por qué.

Incluso en aquella primera sesión en la que mi padre, mi hermano y yo hicimos una demostración de la técnica de eliminación BEST a un grupo de clientes, ya pudimos observar grandes resultados. Yo misma hice una demostración sobre el escenario con un caballero que no me dijo qué era específicamente lo que quería eliminar. Le pedí que no lo comentase en alto, sino que simplemente pensase en ello mientras yo le iba guiando a través del proceso. Cuando le hicimos el test muscular, sus músculos mostraron debilidad, pero después de haber realizado todos los pasos de la limpieza se volvieron mucho más fuertes (lo que indicaba que ahora el hombre era completamente capaz de mantener el pensamiento reactivo sin que esto provocase un cortocircuito en su sistema). Al día siguiente, se me acercó y me dijo: «No tenía ni idea de que esto pudiese estar relacionado con la situación estresante en la que estaba pensando ayer, pero ayer dormí toda la noche de un tirón ¡por primera vez en cinco años!». En el momento en que permitimos que se diese una mayor comunicación entre las áreas consciente e inconsciente del cerebro, todo su sistema cambió, se relajó y comenzó a sanar.

En otro taller, había una mujer del público que iba en silla de ruedas. Llevaba muchos meses sin poder caminar sin ayuda debido al enorme dolor y debilidad de sus piernas y su espalda. Hicimos el trabajo con ella, incluida la técnica BEST, y para cuando terminó el evento no solo había dejado de usar la silla de ruedas, sino que, para deleite de cientos de espectadores, ¡estaba bailando en el escenario con nosotros!

CHAKRA RELACIONADO CON EL CÓDIGO DE ELIMINACIÓN: TERCER CHAKRA

El código de eliminación está relacionado con el tercer chakra, el centro de poder de nuestro campo energético, ubicado a unos siete centímetros por encima del ombligo, en la base del esternón. Su nombre en sánscrito, *manipūra*, se traduce como «el poder de mil soles», y regula tanto nuestra parte consciente como la inconsciente. Se asienta en el núcleo del Yo, donde se cultiva y se desarrolla nuestra verdadera identidad. Cuando esta zona está abierta y fluye correctamente, nuestra capacidad para mostrarnos abiertos y abrazar las circunstancias (en lugar de rechazarlas o resistirnos a ellas) aumenta enormemente. Al dejar atrás los problemas mentales que anteriormente nos habían causado rechazo, abrimos el flujo para que pueda manifestarse nuestro verdadero ser. Quienes presentan bloqueos en la zona del plexo solar suelen tener dificultades a la hora de distinguir dónde terminan ellos y dónde comienzan los demás. Se enredan y quedan atrapados en los «objetos», en lugar de permanecer en el «sujeto» —en el Yo—. Por lo general, su sentido de autoestima y de propósito está muy debilitado y pueden tener problemas para valerse por sí mismos o para actuar, pues no confían en sí mismos ni en sus propias capacidades. O a la inversa: pueden sufrir de una excesiva ambición, o estar siempre yendo de acá para allá a toda velocidad por la necesidad que sienten de demostrar su valía y de hacerse un lugar en el mundo.

En general, las personas con un tercer chakra débil son los «hiperracionales» del mundo, los que piensan demasiado. Sus mentes siempre están buscando pero rara vez consiguen encontrar respuestas que les satisfagan. Caen con facilidad en creencias del tipo «no soy lo suficientemente bueno» o «no lo merezco», y muchas veces cargan con un profundo pozo inconsciente de vergüenza, arrepentimiento o culpa. Este tipo de creencias negativas limitan nuestra vida (aunque lo cierto es que *cualquier creencia es limitante*) porque provienen de la mente. Cuando conectamos con nuestro yo central, con nuestra identidad esencial, aprendemos a ser más abiertos, liberamos la energía bruta que subyace a nuestras historias y creencias y empezamos a trabajar con ella. Al despejar todas las creencias con las prácticas que hemos visto anteriormente, la historia personal cae por sí misma y emerge de forma natural un verdadero sentido del Yo.

El tercer chakra también alberga energías relacionadas con la digestión y la asimilación física, mental y emocional. Regula el estómago, el hígado, la vesícula biliar, el bazo y el páncreas.

Nuestra capacidad para metabolizar físicamente los alimentos que ingerimos es un reflejo de nuestra capacidad para metabolizar o digerir conscientemente la vida a nivel energético. Cuando la energía queda «atascada» durante el proceso metabólico, afecta a nuestra capacidad para trascender la mente pensante y experimentarnos como el Alma.

En la siguiente tabla puedes ver un resumen de algunas de las características principales del tercer chakra. Una vez más, fíjate en que las zonas del cuerpo físico reflejan las propiedades energéticas del chakra.

CHAKRA RELACIONADO CON EL CÓDIGO DE ELIMINACIÓN: EL CHAKRA DEL PLEXO SOLAR

NOMBRE(S)	Tercer chakra, *manipūra*
LOCALIZACIÓN	A unos siete centímetros por encima del ombligo, en la base del esternón
COLOR	Amarillo
NOTA MUSICAL	Mi
ÁREAS DEL CUERPO AFECTADAS	Sistema digestivo, músculos, estómago, hígado, diafragma, vesícula biliar, zona lumbar, trampilla del sistema nervioso autónomo, bazo, páncreas
SÍNTOMAS DEL «REVERSO»	Hipersensibilidad a las críticas, necesidad de control, baja autoestima, úlceras estomacales, problemas digestivos, fatiga crónica, alergias, diabetes
CARACTERÍSTICAS DEL «ANVERSO»	Respeto por sí mismo y por los demás, fuerza y entereza personal, flexibilidad, alta autoestima, espontaneidad, desinhibición; «Me permito ser como soy y que tú seas como eres»; «Abro mi mente a nuevas posibilidades»
PRÁCTICAS	• Marcha Morter • Paso mPower • Eliminación BEST
EJERCICIOS DE RESPIRACIÓN (Como se explica en el capítulo 8)	Respiración del plexo solar
POSTURAS DE YOGA PARA UNA MAYOR INTEGRACIÓN	• Postura del camello (*ustrāsana*) • Postura del arco (*dhanurāsana*) • Postura del sol o de la mesa invertida (*purvottanāsana*) • Postura de la luna creciente (*anjaneyāsana*) • Aliento de fuego (*kapalabhati prānāyāma*)

Al integrar el tercer chakra, el código de eliminación ayuda a equilibrar la sensibilidad excesiva a las críticas, la necesidad de control y otros aspectos derivados de la baja autoestima. También puede contribuir a que el organismo se restablezca de trastornos digestivos, incluyendo afecciones crónica, como la enfermedad de Crohn, la colitis ulcerosa, la diabetes y las alergias alimentarias. Las siguientes posturas de yoga contribuyen a la integración del tercer chakra.

YOGA PARA EL CÓDIGO DE ELIMINACIÓN

Muchas veces, la práctica de ciertas *asanas* facilita el acceso al chakra del plexo solar. Una de las posturas principales para restablecer el flujo y la alineación en este centro energético es la postura del camello o *ustrāsana*.

POSTURA DEL CAMELLO (USTRĀSANA)

La postura del camello se hace de este modo:

1. Ponte de rodillas en una esterilla de forma que estas queden en la misma vertical que las caderas y las pantorrillas estén paralelas entre sí. Los pies han de estar alineados con las rodillas, no inclinados el uno hacia el otro. En la versión más sencilla de esta postura los dedos de los pies se apoyan en el suelo y quedan mirando hacia delante; para la versión más avanzada los pies quedan estirados, con los dedos apuntando hacia atrás.

2. Levanta el pecho y, con la columna bien estirada, empieza a inclinarte hacia atrás, apoyando las manos en los glúteos para proporcionar un soporte adicional a la co-

lumna. Si ya estás más avanzado en esta postura, apoya las manos en los talones o en las pantorrillas. (Si ves que los pies quedan demasiado lejos como para adoptar esta postura, coloca unos bloques de yoga en los laterales externos de los pies y apoya las manos sobre ellos).

3. Lleva el tronco hacia el suelo al tiempo que flexionando el coxis hacia las rodillas. Eleva la parte frontal de tu cuerpo contrayendo los flexores de la cadera y los músculos del suelo pélvico. Deja caer los omóplatos hacia atrás a la vez que levantas el pecho y el corazón hacia el techo.

4. Si te sientes cómodo y seguro, deja caer la cabeza hacia atrás, abre la garganta, y expande bien la zona del plexo solar.

5. Mantén esta posición durante aproximadamente cinco respiraciones. Para salir de la postura, tensa los músculos abdominales para «desenrollarte» y volver a ponerte de rodillas con la columna recta. Luego siéntate sobre los talones para descansar un poco.

6. Repite el ejercicio entre dos y cinco veces.

Ahora vamos a integrar las prácticas del código de eliminación con los principios de la técnica BodyAwake mientras permanecemos en la postura del camello:

1. Una vez que adoptes la postura del camello, encuentra la base de energía que se encuentra en el suelo, a aproximadamente medio metro por debajo del lugar del suelo en el que se apoyan tus rodillas. Imagínala como un gran centro o una gran base de energía con forma de disco que yace a medio metro bajo tierra. Esta es tu conexión con la naturaleza y el lugar de donde recibes su apoyo y su soporte.

2. Localiza el centro energético del chakra de tu plexo solar, por debajo del centro del pecho pero por encima del ombligo. Eleva esta zona hacia el cielo.

3. Tensa el *mūla bandha* y contrae la zona de la parte posterior del corazón tratando de acercar ligeramente los omóplatos entre sí.

4. Respira cogiendo el aire desde la parte frontal del cuerpo y espira por la coronilla. Gira los ojos hacia arriba para sentir la tensión y traza el curso de tu respiración a través del canal central.

5. En la siguiente inspiración, inhala desde el espacio que queda por encima de la cabeza, lleva el aire hacia abajo por el canal central hasta llegar al núcleo, y, finalmente, espira soltándolo hacia la tierra. Contrae y relaja los músculos del núcleo de la parte frontal del cuerpo, ya que eso contribuye a abrir el aspecto mental del sistema de chakras. (Las piernas también han de estar en tensión; esto ocurrirá de forma automática debido al estiramiento que se da en esta zona, pero, para activarlas aún más, contrae hacia arriba los músculos de la parte delantera de los muslos).

6. Repite varias veces el ciclo completo de respiración. Luego vete deshaciendo la postura con cuidado de no lastimarte el cuello o la espalda y siéntate cómodamente sobre los talones.

Es posible que en esta postura los pensamientos y las emociones se liberen en forma de lágrimas o sudor. Si ese es el caso, acógelas de buen grado como una manera de limpiar la energía que ha quedado almacenada debajo de la trampilla de tu inconsciente. Ahora estás despejando el camino, abriendo un canal o una vía mediante la cual puede darse la expresión de tu Alma. Repite el ejercicio subiendo y bajando por el canal mientras te encuentras en la postura del camello.

OTRAS POSTURAS DE YOGA PARA INTEGRAR EL CHAKRA DEL PLEXO SOLAR

Puedes usar estas *asanas* junto con la postura del camello para mejorar el trabajo que realices con el código de eliminación. Contrae cualquier zona en la que notes alguna sensación especial, pues esto te ayudará a enfocarte en estas posturas y a generar circuitos, mientras que relajarte en ellas te ayudará a sentir el flujo de energía. No obstante, incluso cuando estés relajando la musculatura, *imagina* que la energía fluye hacia arriba por el canal central hasta alcanzar esos lugares en los que sientes fricción o fragmentación.

- Postura del arco (*dhanur sana*).
- Postura del sol o de la mesa invertida (*purvottan sana*).
- Postura de la luna creciente (*anjanay sana*).
- Aliento de fuego (*kapalabhati prānāyāma*).

———

Llegados a este punto, el anclaje, la integración y la limpieza o eliminación de la energía han generado y establecido cambios importantes en tu sistema, incluida una conexión mucho más fuerte y robusta entre el canal central y la mente y una nueva vía de acceso a la trampilla del inconsciente. Todo esto te ha permitido sentar las bases para realizar la inversión cuántica: ese momento en el que realmente comienzas a encarnar al Alma y a transformar la personalidad protectora en una personalidad mucho más cautivadora y atrayente que se basa en la totalidad de tu ser, en la plenitud y en el amor.

El código de eliminación prepara el terreno para vivir más allá de la historia personal y fluir con la energía de la vida. Es el esfuerzo que nos lleva a la verdadera liberación. Eliminar todos esos bloqueos que quedaron sin resolver y que nos han estado frenando y reteniendo, junto con el hecho de integrar los tres chakras inferiores, hace que se libere una gran cantidad de nueva energía que podemos utilizar para forjar nuestro verdadero camino. Ahora podemos comenzar a manifestar en nosotros mismos la energía de sanación más poderosa que existe en este planeta: la energía del amor, que se concentra en el chakra del corazón y constituye la vibración misma del Alma. El amor no solo reside en nosotros, sino que «es» nosotros, «es» lo que somos. Tú, el Alma, estás hecho de amor. Entrenar a la mente para que encuentre y magnifique tu verdadero yo (tu Yo como amor), libera el mayor poder de transformación de la tierra. Cuando enfocamos nuestra mente en el amor, desde dentro hacia fuera, también amplificamos su asombrosa y unificadora presencia en todos los demás.

¿Estás listo para experimentar el amor puro, esa clase de amor que puede transformar el mundo? De eso trata el siguiente capítulo.

CAPÍTULO 7

EL CÓDIGO DEL CORAZÓN:
EL DISOLVENTE UNIVERSAL

DURANTE TRES SEMANAS DESPUÉS de que Marjorie, mi madre, falleciese, no hice más que... estar sentada. Tenía pacientes a los que atender, clases que dar y responsabilidades que requerían mi atención, pero sencillamente no podía ocuparme de esas cosas. En vez de eso, me sentaba en el patio trasero de mi casa, contemplaba los árboles y me preguntaba cómo era posible que mi mamá —mi mejor amiga— se hubiese marchado realmente.

El día que por fin sentí que ya era hora de volver al mundo y comenzar a contribuir de nuevo, me dirigí una vez más al patio trasero para «darle las gracias» por haberme proporcionado ese espacio para mi dolor. Al ir recorriendo el patio con la mirada, mi atención se detuvo en unos rayos de luz matutina que se filtraban por las copas de los árboles. Crucé el patio y el pequeño arroyo y me dirigí al lugar en el que uno de esos rayos resplandecía en el suelo con un fulgor particularmente intenso. El pedazo de tierra que iluminaba estaba cubierto de tréboles, y justo en el centro había uno de cuatro hojas.

Mis ojos se llenaron de lágrimas, pues a mi madre no le costaba nada encontrar tréboles de cuatro hojas, mientras que yo no había sido capaz de encontrar más que uno o dos en toda mi vida.

Incluso me había regalado uno que había encontrado cuando estaba embarazada de mí. Era algo muy nuestro, algo entre nosotras. Sentí su presencia; para mí fue la señal que me confirmaba que ella todavía estaba aquí conmigo y que yo iba a estar bien. Así que lo recogí y me fui a trabajar disfrutando nuevamente de una fuerte sensación de conexión con ella y con la vida.

Esa misma noche cuando, otra vez desbordada en lágrimas, regresé a casa, yo y mi destrozado corazón nos dirigimos de nuevo a ese punto concreto del jardín, ¡y ahí mismo, como si aún no hubiese recogido el primero, había otro trébol de cuatro hojas brillando a la luz del atardecer! Volví a estallar en sollozos. Recogí ese otro trébol y me fui a la cama.

A la mañana siguiente, mientras me preparaba para ir al trabajo, empecé a pensar en los tréboles y en el sentimiento que me había producido encontrarlos. Noté cómo se adueñaba de mí una cierta anticipación ante la idea de encontrar otro, y me di cuenta de que creía que encontrarlo me confirmaría que todo iba a estar bien. Cuando ya estaba dirigiendo mis pasos hacia el patio trasero para ir en busca de mi tercer trébol, me detuve y me dije a mí misma «Sue, no puedes seguir buscando esta clase de confirmación en el exterior. Tienes que aprender a encontrarla en tu propio interior. Eso es justamente lo que enseñas a los demás». Al tiempo que me llegó este pensamiento, mi mirada se posó en el suelo y una cálida sensación de aceptación comenzó a fluir y a descender por todo mi cuerpo.

A la vez que internamente aceptaba la instrucción de no buscar la respuesta fuera de mí, ¡vi que justo delante de mi pie izquierdo había un tercer trébol de cuatro hojas! Y sí, ¡lo recogí y me fui a trabajar!

El inmenso dolor que me producía en el corazón la pérdida de mi amada madre en realidad me estaba permitiendo ver más allá de la capa o del nivel de mis sentidos normales. Fue como si me hubiesen conectado a una versión más profunda de mí misma y de la vida en general. Mi intuición se acentuó, y a medida que cada sentimiento se desvanecía, mi mente aceptaba más y más las ideas y los conocimientos inexplicables que me estaban llegando. Durante los meses siguientes llegué a encontrar nada menos que sesenta y nueve tréboles de cuatro hojas, tanto en mi propio patio trasero como en el de todas las personas a las que visitaba. Los veía en las señales de stop y saltaba de un brinco del coche para recogerlos. Cuando iba dando un paseo por el parque con los amigos, me quedaba atrás y empezaba a recoger afanosamente tréboles de cuatro hojas para regalárselos a todos los que me acompañaban. Los amigos me ayudaban a contarlos, y los niños del vecindario empezaron a presentarse en mi puerta para preguntarme si yo era la Dama de los Tréboles —y, en ese caso, si podría enseñarles a encontrar el suyo—. Entonces les llevaba al patio trasero y les decía: «Tenéis que mirar con el corazón, no con los ojos». Luego, guiada por ese sexto sentido intuitivo que había comenzado a desarrollar en mi propio laboratorio interno, me detenía, dejaba caer mi mano sobre el suelo... e inevitablemente había un trébol de cuatro hojas justo donde mi mano tocaba la hierba. Los niños gritaban de alegría, ¡y yo también! Fue una época realmente mágica.

Pero entonces, un buen día, se detuvo. Por mucho que me esforzase en buscarlos, ya no era capaz de encontrar más tréboles de cuatro hojas. Pasaron dos semanas sin que consiguiese encontrar ninguno, así que empecé a hacer lo que todos haríamos en esta situación, a preguntarme a mí misma: «¿Qué he hecho para perder la conexión? ¿Qué voy a hacer ahora, sin estas maravillosas señales que me hacían saber que mi madre seguía resplandeciendo en el mundo?». Puse todo mi empeño en forzar la vuelta de este sentido, pero todo fue en vano; había perdido la capacidad de encontrar los tréboles con la mente. En aquel momento no me di cuenta de que el ingrediente secreto estaba justo delante de mí.

Varios días después fue el cumpleaños de mi madre; habría cumplido setenta. En el momento mismo en el que me di cuenta de esto, mi corazón se iluminó e inmediatamente después fui corriendo al patio trasero para encontrar el trébol número setenta... y el setenta y uno... ¡y el setenta y dos! Mientras los iba recogiendo casi podía escuchar las risitas de mi madre desde el éter. Fue como si hubiese permanecido ahí todo el tiempo, esperando a que yo me diese cuenta. El secreto de los tréboles era que mi corazón estuviese lleno de gratitud y alegría.

Así fue como conseguí ver más allá del velo de la realidad tridimensional hasta el umbral de un mundo mucho más vasto y abarcador: ¡estaba viendo con el corazón! Tras la muerte de mi madre, mi corazón se encontraba en un estado tan abierto y vulnerable que me permitió ver cosas a las que normalmente no tendría acceso, y esta apertura posibilitó que se diese un cierto flujo en mi vida.

La magia continuó hasta que empezaron a caer las primeras nieves, e incluso entonces pude encontrar un diminuto y resplandeciente trébol de cuatro hojas en un pequeño penacho de hierba.

Esto es lo que la apertura del corazón puede hacer por nosotros. Incluso en momentos de gran dolor (de hecho, *especialmente* en momentos de gran dolor), nos sustenta un espacio sagrado de conexión. Mucha gente tiene experiencias de despertar en momentos de angustia. Esta conexión es lo que todos buscamos en realidad, y mediante el empleo de los códigos energéticos podemos conectarnos de un modo grato, amable y satisfactorio, sin la contrapartida de la angustia y el dolor.

Cuando se acercaba el primer aniversario del fallecimiento de mi madre, la gente empezó a preguntarme qué iba a hacer para celebrarlo o conmemorarlo, y si tenía pensado hacer «el truco del trébol». Yo respondía que no, que iba a dejar ese aspecto de mi vida intacto, tal como estaba, y que haría alguna otra cosa.

Así que esa mañana hice otras cosas que me permitieron tener otras hermosas experiencias de mi madre, pero, después de todo, a las cuatro de la tarde me sentí tentada de ir a buscar tréboles al patio trasero. Me puse sobre la hierba ¡y empecé a ver tréboles de cuatro hojas flotando por todas partes! Estuve cuarenta y cinco minutos recogiéndolos sin parar. Luego subí a buscar algún recipiente en el que poder ponerlos y volví al patio, ¡donde estuve otros cuarenta y cinco minutos recogiendo tréboles de cuatro hojas! ¡Los cogía de dos en dos, y hasta de tres en tres! Me caían lágrimas a borbotones por la cara mientras iba reuniendo estos increíbles tesoros; ciento veinticuatro en hora y media. El único motivo por el que me detuve fue que me sentía abrumada y sobrepasada por la felicidad que me producía sentir mi propio corazón.

Cuando esto mismo me sucedió el año anterior, simplemente me dejé fluir con ello, sin saber qué estaba pasando realmente. En cambio, esta vez fue una experiencia elegida, intencionada. Mi corazón se estaba abriendo y desplegando ante mí, tal como lo había hecho otras veces antes, solo que esta vez lo hacía con mucha más intensidad (se estaba convirtiendo en un corazón mucho más grande). Sabía teóricamente que todos poseemos esta capacidad, pero ahora estaba yendo más allá de la teoría; estaba teniendo la experiencia. Ahora sabía que podía usar mi corazón abierto para conectarme literalmente con mi madre (e incluso para intercambiarme con ella), porque lo cierto era que ella no se había «ido»; simplemente había tomado el autobús cósmico de regreso y había solicitado bajarse en una parada que tenía una vibración distinta a esta.

Ese día, anonadada por la profunda felicidad que sentía, me comprometí a estudiar e investigar con mis clientes la manera de activar esta clase de apertura de corazón en su interior, de modo que también ellos pudiesen experimentar este grado tan

elevado de amor y unidad. Esta vulnerabilidad propia del corazón abierto y su flujo de gracia divina pasaron a ser el nuevo
fundamento de mi vida, la base elemental de mi nueva forma
de ser y de estar en el mundo. Cambió profundamente mi comprensión de cómo conectar de forma deliberada con nuestro Yo
más profundo y esencial. No se trata de una búsqueda que podamos emprender con la mente, sino que más bien tenemos
que lanzarnos a la vida con un corazón abierto y vulnerable si
de verdad queremos experimentar nuestro verdadero poder y
llevar la magnífica vida a la que en realidad estamos destinados.
Y eso se debe a que la frecuencia vibratoria conocida como
amor es la cualidad que define al Alma. Dicho de otro modo,
para establecer y expresar verdaderamente el Alma en nosotros
mismos tenemos que anclarnos, emanar y vivir en la vibración
propia del amor.

Este código te mostrará cómo puedes conectar con una versión mucho más profunda y enraizada de tu «yo-corazón» más
íntimo y, una vez conseguido, cómo permanecer en ese estado.
Aprenderás a usar tu cuerpo para pasar de *pensar* en el amor
(con la mente) a *ser* (a encarnar en ti mismo) la frecuencia vibratoria del amor. Cuando lo hagas, no solo serás capaz de obrar
milagros de alegría y conexión salpicados de tréboles de cuatro
hojas, sino que por fin podrás amarte a ti mismo y a los demás
desde una disposición verdaderamente pura y sana.

¿QUÉ ES EL CÓDIGO DEL CORAZÓN?

Todas las tradiciones espirituales antiguas se refieren al poder del amor como algo divino. Cuando nos sentimos amados,
nos sentimos mejor. Cuando somos capaces de amar a alguien
sin reservas, nos sentimos más libres y más propensos a dejarnos
caer en una hermosa experiencia.

Uno de los principales beneficios que tiene realizar la inversión cuántica (el proceso que nos lleva de la personalidad protectora al Alma) es el cambio que se produce en la forma en la que experimentamos el amor. Por supuesto que como personalidad protectora tenemos capacidad para dar y recibir amor, pero esto difiere en gran medida de lo que es posible alcanzar como Alma. En la personalidad protectora creemos que estamos separados del amor, que el amor es algo que tenemos que lograr de alguien o de algún lugar externo a nosotros mismos. Dedicamos mucho tiempo y energía a tratar de encontrar maneras en las que «conseguir» amor. Inconscientemente intentamos controlar o manipular a los demás para obtener su amor complaciéndolos, dominándolos y seduciéndolos.

Dado que la personalidad protectora trata de protegernos del dolor, automáticamente pone condiciones sobre cuándo y a quién podemos amar de un modo seguro. Este amor condicional dice: «Puedo amarte siempre y cuando te comportes de esta manera» o «Sentiré que amarte es seguro mientras se den estas condiciones determinadas». Estos requisitos limitan enormemente la experiencia que tenemos del amor, la felicidad y la alegría, porque el mundo difícilmente puede satisfacer nuestras condiciones y expectativas en todo momento. Por lo tanto, retenemos o refrenamos nuestro amor, negociamos y regateamos para conseguirlo, decidimos si amar o no. Las condiciones que establecemos para amar nos generan una gran angustia e infelicidad, y cuando no «recibimos» el amor como pensamos que deberíamos hacerlo, nos sumergimos de lleno en una historia sobre lo que significa y lo que dice de nosotros esta carencia de amor.

Estas pruebas, estos tanteos y tribulaciones son comunes cuando vivimos disgregados (es decir, cuando no encarnamos el Alma, cuando aún no nos hemos vuelto autorreferenciales). Sin embargo, el daño que nos causan es mucho más profundo que simplemente provocar una historia o un drama; en realidad mantienen nuestra frecuencia vibratoria atascada en un nivel que es demasiado bajo como para que podamos identificarnos plenamente con el Alma. La guía que te ofrece el código del corazón te irá llevando a una práctica completamente diferente del amor que elimina toda condicionalidad, todo apego y toda negociación. Cuando actuamos tomando como base la frecuencia vibratoria del amor nos sentimos amados porque, de hecho, *vivimos* «enamorados», estamos inmersos en el amor. Estamos generando el sentimiento del amor dentro de nosotros mismos, constantemente. Damos y amamos desde un lugar o un estado en el que no hay parámetros. Amamos incondicionalmente porque no necesitamos «conseguir» o «recibir» amor de nadie más. Nuestro sentido de plenitud y de bienestar no depende de cómo se comporten los demás. Dejamos de sentirnos frustrados o decepcionados por la forma en que otros responden o interactúan con nosotros. Podemos simplemente estar presentes y amar —una y otra, y otra, y otra vez.

Si realizas los ejercicios de este capítulo, incluso aunque solo sea algunos de ellos, lograrás tener un sentido muy tangible e intenso del amor que posees en tu interior. No obstante, antes de comenzar, me gustaría despejar algunos temores comunes sobre el hecho de vivir en este estado de amor.

Muchas veces me preguntan: «¿Amar sin condiciones significa dejar de preocuparse por los demás?». ¡Por supuesto que no! Simplemente significa amar sin apego, sin aferramiento.

Amar desde la personalidad protectora es una experiencia de apego. Nos aferramos a aquellos pensamientos y creencias que nos hacen sentir seguros. Nuestro amor es condicional; pensamos que solo existe dentro de ciertos parámetros. Sin embargo, cuando asociamos nuestra identidad a una auténtica y profunda sensación de nuestro verdadero Yo, de nuestro Ser real (en lugar de dirigirla externamente y vincularla a un pensamiento, una imagen o una meta), somos libres de preocuparnos por los demás por puro placer, en lugar de hacerlo por el miedo o el temor de garantizar su seguridad, o por lo que su pérdida podría suponer para la nuestra. Dejamos de depender obsesivamente de cómo podrían resultar las cosas.

El hecho de desapegarnos del mundo exterior en aras de nuestra propia plenitud y bienestar nos lleva a la felicidad y la alegría incondicionales, así como a disfrutar de una total disponibilidad para amar, lo cual se traduce en una mejor salud y una experiencia mucho más rica en todos los aspectos de la vida. El desapego (un tema recurrente en los textos espirituales) se considera la forma ideal de comprometerse con la vida y el amor. Por ejemplo, en la tradición budista se dice que el apego o aferramiento es la raíz de todo sufrimiento.

Ten en cuenta que *desapegado* no es lo mismo que *desvinculado*. El desapego es simplemente una sincera ausencia de cualquier preocupación por el resultado; el foco está puesto en el propio *acto* de amar, no en los resultados que este pueda generar. Por otro lado, la desvinculación es una especie de desconexión, de separación o de alejamiento; es mantener una cierta distancia, no solo entre el Yo (nuestro Ser real) y el resultado, sino también entre el Yo y el propio acto de amar. Es una experiencia extracorpórea que nos hace creer que estamos seguros, cuando en realidad lo único que hace es seguir propagando la experiencia descontrolada (sin anclaje, sin sujeción) de la energía de vibración rápida, lo que, irónicamente, hace que nos sintamos inseguros, que perdamos el interés por la vida, que estemos faltos de inspiración e incluso directamente apáticos.

Por lo general, la desvinculación suele ser el resultado de un trauma o de un ambiente complicado y lleno de tensiones del que creíamos que necesitábamos escapar. En estas situaciones, si no nos es posible escapar físicamente, lo hacemos mental o emocionalmente: nos desgajamos, nos separamos, nos desvinculamos. A corto plazo, esta desvinculación parece ofrecernos seguridad, pero a la larga agudiza la soledad, la sensación de aislamiento y la depresión, merma la inspiración y el optimismo y contribuye a la aparición de muchas enfermedades y trastornos de la salud, como, por ejemplo, niveles peligrosamente altos de presión arterial, baja capacidad de sanación, fatiga suprarrenal y problemas de tiroides, trastornos digestivos, complicaciones renales, dificultades respiratorias y otros cuadros sintomáticos similares.

Para sanar el cuerpo tenemos que estar *en* el cuerpo, y para sanar de la manera más rápida y eficaz posible hemos de estar en el cuerpo e *inmersos en el amor*. La frecuencia vibratoria asociada al amor es la energía curativa suprema (el ungüento universal que repara todo lo que toca). El amor es el gran neutralizador; hace que mente, cuerpo y espíritu (el aliento o la respiración) entren en un estado de máxima coherencia. La energía forma una especie de hoguera que todo lo consume en el espacio del corazón. Cualquier asunto, cualquier problema, cualquier dispersión, cualquier interferencia que seamos capaces de arrojar al fuego del amor quedará transformado por su frecuencia vibratoria; la confusión se convierte en claridad, el odio en perdón, los prejuicios se transforman en comprensión y cuidado, la separación y el aislamiento se transmutan en conexión, unión y cercanía, la pena se convierte en una alegría inconmensurable.

El amor es el disolvente universal, y cuanto más vivamos tomando como base el amor, más consistentemente lo aplicaremos a toda situación y circunstancia y más unificados estaremos como el Alma. De hecho, el Alma únicamente puede penetrar en nuestra vida física a través del portal de la vibración del amor. En ese sentido, el amor es la vía de acceso al Alma.

¿A qué se debe que esto sea así? Pues a que la mayor expansión que podemos alcanzar bajo nuestra forma física humana es la frecuencia vibratoria del amor. Esa primera compresión energética que se produce cuando nosotros, como espíritu, entramos en la materia física (es decir, cuando nos bajamos del autobús cósmico en nuestra parada terrestre) es en sí misma la frecuencia vibratoria a la que llamamos *amor*. ¡Vaya! Cuando aterrizamos en el núcleo esencial de nuestro ser nos resulta sencillo experimentar el amor porque es de lo que estamos hechos.

El amor es tu verdadera naturaleza, no simplemente un lugar que visitar de cuando en cuando. Las prácticas del código del corazón te enseñarán a penetrar en la vibración del amor a voluntad (en cualquier momento y situación) para después vivir constantemente a partir de ahí. Estas prácticas son la vía que nos lleva al amor que habita dentro de nosotros. No necesitamos permanecer en la vibración del «desear», de «buscar» el amor fuera de nosotros mismos, cuando podemos desarrollar las habilidades para recordar (a un nivel físico, de sentimiento) que *somos amor* y que tenemos la capacidad de entrar en esa vibración en un instante y, a la larga, de aprender a permanecer en ella de modo continuo. Entonces, cuando somos capaces de hacer esto, compartimos este amor con los demás de forma incondicional y de manera constante, lo que amplifica la experiencia que vinimos a tener aquí.

El Alma siempre está anclada en el amor, y por eso también se llama el *cuerpo de la felicidad* (*anāndamaya kosha* en sánscrito): cuando estamos anclados en el Alma somos dichosos y felices en un estado de puro amor. Mediante la práctica diaria del código del corazón, aprenderás rápidamente a manifestar esa dicha todos y cada uno de los días del resto de tu vida.

LAS PRÁCTICAS DEL CÓDIGO DEL CORAZÓN

PRÁCTICA 1: GENERAR PRESENCIA AMOROSA: ELEGIR SER AMADO

Esta práctica te proporciona una ruta directa a la vibración del amor que, como si de una llama se tratase, está esperando a que la prendas en tu interior. Te aporta la experiencia tangible del amor que todos buscamos y convierte en superflua la necesidad de buscar amor fuera de ti mismo. También te brinda una libertad tremenda para ser la versión más auténtica de ti mismo, sin ningún plan, sin motivaciones ocultas. Esta claridad del Yo (de tu Ser verdadero) resulta esencial para vivir desde la vibración del amor, así como para sanar y crear en tu vida.

1. Piensa en alguien o en algo que ames con todo tu corazón. Podría tratarse de un amigo, de un familiar, una mascota, el amor de tu infancia, tu pareja actual, ¡o incluso esa alma gemela a la que aún no has conocido! Podría ser el amor que sientes por la primavera, por tu lugar favorito, por un preciado recuerdo, o incluso por algún objeto que tenga un especial significado para ti. Elige cualquier cosa que genere en tu interior la sensación del amor.

2. Al traer a la mente a esta persona o esta cosa que tanto quieres, comprende que, en realidad, el objeto de tu amor te está *revelando* la vibración del amor. No te trae amor, no te aporta amor desde fuera, como si fuese algo que no tuvieses, sino que hace que el amor *que ya hay dentro de ti* (el amor que *eres*) se eleve y suba a la superficie para que la mente pueda percibirlo. Por así decirlo, te hace «emerger» a ti, a tu ser real.

3. Ahora llena tu corazón con la presencia de esta persona, objeto o recuerdo. Impregna tus sentidos con esta imagen, y luego lleva la atención al cuerpo. Fíjate en cómo te sientes cuando piensas en esta imagen.

4. A continuación, «sube el volumen» de esta experiencia. Duplica su intensidad, y luego duplícala de nuevo. Llena por completo tu cuerpo con el amor que sientes por esta persona o este objeto, y luego deja que se desborde por

toda la habitación. Después, haz que sea incluso más grande que la estancia en la que te encuentras y sumérgete por completo en la experiencia con toda tu concentración. De nuevo, fíjate en cómo se siente el cuerpo ahora que está inmerso en todo este amor. Asegúrate de guardar esta sensación en la memoria.

5. Ahora pon la mano sobre el corazón y dite a ti mismo: «Esto es para mí». Recíbelo todo. Deja que ese amor que es más grande que la habitación caiga por completo en el centro de tu propio ser y recíbelo en su totalidad. Llévalo hacia ti, atráelo hacia tu ser, regresa al «sujeto» (tal como hicimos en el código de anclaje) y siéntelo hasta en el más mínimo recoveco de tu cuerpo.

6. Al tiempo que pones la mano sobre el corazón, contrae el *mūla bandha* para sentir profundamente esta vibración a nivel físico. Luego, respira arriba y abajo a través del canal central y los puntos de anclaje, llevando el aire al núcleo, tal como has aprendido a hacer en los códigos anteriores. Sentirás que la vibración específica del amor comienza a anclarse en tu organismo.

7. Alimenta esta sensación y esta vibración del amor incondicional durante varias respiraciones.

8. A continuación, repite los pasos 1 al 5, solo que esta vez vas a pensar en algún momento en el que te hayas sentido plena, total e incondicionalmente amado. Tal vez fuese el amor de tu abuela, el de tu madre, el de alguna pareja que hayas tenido, o el de tu mejor amigo; incluso podría ser el amor de una mascota. (No hay ningún problema si nunca has tenido una experiencia así. En ese caso, en este ejercicio se te invita a que sencillamente te la inventes, que te imagines cómo sería que te amasen completamente tal y como eres. Puedes imaginártelo como prefieras).

9. Fíjate en si hay alguna zona de tu cuerpo que tenga más carga, contráela y respira hacia abajo a través del canal central llevando el aliento a la tierra con las plantas de los pies bien abiertas. Para ello, levanta los dedos de los pies del suelo y luego vuelve a apoyarlos imaginándote a ti mismo (no solo la energía, sino todo tu ser) atravesando las plantas de los pies y enraizándote través de ellos en la tierra.

10. Conecta una línea de circuitos que parta del espacio del corazón, en el centro del pecho, descienda por el torso, atraviese la pelvis y las piernas, salga hacia fuera a través de los pies y penetre en la tierra.

La sensación que ahora sientes en el corazón es, sin lugar a dudas, amor incondicional. Al hacer este simple ejercicio puedes comprobar que el amor que antes pensabas que te aportaban personas u objetos externos a ti en realidad siempre ha estado disponible en tu propio interior; lo único que necesitas es conectar con él. Generar circuitos por medio de los códigos energéticos te permite tener esta experiencia muy a menudo, incluso en ausencia de un estímulo o un detonante proveniente del mundo externo. Ahora mismo acabas de generar amor por la sencilla razón de que así lo has decidido, y luego lo has recibido por completo porque estás capacitado para hacerlo.

Tú lo has creado y tú lo has recibido. Sin ataduras. ¡Esto es de vital importancia! Para lograr que tu mente perciba una mayor parte de la vibración del amor dentro de tu propio cuerpo (es decir, para generar los circuitos necesarios para que ese amor pueda fluir) no puedes limitarte simplemente a amar a los demás; también tienes que amarte a ti mismo. Obrar específicamente de este modo crea la disposición fotónica asociada con saber verdaderamente y más allá de toda duda que somos amados. Por supuesto, la verdad es que estamos hechos de amor, por lo que no podemos *no* ser amados, pero tenemos que proporcionarle a la personalidad protectora la experiencia de ser amado. Hemos de encarnar, plasmar o reflejar el hecho de ser amados para así poder generar la sensación de ser amados *en el cuerpo*, desde donde después se reflejará en el mundo como la percepción de ser amados por los demás.

Cuando realizas esta práctica, tu mente consciente reconoce que estás generando amor y tu inconsciente reconoce que estás recibiendo amor, todo al mismo tiempo. Es un patrón característico que has de practicar muchas veces al día. Esta familiaridad a nivel celular con esta vibración expansiva es un requisito necesario para poder pasar por completo al anverso del modelo. Sin ella, no es posible permanecer en dicha vibración, porque el amor es la verdadera identificación, el verdadero sentir y percibir del Alma

Para ilustrar la importancia de esta práctica, me gustaría compartir contigo una historia que habla de cómo mi madre siempre fue la que siempre servía a los demás pero nunca se permitía a ella misma recibir ese amor que tan generosamente ofrecía al resto... Hasta que lo hizo.

MARJORIE PROCLAMA: «¡YO TAMBIÉN CUENTO!»

Una de las características más destacables de mi madre era que amaba a todo el mundo. Siempre estaba cuidando y atendiendo a los demás, preocupándose de ellos, hasta el punto de que esta actitud llegó a afectar al equilibrio y la salud de su propia vida.

Un buen día, después de lavarse las manos en el baño del vestíbulo de un hotel, se giró para coger una toalla, y con ese simple movimiento, su pierna dio un chasquido y se fracturó. Lo primero que pensamos fue que tenía osteoporosis, una condición que es más común en mujeres mayores de sesenta que en mujeres más jóvenes, ¡pero las pruebas mostraron que su densidad ósea era la de una muchacha de veinticuatro años!

Pero entonces, si la causa de esta fractura espontánea no era una deficiencia de calcio, ¿a qué se debía?

Según la ciencia de la medicina bioenergética (el estudio del campo energético del cuerpo), las «fracturas» ocurren primero en el campo energético, y después se manifiestan en el mundo físico cuando, por ejemplo, damos un mal paso en el bordillo y nos rompemos el tobillo. Por así decirlo, manifestamos algo que ya existía previamente en nuestro cuerpo de energía sutil. Era evidente que a mi madre le ocurría algo, ¡pues está claro que no todo el mundo se rompe una pierna cuando se gira para coger una toalla! Es posible que la fractura en el hueso fuera causada por una fractura *energética*; es decir, por energía dispersa que salió disparada por su pierna para llegar a tierra, para intentar anclarse en el suelo. Tenía un bloqueo en su campo energético, y dicho bloqueo se manifestó en el momento en el que giró la pierna. (¡Si en aquel momento hubiese sabido cómo podemos anclar e integrar nuestro propio campo energético usando los códigos energéticos, podría haberla ayudado a evitar la fractura por medio de las mismas prácticas que ahora te estoy enseñando a ti!).

Curiosamente, en ese momento de su vida, mi madre estaba empezando a tenerse en cuenta también a sí misma en sus desvelos por ayudar a los demás. Estaba aprendiendo a identificar sus propias necesidades y expresarlas, hablar de ellas (algo que a las mujeres de su generación les costaba bastante), en un intento por buscar un cierto equilibrio. Pero aún no había llegado realmente a dilucidar cómo identificar y articular lo que realmente sentía, como «tomar partido por sí misma», por lo que la energía que estaba intentando anclar y despertar carecía de un cauce, una vía o canal por el que poder darse a conocer con soltura y sin causar ningún trastorno. Así las cosas, para que pudiese aprender a decir «¡Yo también cuento!», la energía puso en su camino una situación externa (una fricción) que hizo posible esta transformación. La vida siempre le había estado dando su apoyo de una manera afectuosa y amorosa, ¡pero el mensaje tenía que volverse un poco más fuerte para que ella pudiera escucharlo!

Bueno, lo cierto es que funcionó. Desde ese momento mi madre empezó a permitir que su amor fluyese también hacia ella y no solo hacia los demás. Cuando me hablaba sobre las dificultades que tenía con diversos asuntos y circunstancias, sus palabras reflejaban una nueva perspectiva, y su capacidad para recibir amor en abundancia no hacía sino crecer cada día. Si eres de la clase de personas que dan todo a los demás y se olvidan de sí mismas, ¡estas prácticas te ayudarán a encontrar un equilibrio energético antes de que los mensajes tengan que volverse así de intensos y contundentes!

Mediante el uso de los códigos energéticos comenzamos a reescribir la forma en la que vemos y concebimos el amor y a darnos cuenta de la posibilidad de experimentarlo en cualquier situación. Cualquier creencia limitada sobre el amor y lo que se requiere para experimentarlo se reblandece, se vuelve menos sólida. La gente me dice constantemente que se «enamoran» de este trabajo cuando lo ponen en práctica, y eso es porque el sentimiento del amor es un subproducto de dejar que la mente «aterrice» o «se pose» en el núcleo del cuerpo y de permitirle que perciba y magnifique la presencia de nuestra verdadera naturaleza. El amor es extraordinariamente abundante. Es completamente ilimitado, por lo que hay más que de sobra para todos. De hecho, ¡cuanto más amor recibes, más amor das, y viceversa!

PRÁCTICA 2: ESTABLECER EL AMOR COMO PRIORIDAD

El amor es un catalizador de la transformación: cualquier cosa que amamos cambia en presencia de esta vibración. En este ejercicio vamos a desarrollar el trabajo de los códigos energéticos añadiendo la elección vibratoria del amor como la naturaleza, el tono o la característica principal de la forma en que trabajamos. Esto garantizará que nuestro trabajo no sea mecánico, que lo realicemos imbuidos en el espíritu del amor y que, por lo tanto, se vuelva aún más potente y eficaz. En concreto, vamos a usar la Respiración de la presencia amorosa, en la cual recurriremos conjuntamente a tres componentes cuya capacidad para generar la transformación es enorme: la respiración, para hacer que la energía espiritual fluya a través del cuerpo; el amor, que aporta su aspecto alquímico o transformativo; y la presencia, gracias a la cual podemos enfocar la mente en zonas internas específicas.

Así es cómo funciona: cuando nos encontramos en una situación complicada o que de algún modo nos perturba o desestabiliza, lo ideal sería Llevarla al cuerpo, en lugar de reaccionar y sumergirnos en una historia. Para ello, tenemos que localizar la zona en la que aparezca alguna carga energética, la cual se manifiesta como una sensación en el cuerpo, y contraer ese punto para reconocer que la mente consciente está entrando en contacto con él. Luego, respiramos arriba y abajo por el canal central, llevando la zona cargada al flujo de energía a través del núcleo al tiempo que seguimos contrayéndola (y sin dejar de respirar). No obstante, ahora sabemos que podemos incrementar nuestra capacidad de sanación y transformación si al respirar activamos la vibración del amor. Activar ese «interruptor de amor» hará que aumente enormemente nuestra capacidad para integrar la dispersión de energía, que es la causa original de la carga.

Al principio, esto puede parecer bastante difícil de llevar a cabo. Puede que te resulte complicado acceder al amor a la vez que intentas identificar e integrar la zona de tu cuerpo en la que hay dispersión, sobre todo si aún estás aprendiendo a acceder al amor a voluntad, así que quiero ofrecerte una forma alternativa de trabajar con esto, una técnica que denomino Establecer el amor como prioridad y que consta de los siguientes pasos:

1. Cuando te encuentres en una situación difícil o en un momento de tensión, llévala al cuerpo: observa en qué parte de tu cuerpo aparece la carga, comprime esa zona y memoriza su ubicación, de modo que puedas regresar a ella más adelante. Esto no solo minimiza la dispersión energética, sino que evita que en ese momento hagas cualquier cosa que contribuya al drama de la historia (por ejemplo, evita que te enfrasques en una discusión, que te dejes llevar por el miedo, o que hagas algo de lo que después te puedas arrepentir).

2. Más adelante, en un momento en el que te encuentres mucho más relajado (por ejemplo, cuando estés acostado en la cama), vuelve a traer a la memoria ese escenario. Realiza el ejercicio de Generar presencia amorosa que acabas de aprender, imaginándote algo o a alguien que realmente ames. Incorpora también información sensorial como olores, sonidos o cualquier otra cosa que pueda añadir más detalles a tu visión del amor. Ahora intensifica o «sube el volumen» del sentimiento de amor una y otra vez, hasta que sea tan grande que haga que la imagen que estás manteniendo en tu mente palidezca frente a todo este amor.

3. Fíjate en las sensaciones corporales que esto te produce y adopta la firme intención de mantener ese patrón de energía en todo momento, pase lo que pase. Tu objetivo

es fijar y memorizar en el cuerpo las sensaciones que produce el amor.

4. Mientras permaneces en este estado de amor, respira lentamente subiendo y bajando por el canal central entre seis y ocho veces, atento a cualquier cambio que se pudiera producir.

5. A la vez que practicas la Respiración del canal central, trae de nuevo a tu mente el problema o la dificultad inicial y añádelo a la mezcla. Contrae la parte del cuerpo en la que sentiste primeramente la dispersión y deja que la presencia amorosa disuelva esa situación complicada o angustiosa y genere nuevos circuitos en la zona afectada.

En esta práctica avivamos la hoguera del amor y luego arrojamos en ella el problema o la dificultad específica. No es muy diferente del conocido ritual de escribir lo que nos preocupa en un pedazo de papel y quemarlo, solo que en este caso estás haciendo el fuego en tu propio interior, en el espacio del corazón, y realizas el proceso internamente, por lo que no hay necesidad de llevar a cabo la ceremonia en el exterior. Además, al encarnar en ti mismo esta llama transformadora del amor, puedes manifestar de manera más sostenible los cambios que provocas cuando haces que las fricciones de la vida se consuman en el fuego.

El enfoque de la práctica de Establecer el amor como prioridad nos ayuda a ir por partes, a ocuparnos primero de lo más importante, haciendo así que nos resulte mucho más fácil disolver las interferencias energéticas, pues ahora ya no estamos tratando de prender la mecha del amor en medio de una situación angustiosa o perturbadora. Cuando la vida sea demasiado, cuando sientas que las circunstancias te sobrepasan, siempre puedes recurrir a esta práctica como una forma de trabajar con lo que necesitas soltar o sanar. La práctica de Generar presencia amorosa hará que cada vez te resulte más fácil prender la llama del amor en tu interior. En última instancia, a medida que vayas consiguiendo poner en movimiento la energía y disolver en este flujo todos tus patrones de dispersión o estancamiento, penetrar y «caer» en el amor y, después, vivir desde ahí, este estado se convertirá en tu «naturaleza primaria» —algo tan automático como respirar—. (Para los profesionales de la salud y de las terapias corporales que lean esto: encender la hoguera del corazón cuando estés trabajando con las energías de tus clientes, en lugar de erigir una «burbuja de protección» a tu alrededor —como a menudo se nos indica que hagamos—, es una alternativa mucho más práctica y efectiva, porque lo único que conseguimos con el segundo enfoque es afirmar la dualidad existente entre la personalidad protectora y el Alma).

PRÁCTICA 3: VERLO TODO COMO AMOR (TAMBIÉN LLAMADA «TODO JUEGA A MI FAVOR»)

En los últimos treinta años he tenido el gran privilegio de poder acompañar a un gran número de personas enfermas que estaban postradas en cama en sus últimos días. Sorprendentemente, todas las conversaciones que he mantenido con ellas comparten un hilo común: «Todo ha sido para bien. Todo ha servido. Ahora amo incluso las cosas que antes odiaba o rechazaba. Todo ha sido parte integrante de esta vida tan fantástica e increíble que he vivido». Hablan de la enorme variedad de experiencias que han tenido: la tristeza y la alegría, la victoria y la pérdida, el nacimiento y la muerte... Todo. Esta es la clase de cosas que nos pasa por la mente cuando nuestra vida está tocando a su fin.

Mi pregunta es: si en última instancia todos vamos a acoger y a abrazar desde esa perspectiva todas las experiencias que hemos tenido en la vida, ¿por qué no hacerlo *ahora*? Cuando decidimos en este mismo momento que todo lo que nos ocurre en la vida es para nuestro propio beneficio y operamos intencionalmente desde esa postura, generamos un filtro diferente a través del cual experimentar la vida a medida que se va desarrollando. Si estamos dispuestos a ver todos los escenarios que se presentan en nuestra vida como un acto de amor (como nuestro verdadero ser proporcionándole amorosamente a nuestro ser terrenal la experiencia adecuada para que podamos despertar a nuestra propia magnificencia y expandir nuestra capacidad de amar), de forma natural comenzaremos a interpretar dichos escenarios de manera diferente. Al mismo tiempo, estabilizamos las distorsiones que la resistencia, el rechazo y los juicios crean en nuestro campo energético. Lo siguiente que sabemos es que nos resulta mucho más asequible percibir amor en todo lo que nos rodea. Sentir amor se vuelve más fácil. Revelar y compartir nuestro amor incondicionalmente se torna sencillo.

El amor es abundante. Está en todo. Se encuentra en todas partes, en la propia totalidad e inclusividad de la vida. Cuando reconocemos esto comenzamos a comprender que, desde la perspectiva de la Conversación en la parada del autobús, incluso las cosas más difíciles de la vida se basan en el amor. El fallecimiento de mi madre fue el mayor dolor que he sufrido en la vida, pero ese momento, que tan a las claras parecía ser una pérdida, también hizo estallar en pedazos todos mis registros y creencias anteriores sobre lo que era el amor, pues ocasionó que me reuniese con ella en esta realidad tan profundamente basada en el corazón.

La verdad es que *todos* los intercambios de la vida no son en realidad más que el amor interaccionando consigo mismo; tan solo son diferentes versiones del amor, las cuales aparecen para que este pueda conectarse consigo mismo. Percibir que toda la vida es una gran historia sobre el amor buscando el amor (sobre el Alma despertando en nuestro interior al adoptar la perspectiva del amor en cualquier escenario dado) es una acción real del centro del corazón y de la vibración del amor de la que hemos estado hablando. Sin embargo, hasta que no nos dejemos guiar por esa intención, es poco probable que la vida se nos muestre de ese modo. Puesto que los iguales se atraen, para invitar la presencia del amor en nuestra experiencia previamente tenemos que encarnar dicho amor (es decir, vivir siendo amor), y esto es lo que estamos promoviendo con el código del corazón.

También podemos entender esto por medio de la ciencia cuántica, que nos dice que todo en nuestra realidad es, en última instancia, un reflejo de nuestra propia conciencia; que cuando algo sucede es porque una parte de nuestra propia conciencia está atrayendo esa experiencia hacia nuestra percepción consciente. Si mi vida es pacífica, es porque mi mundo interior está integrado en un estado desde el que puedo percibir la paz. Si hay agitación y confusión, es un reflejo de que aún hay en mí circuitos que han de ser conectados para que pueda percibir sin distorsión. En esencia, el mundo tridimensional actúa para nosotros como una pantalla de cine en la que visualizar lo integrados o no integrados que estamos.

Cuando, en lugar de percibir a las personas, los lugares y las cosas que estén apareciendo o desarrollándose en el mundo exterior como un reflejo de nosotros mismos, las vemos como cosas distintas o separadas de nosotros, es cuando empezamos a querer cambiar dichas circunstancias, ya que nos hacen sentir incómodos, pero, cuando nos damos cuenta de que lo único que hay en la escena es amor (que todo lo que sucede no es más que una guía para ayudarnos a despertar la mente a nuestra amorosa Alma), podemos experimentar la agitación de manera diferente. Al encontrarnos con una situación realmente difícil y complicada, podemos saber al instante que se trata de un reflejo de nuestra propia realidad interna, que es un regalo que se nos ofrece para que encontremos la capacidad de mantener el amor, la paz y la armonía frente a cualquier desafío o cualquier conjunto de circunstancias. Entonces podemos llevar este regalo (este reflejo) al cuerpo, donde somos capaces de transmutarlo con nuestro amor. Y en realidad esa es nuestra misión aquí en la Tierra: infundir amor en todos y cada uno de los aspectos de nuestra vida.

Para practicar Verlo todo como amor sigue estos pasos:

1. Piensa en alguna situación que hoy por hoy sientas o percibas como una gran dificultad, algo que te suponga un verdadero desafío, como, por ejemplo, algún conflicto en una relación, un problema de salud, una crisis financiera, una gran pérdida o la posibilidad de que pronto se produzca una.

2. Pregúntate: «Si esta circunstancia fuese tan solo un regalo o una oportunidad que yo me hago o me ofrezco a mí mismo para poder expandir mi capacidad de amar, ¿cómo cambiaría mi forma de verla o de percibirla?».

3. Después, utilizando las prácticas Establecer el amor como prioridad y Generar presencia amorosa, lleva la situación al cuerpo, y más concretamente al centro del corazón, examina en qué zonas necesitas generar nuevos circuitos y deja que el fuego del amor transmute lo antiguo y te ayude a forjar lo nuevo.

4. Si quieres, a continuación puedes actuar, emprender algún tipo de acción. Pregúntate: «¿Qué puedo hacer ahora para optar por amarme de una forma más profunda a mí mismo y a los demás mediante esta experiencia?». Otra forma de enfocarlo sería esta: «Si expandirme en el amor es la razón de que se esté produciendo esta expe-

riencia, ¿qué es lo que mi corazón me dice que haga?», o «¿Qué me está pidiendo el universo que haga ahora para aceptar mi maravillosa capacidad de vivir inmerso en el amor?». Después de plantearte estas cuestiones, ¡sigue el dictado de tu corazón!

Mucha gente cree que tiene que esperar a que aparezcan pruebas externas (un determinado conjunto de circunstancias, como la experiencia que yo tuve con los tréboles de cuatro hojas) para empezar a verlo todo como amor, pero, en realidad, lo único que hace falta es que tomemos la decisión de hacerlo. Del mismo modo que no esperaríamos poder ver en una habitación oscura hasta que encendiésemos la luz, hemos de activar el interruptor en nuestra mente para dejar de pensar de ese modo. Cuanto más capaces seamos de percibirlo todo y a todos como una presencia amorosa en nuestra vida (tanto si así nos parece a primera vista como si no), más capacidad tendremos para ubicar y percibir la vibración del amor. Y cuanto más realicemos estas prácticas que nos ayudan a generar la vibración del amor, más fácil nos resultará ver el mundo de esta manera. Así, deshacemos los acúmulos de «suciedad» del canal central y eliminamos las perturbaciones y distorsiones que obstaculizan nuestro campo perceptivo. El amor se refuerza y nos guía para que podamos encarnar de un modo cada vez más profundo el Alma.

Este proceso te ayudará a desenvolverte en la vida sin apegos o aferramientos, sin distorsiones, pero sin desvincularte de tu entorno. Cuando incorpores en tu persona el amor como el Alma que eres, tu nivel de felicidad aumentará, tus relaciones se transformarán, tu capacidad para sanar, reponerte y rejuvenecer pasará a ser algo automático e irás estableciéndote en un estado de constante paz. En el amor, la vida comienza a desplazarse hacia un estado de colaboración en lugar de supervivencia: se convierte en una aventura mágica y maravillosa creada únicamente para nuestro propio beneficio.

CHAKRA RELACIONADO CON EL CÓDIGO DEL CORAZÓN: EL CHAKRA DEL CORAZÓN

El código del corazón está asociado con el cuarto chakra, o chakra del corazón, ubicado en el centro del pecho. Este centro energético (conocido como *anāhata chakra*, «lo indemne» o «lo intacto») representa el amor que constituye nuestra propia naturaleza esencial. Es el punto de acceso a la conexión de nuestra mente con dicho amor y con el campo unificado, el cual conecta todo lo que existe en el universo. Rige todos los aspectos de la expresión del amor. Mientras que el *manipūra*, el tercer chakra, representa nuestro sentido de identidad (el sentido del yo), el *anāhata* representa la forma en que nos vemos a nosotros mismos en relación con el mundo y con todos los que lo habitan. El amor asociado con el chakra del corazón siempre une y cohesiona; es el eslabón perdido («lo indemne») que la mayoría de los procesos de indagación espiritual tratan de encontrar.

Es habitual que quienes sufren problemas o alteraciones en el chakra del corazón se sientan desconectados de los demás, del amor y de ellos mismos. Se sienten «fuera», «excluidos», como si los hilos que unen a los demás simplemente no pasasen por ellos. Esto puede conducir a cuadros de ansiedad o depresión y a sentimientos de soledad, así como a síntomas físicos como problemas cardíacos, circulatorios y respiratorios (una manifestación literal de la incapacidad para «incorporar» las cosas o para recibir la energía del amor).

En el chakra del corazón, las energías de los chakras primero, segundo y tercero, los cuales representan nuestro sentido primitivo e individualista del yo, se encuentran y se integran con las energías de los chakras superiores, que reflejan las energías de mayor frecuencia de nuestra conciencia divina. El chakra del corazón es el lugar en el que nuestra divinidad y nuestra humanidad se unen, por lo que juega un papel crucial en el despertar de la primera en la segunda.

Al activar las energías del chakra del corazón nos abrimos a nuestro yo más vulnerable y encontramos nuestra fuerza y nuestro poder en el amor. Cuando trabajamos con la energía de este chakra dejamos de tener tantos prejuicios y pasamos a estar mucho más presentes (a ser más divinos), en el sentido de que estamos disponibles para *lo que es*, en lugar de tratar de imponer nuestras creencias individualistas (propias de los chakras inferiores) en cada circunstancia en la que nos encontremos. También nos volvemos más pacientes, no juzgamos y perdonamos los juicios que emiten los demás. Sentimos el cuerpo más relajado y natural, porque ahora ya no estamos activando la respuesta de ataque/huida/miedo. Y apreciamos la vida más plenamente, pues ahora empezamos a reconocer que amamos y somos dignos de ser amados de maneras que antes ni siquiera sospechábamos que pudiesen existir. Lo que subyace a todo esto es que somos divinos, y ahora por fin lo estamos experimentando.

Un error común ampliamente extendido es que no podemos reclamar nuestro propio poder y, al mismo tiempo, mostrar amor. Pensamos: «Si tomo las riendas y asumo mi propio poder, no podré amar a los demás». O al contrario: «Si me muestro amable y cariñoso, no podré mostrarme firme y empoderado». Pero eso no es cierto. ¡Podemos hacer las dos cosas a la vez! Ser vulnerable no implica ser débil, ya que es nuestra vulnerabilidad la que nos lleva a la presencia de nuestro mayor poder al posibilitar que accedamos a nuestro corazón y al portal de entrada que nos sumerge en el mundo de las posibilidades infinitas. Para vivir ambos aspectos de nuestra naturaleza simplemente tenemos que integrar los componentes energéticos del tercer chakra (el yo mental que se identifica consigo mismo) con el cuarto (el Alma y amoroso). Esto nos permite existir en un estado óptimo y equilibrado en el que somos al mismo tiempo intensamente amorosos y estamos amorosamente empoderados (es decir, en el que somos vulnerables, auténticos, amables y, a la vez, fuertes).

Cuando la personalidad protectora trata de encontrar el amor (o la posibilidad de amar), es muy posible que en realidad estemos esforzándonos demasiado y que no nos hallemos firmemente anclados e integrados en nuestro poder personal. Esto nos hace comportarnos como un «felpudo»: siempre estamos haciendo cosas para los demás, constantemente procuramos agradar a todo el mundo en un intento de recabar su amor, su aprecio y su gratitud y de encontrar de este modo un sentido de identidad. Cuando nos encontramos en esta posición es posible que nos resulte difícil tomar decisiones que incluyan o impliquen que nos queramos a nosotros mismos. Creamos una especie de vacío, un hueco, una vacuidad, por la que todo el amor emana hacia el exterior, pero ninguna parte de él se integra en nuestro propio campo energético.

En la siguiente tabla puedes ver un resumen de algunas de las características principales del chakra del corazón. Una vez más, fíjate en que las zonas del cuerpo físico reflejan las propiedades energéticas del chakra.

Al equilibrar el chakra del corazón resolvemos problemas de codependencia, de desvinculación y de apatía, y dejamos de temer que los demás nos traicionen. El resultado es una mayor compasión y una mayor naturalidad y fluidez en las relaciones. A nivel físico, es probable que se produzcan mejorías apreciables en la presión arterial, la circulación y las dolencias cardíacas y pulmonares, así como otros beneficios.

CHAKRA RELACIONADO CON EL CÓDIGO DEL CORAZÓN: EL CHAKRA DEL CORAZÓN

NOMBRE(S)	Cuarto chakra, *anāhata*
LOCALIZACIÓN	En el centro del pecho, debajo del esternón
COLOR	Verde, rosa
NOTA MUSICAL	Fa
ÁREAS DEL CUERPO AFECTADAS	Corazón, pecho, sistema circulatorio, brazos, manos, parte inferior de los pulmones, caja torácica, piel, zona superior de la espalda, glándula del timo
SÍNTOMAS DEL «REVERSO»	Miedo a ser traicionado, codependencia, melancolía, respiración superficial, presión arterial alta, trastornos cardiovasculares, cáncer, incapacidad para percibir y recibir amor
CARACTERÍSTICAS DEL «ANVERSO»	Compasión, amor incondicional, hacer el amor conscientemente; «Hay más que suficiente para todos»; «No hay más que uno; todos somos uno»; «Todo es un reflejo de lo Divino y juega a mi favor»
PRÁCTICAS	• Generar presencia amorosa: elegir ser amado • Establecer el amor como prioridad • Verlo todo como amor (también llamada «Todo juega a mi favor»)
EJERCICIOS DE RESPIRACIÓN (Como se explica en el capítulo 8)	Respiración de la coherencia cardíaca
POSTURAS DE YOGA PARA UNA MAYOR INTEGRACIÓN	• Postura del triángulo (*trikonāsana*) • Postura del ojo de la aguja (*sucirandhrāsana*) • Postura del pez (*matsyāsana*) • Postura de torsión espinal reclinado (*sputa matsyendrāsana*)

YOGA PARA EL CÓDIGO DEL CORAZÓN

Junto con las prácticas del código del corazón, la siguiente postura de yoga te ayudará a activar e integrar el chakra del corazón y a conseguir que su energía vuelva a fluir de manera óptima.

POSTURA DEL TRIÁNGULO (TRIKONĀSANA)

La postura del triángulo se hace del siguiente modo:

1. Colócate lateralmente en una esterilla con los pies separados entre noventa y ciento veinte centímetros.
2. Gira el pie derecho hacia fuera, de modo que quede apuntando hacia el lado estrecho de la esterilla.
3. Gira el pie izquierdo ligeramente hacia dentro, de modo que el talón sea el punto más alejado del pie en relación con el resto del cuerpo.
4. Rota levemente las caderas hacia el pie derecho, de manera que ambas rodillas queden firmes y estables.
5. Lleva la energía hacia arriba a través de la pierna derecha al tiempo que subes la rótula hacia la cadera y el fémur hacia el acetábulo de la cadera. Tensa también la pierna izquierda y activa el suelo pélvico para hacer *mūla bandha*.
6. Ahora, rota las caderas llevándolas hacia la parte posterior de la esterilla e inclina el torso todo lo que puedas a lo largo de la pierna derecha. Estira el brazo derecho y apunta con la mano hacia la parte delantera de la esterilla. Luego, déjala caer, de forma que descanse sobre el pie, la espinilla o el muslo derecho (evita poner el peso directamente sobre la rodilla o estirarla en exceso). También puedes colocar un bloque de yoga en el suelo junto a la cara interna de la espinilla y descansar ahí la mano.
7. Gira el torso lateralmente sin desestabilizar las caderas y estira el brazo izquierdo en su totalidad (desde el hombro) hacia el techo. Deberías sentir un estiramiento y una elongación en la parte lateral de la cintura y en las lumbares.

8. Retrae lentamente los brazos llevándolos hacia las cavidades de los hombros para activar energéticamente los músculos que rodean al corazón.
9. Mantén esta posición durante varias respiraciones. Para deshacer la postura dobla ligeramente la rodilla derecha, levanta el torso hacia el centro y luego gira los pies hasta que vuelvan a la posición neutral inicial.
10. Repite el ejercicio en el lado izquierdo.

Ahora vamos a integrar las prácticas del código del corazón con los principios de la técnica BodyAwake mientras permanecemos en la postura del triángulo.

1. Al tiempo que mantienes la postura, lleva la atención al espacio subterráneo que queda más o menos a medio metro por debajo de tus pies. Presta atención también al espacio que se encuentra aproximadamente a medio metro por encima de tu mano izquierda (la que mantienes estirada y apuntando al techo). Imagina que estás anclado o amarrado en estos dos puntos del espacio, por encima de la mano y por debajo de los pies.
2. Tensa los muslos como si quisieras juntarlos, estira bien la columna y alarga los brazos estirándolos completamente. Al mismo tiempo, encaja bien los brazos en las articulaciones de los hombros y activa los músculos que rodean al corazón. Lleva vida y energía a las manos, todo a lo largo hasta llegar a la punta de los dedos. A la vez, unifícate en tu núcleo.
3. Inspira con amor a través de las piernas y hacia arriba hasta llegar al *mūla bandha* y llenar la cavidad pélvica. Tira con fuerza de la parte baja del abdomen para desplazarla hacia la columna y contrae la parte posterior del corazón juntando los omóplatos. Esto, en combinación con la

compresión de los muslos, genera un «asiento» o un «asidero» en el que los circuitos pueden transferir energía desde la tierra al núcleo del cuerpo. (Esto resulta tremendamente útil a la hora de dejar que el cuerpo mental relaje su esfuerzo constante por manejarlo o controlarlo todo y permita que el amor fluya por él. También contribuye a cimentar el canal central en un nivel más profundo y a que el Alma pueda ser percibida con más facilidad).

4. Presiona la mano inferior (o la muñeca, si tienes la mano apoyada sobre un bloque de yoga) contra la cara interna de la espinilla de la pierna adelantada y gira el corazón hacia el cielo. Contrae todas las partes del núcleo al mismo tiempo. Exhala este amor a través del canal central, y también hacia el exterior a través de los brazos, las manos, el cuello y la coronilla. En la siguiente inspiración, inhala amor desde más allá de la cabeza y las manos, a través del cuello y los brazos, llevándolo al corazón; luego, contrae el corazón, haz *mūla bandha* y exhala todo este amor por las piernas y los pies, y, de ahí, a la tierra. Aprieta los muslos y la parte inferior de las piernas al espirar.

5. Relaja el *mūla bandha* y luego repite todo el ciclo durante tres o cuatro respiraciones, contrayendo el núcleo para generar conciencia sensorial con cada ciclo de respiración. Esto te permite comenzar a sentir tu identidad como amor de un modo más intenso y profundo en tu núcleo y crear circuitos de comunicación más rápidamente.

OTRAS POSTURAS DE YOGA PARA INTEGRAR EL CHAKRA DEL CORAZÓN

Puedes usar estas *asanas* junto con la postura del triángulo para mejorar el trabajo que realices con el código del corazón.

Recuerda practicar tanto cuando estés contrayendo las zonas que deseas integrar como cuando relajes el cuerpo e imagines (y luego sientas) cómo la energía (tú mismo) sube y baja por el canal central. Por recalcarlo una vez más, el hecho de albergar la sensación del amor cuando practiques estas posturas hace que su poder se incremente enormemente.

- Postura del ojo de la aguja (*sucirandhrāsana*).
- Postura del pez (*matsyāsana*).
- Postura de torsión espinal reclinado (*supta matsyendrāsana*).

———

Con el código del corazón hemos encarnado en nuestro propio ser el amor incondicional, que es el ingrediente sanador más potente y poderoso que existe. El fuego del amor puede transmutar cualquier limitación, cualquier dificultad. Podemos aplicar la vibración del amor para «tratar» aquellas situaciones que nos resultan angustiosas, estresantes o dolorosas y así evitar que la energía de estas circunstancias quede bloqueada o atascada en nuestro organismo. El amor es la clave que nos aporta la solución en todos los aspectos de la vida, ¡y resulta que es de lo que estamos hechos!

En el siguiente código añadiremos más combustible a ese fuego que hace que el Alma prenda en nuestro interior, y para ello utilizaremos la respiración, que es la energía dadora de vida, *prāṇa*, el Espíritu mismo. Es hora de activar todos tus chakras y hacer que tu conciencia despierte en todos los niveles.

CAPÍTULO 8

EL CÓDIGO DE LA RESPIRACIÓN: LA MISMÍSIMA ENERGÍA DE LA VIDA

—**D**RA. SUE, ¿ES USTED? En aquel momento estaba atravesando el vestíbulo y me dirigía a la sala de espera del hospital, donde iba a visitar a una querida amiga que acababa de pasar por quirófano por un derrame cerebral. La enfermera del área de recuperación que estaba de servicio vino corriendo hacia mí por el pasillo. Se trataba de Nancy. Sus hijos habían sido antiguos pacientes míos.

—¿Se acuerda de mí? —me preguntó—. ¡Usted le salvó la vida a mi hijo hace muchos años!

—¡Sí! ¡Claro que me acuerdo! ¿Cómo estáis tú y Darren?

—Le va estupendamente bien. Ahora está en las Fuerzas Armadas. ¡Fuerte como un toro!

Darren era uno de los gemelos de Nancy. Varios años antes, cuando tenía unos cuatro años, le había examinado por un diagnóstico de «falta de crecimiento». Su hermana gemela era pura vitalidad, se encontraba sana y resplandeciente, mientras que él estaba pálido y débil y arrastraba una serie de alergias y trastornos respiratorios. Su fuerza vital se agotaba y no se esperaba que fuese a vivir mucho tiempo más. Los médicos no sabían qué hacer para ayudarle, así que la hermana de Nancy, que había sido paciente mía, había recomendado a la familia que consultasen conmigo.

Mientras observaba a Darren durante nuestras sesiones de tratamiento, me di cuenta de que parecía que su respiración estaba «invertida». La mayoría de los niños pequeños respiran primero con el vientre y el pecho se mueve después, pero la respiración acelerada y superficial de Darren comenzaba en la parte superior de los pulmones y rara vez usaba la barriga. Le traté con las técnicas BEST usando diversos puntos de presión en su cabeza y su cuerpo. También trabajé con su respiración. En cuanto conseguimos eliminar sus bloqueos, su forma de respirar cambió y su salud empezó a mejorar. Fue como si Darren hubiese vuelto a la vida. El tono de su piel cambió casi al instante después de aquella primera sesión: ¡sus labios y sus mejillas adquirieron un tinte rosáceo en cuestión de minutos! En la siguiente visita pude comprobar que seguía respirando conforme a este nuevo patrón. En las semanas y meses posteriores, se volvió muy activo y juguetón a medida que su fuerza vital iba despertando. ¡No tardó en ser él quien le enseñaba a su hermana en qué consistía eso de jugar!

Compartí la historia de Darren con otros pacientes y les propuse ejercicios específicos de respiración para hacer en casa. Sus mejorías fueron análogas a la que había experimentado Darren. También compartí estos casos de sanación con mi padre para que juntos pudiésemos incorporar estas técnicas en la formación básica del programa BEST. Con estas investigaciones y otros testimonios en los que se hablaba igualmente de los beneficios producidos por estos métodos, los médicos y otros profesionales de la salud formados en las técnicas BEST también comenzaron a incluir patrones de respiración específicos en su práctica clínica, lo que produjo resultados espectaculares en todo el mundo.

Años después empecé a comprender que era fundamental activar la energía de mi núcleo para poder manifestar o incorporar en mi organismo experiencias de energía de alta frecuencia, y esto me hizo darme cuenta de que seguramente la respiración consciente mejoraría dichas experiencias. Cuando empecé a respirar con intención llevando el aliento a aquellas zonas de mi propio cuerpo que habían perdido vitalidad (o en las que sentía que «no estaba»), la corazonada que había tenido previamente demostró ser cierta. Así que empecé a enseñar a mis pacientes y alumnos varios patrones de respiración destinados a despertar aquellas partes del organismo que estaban relacionadas con sus síntomas y cuadros clínicos.

En los meses y años siguientes, me di cuenta de que incluso podríamos prevenir gran parte de los síntomas y de las típicas respuestas que se dan ante las lesiones activando esas zonas en una determinada secuencia que incluía todos los niveles de energía del cuerpo. Esta práctica despertaba la conciencia de cada chakra o nivel, los cuales anteriormente habían permanecido inactivos porque no había nadie «viviendo ahí»; en su interior no habitaba nadie que pudiese hacerlos despertar. La gente comenzó a pensar, respirar y comportarse de un modo mucho más proactivo, asertivo y compasivo, y todo gracias a que estaban alcanzado a comprender una versión mayor o más elevada de sí mismos. Al trabajar con la respiración y aplicarla a sus síntomas físicos, ¡su personalidad protectora iba remitiendo y su Alma despertaba!

Los patrones de respiración que presento en este código son los mismos que he usado durante años con mis pacientes y alumnos, así como en mi propia práctica diaria. Muchos aspectos de estas técnicas se derivan de las modalidades de rehabilitación que se emplean tradicionalmente para fortalecer la columna vertebral y potenciar el restablecimiento dinámico en el sistema neuromuscular. Sin embargo, mi propia experiencia personal de encarnación y los resultados clínicos positivos que he obtenido al trabajar con mis pacientes me han llevado a compilarlos en estos patrones específicos. Si los utilizas con regularidad, despertarán aspectos de tu Alma que aún pueden permanecer inactivos, en estado durmiente, aguardando a que pongas en ellos tu atención.

¿QUÉ ES EL CÓDIGO DE LA RESPIRACIÓN?

La respiración (el aliento) es espíritu, es vida. ¡Es lo que tú mismo eres! Cuando la respiración cesa, el espíritu (tú) abandona el cuerpo, y la vida, tal como la conocemos en el plano físico, llega a su fin. Pero este proceso no es unidireccional; lo cierto es que podemos traer más vida, más de nosotros mismos, a este plano de la existencia, ahora, mientras estamos aquí; podemos infundir más espíritu, más Alma en nuestro cuerpo. Pero para ello tenemos que usar la respiración, y de eso precisamente se ocupa este código: de infundir más vida en nuestro ser. Mediante la respiración llevamos o infundimos una parte más amplia de nuestro verdadero ser tanto a nuestro campo energético como al cuerpo físico, con lo que conseguimos que la energía fluya, de modo que podamos encarnar plena y totalmente esa vida que hemos venido a tener aquí.

En este libro ya hemos trabajado con la respiración en varias ocasiones (para anclar nuestra conciencia en el cuerpo; para empezar a desplazar la energía por nuestro sistema y aprender el lenguaje del Alma; para reconocer, reducir y disolver densidades, bloqueos o interferencias; y para llevar la vibración del amor característica del Alma a nuestro campo energético). Ahora vamos a ahondar e intensificar el trabajo que hemos estado aprendiendo en los códigos anteriores, centrándonos específicamente en la respiración, para incrementar así nuestra comprensión de que esta energía es quien y lo que realmente *somos*.

Enfocar la mente en una zona concreta del cuerpo y llevar ahí el aliento nos permite al mismo tiempo despertar, «ser» o «habitar» en ese espacio y comenzar a vivir desde ahí. Los chakras son parte integral de este flujo de energía e interactúan con la respiración para dar origen a una transformación tanto en el cuerpo como en la propia vida. Así es cómo más rápidamente podemos «generar» la presencia del Alma y manifestar una transformación significativa y relevante. Recuerda que cuando la energía no fluye en tu organismo, tampoco fluye en tu vida.

En este código pondremos de relieve la importancia de los chakras, que no son simplemente centros de energía, sino que también actúan como puntos de anclaje para los distintos niveles de nuestra conciencia. ¡Colectivamente son *tú*, son lo que eres, solo que en una forma un poco menos física, más energética! Usar la respiración para revitalizar los chakras te confiere la capacidad de cambiar a voluntad, de forma intencionada, con gracia y naturalidad, en lugar de hacerlo mediante años y años de historias personales difíciles y complicadas y lecciones aprendidas a base de dolor y sufrimiento. Cuando la energía que nos aporta la fuerza vital no ha activado los chakras, estos no funcionan como es debido, y esa disfunción se refleja en nuestro mundo exterior. Por el contrario, cuando sus circuitos se activan experimentamos una armonía mucho mayor en el cuerpo, así como en los pensamientos y en las emociones que tenemos.

Por ejemplo, cuando el chakra raíz está activado, sentimos que pertenecemos y que el apoyo que nos brinda la vida es un reflejo de nuestra propia plenitud, bienestar y felicidad. Disponemos de una gran cantidad de energía física y de una salud vibrante. Tenemos sueños y visiones y pasamos a la acción para manifestarlos. En cambio, si nuestro chakra raíz está inactivo (si se encuentra en estado durmiente, si está desestabilizado, o incluso sobrestimulado), los pensamientos que tenemos carecen de la adecuada armonía, no están bien equilibrados, muestran descompensación, por lo que nos vemos a nosotros mismos en términos de supervivencia en lugar de hacerlo en función de nuestra capacidad de creación y apoyo. En el código de la respiración vamos a llevar energía directamente a cada uno de los chakras. Por lo tanto, mediante la respiración (mediante el aliento) potenciaremos las habilidades y las cualidades que caracterizan a cada uno de los chakras cuando están activos. El beneficio más increíble y emocionante del uso intencionado de la respiración es que produce cambios antes incluso de que la mente entienda qué ha ocurrido. Por ejemplo, si llevas la respiración al plexo solar (al chakra denominado *manipūra*, el asiento de tu poder personal), y haces que su energía se desplace por todo tu cuerpo, empezarás a sentirte más empoderado (y a actuar en consecuencia) incluso si a nivel consciente (es decir, a nivel mental) no sabes lo que hay que hacer para percibir o evaluar una situación desde esa posición de mayor autoestima o poder personal. Simplemente lo haces, porque se ha producido un cambio en los patrones de energía.

Dado que la respiración consciente actúa como elemento integrador (lo que significa que aúna o entrelaza los pensamientos, los sentimientos, las sensaciones y las sustancias químicas del nivel físico con la vibración y los circuitos propios del nivel de la energía), es la herramienta de transformación más poderosa de la que disponemos; mucho más valiosa que la meditación por sí misma. Cuando tomamos la decisión consciente de llevar la respiración a un chakra o una zona determinada de nuestro cuerpo, estamos optando por efectuar un cambio en esa parte concreta y conectarla como parte de nuestra Alma; elegimos infundir espíritu y energías sutiles en nuestra forma y energía físicas y permitirles que nos remodelen a imagen y semejanza de nuestro más elevado potencial.

Simplemente poniendo en práctica estas técnicas, Pat, una mujer de setenta y dos años, consiguió respirar desde lo más profundo de su núcleo esencial por primera vez en su vida. En ese mismo instante, fue capaz de acoger y perdonar una pauta de dolor emocional que llevaba arrastrando toda la vida y que había sido causada por los abusos que había sufrido durante la infancia. Estas técnicas también pueden funcionar contigo.

El código de la respiración tiene mucho que ver con manifestar, con encontrar, por medio de la respiración, el camino para hacer realidad en este mundo tus sueños, tus deseos y visiones. Por esta razón, también me refiero a él como el *código de la manifestación*. Estas prácticas nos recuerdan que nuestra vida exterior es un reflejo de la integración, la activación, el despertar y la creación de circuitos de nuestro mundo interior; cuando nuestro mundo interior no está integrado, lo más probable es que cualquier cosa que manifestemos en el mundo exterior sea efímera e insostenible. Sin una verdadera integración interna se necesita mucha energía para crear cosas, y más aún para mantenerlas.

Ciertamente podemos manifestar desde la posición de la personalidad protectora, pero dicha manifestación se verá y se sentirá muy distinta que si la hubiésemos creado desde el Alma, pues su motivación habrá sido la inseguridad y el miedo. Para que nosotros ganemos, alguien más habrá tenido que perder. Puede que hayamos comprometido nuestra salud en aras de una carrera exitosa, o que hayamos puesto en riesgo nuestras relaciones con el fin de sentirnos validados. En estos escenarios es posible que alcancemos el «éxito», pero a expensas de nuestra salud y de poder disfrutar de relaciones verdaderamente íntimas y cercanas.

Si queremos gozar de ambas cosas a la vez (alcanzar nuestros objetivos y sentirnos plenos), nuestros actos han de provenir de un espacio de integración. Cuando aprendemos a integrar y a operar desde lo más profundo de nuestro ser como el Alma que somos, no solo logramos tanto o más en el mismo tiempo (o en menos), sino que además manifestamos nuestros deseos de una manera tal que todos ganan, que hay suficiente para todos, que no tenemos que privarnos a nosotros mismos o a los demás de nada importante para hacer realidad nuestros deseos. Cuando manifestamos a partir de esta posición integrada, todo lo que creamos es *sostenible*. Nos sentimos atraídos por cosas que están alineadas o en sintonía con nuestro mayor bien, y de este modo y de nuestros deseos mismos se vuelven más divinos y se manifiestan de una forma mucho más natural.

Cuanto más despertemos nuestros chakras haciéndoles llegar el flujo de la energía por medio de la respiración e integrándolos unos con otros, mayor será la capacidad de nuestra mente para percibir y sentir nuestra auténtica realidad. Nuestras acciones reflejarán nuestra verdadera naturaleza. Nuestro verdadero propósito de vida emergerá y fluirá. Cuando dispongamos de los circuitos necesarios para mantener un mayor flujo de energía vital, dejaremos de ver las dificultades como problemas, no nos tomaremos las cosas personalmente ni quedaremos atrapados en la elaboración de relatos; en lugar de eso, permaneceremos firmemente establecidos en el flujo y disolveremos todos los obstáculos potenciales antes de que se conviertan en escollos reales. Simplemente veremos todo lo que nos ocurre en la vida como pasos que nos hacen avanzar en el proyecto Despertar, y las lecciones que contienen nos parecerán medios con los que poder discernir en qué áreas o en qué aspectos de nuestra vida necesitamos infundir amor, luz y aliento (con la respiración) para construir nuevos circuitos.

Así es cómo se desarrolla ahora mi propia vida.

CUANTO MAYOR ME HAGO, MÁS JOVEN SOY

Soy más joven ahora que hace treinta años.

No estoy exagerando. En lo referente a la cantidad de energía que fluye constantemente a través de mi cuerpo y lo que soy capaz de lograr, ahora soy más joven. No hay semana en la que no coja un avión. Hablo en público más de doscientos cincuenta días al año. Dirijo un equipo y llevo un negocio. No paro de planear y redactar nuevos cursos y talleres. Me encargo de llevar a grupos a países lejanos de todo el planeta. Mi día comienza a las seis en punto de la mañana y muchas veces no termina hasta pasadas las doce de la noche. En un día normal tengo reuniones, doy clase, paso consulta, cojo algún vuelo, escribo, doy entrevistas, hago mis ejercicios y dedico un rato a ocuparme de las llamadas telefónicas, por no mencionar hacer y deshacer las maletas, encontrar tiempo para sacar a correr a mis perros y cultivar la maravillosa relación que tengo con mi pareja. Para mí todos los días, todas las semanas, son así, pero casi nunca me canso. Duermo una media de seis horas... Y, por lo general, al día siguiente no veo el momento de volver a ponerme en pie y empezar un nuevo día.

¿Que cómo lo hago? La clave está en el flujo.

Hace treinta años mi vida era completamente distinta. Cuando tenía veinticinco años no era capaz de hacer todas estas cosas. Por aquel entonces trabajaba en la clínica, y todas las tardes tenía que echar una cabezadita. Todos los inviernos me cogía alguna bronquitis, sufría de migrañas, dolor de cuello, de espalda, de cadera, tenía los hombros tensionados y constantemente me encontraba bastante cansada. Siempre me dolía algo. Pero, tras mi despertar energético, todo eso desapareció. Ahora mi jornada laboral probablemente sea cinco horas más larga que entonces, pero al final del día tengo tanta energía que no me costaría nada empezar de nuevo. Es una renovación que se produce constantemente, de forma continua. ¡Es fenomenal!

Para mí, el mayor beneficio de esta continua renovación energética es el muchísimo mayor entusiasmo que siento por la vida y la capacidad de percibir, confiar y expresar mi verdad sin preocuparme por lo que puedan pensar los demás o por si va a producir resultados positivos o adversos. Mi indecisión (el factor miedo) ha disminuido drásticamente. Ahora estoy mucho más abierta y receptiva para la intimidad, tengo una capacidad mucho mayor de mostrarme vulnerable, y soy mucho más capaz de escuchar y recibir las opiniones de los demás sin eludirlas, rechazarlas ni oponerme a ellas para hacer valer mi propia visión. Mi perfeccionismo ha dado paso a una mayor capacidad para amar las imperfecciones de la vida, en el convencimiento de que son parte de un hermoso despliegue que nos conduce a algo más grande y significativo. La necesidad compulsiva que tenía antes de alcanzar metas se ha convertido en pura celebración de nuestra realidad como seres humanos, y ahora estoy muchísimo más receptiva y disponible para los demás porque yo misma dispongo de muchos más recursos y energía.

Los sueños y las visiones que tenía para mi propia vida también han prosperado y fructificado. He pasado de verme a mí misma como un simple individuo que trataba de «hacer su parte» en su práctica individual en una ciudad concreta a entender y aceptar mi papel como maestra espiritual y visionaria global. Me he abierto lo suficiente como para permitir que las circunstancias y la energía que fluyen por mi interior me hayan llevado a ser capaz de enseñar a personas de una docena de países distintos de todo el mundo. Hay gente que viaja desde el otro lado del charco para asistir a mis seminarios, aprender estas técnicas o recibir tratamiento en el Instituto Morter, y todo eso es gracias a que he permitido que se revele y se manifieste en mí un sentido de mí misma más amplio, más abarcador, más elevado.

Ahora, echo la vista atrás y me parece increíble que antes soliera tener miedo de hablar en cualquier circunstancia porque no creía que tuviese nada importante que decir, o que mis ideas fuesen lo suficientemente significativas como para suponer una diferencia real en otras personas. Al darme permiso a mí misma para penetrar en mi propia Alma usando las mismas prácticas y principios que estás aprendiendo aquí, comprendí que lo que comparto es exactamente lo que la gente necesita escuchar. La parte más profunda de mi ser sabe que esto siempre fue lo que yo estaba destinada a ser; tan solo tenía que infundir vida y aliento en aquello que ya estaba destinado a manifestarse.

Todos tenemos la capacidad de sentir esta clase de propósito: eso que siempre hemos sabido en lo más hondo de nuestro ser pero que a nuestra mente nunca le hemos permitido considerar o apoyar lo suficiente como para que cobrase vida. Tómate un momento para dejar que esta idea cale en tu interior: todo lo que deseas ser, hacer o crear, existe ya dentro de ti y simplemente está esperando a que conectes los circuitos necesarios para traerlo a la luz.

De hecho, llegados a este punto de los códigos, me encantaría que empezases a reconocer que toda tu experiencia de vida es el Alma tratando de dirigir la mente de una manera más efectiva y avezada. Avanzas constantemente hacia el reconocimiento de lo absolutamente magnífico, poderoso, fuerte y capaz que eres, así que ¡venga!, contrae ese bloqueo que está haciendo posible que te des cuenta de que ya sabes, respira a través de él del modo que aprenderás a hacer en este código ¡y ámalo por todo lo que te está revelando!

Estos códigos nos aportan las herramientas necesarias para llamar la atención de la mente sobre aquello que el cuerpo está tratando de revelar. Cuando la mente y el cuerpo comienzan a respirar de forma colaborativa, nuestro verdadero destino emerge desde nuestro interior y se vuelve obvio para nosotros (tan obvio que es imposible no honrarlo). Nuestro despliegue tiene lugar de manera natural, sin que tengamos que esforzarnos e intentar las cosas una y otra vez, y sin la tremenda pérdida de energía que supone manifestar a partir de la personalidad protectora. Yo no he tratado intencionadamente de generar ningún tipo de expresión o de compromiso mayor con el mundo, no es algo que haya buscado conscientemente; lo único que ocurre es que se me invita constantemente a participar de esta mayor expresión y compromiso porque estoy desarrollando los circuitos necesarios para resonar a la frecuencia vibratoria en la que se encuentran dichas oportunidades. Y tú también puedes hacerlo. Al llevar la respiración a aquellas partes de tu ser que han quedado dormidas o inactivas, despiertas de un modo sencillo y natural a tu yo superior. Es posible que de todos modos descubras gran parte de estas expresiones en el transcurso de tu vida, pero gracias a estos métodos puedes descubrirlas, manifestarlas y celebrarlas *de inmediato*. Esta clase de transformación tan drástica y radical es la promesa que subyace en el código de la respiración. Los patrones específicos de respiración que veremos activarán cada uno de tus chakras de forma individual y conectarán tus circuitos de un modo proactivo y dirigido a zonas específicas.

LAS PRÁCTICAS DEL CÓDIGO DE LA RESPIRACIÓN

PRÁCTICA 1: TÉCNICAS DE RESPIRACIÓN PARA LOS CHAKRAS DESDE EL PRIMERO HASTA EL SÉPTIMO

Todo en este mundo está hecho de energía y todas las formas están compuestas de átomos. Estos pueden dividirse a su vez en partículas subatómicas, las cuales se mueven constantemente dentro de una cantidad infinita de espacio. Este espacio que existe en y entre todas las partículas es tan importante como la propia forma. De hecho, el campo unificado proporciona el telón de fondo sobre el cual aparece todo lo que está presente en la vida. ¿Sabías que, por ejemplo, hoy en día existen estudios científicos que han demostrado que las raíces de las plantas crecen en los espacios energéticos que quedan entre las moléculas del sustrato, en lugar que crecer en el sustrato mismo? ¿O que los seres humanos caminamos sobre una especie de «almohadillas» de energía en lugar de tocar realmente el suelo, como siempre hemos creído? ¡En realidad todo es energía! Para mejorar nuestra salud y disponer de una mayor vitalidad tenemos que activar y mantener esa energía invisible que se halla en los espacios que quedan entre las partículas que componen los tejidos del organismo (y que le dan vida). ¿Por qué? ¡Pues porque en realidad *somos* ese espacio invisible! Somos el espíritu que habita entre las partículas. Cuando respiramos de forma consciente, una energía vital fluye a través de nuestro cuerpo, activando intencionadamente todos los aspectos de la totalidad de nuestro ser. En cambio, cuando el espacio que hay entre las partículas se reduce, ciertas zonas del organismo se vuelven más densas, pasamos a estar más comprimidos. Cuando algo nos perturba, cuando estamos alterados y contraídos, pueden formarse bloqueos energéticos que conducen a la aparición de síntomas emocionales o físicos. Para optimizar el flujo de energía tenemos que mantener la expansión de los espacios que hay entre las partículas. ¡Casi podríamos decir que tenemos que darles «espacio para respirar»!

Las técnicas de respiración de las antiguas tradiciones orientales producen resultados específicos en el cuerpo físico. Yo misma he ido incluyendo versiones adaptadas de algunas de ellas en mi propio proceso de encarnación. Con estos ejercicios te abrirás a las frecuencias vibratorias de la regeneración, la sanación y la creatividad en cada uno de los chakras e integrarás esas frecuencias en tu cuerpo y tu mente a nivel celular.

Recuerda que *eres* el aliento mismo y *tienes* un cuerpo en el que vivir, así pues, ¿por qué no aprender a habitar plenamente en la totalidad de tu hogar?

Respiración del canal central: chakras primero y séptimo

La Respiración del canal central que vimos en el código de anclaje (página 183) conecta todos los puntos del canal central, pero específicamente hace que la energía fluya a través del chakra raíz y del chakra de la coronilla. Aquí tienes un breve resumen de este ejercicio. Recuerda respirar profundamente con el abdomen, expandiendo la barriga al inspirar y comprimiéndola al espirar.

1. Visualiza un canal vertical que parte del espacio que queda por encima de tu cabeza y atraviesa todo tu cuerpo hasta llegar a la punta inferior de la columna vertebral y, de ahí, penetra en la tierra bajo tus pies.
2. Contrae los puntos de anclaje: el *mūla bandha*, el corazón, la garganta y detrás de los ojos.
3. Concéntrate en el espacio que queda por encima de la cabeza, inspira desde ahí y lleva el aliento hacia abajo, pasando por la parte central de la cabeza, la garganta y el corazón, hasta llegar al vientre.
4. Desde ahí, espira llevando el aire hacia abajo pasando por el *mūla bandha* y soltándolo por la punta de la columna hacia la tierra que está bajo tus pies.
5. En la siguiente respiración, inspira desde lo profundo de la tierra y vete llevando el aliento hacia arriba, pasando por el extremo inferior de la columna vertebral hasta llegar a la zona abdominal.
6. Espira a través del canal central pasando por el corazón, la garganta, la zona posterior de los ojos y soltando el aire por la coronilla.
7. Ahora practica *ser* el aliento mismo y desplazarte arriba y abajo por el canal; sé la esencia que sube y baja por el hueco del ascensor. Una experiencia más profunda comienza a formularse a partir de este último paso.

El aspecto más importante de este ejercicio es que sigas la respiración con atención consciente arriba y abajo por todo el canal central, sin saltarte ninguna parte del recorrido. Hazlo como si tú mismo fueses la respiración desplazándose a través del canal. Simplemente imagínatelo. Este ejercicio conecta las energías sutiles y de vibración más elevada del universo con las energías físicas que nos conectan y nos anclan en el cuerpo y en la tierra misma, creando de este modo una vía en la que puede darse una integración más profunda de las diversas energías que conforman nuestro ser. Puesto que todos los chakras se ubican a lo largo del canal central, este canal es como la «placa base» del cuerpo, y este patrón de respiración «enciende» todos los interruptores de la corriente. Desde esta posición activada podemos empezar a realizar un trabajo más sutil en cada chakra de un modo más específico.

La Respiración del cuenco (o del Buda barrigón): segundo chakra

Esta técnica de respiración está basada en la Respiración del canal central, solo que en este caso nos concentramos en la parte inferior del abdomen (en la zona del segundo chakra, *svādhiṣṭhāna*). Al contraer los músculos que se encuentran debajo del ombligo y en la zona interna de la cavidad pélvica al tiempo que respiramos, conseguimos conservar la energía de la fuerza vital dentro del cuerpo, en lugar de limitarnos simplemente a moverla por el sistema. Más que un «canal», estas contracciones crean un «embudo» y permiten que la energía se mantenga más tiempo en el organismo (y que, por lo tanto, la activación de los tejidos sea más profunda).

Esta práctica es beneficiosa para todo el mundo, pero resulta especialmente relevante a la hora de trabajar con bloqueos o desequilibrios en el chakra del sacro. Respirar de esta manera mejora la vitalidad, despierta la energía creativa del segundo chakra y agudiza la sabiduría interior (nuestra capacidad de «confiar en nuestro instinto»)*. Cada milisegundo, miles de millones de bits de información bombardean el campo energético, y es precisamente aquí (en la región abdominal inferior del segundo chakra) donde se recogen y procesan. Confiar en nuestros instintos viscerales supone confiar en nuestra capacidad para evaluar y tomar decisiones basándonos en mucha más información de la que nuestra mente racional puede procesar.

Realiza la Respiración del canal central empezando en el espacio que queda por encima de tu cabeza y atravesando el canal central del cuerpo hasta llegar justo debajo del ombligo, a la zona del segundo chakra.

1. A la vez que realizas esta práctica, contrae el *mūla bandha*, levantando los músculos del esfínter hacia arriba desde dentro.

2. Mantén la contracción del *mūla bandha* en todo momento tanto al inspirar como al espirar. Esto puede resultarte un poco complicado, ya que supone contraer y expandir la barriga al mismo tiempo. Deja que los dos procesos interactúen entre sí para crear un cierto sentido de conciencia en el espacio de este chakra. Esta es la resistencia interna intencional o la fricción de la que hemos hablado anteriormente.

3. Articula esta clase de respiración con la respiración a lo largo de todo el canal central (desde encima de la cabeza hasta debajo del extremo inferior de la columna vertebral; de ahí hacia la tierra y nuevamente hacia arriba) sin relajar la tensión del *mūla bandha*. Esto hace que las

---

* En el original inglés la autora establece un juego de palabras, ya que en este idioma existe la expresión *trust the gut*, cuya traducción aproximada sería confiar en lo que dicen las tripas, que se encuentran precisamente en la zona del segundo chakra y se asocia a los instintos y la intuición. *(N. del T.)*

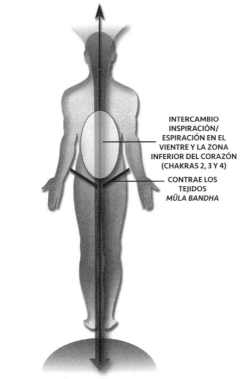

INTERCAMBIO
INSPIRACIÓN/
ESPIRACIÓN EN EL
VIENTRE Y LA ZONA
INFERIOR DEL CORAZÓN
(CHAKRAS 2, 3 Y 4)

CONTRAE LOS
TEJIDOS
MŪLA BANDHA

RESPIRACIÓN DEL CUENCO (2.º CHAKRA)

energías del segundo chakra se integren con las energías de mayor frecuencia del resto del canal central.

Respiración del plexo solar: tercer chakra

En la Respiración del plexo solar recurrimos a la contracción de otros músculos adicionales para activar el *manipūra*, el chakra del plexo solar, y propiciar la aparición de sus beneficios asociados. Al integrar el tercer chakra, esta técnica respiratoria aumenta la capacidad de decisión, refuerza la autoestima y, en general, nos fortalece. Cuando esta zona no se encuentra activa, nos resulta muy complicado tener un verdadero sentido de nuestra auténtica naturaleza (o incluso poder honrarlo cuando lo tenemos). Esta respiración, cuando se practica junto con el resto de las técnicas respiratorias, alimenta el fuego de nuestra pasión personal y puede transformar radicalmente nuestra vida. Estos son los pasos que debes seguir para realizar la Respiración del plexo solar:

1. Al tiempo que respiras a través del canal central y con el *mūla bandha* contraído, tensa los músculos pectorales superiores (el pecho) y lleva los omóplatos hacia el centro y hacia abajo. Aprieta el pecho como si estuvieras tratando de «sujetar» con firmeza el centro del corazón, o como si te estuvieses abrazando a ti mismo dentro del pecho.

2. Limita el área desde el que tomas aliento únicamente al espacio que queda entre el ombligo y las costillas. (Esta es la zona en la que, si te diesen un puñetazo, te quedarías sin aliento). A este tipo de respiración (limitada a este espacio concreto) la denomino *Respiración del pomelo y la pelota de béisbol*.

3. Al inspirar, empuja la zona alta del estómago hacia fuera, haciendo que se expanda hasta alcanzar el tamaño de un pomelo; al espirar, haz que decrezca hasta que tenga el tamaño de una pelota de béisbol.

4. Practica la Respiración del pomelo y la pelota de béisbol y, luego, simultáneamente, añade la Respiración del canal central. Inspira desde encima de la cabeza, haciendo que la pelota de béisbol crezca hasta convertirse en un pomelo en la zona del plexo solar; después, espira llevando el aliento a la tierra y reduciendo el tamaño del pomelo hasta alcanzar el de una pelota de béisbol. Lue-

go invierte el sentido de la respiración (toma aliento desde la tierra y llévalo hacia arriba hasta espirar por la coronilla); una vez más, «pomelo» al inspirar y «pelota de béisbol» al espirar.

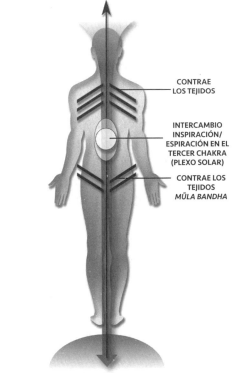

CONTRAE LOS TEJIDOS

INTERCAMBIO INSPIRACIÓN/ ESPIRACIÓN EN EL TERCER CHAKRA (PLEXO SOLAR)

CONTRAE LOS TEJIDOS *MŪLA BANDHA*

RESPIRACIÓN DEL PLEXO SOLAR (3.ER CHAKRA)

Respiración de la coherencia cardíaca: cuarto chakra

La Respiración de la coherencia cardíaca se centra en la expansión del *anāhata* (el cuarto chakra o centro del corazón) al activar la energía del amor y la dinámica conectiva del corazón, a la vez que nos anclamos conscientemente en el Alma. Esta técnica respiratoria también ayuda en la resolución de conflictos y en asuntos relacionados con la capacidad para recibir amor, y genera de forma inmediata una mayor sensación de alegría y de paz.

1. Comienza con la Respiración del cuenco, llenando el bajo vientre al inspirar.
2. Continúa llevando el aire al vientre hasta que la zona media del pecho (el espacio del corazón) también se llene y la cavidad torácica se eleve. Llena los lóbulos superiores de los pulmones al final de la inspiración.
3. Ahora usa la respiración para expandirte más allá del cuerpo, imaginando que el aliento desborda tu cuerpo y se expande a tu alrededor.
4. Al espirar, suelta primero el aire del pecho y de la parte superior de los pulmones y luego sigue vaciando el pecho hasta que la zona del vientre (la barriga) también comience a vaciarse.
5. Al final de la espiración mete el ombligo hacia dentro y tira de él hacia arriba, como si tratases de llevarlo hacia la columna vertebral. Asegúrate de que la espiración es completa, de modo que expulses hasta el último aliento de los pulmones. Esto ayuda a «resetear» la respuesta de ataque/huida/miedo en el sistema nervioso.
6. Después de practicar esta secuencia entre seis y ocho veces, conecta esta respiración también con el canal central. Para ello, inspira hasta el vientre tomando el aliento desde debajo de donde estás de pie o sentado y espirando por encima de la cabeza. Luego invierte el proceso: inspira desde arriba y espira hacia la tierra.

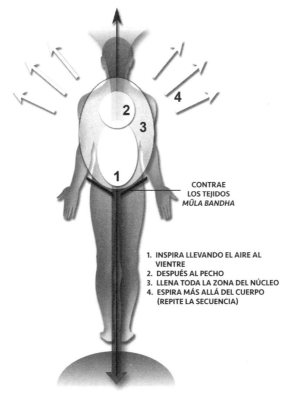

1. INSPIRA LLEVANDO EL AIRE AL VIENTRE
2. DESPUÉS AL PECHO
3. LLENA TODA LA ZONA DEL NÚCLEO
4. ESPIRA MÁS ALLÁ DEL CUERPO (REPITE LA SECUENCIA)

CONTRAE LOS TEJIDOS *MŪLA BANDHA*

RESPIRACIÓN DE LA COHERENCIA CARDÍACA (4.º CHAKRA)

Respiración de la manifestación: quinto chakra

La Respiración de la manifestación activa el *vishuddha*, que es el chakra de la garganta y el lugar en el que se asienta nuestra verdad. Cuando reavivamos este aspecto de la conciencia podemos expresarnos y escuchar abiertamente y con honestidad; nos enfocamos en manifestar nuestra mayor verdad, no simplemente nuestra opinión personal o nuestra percepción protectora. Esto permite que la vida se despliegue con gracia y fluidez, porque ahora somos libres, estamos abiertos y en verdadera sintonía con la ley universal. Esta técnica respiratoria te ayuda a proclamarte y manifestarte ante el mundo, así como a actuar como el Alma en lugar de como la personalidad protectora.

La Respiración de la manifestación se realiza de este modo:

1. Con el *mūla bandha* contraído, realiza la Respiración del plexo solar (tensa los músculos abdominales y pectorales y lleva los omóplatos hacia dentro y hacia abajo). Llena de aire el abdomen y el espacio del corazón.

2. Sin bajar la barbilla, métela hacia dentro, como si quisieras llevarla hacia la nuca. Imagínate que queda «encajada» en esa posición. Haz que esta zona sea el foco principal de tu atención tanto al inspirar como al espirar. Contrae todos los músculos del resto del núcleo para aislar la garganta.

3. Inspira desde encima de la cabeza hasta la garganta siguiendo la respiración con tu atención consciente. Espira por todo el canal por debajo de la garganta hasta llevar el aliento a la tierra. A continuación, inspira desde la tierra y lleva el aliento hacia arriba, a través del cuerpo, hasta llegar a la garganta. Luego, espira por la coronilla. Haz que la garganta sea el pivote o el eje en el que se produce el intercambio de la respiración (en el que pasas de la inspiración a la espiración y viceversa), pero también asegúrate de *sentir* la respiración (de sentirte a ti mismo *como* la respiración, *como* el aliento) subiendo y bajando por el canal como si de una luz líquida y cálida se tratase.

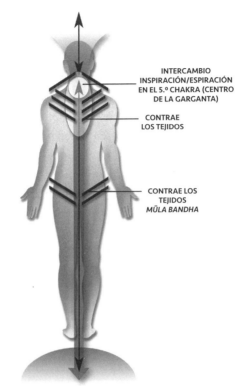

INTERCAMBIO
INSPIRACIÓN/ESPIRACIÓN
EN EL 5.º CHAKRA (CENTRO
DE LA GARGANTA)

CONTRAE
LOS TEJIDOS

CONTRAE LOS
TEJIDOS
MŪLA BANDHA

RESPIRACIÓN DE LA MANIFESTACIÓN (5.º CHAKRA)

Respiración visionaria (Respiración de la visión interior): sexto chakra

Esta respiración activa los centros del cerebro superior y el *ājñā*, el tercer ojo, por lo que te ayudará a percibir con precisión *lo que es* y a ver a través de los velos de la personalidad protectora hasta llegar a la verdad del Alma. Esta respiración genera una mayor claridad y conciencia interior, de modo que te permite leer los sutiles mensajes energéticos de tu propio cuerpo. Para obtener los mejores resultados posibles, utilízala junto con el resto de las técnicas de respiración descritas en este código para estabilizar el canal en los chakras que quedan por debajo del tercer ojo.

En este ejercicio, inicialmente nos desviamos del fundamento de la Respiración del canal central, pues en este caso nos imaginamos que inspiramos desde un punto focal ubicado justo por delante de la frente, llevamos el aliento al centro del cerebro, y luego espiramos por la parte posterior de la cabeza. Cuando hagas este ejercicio mantén contraídos los puntos de anclaje del canal central, especialmente el *mūla bandha*.

Cierra los ojos y voltéalos hacia arriba, de forma que puedas sentir una cierta tensión en este punto de anclaje. Mantente enfocado en esta zona al tiempo que relajas la tensión de los ojos para hacer la práctica en sí (vuelve a contraerlos si sientes que dejas de prestar atención a esta zona del cuerpo).

1. Percíbete a ti mismo inspirando desde el espacio que queda justo por delante de tu frente. Lleva el aliento al centro del cerebro, hasta el punto de anclaje de detrás de los ojos. Imagina que sientes cómo el aire va llenando el espacio que queda entre las células de tu cerebro, así como el espacio interno de las mismas, activándolas y nutriéndolas.

2. Suelta el aire por la parte posterior de la cabeza, a una distancia igual pero contraria a la del punto de entrada.

3. Ahora invierte el proceso: inspira desde la parte posterior de la cabeza y lleva el aliento hasta el centro del cerebro.

4. Suelta el aire por la frente hasta hacerlo llegar al punto en el que te has enfocado inicialmente.

5. Repite esta acción varias veces y luego conéctala verticalmente con el canal central en cada intercambio. Inspira desde encima de la cabeza hasta el punto de anclaje del centro del cerebro, y, luego, espira descendiendo por todo el canal hasta llegar a la tierra.

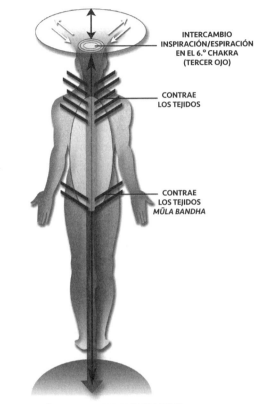

INTERCAMBIO INSPIRACIÓN/ESPIRACIÓN EN EL 6.º CHAKRA (TERCER OJO)

CONTRAE LOS TEJIDOS

CONTRAE LOS TEJIDOS *MŪLA BANDHA*

RESPIRACIÓN VISIONARIA (6.º CHAKRA)
(RESPIRACIÓN DE LA VISIÓN INTERNA)

PRÁCTICA 2: RESPIRACIÓN DE LAS MIL PAJITAS

En la anatomía del cuerpo sutil estamos hechos literalmente de miles de diminutos tubos o canales de energía llamados *nadis*, y de otros más grandes a los que denominamos *meridianos*. La siguiente técnica respiratoria nos permite empezar a llevar la conciencia a esos canales para producir así una mayor revitalización de nuestro sistema. Esta práctica es fundamental para curar lesiones y dolores crónicos, pues con ella insuflamos «espacio» en todos los tejidos musculares y conectivos. Además del canal central, también vivifica los tejidos de las capas externas del torso, incluyendo los brazos y las piernas. Resulta enormemente beneficiosa para expresar en este mundo nuestros dones, talentos y propósitos inherentes, ya que nos ayuda a eliminar los bloqueos y a despertar a esas vibraciones, realidades y capacidades que antes pensábamos que estaban fuera de nuestro alcance. Nos integra de un modo profundo e íntimo.

Para hacer este ejercicio de respiración tienes que visualizar el cuerpo en tres secciones, tal como se muestra en el diagrama en la página 343:

- Desde los pies hasta la parte superior de las caderas.
- Desde la parte superior de las caderas hasta los hombros, incluyendo los brazos.
- Desde los hombros hasta la coronilla.

1. Para empezar, contrae todos los músculos de la primera sección del cuerpo (de los pies a las caderas).
2. Ahora inspira a través de esa zona, comenzando por debajo de los pies, como si tu cuerpo de energía sutil estuviera hecho de mil pajitas diminutas y tú estuvieses aspirando, centímetro a centímetro, un batido muy denso a través de ellas.
3. Sigue contrayendo el cuerpo y respira con mucha fuerza. Cuando llegues a la siguiente sección, suelta el aire pero no relajes la contracción de la sección inferior. En lugar de eso, añade la contracción de todos los músculos de la siguiente sección (de la parte superior de las caderas a los brazos y los hombros). En la siguiente inspiración, lleva la energía hacia arriba, centímetro a centímetro, a través de esta parte de tu cuerpo, hasta llegar a la parte superior de los hombros.

4. Espira por la zona del cuello y de los hombros pero no sueltes la tensión muscular del resto del cuerpo por debajo de este nivel.

5. A continuación, añade la tercera y última sección (de la parte superior de los hombros a la coronilla, incluyendo el cuello, la cara, la boca y el cuero cabelludo); al inspirar, vete llevando centímetro a centímetro la energía a través de las pajitas de esta sección, hasta que salga por la coronilla.

6. Aguanta la respiración un segundo, y después espira por la coronilla, sin relajar ni un solo músculo.

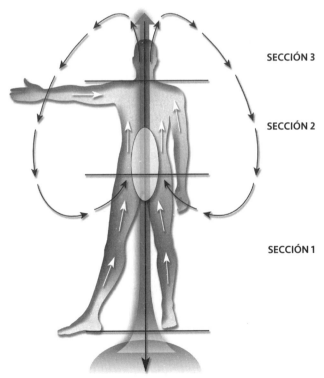

SECCIÓN 3

SECCIÓN 2

SECCIÓN 1

RESPIRACIÓN DE LAS MIL PAJITAS

7. Siente cómo la energía fluye hacia fuera y hacia abajo alrededor de tu cuerpo. Y luego, ¡relaja toda la tensión! Acuérdate del hombre toroide y el campo de energía tridimensional que vimos en el capítulo 3.

8. Inspira profundamente, espira y entona el sonido relajante *ahhh*. Sé consciente de la nueva energía que se vierte en tu cuerpo desde arriba, como si estuvieses de pie bajo una cascada. Déjate impregnar por esta agradable sensación. Tu sistema se está recargando energéticamente.

9. Repite esta práctica otras dos o tres veces.

10. Para terminar contrae las tres secciones simultáneamente, inspirando desde encima de la cabeza y espirando a través de todo el cuerpo y hacia la tierra.

Esta técnica respiratoria es una práctica avanzada que se aprende mejor con instrucciones en vivo realizando el Curso de los Códigos Energéticos o mediante un vídeo de demostración (drsuemorter.com/energycodesbook), pero, dado que sus beneficios a la hora de sanar y restablecer la salud son enormes, he querido ofrecértela también aquí. Para que resulte verdaderamente efectiva, hay que practicarla con regularidad y poniendo mucha atención a los detalles, pero una vez que la domines dispondrás de un método muy potente y eficaz para eliminar las interferencias en el flujo de energía sutil del cuerpo (es decir, para que tu flujo sea como el del hombre toroide). Así que inténtalo. Verás que con el tiempo te resulta cada vez más fácil.

También utilizaremos la Respiración de las mil pajitas junto con la última práctica de este código para tratar y sanar específicamente lesiones y dolores crónicos. ¡Te van a encantar sus efectos!

PRÁCTICA 3: RESPIRACIÓN DE LA HOJA DE HELECHO

La Respiración de la hoja de helecho es una técnica diseñada para integrar pequeños detalles del flujo de energía en la columna vertebral, lo que contribuye a mantener los cambios que estamos tratando de lograr. Genera circuitos en detalle, y si bien puede parecerte un poco complicada al principio, con la práctica empezará a parecerte simple y natural. Imagina la fronda de un helecho enrollada como la voluta del mango de un violín. Fíjate en lo apretadamente enrollada que está la espiral que forma al curvarse sobre sí misma. Ahora imagina que se va desplegando lentamente; sus curvas se van enderezando hasta que el helecho queda estirado en toda su longitud. Más o menos esto es lo que vamos a hacer: enrollarnos como si quisiéramos rizarnos sobre nosotros mismos y después desplegarnos para abrir el cuerpo nuevamente, acompañando el proceso con la respiración.

Al realizar esta dinámica estamos activando una zona muy concreta del sistema energético: un punto que se encuentra justo detrás de la pared abdominal, por encima del *mūla bandha* y frente al sacro, en el extremo inferior de la columna vertebral. En algunas prácticas orientales a este punto se le conoce como el *dantian*. Nuestro objetivo es «coger» o «amarrar» este punto y, con cada inspiración, arrastrarlo hacia arriba a lo largo del cuerpo a medida que nos vamos estirando. Vamos a desenrollar la columna vértebra a vértebra, de modo que cada segmento pase a ser el vértice de la curva a medida que se va desplegando.

Los pasos para realizar esta práctica son los siguientes:

1. Siéntate en una silla, o bien con las piernas cruzadas sobre una esterilla de yoga o directamente sobre el suelo.
2. Contrae el *mūla bandha* y localiza el *dantian*, ese espacio que queda detrás del abdomen, por encima del *mūla*

bandha y por delante del sacro. Piensa en él como si fuese una pequeña bola de luz y vete llevándola por el canal central a medida que vayas realizando los siguientes pasos.

3. Espira y mete la barbilla llevándola hacia el pecho. Sin dejar de espirar, vete curvando el pecho para llevarlo hacia el abdomen, y después hacia el regazo, enrollándote en espiral como si fueses una hoja de que se cierra. Cúrvate todo lo que puedas sin lastimarte, espirando hasta que hayas soltado todo el aire de los pulmones. Imagina que tu columna se curva formando una espiral perfecta, como la fronda de un helecho, no pivotando únicamente sobre la base.

4. Ahora inspira y presiona los muslos con las manos. Al tiempo que empujas la columna hacia atrás, vete desenrollando el cuerpo, desplegando la columna hacia arriba segmento a segmento. Mantén la barbilla metida hacia dentro todo el tiempo hasta que vuelvas a estar sentado en posición vertical; entonces es el momento de desenrollar el segmento del cuello: cuando llegues a la región cervical, imagina que vas desplegando una vértebra cada vez, hasta que llegues a la base del cráneo. (*Nota*: lo ideal es que no dejes de inspirar durante todo el tiempo que te estás desplegando hasta alcanzar la posición vertical, pero al principio te hará falta hacer dos o tres respiraciones. En este caso, cuando necesites soltar el aire, detente justo en el punto en el que estés y espira; luego vuelve a inspirar y continúa donde lo dejaste).

5. A continuación, gira la cabeza de modo que la nariz apunte hacia el techo, voltea los ojos hacia arriba y hacia dentro (como bizqueando) y espira por el centro de la frente y por la coronilla.

6. Ahora inspira de nuevo en esa misma postura y después espira y empieza a enrollarte nuevamente, vaciando los

pulmones a medida que vas recogiendo la fronda del helecho hasta que vuelvas a estar completamente enrollado hacia delante, con la barbilla apoyada en el pecho y el pecho curvado hacia el abdomen. Lleva la frente y la coronilla hacia el suelo. Al igual que en el proceso de despliegue, es posible que al recogerte también tengas que hacer varias respiraciones. Si necesitas coger aire, haz una pausa, respira, y luego sigue rodando hacia abajo con la siguiente espiración.

7. Repite el ejercicio dos o tres veces.

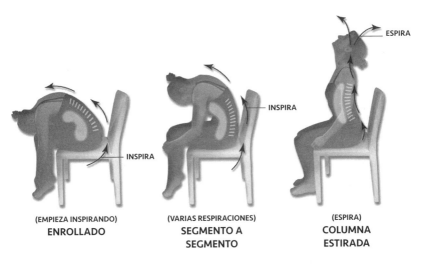

ESPIRA

INSPIRA

INSPIRA

(EMPIEZA INSPIRANDO)
ENROLLADO

(VARIAS RESPIRACIONES)
**SEGMENTO A
SEGMENTO**

(ESPIRA)
**COLUMNA
ESTIRADA**

Lo más importante de esta práctica es que vayas llevando el foco de tu atención consciente a un pequeño segmento de la columna vertebral cada vez, de modo que la integración pueda darse adecuadamente a todo lo largo de la misma. Puedes aumentar enormemente la intensidad de la integración si repites este ejercicio junto con las otras técnicas de respiración (las correspondientes a los chakras uno a siete y la Respiración de las mil pajitas). A medida que vayas trabajando con estas prácticas de respiración y te familiarices íntimamente con sus matices, empezarás a apreciar y a sentir de verdad cómo trabajan conjuntamente las diferentes energías de tu organismo. Cuando puedas sentir tu verdadero yo como la energía que recorre tu ser, comenzarás a convertirte en un auténtico maestro en el arte de desplazar la energía por el cuerpo. Y si eres capaz de mover energías por tu cuerpo también serás capaz de moverla o modificarla en tu vida; antes de que te des cuenta podrás transformar tus circunstancias para que coincidan con esa vida mágica con la que siempre has soñado. Irás mucho más allá de la sanación y empezarás a vivir como un auténtico creador.

Pero, mientras tanto, ¡recuperemos un poco la salud!

PRÁCTICA 4: TÉCNICAS DE RESPIRACIÓN SANADORA

El dolor existe (o, por decirlo de un modo más preciso, las disfunciones y la falta de capacidad de restablecimiento persisten) en el cuerpo debido a la falta de flujo de energía a través de la zona afectada. Los bloqueos hacen que se acumule un exceso de energía (como si de la presa de un río se tratase), y eso es lo que produce el dolor. Para restablecer un flujo óptimo —y, por lo tanto, la salud— tenemos que conseguir que esa energía vuelva a circular por la zona bloqueada y que fluya y se integre nuevamente en todo el sistema.

Si una parte concreta del cuerpo muestra debilidad, significa que no fluye la suficiente energía a través de ella (al igual que ocurre en la cara interior de la presa de un río). En ese caso, tenemos que aumentar el flujo de energía de esa zona poniendo en ella nuestra atención consciente y llevándole energía con la respiración (para, de este modo, romper la presa). Con esta técnica de respiración conseguirás que la energía circule de nuevo a través de la zona afectada, y recuperar así su funcionalidad.

Estos son los pasos que debes seguir:

1. Contrae la zona afectada, pero no te limites a contraerla mecánicamente; ténsala como si la estuvieses abrazando desde dentro, entrando en contacto conscientemente con ella y dándole a entender: «Te estoy escuchando. Esta vez no te voy a pasar por alto. Acojo de buen grado y le doy la bienvenida a lo que estás intentando comunicarme. Ahora comprendo que estamos juntos en esto».

2. Lo siguiente que vas a hacer es respirar desde más allá de esa zona, luego, a través de ella, después hacia el centro del corazón, espirando finalmente por el extremo opuesto del canal. Respirar desde más allá de esa zona significa ir más allá de la extremidad más cercana y coger la energía desde ahí. Por ejemplo, si te duele la rodilla, lo que harías sería contraerla (como hemos visto en la Respiración de las mil pajitas), y, luego, en tu imaginación, descender hasta más allá del pie para tomar la energía de la tierra, hacerla pasar por el pie y por la pantorrilla hasta llegar a la rodilla, y, luego, más allá (hasta la cadera, el abdomen y el resto del camino ascendente hasta llegar al corazón). Después soltarías el aire por la garganta, el cerebro y la coronilla. Si el dolor o la falta de funcionalidad estuviesen localizados en la cadera, volverías a dirigirte al espacio que queda más allá del pie y lo tomarías como punto de partida. Si el problema estuviese localizado en el hombro, comenzarías la respiración desde más allá de la mano o desde más allá de la coronilla, dependiendo de cuál de las dos se vea más afectada por la disfunción. Independientemente de dónde empieces a coger la energía, siempre vas a inspirar llevándola hacia el corazón y a espirar por el extremo opuesto del canal.

3. Al tiempo que llevas la respiración a través de la zona afectada, aprieta los músculos a lo largo de todo el recorrido. Contráelos y relájalos al mismo tiempo que respi-

ras. Esto bombea la energía por los tejidos, despertando así circuitos energéticos que permanecían desconectados. ¡Así que venga! ¡Contrae, relaja, y respira!

4. Después invierte todo el proceso: en la siguiente inspiración coge el aire desde el otro extremo del canal, llévalo al corazón, y espira pasando por la zona afectada y soltando el aire por el punto de partida original. Mantén los músculos de todo el recorrido totalmente contraídos o relajados a medida que vayas pasando por ellos.

Esta técnica respiratoria sanadora puede aplicarse en cualquier parte del cuerpo en la que esté presente algún dolor o tensión, o que de algún modo nos dé problemas regularmente. Aquí te he presentado un par de ejemplos habituales de problemas físicos y las técnicas respiratorias para tratarlos. En la web drsuemorter.com/energycodesbook encontrarás un vídeo de demostración. Puedes consultar varias opciones y explicaciones adicionales sobre esta cuestión en la sección de recursos de la página 493.

Estas técnicas de respiración para cada chakra también pueden contribuir al tratamiento de traumas mentales y emocionales relacionados con los abusos (físicos, mentales y emocionales). En mi caso particular, el ejercicio de Llevarlo al cuerpo (página 211) me resultó especialmente beneficioso, y también la práctica de los patrones de respiración específicos asociados con cada chakra. Además, te recomiendo que pongas un cuidado especial en sentir una conexión profunda e íntima en el corazón al hacer este ejercicio. (Si esto te resulta demasiado complejo, consulta las prácticas del código del corazón, que comienzan en la página 283).

Cuando he compartido estas técnicas con mis clientes y pacientes, estos han experimentando una clara disminución de la carga emocional, lo que les ha hecho ver las cosas de un modo

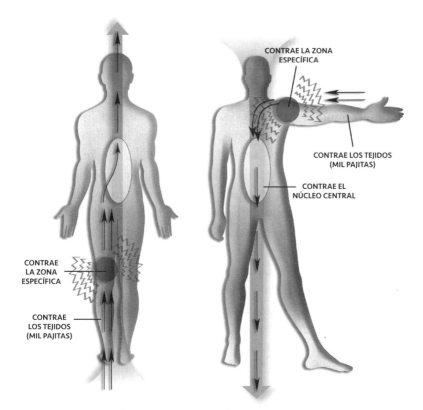

TÉCNICAS DE RESPIRACIÓN SANADORA

completamente nuevo y ser capaces de llevar a cabo la inversión cuántica. Estoy convencida de que a ti también te pueden resultar útiles y beneficiosas.

Chakra relacionado con el código de la respiración: el chakra de la garganta

El código de la respiración está relacionado con el quinto chakra, el chakra de la garganta, que se encuentra a medio camino entre el corazón y la garganta, en la base del cuello. A este chakra se le llama *vishuddha* en sánscrito, que significa «especialmente puro». Además de regir la voz y la respiración, cuando se lo permitimos manifiesta ante nosotros nuestro verdadero camino, ya que es el portavoz del Alma esencial. Interactúa con el mundo exterior y expresa nuestra verdadera naturaleza creativa. También está relacionado con el uso de la imaginación. Para obrar como auténticos creadores a menudo tenemos que actuar y tomar medidas cuando no hay evidencia alguna de que nuestra acción vaya a ser segura o bien recibida. Al revitalizarla por medio de la respiración consciente, esta faceta de nuestro ser hace que nos sintamos guiados e inspirados en ese proceso.

En la siguiente tabla puedes ver un resumen de algunas de las características principales del chakra de la garganta. Una vez más, fíjate en que las zonas del cuerpo físico reflejan las propiedades energéticas del chakra.

Al integrar el chakra de la garganta dejamos atrás el perfeccionismo compulsivo, nuestra creatividad se desbloquea y recuperamos la capacidad de expresar y compartir nuestras verdades más profundas. Empezamos a sentirnos conectados y libres. Otros resultados habituales son una buena capacidad de comunicación, facilidad para meditar y para la creación artística. Los problemas de tiroides, el dolor de garganta, los acúfenos y el asma, entre otros trastornos de la salud, también mejoran cuando restablecemos el equilibrio en el chakra de la garganta.

Junto con las prácticas de respiración de este código, las siguientes posturas de yoga también te ayudarán a activar e integrar el chakra de la garganta y conseguir que su energía vuelva a fluir adecuadamente.

CHAKRA RELACIONADO CON EL CÓDIGO DE LA RESPIRACIÓN: EL CHAKRA DE LA GARGANTA

NOMBRE(S)	Quinto chakra, *vishuddha*
LOCALIZACIÓN	A medio camino entre el corazón y la garganta, en el centro de la base del cuello
COLOR	Azul
NOTA MUSICAL	Sol
ÁREAS DEL CUERPO AFECTADAS	Boca, garganta, orejas, cuello, voz, pulmones, pecho, mandíbula, vías respiratorias, nuca, brazos, tiroides y glándulas paratiroides
SÍNTOMAS DEL «REVERSO»	Perfeccionismo, incapacidad para expresar emociones, bloqueo de la creatividad, dolor de garganta, problemas de tiroides, dolor de cuello, acúfenos, asma
CARACTERÍSTICAS DEL «ANVERSO»	Buen comunicador, facilidad para la meditación, inspiración artística, capacidad para escuchar; «Percibo y expreso la verdad con amor y compasión»; «Me manifiesto aquí plenamente»; «Mi vida es un reflejo de mi mundo interior»

PRÁCTICAS	• Técnicas de respiración para los chakras 1 a 7
	  1 y 7: Respiración del canal central
	  2: Respiración del cuenco (o del Buda barrigón)
	  3: Respiración del plexo solar
	  4: Respiración de coherencia cardíaca
	  5: Respiración de la manifestación
	  6: Respiración visionaria
	• Respiración de las mil pajitas
	• Respiración de la hoja de helecho
	• Técnicas de respiración sanadora

EJERCICIOS DE RESPIRACIÓN (Como se explica en este capítulo)	Respiración de la manifestación
POSTURAS DE YOGA PARA UNA MAYOR INTEGRACIÓN	• Postura de la cobra (*bhujaṅgāsana*) • Postura del arado (*halāsana*) • Postura del puente (*setu bandhāsana*) • Tonificación por medio del sonido (*Oṁ, Ma, Ha*)

YOGA PARA EL CÓDIGO DE LA RESPIRACIÓN

Aunque la postura de la cobra también se puede usar para otros chakras (especialmente para el del corazón) y hay muchas otras posturas que pueden afectar de forma específica al centro de la garganta, aquí he elegido la postura de la cobra porque prácticamente a todo el mundo le resulta sencillo realizarla. Además, permite establecer una línea específica de comunicación/reconocimiento arriba y abajo en la parte delantera del canal central.

POSTURA DE LA COBRA (BHUJAṄGĀSANA)

Para realizar esta postura:

1. Túmbate boca abajo en una esterilla de yoga o sobre una manta. Si puedes, junta las piernas de modo que los dedos gordos de los pies se toquen; si esto te resulta incómodo, procura no separar las piernas más del ancho de las caderas.
2. Con la frente apoyada en el suelo, pon las manos justo debajo de los hombros, con los dedos apuntando hacia delante.
3. Aprieta bien el suelo con las palmas de las manos y con la parte superior de los pies y pon las piernas en tensión. Contrae el *mūla bandha* y mete el estómago y el bajo vientre hacia dentro y hacia arriba.
4. Ahora, a la vez que mantienes el mentón ligeramente metido hacia dentro, levanta la cabeza y el pecho del suelo todo lo que puedas sin lastimarte, manteniendo las piernas y la parte superior de los pies pegados al suelo. La espalda se arqueará en forma de C. Baja los omóplatos por la espalda y evita apretar los hombros contra las orejas.
5. Levanta la barbilla hacia el lugar en el que se encuentran el techo y la pared, dejando la garganta totalmente expuesta. No te limites simplemente a echar la cabeza hacia atrás; mantén el cuello bien elongado y arqueado.

6. Inspira y espira manteniendo esta postura y sintiendo cómo la respiración sube y baja por el canal.

7. Para deshacer la postura, baja lentamente la barbilla, luego, baja también el pecho y vete acercándote al suelo. Estira los brazos hacia delante o hacia los laterales y gira la cabeza hacia un lado. Respira profundamente y relaja todo el cuerpo. Después continúa con la siguiente parte de tu práctica.

Ahora vamos a integrar el código de la respiración con los principios de la técnica BodyAwake mientras permanecemos en la postura de la cobra.

1. Mientras estás tumbado boca abajo con las manos debajo de los hombros y las piernas juntas, contrae los músculos de la cara interna de los muslos y de las rodillas como si quisieras juntarlos (o acercarlos) lo más posible.

2. Ejerce presión contra el suelo con la parte superior de los pies e imagina que hay un depósito de energía bajo tierra justo donde te encuentras, a más o menos medio metro de profundidad.

3. Contrae el *mūla bandha* y aprieta el vientre contra el suelo a la vez que inhalas esa energía y la llevas hacia arriba a través de la parte delantera del canal central hasta llegar a la zona del núcleo. *Siéntete* a ti mismo dentro de ese espacio que se abre en tu vientre. Aprieta los omóplatos hacia dentro y hacia abajo y lleva el pecho y el corazón hacia la parte frontal de los hombros a la vez que inspiras y abres la zona de la garganta.

4. Voltea los ojos hacia arriba para sentir la tensión y espira dejando que la energía atraviese ese espacio y salga por la coronilla.

5. En la siguiente inspiración, toma el aliento desde el espacio que queda aproximadamente a medio metro por encima de tu cabeza y vete llevándolo por el centro del cerebro, la garganta y el pecho, bajando por la parte frontal del cuerpo hasta llegar al vientre (sin que esta zona deje de ejercer presión contra el suelo).

6. Al espirar, contrae el *mūla bandha* y suelta el aliento por el extremo inferior de la columna vertebral, las piernas y los pies, manteniendo en todo momento las piernas bien tensas (como en la práctica de la Respiración de las mil pajitas) y haciendo presión contra el suelo con la parte superior de los pies. Siente como una línea de conexión que recorre todo tu cuerpo en esta postura.

OTRAS POSTURAS DE YOGA PARA INTEGRAR EL CHAKRA DE LA GARGANTA

Puedes usar estas *asanas* junto con la postura de la cobra para mejorar el trabajo que realices con el código de la respiración. Recuerda que si bien resulta muy beneficioso contraer aquellas zonas que quieres enfatizar o sobre las que quieres llamar la atención, también es importante relajarlas. Usa tu mejor criterio para trabajar con las prácticas del código de la respiración en cada una de estas posturas.

- Postura del arado (*hal sana*).
- Postura del puente (*setu bandh sana*).
- Tonificación por medio del sonido (*Oṁ, Ma, Ha*).

En este código, la respiración consciente activa y hace fluir cada uno de nuestros chakras para que podamos encarnar más plenamente el Alma, así como manifestar nuestros deseos y nuestro verdadero camino, recuperar la salud y sanar todas las facetas de nuestra vida. A continuación, el código químico nos proporcionará otra pieza crucial del rompecabezas de la encarnación, tanto para entender cómo funciona como para generar dentro del organismo las condiciones que resultan más propicias para llevarla a cabo. ¡La vitalidad y la salud plena te están esperando!

CAPÍTULO 9

El código químico: la alquimia de la encarnación

HACE VEINTE AÑOS, John se presentó en mi despacho con un historial médico tan voluminoso que apenas podía cargar con él. Una de sus secciones, de casi veinte centímetros de espesor, estaba repleta de resultados de analíticas, informes de diagnóstico, imágenes de escáner, protocolos de tratamiento, resultados de análisis de sangre, opiniones ortopédicas y neurológicas y pronósticos de una gran variedad de enfermedades: artritis, gota, diabetes, úlceras y colitis ulcerosa, dolores de cabeza crónicos, dolor de cuello, dolor de espalda, dolor de rodilla, fatiga tiroidea y suprarrenal, eccema, psoriasis, reflujo gástrico y algunas otras.

—Me dan menos de un año de vida —aclaró con voz temblorosa—. He oído que en su clínica están ayudando de manera sorprendente a quienes tienen esta clase de problemas.

Era un hombre de lo más amable, y verdaderamente estaba en apuros. Me llegó al corazón.

—Tome asiento —le indiqué—. Veamos qué podemos encontrar aquí.

Estuvimos unos minutos hablando y echando un vistazo a sus informes, y me percaté de que cada poco se metía la mano en el bolsillo, cogía un poquito de algo que tenía ahí guardado y se lo metía en la boca. Lo primero que pensé fue que sería un puñado de nueces o semillas que llevaba para controlar sus niveles de azúcar en sangre, pero era un gesto demasiado consistente y mucho más frecuente de lo que esto podría justificar, así que, para salir de dudas, se lo pregunté:

—John, ¿qué es eso que está comiendo? ¿Se trata de alguna clase de aperitivo o de refrigerio?

—¡Oh! ¡Esto! No. Es sal Me encanta la sal... ¡Sencillamente me vuelve loco!

—¿Me está diciendo que lo que se mete en la boca cada minuto y medio es sal? —quise confirmar.

—Sí. Todas las mañanas cojo el paquete de sal, me echo un poco en el bolsillo, y me paso el día llevándome a la boca unos granitos cada poco tiempo.

Inmediatamente supe lo que le estaba pasando. No era demasiado complicado: ¡era adicto a la sal gruesa! La sal, aparte de ser tóxica y deshidratante, estaba sobrestimulando su sistema, lo que hacía que tuviese la presión arterial tan alta y que su pH se saliera de las tablas por el extremo de la acidez. También era adicto a otros estimulantes: azúcar, bebidas carbonatadas, nicotina y cafeína, por citar solo algunos.

Estuvimos varias semanas tratando la química de su organismo por medios naturales y aplicamos los procedimientos bioenergéticos que solía emplear en mi consulta para eliminar los bloqueos inconscientes relacionados con la constante necesidad de estimulación. Al mes siguiente John ya se había curado de la mayor parte de sus dolencias. Las afecciones restantes eran bastante manejables y siguieron mejorando a medida que fueron pasando los meses.

Siete años más tarde, un John mucho más feliz asomaba su cabeza en la sala de espera de mi clínica justo cuando yo pasaba por recepción. Hacía años que no le veía. Se había mudado a Florida, pero había vuelto a la ciudad para visitar a sus hijos y quería aprovechar la ocasión para darme las gracias. Mientras me enseñaba las fotos de sus nuevos nietos vi claramente que ahora celebraba la vida.

—¿Algo para picar? —dejé caer bromeando.

—¡De ninguna manera! ¡Me siento demasiado bien como para andar tonteando con esas cosas! —fue su contundente respuesta.

¿QUÉ ES EL CÓDIGO QUÍMICO?

Hace años, antes de que escribiese *La biología de la creencia*, el Dr. Bruce Lipton dio algunas conferencias en los seminarios que mi padre, mis hermanos y yo organizábamos para hablar de la sanación natural por medio de la medicina bioenergética. En esos encuentros compartía las innovadoras y revolucionarias ideas de sus investigaciones en un nuevo campo científico denominado *epigenética*. En pocas palabras, la epigenética es el estudio de la expresión genética, o de qué hace que los genes actúen de un cierto modo y de qué manera factores como el estilo de vida, la edad, las enfermedades e incluso los patrones de pensamiento, pueden influir en los genes. Este campo ha comenzado a responder algunas de las preguntas más antiguas sobre nuestra propia capacidad para influir y sanar el cuerpo con el que nacimos.

Para mí, quizá el descubrimiento más emocionante fue que todas las células del cuerpo tienen antenas o receptores en la superficie que le dicen a nuestros genes cómo actuar en función de los mensajes energéticos y químicos que reciben de su entorno inmediato. Independientemente de cuál sea nuestra configuración genética, de la secuencia específica de nuestro ADN o de las predisposiciones que hayamos heredado de nuestros padres o abuelos, las células actúan en función de la «información» que reciben sobre su entorno a través de los receptores de su membrana. Pero lo mejor de todo es que podemos ejercer un gran control sobre el contenido concreto de esa «información» y sobre el entorno que queremos crear para nuestras células. Por consiguiente, podemos indicar a nuestros genes *consciente* y *deliberadamente* cómo actuar.

Al igual que ocurre con todo lo demás, las células de nuestro organismo dependen de la energía para obtener información. Nuestro organismo produce una serie de sustancias químicas (por ejemplo, hormonas, enzimas, etc.) en función de la información que recibe de nuestro campo energético, con lo que dicha energía adopta una forma física. A su vez, esos productos químicos crean el «medio» interno que regula la función celular y da lugar al estado químico general de nuestro organismo. Así, cuando se produce una variación en el campo energético, también cambia la química del cuerpo. Por ejemplo, en última instancia, el campo energético es el que determina las hormonas que producen la glándula tiroides y las glándulas suprarrenales: las células de estas glándulas «detectan» la energía en el campo energético del cuerpo por medio de los receptores (que actúan a modo de antenas) que tienen en su superficie.

Dado que ambos factores poseen el mismo estatus o el mismo nivel en este circuito de comunicación que se retroalimenta a sí mismo, lo contrario también es cierto: la química de nuestro cuerpo afecta a nuestra energía. Esto significa que la química de nuestro organismo puede tanto facilitar como obstaculizar nuestros esfuerzos por encarnar el Alma.

En este código aprenderemos a crear un entorno que devuelve al cuerpo a su estado natural de calma, relajación, equilibrio y eficiencia. Cuando el cuerpo físico se encuentra en un estado óptimo, el campo energético se revitaliza, lo que nos permite volver a conectar circuitos que habían quedado fuera de uso, integrar la energía fragmentada, capacitar al cuerpo para que realice sus funciones innatas de creatividad y autosanación, y permitir que el Alma emerja a la superficie y se haga patente. Dicho de otro modo, cuando nuestro organismo se encuentra en un estado óptimo estamos preparando el terreno para manifestar salud, plenitud y bienestar en todas las áreas de la vida. El equilibro del pH del cuerpo juega un papel crucial en todo esto.

La importancia del pH corporal

La historia de John que he compartido contigo al comienzo de este capítulo trata esencialmente del equilibrio químico del cuerpo. Me refiero específicamente al equilibro del pH de los fluidos de todo el organismo —lo ácido (pH bajo) o alcalino (pH alto) que es el cuerpo como medio o entorno para nuestras células—. Esto es importante porque, para mantenerse sanas y vitales y conservar su capacidad de autorreparación, las células necesitan un ambiente alcalino, mientras que (a excepción de las células estomacales) en un ambiente más ácido comienzan a descomponerse o a presentar un funcionamiento anómalo.

El noventa y cinco por ciento de todas las enfermedades se dan cuando el cuerpo se encuentra en un estado ácido. El cáncer, por ejemplo, es el resultado extremo de un medio altamente ácido. Otras enfermedades comunes (como el reflujo ácido, la osteoporosis, la hipertensión, la gota, la artritis, el colesterol alto, el hipotiroidismo, la diabetes o el exceso de retención de grasas, por citar solo algunas) también son síntomas que denotan un medio corporal ácido. Lamentablemente, el organismo de la mayoría de la gente sencillamente es demasiado ácido como para que pueda darse la regeneración celular, y el resultado es la epidemia de enfermedades crónicas que padecemos hoy en día. Y aunque ahora la mayoría disponemos de la suficiente información como para no pasarnos el día masticando sal gruesa, hay muchas maneras en las que, sin saberlo, contribuimos a nuestra incapacidad para curarnos.

Nuestro organismo siempre da prioridad a derivar la energía hacia procesos relacionados con la supervivencia. Por ejemplo, registra los niveles de pH de la orina y de la saliva o bien como una amenaza para la supervivencia (cuando son demasiado ácidos), o bien como un estado de seguridad (cuando son adecuadamente alcalinos). Nuestras células están diseñadas para estar inmersas en un medio alcalino y producir ácido como un subproducto de sus funciones. En realidad, ¡tener un pH demasiado ácido es en sí mismo una enfermedad mortal! La acidosis (así es cómo se denomina al estado de acidez extrema) puede provocar problemas cardíacos, derrames cerebrales y fallos renales, así como otros trastornos en los principales sistemas del organismo. Por lo tanto, aunque el cuerpo ya tenga que tratar de sanar otras dolencias o afecciones (incluso si se trata de enfermedades graves), va a intentar equilibrar el pH antes de asignar energía o cualquier otro recursos al restablecimiento de otras cuestiones o problemas.

Esta prioridad constante que se le da al mantenimiento de la alcalinidad es la razón principal por la que las lesiones y las enfermedades se vuelven crónicas (es decir, que nunca llegan a curarse). Por ejemplo, si alguien se queja de dolor de espalda y su pH es demasiado ácido, yo, como médico, podría dedicarme eternamente a tratar sus síntomas físicos sin conseguir ninguna mejoría apreciable. ¿Por qué? Pues porque su cuerpo está utilizando toda su energía curativa para neutralizar la acidez y evitar que el sistema colapse. Nadie muere por un dolor de espalda, pero de hecho sí que se puede llegar a morir por un desequilibrio químico debido al exceso de acidez. Hasta que no se restablezca dicho equilibrio químico, el sistema optará por gastar toda su energía adicional en tratar este problema mucho más acuciante, por lo que las complicaciones menos prioritarias no se resolverán.

En los últimos treinta años de mi práctica profesional me he encontrado con miles de casos en los que un desequilibrio químico estaba impidiendo que el paciente pudiese sanar su dolor de espalda, su lesión de rodilla, su dolor de cabeza, su depresión o su ansiedad. En estos casos, el sistema fue capaz de alterar sus prioridades y empezar a tratar los problemas menores a medida que fuimos restableciendo el estado químico alcalinizando el organismo.

Incluso con todas las evidencias de las que disponemos actualmente, la cuestión del pH sigue siendo objeto de debate. El motivo de esta controversia es la gran cantidad de variables que pueden generar resultados contradictorios en los ensayos, incluyendo qué fluido corporal se esté analizando y cuál sea la ingesta alimentaria y el estado emocional del paciente, así como otros factores de salud que también pueden estar presentes en el momento en el que se realizan los análisis. (Para realizar las mediciones se utiliza el pH de la saliva y de la orina, ya que el organismo protege el pH de la sangre el mayor tiempo posible, incluso si para hacerlo tiene que sacrificar minerales alcalinizantes de los huesos y los músculos). Además, muchas veces, las lecturas de pH y las recomendaciones se interpretan erróneamente. Por ejemplo, un paciente con cáncer en fase IV puede mostrar alcalinidad en los análisis del pH de la orina debido a la lisis celular, en lugar de ser porque exista un equilibrio químico adecuado en su cuerpo. En los últimos cuarenta años he visto surgir y desaparecer muchas dietas y modas nutricionales. Lo que tanto mi padre como yo observamos en nuestra práctica clínica fue que lo que en realidad posibilita que el cuerpo se cure a sí mismo es seguir una dieta alcalinizante que permita mantener las «reservas» alcalinas (las cuales se encuentran en los fluidos extracelulares y, en última instancia, en los tejidos muscular y óseo, donde se almacena una cantidad aún mayor de los minerales del cuerpo), de modo que el organismo pueda recurrir a ellas en caso de necesidad.

Lo que en última instancia determina la facilidad o dificultad con la que nuestro cuerpo sana y se transforma es su química (y no la fuerza de voluntad mental o la disciplina emocional, como dirían algunos). Esto es así porque la química de nuestro cuerpo es un factor con el mismo peso o importancia que el campo energético en el circuito de retroalimentación que se establece por todo el sistema. De hecho, la química de nuestro organismo es importante a la hora de manifestar todos nuestros deseos en la vida, ya que refuerza (o inhibe) nuestra capacidad para conectarnos con el Alma y expresarla, así como para sentirnos inspirados y animados, tomar la iniciativa y sanarnos a nosotros mismos en todos los niveles.

Lo que nos lleva a la pregunta crucial: ¿qué podemos hacer para equilibrar nuestra química corporal?

Hay muchos factores que contribuyen al estado de la química de nuestro organismo. Yo lo imagino como una sopa casera bastante compleja y elaborada en la que entran en juego muchos ingredientes para dar lugar a la mezcla final. Estos ingredientes incluyen cosas obvias, como la comida y la bebida, el aire que respiramos, las sustancias y los productos químicos que ingerimos o absorbemos, etc. Otros ingredientes son menos evidentes, como los pensamientos, las emociones o las creencias (tanto conscientes como inconscientes).

Curiosamente, el «espacio» del cerebro que alberga el inconsciente es también el lugar donde se cocina esta sopa de la química corporal. Se cree que en esta parte del centro del cerebro (a la que diversas tradiciones orientales denominan *cueva de Brahma, cueva de la creación* o *cueva de la colaboración*) es donde se origina el pensamiento creativo y donde comienza la generación de una nueva realidad. Es como un centro de mando que controla muchas de las funciones del organismo, de modo que lo que aquí ocurre tiene un gran impacto en la química corporal. Si bien la interacción que se produce entre hormonas, neurotransmisores y reacciones sinápticas es bastante compleja, a continuación te ofrezco una forma sencilla de pensar en ello: Imagina una pequeña cueva en medio de tu cerebro. El suelo de la cueva lo conforma una parte del cerebro llamada *hipotálamo*, la cual recibe información desde el interior del organismo (desde nuestro «mundo interior») y responde químicamente a dicha información. En última instancia, aquí es donde se regulan los desequilibrios químicos. Ahora imagina que estás sentado en esta pequeña cueva. Si estirases las piernas y llegases con los pies todo lo lejos que pudieses, estarías en las proximidades de la glándula pituitaria, que es la glándula maestra que controla el sistema hormonal. El hipotálamo y la glándula pituitaria están directamente relacionados; el primero actúa como «centro de comunicación» para la segunda, y en él se intercambia la información sobre qué hormonas se necesitan y en qué cantidad. Las paredes de la cueva están formadas por el tálamo, el cual, entre otras cosas, recibe los impulsos nerviosos provenientes de los cinco sentidos, que nos aportan información del mundo exterior. Por último, en la parte trasera de la cueva se encuentra la glándula pineal, entre cuyas células se incluyen conos y bastones similares a los de los ojos. Tanto la glándula pineal como los ojos perciben fotones, pero, puesto que en el centro del cerebro no hay ninguna apertura al mundo exterior, esta glándula puede percibir frecuencias más altas que las de la luz visible, como las de nuestro cuerpo energético o las del Alma (yo misma he tenido ocasión de comprobar personalmente que esto es así). Por último, en el suelo de la cueva hay una trampilla bajo la cual se encuentra el inconsciente: el lugar en el que residen aquellas experiencias a las que nos hemos resistido y que hemos rechazado, negado o aislado de nuestra conciencia, así como todos aquellos aspectos de nosotros mismos que aún no hemos despertado. Todas las reacciones de estas células y glándulas afectan continuamente a nuestra energía y nuestra fisiología.

Varios ingredientes clave se canalizan y llegan a esta cueva a través de las actividades de recopilación de información del tálamo, el hipotálamo y la glándula pineal. La culminación de toda la diseminación y transmisión que se produce dentro de esta cueva es la «sopa» química corporal que se envía a nuestras células a través de la glándula pituitaria, el líquido cefalorraquídeo y otros mensajeros neuronales. Así, las células de nuestro cerebro y del resto del organismo acaban «bañadas» en los mensajes que les llegan a través de esta sopa y a los cuales responden.

La química de esta sopa no solo determina nuestra capacidad de sanación, sino también cómo y cuándo despertaremos finalmente a la gran verdad de nuestra auténtica naturaleza como seres de energía eterna y multidimensional (es decir, como el Alma). Por lo tanto, esta química contribuye a la consecución de nuestra propia inversión cuántica.

Veamos dos de los ingredientes principales que forman parte del «caldero» de la sopa química de nuestro cuerpo.

Lo que comemos

Nuestro sistema digestivo funciona como una estufa de leña. Cuando ponemos madera en una estufa, esta arde como combustible y el subproducto derivado es la ceniza. A los subproductos que se crean cuando una sustancia es metabolizada por el organismo también se les llama *ceniza*; a los subproductos alcalinos los denominamos *ceniza alcalina*, y a los ácidos, *ceniza ácida*.

Después de ser digeridos, los alimentos y las bebidas que tomamos afectan al pH corporal. Algunos productos, como el café, son ácidos al ingerirlos y ácidos una vez metabolizados. Otros, como ciertas verduras, son alcalinos tanto al ingerirlos como después de haber sido metabolizado, mientras que un tercer grupo, como las naranjas y los limones, son ácidos al ingerirlos pero alcalinos una vez que se metabolizan; o, como un bistec, son más alcalinos al ingerirlos pero producen una ceniza fuertemente ácida después de ser metabolizados.

Para crear y mantener un medio celular saludable debemos ingerir muchos más alimentos que produzcan cenizas alcalinas que alimentos que produzcan cenizas ácidas. De lo contrario, el organismo se ve obligado a recurrir a sus reservas alcalinas para neutralizar las cenizas ácidas y evitar que pasen al resto del sistema digestivo y quemen los tejidos de los riñones y el colon, lo que provocaría la lisis celular, dolencias y trastornos a su paso. Cuando ingerimos una gran cantidad de alimentos que producen cenizas ácidas, tomamos prestada más alcalinidad de estos reservorios de la que reponemos. Si esto ocurre de forma ocasional no supone ningún problema, pero, a largo plazo, un aporte constante de alimentos que producen ceniza ácida acaba agotando nuestras reservas alcalinas, hasta que el cuerpo ya no es capaz de generar un sistema tampón para compensar la acidez. Cuando esto sucede el sistema simplemente se vuelve cada vez más y más ácido. En estas condiciones las células, que están diseñadas para flotar en un ambiente alcalino, comienzan a descomponerse, dando lugar a la aparición de diversas afecciones y trastornos.

La retención de grasas es una respuesta del organismo ante un medio ácido. Puesto que las grasas son alcalinas, el cuerpo retiene lípidos y fluidos en un intento de diluir o neutralizar la condición ácida que se está acumulando en su interior. Por este motivo, es más fácil perder peso con un medio interno alcalino.

Y aquí es donde la epigenética entra en juego. Durante mucho tiempo se creyó que ciertas enfermedades (como la diabetes, las disfunciones cardíacas y circulatorias, e incluso el cáncer) eran hereditarias. Es posible que este componente tenga una cierta influencia, pero, como ya hemos visto anteriormente, lo que determina el comportamiento de los genes no es simplemente la configuración heredada de nuestro ADN, sino el medio o el entorno en el que nuestras células están inmersas diariamente. En muchos casos, esto se traduce en largos períodos de consumo de alimentos productores de ceniza ácida que generan un medio ácido en el cuerpo, lo que crea así las condiciones adecuadas para desarrollar enfermedades.

¡Es fascinante! Resulta que las condiciones propicias para la aparición de enfermedades que antes creíamos que eran inevitables y que simplemente teníamos que aceptar, en realidad, ¡se pueden evitar e incluso revertir generando una química alcalina dentro de nuestro cuerpo! Dentro de la comunidad de los profesionales de la salud que utilizan la técnica BEST existen desde hace mucho evidencias de casos de pacientes que ponen de manifiesto que la capacidad de autosanación se incrementa cuando el sujeto disminuye su ingesta de alimentos acidificantes y aumenta la de alimentos alcalinizantes. Cuando le brindamos este tipo de ayuda, el cuerpo empieza automáticamente a recuperar su estado natural de salud y bienestar.

El código químico te proporcionará las herramientas necesarias para hacer una «sopa» química en tu cuerpo con una nueva receta, y aportará a tus células lo que necesitan para funcionar en un estado alcalino óptimo, el cual no solo es necesario para la correcta función de las células individuales, sino también para la transmisión precisa de información del campo energético a la superficie de las células y, posteriormente, al interior de las mismas, de modo que estas puedan producir sustancias químicas que, a su vez, se traducirán como información que llega al cerebro. De esta manera, el sistema sensorial produce respuestas motoras adecuadas en la vida.

Los alimentos alcalinos son principalmente las frutas y las verduras; otros alimentos producen ceniza ácida en mayor o menor medida. Por su parte, las proteínas animales son el producto más acidificante, seguido por los lácteos y los cereales. La cafeína es altamente acidificante, al igual que el azúcar, los refrescos, el alcohol y los alimentos procesados que contienen colorantes y saborizantes artificiales. Y, por supuesto, la nicotina y otras sustancias químicas adictivas también crean acidez y, como es bien sabido, producen otros efectos nocivos para la salud. No siempre es posible compensar la acidez de un tipo de alimento ingiriendo una mayor cantidad de alimentos alcalinizantes. Por ejemplo, demasiada proteína animal en un día (más de treinta gramos) genera más ácido del que podemos alcalinizar en veinticuatro horas por muchas verduras que comamos.

Mi padre solía decir: «Toma alimentos que estén lo más cerca posible a como los ha preparado la naturaleza». Sin embargo, con la llegada de la modificación genética, incluso esa solución está en peligro. Algunos estudios han demostrado que los alimentos modificados genéticamente afectan a los riñones, el hígado, el corazón, las glándulas suprarrenales y el bazo de los mamíferos. Atribuyo este efecto a que el cuerpo no los reconoce como «alimentos de verdad». Somos muchos quienes opinamos que alterar los enlaces químicos naturales hace que el metabolismo sea menos completo o que al cuerpo le cueste más llevarlo a cabo y, por consiguiente, que se produzca una mayor acumulación de cenizas ácidas, lo que a su vez provoca que el organismo tenga que hacer un mayor esfuerzo para procesarlas. Por lo tanto, siempre que podamos debemos tomar alimentos orgánicos, que no hayan sido modificados genéticamente.

La dieta juega un papel fundamental en la salud de la química de nuestro cuerpo, pero hay otro factor que es aún más influyente: nuestros pensamientos.

Lo que pensamos

Los pensamientos crean sustancias químicas. Los de baja frecuencia crean sustancias químicas acidificantes, mientras que, por su parte, los de alta frecuencia crean sustancias químicas alcalinizantes. La experiencia del amor es la que produce los efectos más alcalinizantes en nuestro sistema.

Cuando, por ejemplo, estamos sometidos a un gran estrés, nuestro cuerpo responde produciendo ciertas sustancias químicas, como el cortisol (la «hormona del estrés»), para tratar de protegerse. Cuando los niveles de cortisol se mantienen elevados por períodos prolongados dan lugar a un medio ácido en el cuerpo, ya que el modo de ataque/huida se ocupa primero de aquello que supone una amenaza para nuestra supervivencia, y no de las necesidades de filtrado, limpieza y regeneración que pueda tener el organismo. Cuando estamos contentos y alegres, el organismo produce sustancias químicas diferentes (como la dopamina, la «hormona del bienestar») y el resultado que se produce en la composición química del organismo es diferente.

En su *Textbook of Medical Physiology* («Manual de fisiología médica»), Arthur Guyton afirma que nuestro propio pensamiento eclipsa el sistema de activación reticular (RAS, por sus siglas en inglés; un «guardián» que se encarga de priorizar los estímulos captados que deben ser procesados). Esto supone que los pensamientos tienen un impacto directo en la respuesta de ataque/huida/miedo y en la subsecuente química corporal sin que medie ningún tipo de regulación. Sabemos que los pensamientos pueden eclipsar (y que, de hecho, lo hacen) los efectos beneficiosos que una buena nutrición tiene en el equilibrio químico del cuerpo, lo que significa que podemos llevar una dieta perfectamente alcalinizante y, aun así, seguir creando un estado ácido en el cuerpo si nuestros pensamientos (conscientes o inconscientes) generan emociones de baja frecuencia como la ira, el odio, el resentimiento, el remordimiento o un exceso de preocupación (la causa número uno de acumulación de ácido en el organismo). Sí, la preocupación prolongada o habitual produce más ácido en el cuerpo del que podemos alcalinizar o neutralizar, y da igual cuántos alimentos alcalinizantes comamos para tratar de compensarlo. Cuando la causa del pH ácido es un desequilibrio nutricional, podemos contrarrestarlo en unas pocas semanas. Sin embargo, muchísimas veces me ha ocurrido que, en un primer momento, he comprobado que el pH de mis pacientes era muy ácido, pero después, al pedirles que anotasen lo que comían, me he llevado la sorpresa de descubrir que seguían una dieta casi perfecta, e incluso que ya llevaban cierto tiempo alimentándose de este modo; sin duda el tiempo suficiente como para que ya hubiese supuesto una diferencia apreciable en la química de su organismo. (Tienes más información sobre los kits de medición del pH y sobre cómo adquirirlos en la sección de recursos de la página 493). Cuando esto ocurre, el siguiente paso es investigar la clase de pensamientos que tienen regularmente, así como las emociones que resultan de ellos. En ocasiones, los pacientes son muy conscientes de que se encuentran en una situación complicada o delicada y que están teniendo sentimientos de estrés, miedo, preocupación o rabia. Sin embargo, con frecuencia descubrimos que no estaban pensando o sintiendo negativamente en un nivel consciente, sino que en realidad se estaban enfocando en sanarse, en amar y perdonar pero, aun así, sus sistemas seguían produciendo un medio ácido. En estos casos son los patrones inconscientes ocultos los que están causando la acidez, así que recurrimos a las prácticas del código de eliminación, la técnica BEST y la técnica de eliminación BEST para solventar las emergencias inconscientes que se esconden bajo la «trampilla» del paciente y así reiniciar o «resetear» el «centro de mando» que rige la relación tálamo/hipotálamo.

No debemos subestimar ni minimizar el papel que juega el inconsciente en la química corporal. El cuerpo tiene que recibir el mensaje de que la emergencia ya ha pasado y ahora ya está a salvo. Es así como realmente podemos relajarnos cuando tenemos la intención de hacerlo. Entonces, si nos tomamos unas vacaciones, podremos descansar y rejuvenecer verdaderamente. El cuerpo podrá adoptar de nuevo la química propia de la recuperación y ahí es cuando realmente podemos restablecernos y sanarnos a nosotros mismos.

La mente consciente no siempre es capaz de entender y perdonar las experiencias pasadas, por lo que tenemos que crear nuevos neurocircuitos con las prácticas energéticas del código de eliminación para así poder empezar a eliminar esas interferencias inconscientes, incluso si no sabemos exactamente cuáles son. El código químico añade otro potente recurso, porque, cuando optimizamos la química de nuestro organismo las acciones que emprendemos para incrementar nuestra flujo energético y abrirnos a nuestra Alma se potencian y enriquecen enormemente.

Si somos capaces de generar esta clase de sustancias químicas tan favorables (que ya están presentes de forma natural en nuestro organismo), nuestra composición química pasará a ser un factor estabilizador. Se convertirá en una parte consistentemente positiva del circuito de retroalimentación que se establece entre nuestro campo energético y la química de nuestro cuerpo, y nos facilitará permanecer firmemente establecidos en el Alma en una gran variedad de circunstancias externas. En otras palabras, podremos manejar las tensiones y el estrés mucho mejor. Y, dicho sea de paso, ¡esto es cierto tanto si estamos en la personalidad protectora como si somos el Alma!

En el código químico nuestro objetivo es producir una «sopa» química corporal que se corresponda con la paz, la armonía, la alegría, el bienestar y la autosanación. Cuanto más intensa sea la correlación existente entre las sustancias químicas de nuestro organismo y el hecho de vivir en un estado de plenitud, completitud e integridad, más probable será que nos mantengamos también en un estado de integridad cuando cambien nuestras circunstancias externas. Modificar el estado de nuestro cuerpo físico hace que este estado holístico de completitud sea más tangible y nos permite anclar una mayor cantidad de energía en el estado de salud y bienestar (el estado para el que realmente estamos destinados).

El caso de Barbara, una de mis pacientes, ilustra muy bien esto. Padecía dolores en las rodillas, en la espalda, en las muñecas, mal humor, apatía e hinchazón abdominal, y estos solo eran algunos de sus síntomas. También sufría depresión, ansiedad e insomnio, y era incapaz de concentrarse en el trabajo. Se mostraba exageradamente sensible con muchas cosas, hasta el punto de que sencillamente no quería relacionarse ni participar en ninguna actividad. En ocasiones sentía que estaba a punto de renunciar por completo a la vida.

Después de tan solo diez días alcalinizando su composición química, sus dolores articulares mejoraron considerablemente. A las tres semanas, su ansiedad se había calmado en gran medida y era capaz de dormir del tirón por la noche. Sus cambios de humor y sus problemas de concentración también fueron mejorando apreciablemente día a día. En sus propias palabras: «¡Es como si una nueva persona estuviese naciendo dentro de mi cuerpo!». Unas semanas más tarde la despidieron del trabajo. No es que estuviese especialmente contenta con sus condiciones laborales: su jefa era incapaz de apreciar lo mucho que ella había aportado al negocio, muchas veces le hacía planificar o cancelar reuniones en el último minuto y no atendía a las recomendaciones de Barbara para mejorar la compañía. De todos modos, no esperaba que la despidiesen (¡y encima mediante un correo electrónico, ni más ni menos!). Como es lógico, se sentía molesta y contrariada, pues su trabajo no solo era su forma de ganarse la vida, sino también su medio para expresarse en el mundo: «Gracias a Dios que estaba haciendo este programa de alcalinización, ¡y gracias a Dios por permitirme conocer estas técnicas. Jamás me había tomado nada tan bien. En el pasado, una noticia como esta me hubiese dejado fuera de combate durante semanas, o incluso meses». Barbara había logrado tener una idea mucho más clara que nunca de quién era ella en el mundo gracias a que su composición química corporal era más alcalina y más fuerte. En lo más profundo de su ser, ella siempre había sabido que ese trabajo no formaba parte de su destino, y ahora era plenamente consciente de que todo se estaba desarrollando a su favor. Su estabilidad ya no dependía de nada externo, no provenía de fuera de sí misma, sino de su propio interior (¡un lugar fantástico y maravilloso para estar!).

En las prácticas del código químico vamos a trabajar con la química corporal a través de la comida y los pensamientos/emociones para generar el medio alcalino que se requiere para que puedan darse la sanación, la plenitud y la verdadera iluminación del Alma. Te presentaré las bases generales de mi programa de nutrición basado en la ceniza alcalina, cuyo fin es conseguir un pH corporal óptimo, y te propondré una serie de ejercicios para ayudarte a dominar la clase de pensamientos que tienes. No tardarás en recuperar el equilibrio en la química de tu cuerpo, sobre todo si sigues realizando las prácticas de los demás códigos energéticos.

Empecemos con mi programa de nutrición.

LAS PRÁCTICAS DEL CÓDIGO QUÍMICO

PRÁCTICA 1: PROGRAMA DE NUTRICIÓN BASADO EN LAS CENIZAS ALCALINAS

El programa de nutrición basado en las cenizas alcalinas especifica los alimentos que contribuyen a crear un pH ideal en el cuerpo y al restablecimiento del equilibrio hormonal para la sanación, el rejuvenecimiento y la revitalización celular. Cuanto más tiempo pasemos alcalinizándonos, más jóvenes nos volveremos.

Entre un 75 y un 80 por ciento de frutas y verduras frescas

Lo ideal es tomar crudas la mayoría de las frutas y las verduras, pero, si al principio te cuesta, empieza poco a poco. Es posible que inicialmente tu cuerpo esté demasiado acidificado y no produzca la cantidad adecuada de enzimas para digerir una gran cantidad de alimentos crudos. Este suele ser el caso en los sistemas digestivos de las personas mayores y de quienes llevan mucho tiempo abusando de la comida rápida, la comida basura y los fritos. Pero, yendo poco a poco, irás estableciendo una mayor tolerancia, incluso si eres mayor. Yo misma he podido comprobar cómo la digestión de personas con más de noventa años pasaba a ser como la de alguien mucho más joven en cuestión de semanas o meses, simplemente alcalinizando sus dietas.

Si hay frutas o verduras que no puedes tomar porque te producen reacciones o «alergias» (como llagas en la boca, erupciones cutáneas o reacciones en los senos nasales), limítate a ingerir las que puedas, ya que esas reacciones están indicando que tu medio interno es demasiado ácido y, por lo tanto, necesita el efecto alcalinizante de cualquier alimento crudo que toleres. A medida que tu pH vaya aumentando, tu tolerancia a los alimentos irá siendo mayor. La producción de muchas de las enzimas del organismo está regulada por un sistema de «oferta y demanda», por lo tanto, si estas frutas y verduras son alimentos nuevos en tu dieta, es mejor que al principio las tomes cocidas, pues así te resultarán más fáciles de tolerar. Aun así, mantente abierto a tu propia transformación y a la posibilidad de poder comer una mayor cantidad y variedad de alimentos frescos. Si quieres que tu cuerpo tenga más vitalidad, ¡tienes que comer alimentos «vivos», que tengan vida!

La forma en que combinamos los alimentos también juega un papel importante en la capacidad del organismo para metabolizarlos, ya que las distintas clases de alimentos requieren diferentes enzimas para su digestión. Además, hay ciertas enzimas que pueden verse bloqueadas o inhibidas por la acción de otras enzimas especializadas en la metabolización de otros tipos de alimentos. Por ejemplo, la proteasa, que digiere proteínas, requiere un medio diferente al de la amilasa, la maltasa, la sacarasa y la lactasa, que digieren carbohidratos. Cuando se ingieren a la vez proteínas y carbohidratos, cada una de estas dos clases de enzimas hace que la otra sea menos efectiva que si se hubiesen ingerido por separado o junto con otros alimentos que sean más fáciles de digerir juntos. Debido a su alto contenido de agua, es mejor no comer melón o sandía en las comidas copiosas, ya que diluyen el medio enzimático en el que se lleva a cabo la digestión (ralentizan el proceso digestivo, y esa es la razón por la que muchas veces nos sentimos incómodamente llenos cuando tomamos un trozo de melón o de sandía de postre). Por el mismo motivo, es mejor no beber mucha agua u otros líquidos durante las comidas.

Las siguientes pautas te serán de ayuda si tienes inflamación articular, congestión crónica en los senos nasales, alergias o dolores musculares, así como con muchos tipos de dolores de cabeza crónicos, o cuando los resultados de pH en saliva muestren valores bajos. También mejorarán tu digestión y aumentarán tus reservas alcalinas.

- Toma proteínas con verduras, pero no con almidones o féculas.
- Toma almidones o féculas con verduras, pero no con proteínas.

- Toma la fruta sola.
- Evita los productos lácteos.

Siempre que tengas el pH bajo, disminuye significativamente tu ingesta de proteínas animales hasta que aumente y tus síntomas mejoren.

COMBINACIONES DE ALIMENTOS PARA ELEVAR EL PH

- Toma un 75-80 % de frutas y verduras
- Toma la fruta sola
- Toma el melón (y la sandía) por separado
- Toma proteínas con verduras
- Toma almidones o féculas con verduras

NO TOMES:

- Proteínas con almidones o féculas
- Más de 4 a 6 alimentos distintos en la misma comida
- Productos lácteos

También hay momentos del día en los que nuestro sistema digiere mejor ciertos tipos de alimentos. Desde primeras horas de la mañana hasta aproximadamente el mediodía, nuestro sistema digiere las frutas y las verduras con mayor facilidad, por lo tanto, cuando estés intentando alcalinizar tu organismo, procura tomar menos proteínas pesadas en estas horas del día. La comida principal (y la más copiosa) se digiere más fácilmente en las horas centrales del día, desde el mediodía hasta aproximadamente las seis o siete de la tarde, que es cuando el cuerpo está en modo *digestión*. Después entra en un ciclo de *asimilación*, durante el cual aprovecha todos los nutrientes que hemos ingerido ese día, los absorbe y los transporta a las estructuras celulares. Este proceso dura hasta alrededor de las tres de la mañana. Durante este tiempo, nuestro sistema empieza a trabajar en la *eliminación* de todas las toxinas que se han generado ese día. Cuando nos despertamos por la mañana aún está descargando los subproductos de la digestión que sencillamente no nos sirven (todo lo que no necesitamos almacenar), y este ciclo continúa hasta cerca del mediodía. Lo ideal es que no ingiramos nada después de las siete o las ocho de la tarde.

Hay dos razones que pueden hacer que te despiertes por la noche. Una es que puedes estar consumiendo demasiados alimentos tóxicos o acidificantes y, por lo tanto, tu sistema se vea sobrecargado durante su ciclo de eliminación. La segunda es que, según lo que sostiene la tradición oriental con respecto al desarrollo de la conciencia, es posible que durante el ciclo de eliminación tengas una mayor predisposición a captar energías de alta frecuencia y, por consiguiente, elevar tu conciencia a nivel inconsciente y celular mientras la mente consciente está dormida. Debido a esto, muchas veces se recomienda ayunar para facilitar el avance personal. Yo misma he guiado a muchas personas a través de programas de desintoxicación y limpieza que les han ayudado a perder peso, elevar su vibración energética y curarse de asma, alergias, dolores de cabeza crónicos, dolores de espalda, colitis, úlceras, alergias alimentarias, urticaria, insomnio, irritabilidad, adicción a la comida y otros trastornos y enfermedades. Al mejorar tu composición química, es posible que tu sistema «quiera» que te despiertes para que la mente consciente pueda conectarse a esta nueva «estación de radio vibracional» y se puedan construir nuevos circuitos.

Por lo tanto, nunca te enojes cuando te despiertes en medio de la noche, y no temas no haber descansado cuando llegue la mañana. En lugar de eso, ponte a practicar suavemente la Respiración del canal central y a buscar acúmulos o densidades para así aprovechar esta oportunidad y aumentar tu frecuencia vibratoria. Luego, durante las horas de vigilia, comprueba tu pH. Si

TEST DE PH EN SALIVA - CÓMO INTERPRETAR LOS RESULTADOS

	pH	Color	Indicaciones	Alcalinidad	Sugerencias dietéticas
	7,2 a 8,0	De azul a azul	Preocupación, ansiedad, propensión al agotamiento físico	Hay reservas disponibles	Si eres vegetariano puedes añadir arroz o cereales
	8,0 a 6,4	De azul a verde/ amarillo	Anticipación de problemas, estrés crónico	Quedan algunas reservas disponibles	Más verduras, arroz integral
	6,4 a 5,5	De verde a amarillo	Anticipación de problemas, estrés crónico	Quedan algunas reservas disponibles	Más verduras, arroz integral
IDEAL	6,8 a 8,0+	De verde a azul	Respuesta preferida, buen manejo del estrés	Niveles de reservas adecuados	75 % frutas y verduras, 25 % carnes y cereales
	5,5 a 5,5	De amarillo a amarillo	Hay que hacer cambios inmediatos	No quedan reservas o no están siendo utilizadas	Añade gradualmente solo verduras cocidas
	5,5 a 6,4 - 8,0	De amarillo a verde/ azul	Ni lo mejor, ni lo peor	Las reservas están bien. El cuerpo está sometido a estrés	Menos carne y lácteos, añadir frutas y verduras
	6,2 a 6,8	Verde a verde	Menos deseable	Reservas disponibles	Añadir verduras cocidas, menos carne, algo de fruta

En el enlace al vídeo encontrarás más instrucciones
y recomendaciones sobre la medición del pH.

Instrucciones

- No comas ni bebas nada más que agua dos horas antes de realizar la medición del pH en saliva.
- Corta una tira de unos 2,5 cm y acumula un poco de saliva bajo la lengua. Sumerge en ella la tira de pH sin que toque la lengua. No toques el extremo que vas a meterte en la boca.
- Compara inmediatamente el color de la tira con la tabla incluida en el estuche con las tiras de papel, ya que el color cambiará incluso después de pasados unos segundos. Anota el valor del pH.
- Enjuágate la boca con el zumo de medio limón.
- Traga cuatro veces para eliminar todos los restos de zumo de limón y después repite la medición del pH de la saliva debajo de la lengua. Vuelve a comprobar inmediatamente el color de la tira y anota el valor del pH obtenido.
- Valores ideales: **6,8 para la primera medición.**
  8,0 para la segunda medición.

está en el rango ideal, significa que estás aumentando tu frecuencia. De lo contrario, introduce los cambios necesarios para que la química de tu organismo alcance los valores ideales y puedas sintonizar con esta nueva frecuencia vibratoria y conectar más con tu Alma. (Puedes ver un vídeo de demostración de cómo se realizan los test de pH en saliva en la web drsuemorter.com/ energycodesbook. Tienes más información sobre cómo conseguir los kits de medición del pH en la sección de recursos de la página 493).

Concesiones de los códigos energéticos

Si, al comenzar a aplicar todo esto, sientes una gran urgencia por comer la clase de alimentos que ahora ya sabes que son acidificantes, no des por sentado que esto se debe a una falta de disciplina o de voluntad, pues en realidad existe una razón más profunda para ese fuerte deseo. Tiene que ver con ese ciclo universal de expansión y anclaje del que ya he hablado anteriormente y que se va produciendo a medida que evolucionamos. Cuando empezamos a integrar y modificar nuestra sopa química corporal, es muy posible que se dé una expansión en nuestro campo energético (lo que significa que alguna parte de nuestro campo salta a una frecuencia vibratoria más elevada, con la correspondiente expansión de conciencia que esto conlleva). De pronto no nos reconocemos a nosotros mismos, porque ahora estamos teniendo pensamientos de una frecuencia más alta respecto de los que solemos tener habitualmente. Nuestra mente se está abriendo y nos sentimos como unos desconocidos ante nosotros mismos a un nivel profundo celular y vibratorio.

Cuando esto ocurre, el inconsciente empieza a buscar la manera de sentirse más afianzado y conectado a las energías que le son familiares y conocidas. El resultado es que ansiamos «alimentos reconfortantes» que disminuyan nuestra vibración, de modo que tanto nuestro cuerpo como nuestra mente puedan sentirse más cómodos, más en su lugar. Estos «alimentos de anclaje» tienden a ser productos pesados como carnes y lácteos, alimentos grasos como helados y fritos, o sustancias estimulantes como azúcares y carbohidratos derivados del almidón. Estos alimentos no son solo más densos energéticamente, sino que también tienen un efecto acidificante en el cuerpo, y esa acidez hace que disminuya la frecuencia vibratoria de nuestra energía. (Aunque el azúcar nos acelera y estimula, lo que puede parecer expansivo, esa expansión es de corta duración. La consecuencia a largo plazo de la ingesta de azúcares es una mayor actividad celular, lo que a su vez produce una mayor acidez, por lo que terminamos produciendo un estado en el que predominan las cenizas ácidas, y eso disminuye nuestra vibración).

Dejando de lado los mecanismos fisiológicos, lo que realmente quiero que sepas es que estos «antojos» son normales. Y si en un momento determinado te permites caer en la tentación y comer eso que tanto ansías, no solo conseguirás eliminar ese deseo, sino que es muy probable que con ello también estés facilitando el anclaje y la integración a nivel energético de aquello que acabas de expandir. Por lo tanto, permitirte satisfacer tus antojos en realidad puede favorecer tu avance en el proceso de integración. Sin embargo, te habrás fijado en que he dicho ¡*conscientemente*! Al entregarnos inconscientemente a los alimentos reconfortantes y darnos todos los caprichos que queremos suelen ocurrir dos cosas que nos desvían del camino o directamente nos hacen retroceder. Por una parte, cuando somos permisivos sin ser conscientes, sentimos que hemos fallado, que hemos recaído, y empezamos a castigarnos mentalmente a nosotros mismos. Nos decimos que somos débiles, que no tenemos fuerza de voluntad, disciplina ni amor propio. Este tipo de autocrítica nos devuelve a la personalidad protectora, lo que nos hace desperdiciar toneladas de tiempo y energía y perder impulso. Si interpretamos de un modo distinto (más consciente) lo que está sucediendo, no nos culparemos ni nos autoflagelaremos, y esto es clave para poder seguir progresando.

Por otra parte, dar rienda suelta a nuestros deseos y concedernos el gusto de comer todo lo que nos apetece durante un tiempo demasiado prolongado, también nos hace retroceder. En este caso, corremos el riesgo de entregarnos emocionalmente a la idea de que nunca vamos a ser capaces de comer bien y de cuidarnos como es debido. Por eso tenemos que estar atentos a cuánto dura el período de «permisividad y relajación». El cuerpo funciona en ciclos de tres, siete y veintiún días. Si el «antojo» o el patrón de alimentación permisiva dura más de tres días, entonces tienes que marcarte la meta de los siete días como plazo máximo para ponerle punto final. No dejes de trabajar con los códigos que has aprendido como apoyo para permanecer conectado y anclado a lo largo de ese período de siete días. Como es natural, no es recomendable establecer un ciclo de veintiún días como plazo máximo para abandonar ese patrón de conducta. Esto es importante porque muchos estudios muestran que veintiún días es el tiempo necesario para que un hábito arraigue en nosotros. Por lo tanto, si mantienes un régimen alimentario permisivo (es decir, con predominio de las cenizas ácidas) durante ese tiempo, luego te resultará mucho más complicado abandonar esa costumbre.

Lo ideal es que cuando sientas que quieres tomar esta clase de alimentos reconfortantes seas permisivo y te entregues a ese deseo, pero de forma moderada y controlada. El resto del proceso de afianzamiento y conexión se produce cuando profundizas en las prácticas de respiración, en las *asanas* de yoga prescritas, y en el resto de las prácticas de los códigos energéticos. Este equilibrio tiene la ventaja adicional de crear un hábito en torno a la búsqueda de consuelo en lo único de lo que realmente puede provenir de un modo verdadero y sostenible: estar en (ser) el

Alma. En última instancia, cualquier alivio o consolación que provenga de una fuente externa (ya sea la comida o cualquier otra cosa) puede que funcione en el momento, pero nunca tiene un efecto duradero.

PRÁCTICA 2: EJERCICIO CONSCIENTE

Otra forma de desarrollar una química corporal positiva y crear un medio ideal para que el Alma pueda penetrar en él es hacer ejercicio físico de forma intencional y consciente. A menudo, cuando la gente hace ejercicio, no está completamente presente en su cuerpo. Muchos se distraen escuchando música o viendo la tele mientras lo dan todo en la cinta de correr o en las máquinas de hacer pesas; llevan su mente a otra parte para que su cuerpo pueda trabajar con más intensidad durante largos períodos de tiempo. Según dicen, distraerse les ayuda a cumplir sus rutinas de entrenamiento.

Sin embargo, si cuando estamos haciendo ejercicio realizamos también la Respiración del canal central, en realidad reduciremos el tiempo necesario para obtener los mismos o mejores resultados. He entrenado a atletas profesionales, triatletas y campeones de carreras de aventura que han conseguido batir sus propios récords simplemente respirando a través del canal central mientras entrenaban. Al respirar arriba y abajo por el canal central con intención consciente mientras entrenas o haces ejercicio, puedes llegar más lejos y más rápido sin fatigarte. Esto se debe a que cuando eres más consciente del Alma, en realidad empiezas a captar la energía a partir de una fuente superior. A hacer ejercicio de esta forma intencional lo denomino *Ejercicio consciente*.

Cuando movemos el cuerpo y, al mismo tiempo, usamos la respiración de forma intencionada, empezamos a generar circuitos que conectan la concentración consciente (la mente), el movimiento (el cuerpo) y la respiración (el espíritu). Esta es la misma unificación de mente, cuerpo y espíritu de la que ya hablaban los grandes maestros del antiguo Oriente hace miles de años, y produce cambios muy reales en la química corporal en un período de tiempo relativamente corto.

Cuando se practica de forma consciente, el yoga es verdaderamente el ejemplo perfecto de Ejercicio consciente. En el yoga BodyAwake unificamos este elemento consciente de la respiración del canal central y la concentración mental con las posturas tradicionales. No obstante, si no te sientes atraído por el yoga, hay muchas otras formas de hacer Ejercicio consciente y de generar circuitos para el Alma. Otras formas habituales de ejercicio, como la gimnasia, el *jogging* o el trabajo con pesas, pueden volverse conscientes añadiendo la Respiración del canal central de manera específica, algo que enseño a hacer detalladamente en mis cursos. En la web drsuemorter.com/energycodesbook puedes ver un vídeo de demostración de Ejercicio consciente. (También encontrarás más instrucciones sobre esta técnica en la sección de recursos de la página 493).

En la página siguiente puedes ver un diagrama de un ejercicio común de levantamiento de pesas que muestra el flujo de energía que se desplaza por el canal central al inspirar o espirar.

1. Al levantar el peso respira tomando la energía de la tierra, y, pasando a través del *mūla bandha*, llévala hasta el núcleo.
2. Cuando estires los brazos, espira a través del canal central y suelta el aire por la coronilla.
3. Ahora haz lo mismo pero al revés: comienza inspirando por la coronilla.
4. Repite el ejercicio, respirando siempre a través del canal central en cada repetición del ejercicio.

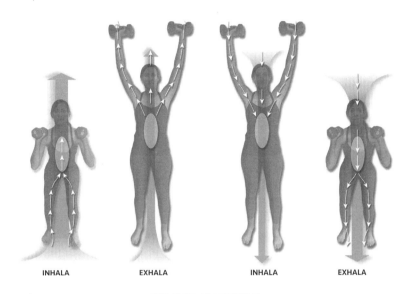

INHALA   EXHALA   INHALA   EXHALA

EJERCICIO CONSCIENTE

He enseñado a cientos de pacientes y clientes a desplazar su energía a través del cuerpo mientras hacen este ejercicio de este modo, y los resultados son asombrosos. El entrenamiento diario se vuelve mucho más placentero porque ahora podemos sentir realmente, en el cuerpo, un fortalecimiento y una apreciable mejoría, pero es que además esta práctica hace que tengamos más energía (y más estable) durante el resto del día. Y, por supuesto, el hecho de añadir este ejercicio a tu rutina de los códigos energéticos acelera exponencialmente la transformación a lo largo de toda tu vida.

PRÁCTICA 3: MODIFICAR LA COMPOSICIÓN QUÍMICA POR MEDIO DEL PENSAMIENTO

En este ejercicio vas a usar tus pensamientos para generar intencionadamente una composición alcalina en tu organismo.

Te enfocarás en pensamientos positivos y de alta frecuencia, y en detectar, reconocer y reformular cualquier pensamiento recurrente de baja frecuencia que pueda estar contribuyendo a crear un medio ácido. Esto hace que tus esfuerzos en otras áreas para crear una química corporal saludable sean más efectivos y promueve un medio físicamente beneficioso para tus células, así como un «hogar» energéticamente sólido para tu Alma.

1. Comienza por hacer la Respiración del canal central para fijar firmemente tus puntos de anclaje.
2. Ahora concéntrate en un momento victorioso o exitoso de tu vida (alguna ocasión en la que triunfaste en algo que te suponía todo un reto y te sentiste como si hubieses alcanzado un gran logro). Recuérdalo en detalle y fíjate en cómo se mueve la energía por tu organismo en respuesta a ese pensamiento. Tal vez sientas que te iluminas por encima de la cabeza o alrededor de los hombros o que tu corazón se expande. Contrae suavemente esa zona para llevar a ella la atención de la mente de un modo centrado y enfocado.
3. Ahora establécete en ese patrón y respira reposadamente arriba y abajo por el canal hasta que puedas sentir esa misma sensación vibracional en todo tu sistema; en otras palabras, hasta que puedas sentir en el vientre, en las caderas, en las piernas, etc., lo mismo que estabas sintiendo en el corazón, en la cabeza, en la garganta o donde fuese que tuvieses esa sensación. El objetivo es que sientas todo el cuerpo abierto y plenamente impregnado de esa misma sensación.

Esta es una práctica de respiración reflexiva y meditativa. Estás generando un estado abierto y expansivo para que todo el sistema pueda resonar a esa misma frecuencia vibratoria, ya que esa vibración contribuye al restablecimiento de la composición química corporal adecuada. Tienes que conseguir que todo tu cuerpo esté involucrado o implicado en la vibración propia de la sensación de victoria. Tienes que *encarnarla*. Puedes realizar la misma práctica con otras frecuencias de vibración aún más altas, como la inspiración, el amor o la alegría. Sintonizar diferentes «estaciones de radio» positivas de este modo y encarnar sus frecuencias individuales es lo que nos permite empezar a influir en la química corporal a través del pensamiento.

Ten en cuenta que esto no es lo mismo que el «pensamiento positivo», el cual, por sí mismo, no nos sana. Pensar positivamente (incluso si la trampilla que separa al consciente del inconsciente está abierta) simplemente evita que pensemos negativamente, lo que podría interferir con los procesos de sanación natural de nuestro organismo. (En el caso de que la trampilla esté cerrada, los pensamientos conscientes tendrán muy poco impacto sobre la salud y el bienestar). Si bien en esta práctica ciertamente estás enfocando la mente de manera positiva, haces mucho más que limitarte a tener pensamientos positivos, recitar afirmaciones o soñar solo con la mente; estás difundiendo las vibraciones propias de esas actividades por todo el cuerpo, por así decirlo, «a lo grande» (de un modo que eleva la frecuencia vibratoria de los tejidos, «te despierta» en ellos, y la ancla ahí donde puede influir de una forma mucho más intensa sobre quién eres y en quién te estás convirtiendo).

También puedes usar este ejercicio para pasar del «¿cómo voy a poder?» al «¡por supuesto que puedo!»; es decir, para unificar la posibilidad de un sueño con la sensación de que indudablemente puedes hacerlo realidad. A menudo sentimos que nuestras metas o sueños nos sobrepasan, que están fuera de nuestro alcance. Queremos conseguirlos, pero, casi al instante, pensamos «¿y quién soy yo para creer que puedo tener eso?», o «¿cómo demonios voy a ser capaz de lograrlo?». Pero, si no creemos algo (si no lo «poseemos» o «lo hacemos nuestro»), significa que no estamos aprovechando su energía, o que su energía no está realmente «viva» dentro de nosotros, y ahora ya sabemos que, si no se encuentra ahí, en nuestro núcleo y en nuestro campo energético, no sucederá en absoluto (o, si lo hace, no durará). Nuestras manifestaciones se vuelven sostenibles cuando hacemos algo más que creer en ellas, cuando las sentimos y *somos* ellas mismas tanto en nuestro cuerpo de energía sutil como en el cuerpo físico. Para llegar a eso, debemos encarnar la vibración de nuestro sueño y ajustar nuestro flujo de energía al patrón de aquello que puede crear el resultado deseado. Este ejercicio te ayudará a conseguirlo.

Para pasar del «¿cómo voy a poder?» al «¡por supuesto que puedo!», haz lo siguiente:

1. Siéntate e imagina la palabra «¡sí!». Solo esa palabra, como si el universo entero te estuviese diciendo «¡sí!», como si no existiese o estuviese sucediendo nada más que un enorme y rotundo «¡sí!». Un poco como si estuvieses inmerso en el mayor estado de aceptación y plenitud posible, un estado inmensamente expandido en el que te sientes total, completo, realizado.

2. Una vez establecido en tu mejor «¡sí!», pon atención a cómo fluye por tu cuerpo esta energía y a cómo te hace sentir. ¿Hay alguna zona que atraiga especialmente tu energía en una u otra dirección? Tal vez se presente como una gran expansión homogénea, o quizá una sensación más sutil y ligera, pero que también está uniformemente distribuida por todo tu organismo.

3. Ahora piensa en algún objetivo que quieras alcanzar. Dado que sigue siendo un objetivo y no algo ya manifestado, voy a dar por hecho que, cuando pienses en ello, tu

energía cambiará. Esto puede significar que existe alguna interferencia inconsciente asociada con dicha meta que te está impidiendo alcanzarla. Tal vez tenga que ver con que crees que va a ser difícil, o que algo tan maravilloso nunca podría sucederte a ti. Sea cual sea esa creencia, la sensación que estás recibiendo es de algún modo distinta a un rotundo e incuestionable «¡sí!».

4. Siente el patrón de energía que establece en tu cuerpo este deseo por alcanzar esa meta concreta. Fíjalo en tu conciencia prestando atención a qué partes o aspectos están más cargados o en qué zonas se encuentra más acentuada la energía.

5. Vuelve al patrón basado en el «¡sí!». Después, vete alternando lentamente entre ambos, dejando que los dos patrones comiencen a conectarse entre sí en tu conciencia. No tardarán en encontrarse y superponerse por completo y en forjar un canal de flujo fotónico que incluya tanto tu objetivo como el «¡sí!» en el mismo patrón energético. Entonces, el cuerpo empezará a adaptarse a la combinación de ambos patrones y a reconocerla como una forma familiar de ser.

Este ejercicio te ayuda a contrarrestar la tendencia a dudar cuando quieres alcanzar un sueño pero no tienes la menor idea de qué hacer para manifestarlo, ya que crea un cauce o una vía energética que apunta hacia la manifestación de tu mayor y más esplendoroso «¡sí!».

Has de entender que tus sueños te pertenecen a ti, que son parte de tu ser. Si no lo fueran, estarías soñando con alguna otra cosa. Están «destinados a ser» cuando están al servicio de tu mayor bien. Y sean cuales sean tus intenciones, tus deseos o tus sueños, ¡nunca olvides que todo tiene lugar primeramente en el cuerpo!

PRÁCTICA 4: EL YOGA CEREBRAL DE LOS CÓDIGOS ENERGÉTICOS

El objetivo del yoga es activar o poner en movimiento ciertas zonas concretas del cuerpo al mismo tiempo que ponemos la atención en dicha zona mediante la respiración consciente. Curiosamente, podemos hacer lo mismo para activar los tejidos del cerebro empleando lo que denomino *Yoga cerebral*. Puesto que el flujo de mensajes provenientes de los centros del cerebro superior (y de la cueva de Brahma) es tan absolutamente fundamental para (entre otras cosas) mantener el equilibrio químico del cuerpo, resulta muy conveniente activar y revitalizar los tejidos de esta zona y hacer que se comuniquen entre sí de un modo más eficaz. Esto lo conseguimos «ejercitándolos»; es decir, moviéndolos y respirando conscientemente al mismo tiempo, con lo que conseguimos despertar zonas concretas del cerebro y contribuimos a aumentar nuestra capacidad para darnos cuenta de nuestra verdadera naturaleza como el Alma.

La única pauta general para este ejercicio es que cuando muevas los ojos no muevas la cabeza. Estos son los pasos que debes seguir para realizar el Yoga cerebral de los códigos energéticos:

1. Con la nariz apuntando hacia adelante y la barbilla paralela al suelo, voltea los ojos hacia arriba todo lo que puedas sin sentir demasiada tensión, como si estuvieses intentando mirar al techo. Inmediatamente sentirás una cierta tensión detrás de los ojos.

2. A continuación, contrae también los demás puntos de anclaje (el *mūla bandha*, el corazón y la garganta), manteniendo todo el tiempo los ojos girados hacia arriba. (De hecho, has de mantener todos los puntos de anclaje contraídos durante todo el ejercicio).

3. Respira profundamente desde la tierra y lleva el aliento hacia arriba por el canal central hasta llegar al núcleo. Hazlo de una manera suelta y relajada y limítate a dejarte impregnar por la agradable sensación que te produce. Después, espira desde el núcleo hacia arriba por el canal central hasta alcanzar la tensión de detrás de los ojos, y deja que el aliento salga por la coronilla.

4. Ahora imagina que hay un reloj gigante en la pared. Como estás mirando hacia arriba, piensa en esa posición de tus ojos como las 12 en punto. Ahora gíralos un poco hasta alcanzar la posición de la 1 en punto y, desde esta nueva posición, respira profundamente desde encima de la cabeza y lleva la energía hacia abajo, de forma que atraviese por el lugar en el que ahora sientes la tensión detrás de los ojos, y luego por el canal central hasta espirar a través del *mūla bandha* y hacia la tierra.

5. Ahora mueve los ojos hasta la posición de las 2 en punto. Coge aliento desde el extremo de la tierra del canal y llévalo hacia arriba hasta llegar al núcleo. Al espirar desde ahí hacia arriba a través del canal, siente la nueva tensión que se ha creado detrás de los ojos y completa la exhalación imaginando que la energía emana por la coronilla.

6. Mueve los ojos hasta la posición de las 3 en punto y repite los mismos pasos: respira desde arriba y lleva la energía a través del cuerpo, contrae los puntos de anclaje y espira a través del cuerpo respirando con el vientre.

7. Repite los mismos pasos y avanza una hora cada vez.

8. Cuando hayas dado una vuelta completa al reloj, termina con un ejercicio conocido como *nadi shodhana* (en sánscrito, *nadi* significa «canal» o «flujo» y *shodhana* significa «purificación»). Pon el dedo índice en el tercer ojo,

y usa el pulgar y el corazón para cerrar alternativamente cada una de las dos narinas. Inspira con la narina derecha abierta, luego, ciérrala, abre la izquierda y espira. Después haz lo mismo pero a la inversa: inspira por la narina izquierda, ciérrala y suelta el aire por la derecha. Termina espirando por la narina derecha. Repite el ciclo completo seis veces.

Lo ideal es realizar este ejercicio de Yoga cerebral un total de cuatro veces: primero, con los ojos abiertos, una vez en el sentido de las agujas del reloj y otra en sentido contrario a las agujas del reloj, y luego nuevamente en cada sentido pero con los ojos cerrados. Y, aunque no tienes por qué hacer siempre las cuatro opciones, te recomiendo que, una vez hayas comenzado el ejercicio, pases por todas las horas en un sentido en lugar de dejarlo después de haber hecho solo unas cuantas. Y haz también una rotación en el sentido opuesto para compensar.

Una vez que hayas terminado este ejercicio y vuelvas a mirar neutralmente hacia delante, sentirás de inmediato que algo diferente está ocurriendo en el centro de tu cabeza. Tendrás un mayor sentido del Yo, del Sí Mismo, del Sujeto (una mayor conciencia de ser esa presencia que hay dentro de ti y que está mirando el mundo exterior). El Yoga cerebral también activa las zonas clave del cerebro que queremos revitalizar (es decir, las zonas que hay dentro y alrededor de esta parte del cerebro a la que hemos llamado *cueva de Brahma*), lo que aumenta el flujo y la circulación de la energía electromagnética y propicia, de este modo, un medio óptimo para la creación de una «sopa» química corporal saludable. Del mismo modo que la práctica del piano va aportando progresivamente una mayor destreza sensorial y motora a los dedos, este ejercicio desarrolla la comunicación sensorial y motora en esa parte fundamental del cerebro.

CHAKRA RELACIONADO CON EL CÓDIGO QUÍMICO: EL TERCER OJO

El código químico está relacionado con el sexto chakra, el cual se ubica en el centro de la frente, entre las cejas y un poco por encima de estas. A este centro energético, bien conocido por sus cualidades de intuición, sabiduría superior, clarividencia e inspiración, también se le denomina *tercer ojo*. En sánscrito se le conoce como *ājñā*, que significa literalmente «comando» o «instrucción». No es casualidad que este chakra esté asociado con las glándulas pineal y pituitaria, las cuales, como hemos visto en este capítulo, se encuentran en los centros del cerebro (en la cueva de Brahma) y controlan la composición química del organismo y el despertar de la conciencia. Las recomendaciones nutricionales y los ejercicios físicos y mentales prescritos en este código contribuyen en gran medida a activar estas glándulas, a estabilizar el chakra del tercer ojo y a aumentar la vibración energética del cuerpo para tener más energía, fuerza, salud y vitalidad. Al combinar sus energías, lo que estamos haciendo aquí en realidad es fusionar los mundos del Cielo (glándula pineal) y la Tierra (glándula pituitaria). La integración es lo que nos permite ser capaces de desarrollar nuestro sexto sentido, tal como estamos destinados a hacer en el transcurso de la vida.

Quienes tienen problemas con el chakra del tercer ojo literalmente no pueden «ver» con claridad lo que está sucediendo en su interior ni en torno a ellos. Es posible que ignoren las señales que su cuerpo les envía para indicarles dónde hay que corregir la energía o la química corporal, o pueden estar ciegos a los pensamientos de baja vibración o a ciertos patrones de conducta en las relaciones que están generando estrés en su organismo. Puede que tengan dificultades a la hora de confiar en su propio saber interno (en los mensajes provenientes del hipotálamo que informan sobre lo que está sucediendo en el cuerpo y en el campo energético). Suelen sufrir dolores de cabeza, problemas oculares o mareos. También es habitual que tengan que luchar contra la depresión o contra comportamientos adictivos debido al mal estado de su química corporal y a la menor capacidad de regulación de la misma. En la siguiente tabla puedes ver un resumen de algunas de las características principales del sexto chakra. De nuevo, fíjate en que las zonas del cuerpo físico reflejan las propiedades energéticas del chakra.

CHAKRA RELACIONADO CON EL CÓDIGO QUÍMICO: EL CHAKRA DEL TERCER OJO

NOMBRE(S)	Sexto chakra, *ājnā*
LOCALIZACIÓN	Hacia dentro desde el centro de la frente, por la zona media del cerebro; entre las cejas y un poco por encima de ellas
COLOR	Índigo
NOTA MUSICAL	La
ÁREAS DEL CUERPO AFECTADAS	Ojos, base del cráneo, orejas, nariz, ojo izquierdo, hemisferio izquierdo del cerebro, senos nasales, glándula pituitaria y glándula pineal
SÍNTOMAS DEL «REVERSO»	Pesadillas, alucinaciones, dolores de cabeza, dificultades de aprendizaje, mala visión, problemas neurológicos, glaucoma
CARACTERÍSTICAS DEL «ANVERSO»	Carisma, elevado grado de intuición, enfoque saludable de la vida, desapego, gran capacidad para la creatividad profunda y perspicaz, perciben más allá de los cinco sentidos, ven el significado profundo u «oculto» de las cosas; «Yo soy aquel que está detrás de los ojos»
PRÁCTICAS	• Programa de nutrición basado en las cenizas alcalinas • Ejercicio consciente • Modificar la composición química por medio del pensamiento • Yoga cerebral de los códigos energéticos
EJERCICIOS DE RESPIRACIÓN (Como se explica en el capítulo 8)	Respiración visionaria
POSTURAS DE YOGA PARA UNA MAYOR INTEGRACIÓN	• Postura del perro boca abajo (*adho mukha śvānāsana*) • Postura de la vela (*salamba sarvāngāsana*) • Postura del niño (*bālāsana*) • Postura del guerrero exaltado (*viparīta vīrabhadrāsana*), también llamada guerrero IV • Posturas de equilibrio

Junto con las prácticas de este código, las siguientes posturas de yoga también te ayudarán a integrar y equilibrar este centro energético.

YOGA PARA EL CÓDIGO QUÍMICO

La postura del perro boca abajo posiblemente sea la postura de yoga por excelencia. Es una de las primeras que aprenden los principiantes y una de las más habituales en cualquier práctica o linaje de esta disciplina. Los niños la hacen naturalmente mientras juegan. Se trata de una posición que integra de forma inherente el alma llevándola o aproximándola hacia la vida física (la vida en la Tierra). También resulta muy beneficiosa para el tercer ojo porque dirige la energía, la atención y el flujo sanguíneo hacia el cerebro.

POSTURA DEL PERRO BOCA ABAJO (ADHO MUKHA ŚVĀNĀSANA)

Estos son los pasos que debes seguir para realizar la postura del perro boca abajo:

1. Ponte a cuatro patas (apoyándote sobre las manos y las rodillas) sobre la esterilla. Separa las manos de forma que queden a la misma distancia que los hombros, con los dedos índice y corazón apuntando hacia delante. Apoya bien las manos en la esterilla, de forma que puedas sentir los cinco dedos y las palmas en pleno contacto con el suelo.

2. Separa las piernas el ancho de las caderas, apoya los dedos de los pies y vete levantando lentamente la espalda

y las caderas. Estira las piernas lo más posible, de modo que tu cuerpo forme una V invertida. Siente los metatarsianos y los dedos de los pies bien plantados y asentados en la esterilla. (Si llegas con los talones al suelo, pisa también con fuerza en esta zona del pie junto con la cara externa de ambos pies). Asegúrate de que los dedos de los pies apuntan hacia la parte frontal de la esterilla o están ligeramente metidos hacia dentro.

3. Estira los brazos y deja que los omóplatos se deslicen de modo que se alejen de las orejas, ensanchando así la parte superior de los hombros. Gira suavemente la cara interna de los codos hacia el techo para que ambas manos queden completamente apoyadas en la esterilla.

4. Mete un poco la barbilla, pero sin arquear la parte superior de la espalda. De este modo alineas la sección cervical de la espina dorsal (el cuello) con el resto de la columna. Dirige la mirada hacia al ombligo.

5. Mantén esta posición durante al menos sesenta segundos (o el mayor tiempo posible).

6. Para deshacer la postura, dirige la mirada hacia las manos, dobla las rodillas y baja suavemente hacia el suelo.

Ahora vamos a integrar los principios de la técnica BodyAwake mientras permanecemos en la postura del perro boca abajo.

1. En la postura del perro boca abajo, imagina que tus pies se anclan en un depósito de energía que se encuentra dentro de la tierra, a aproximadamente medio metro por debajo de la esterilla. Conéctate a esa energía apoyando firmemente las plantas de ambos pies. (Si te ayuda, levanta los dedos para apoyar la base de los dedos de los pies más firmemente en la esterilla, y luego vuelve a bajarlos y a colocarlos en su posición).

2. Tensa las piernas. Si tienes las piernas estiradas, lleva la rótula y los músculos de los muslos hacia arriba y mete bien las cabezas de ambos fémures en las caderas. Si tienes las rodillas dobladas, simplemente contrae los músculos de las piernas como si quisieras abrazar internamente los huesos. Siente que todas las partes de tus piernas están activadas.

3. Contrae el *mūla bandha*. Al inspirar, coge la energía del espacio que queda por debajo de tus pies (como en la práctica de la Respiración de las mil pajitas que vimos en el código de la respiración) y llévala a través de las piernas hasta llegar al núcleo. A medida que inspiras, llena tu núcleo de energía. Apoya firmemente las manos en la esterilla, pero no dejes que los omóplatos se contraigan y se acerquen a las orejas. Contrae la zona que rodea al corazón, como si quisieras llevar los músculos que hay alrededor de las costillas (llamados *latissimus dorsi*) hacia el centro del pecho. Siente cómo esto hace que tus manos se conecten aún más firmemente con la tierra.

4. Voltea los ojos hacia arriba y mantenlos firmemente en esa posición para sentir la tensión detrás de ellos al tiempo que espiras por la coronilla, pero también soltando la energía por los brazos y por las manos, hacia la tierra.

5. En la siguiente inspiración, mantén los ojos hacia arriba y respira cogiendo la energía desde el espacio que queda a aproximadamente medio metro más allá de la parte alta de tu cabeza (que, en este caso, es también el espacio que está a más o menos medio metro por debajo del lugar en el que tus manos contactan con la esterilla). Deja que la respiración penetre por la cabeza y llegue al centro del cerebro, la garganta y el pecho; al mismo tiempo, deja que la respiración penetre también por las

manos y suba por los brazos y los hombros hasta llegar al corazón. Luego deja que esa respiración combinada se desplace hasta el abdomen. ¡Contrae el corazón y déjate impregnar por esta agradable sensación!

6. Al espirar, contrae el *mūla bandha* y exhala por el extremo inferior de la columna, llevando la respiración hacia abajo por las piernas y los pies y manteniendo en todo momento las piernas completamente estiradas y presionando el suelo con la planta completa de ambos pies.

OTRAS POSTURAS DE YOGA PARA INTEGRAR EL CHAKRA DEL TERCER OJO

Puedes usar estas *asanas* junto con la postura del perro boca abajo para mejorar el trabajo que realices con el código químico. Recuerda que, si bien resulta muy beneficioso contraer aquellas zonas que quieres enfatizar o sobre las que quieres llamar la atención, también es importante relajarlas. Usa tu mejor criterio para trabajar con las prácticas del código de la respiración en cada una de estas posturas.

- Postura de la vela (*salamba sarvāṅgāsana*).
- Postura del niño (*bālāsana*).
- Postura del guerrero exaltado (*viparīta vīrabhadrāsana*), también llamada *guerrero IV*.
- Posturas de equilibrio.

———

Llegados a este punto, ya has aprendido mucho sobre tu auténtica naturaleza y sobre cómo eliminar o integrar cualquier obstáculo que te esté impidiendo experimentarte como lo que realmente eres. Has aprendido a procesar los pensamientos, las emociones e incluso los alimentos, de un modo que favorece la expresión y la expansión de tu Alma.

En el siguiente y último código energético (el código espiritual), veremos lo que es estar conectado con nuestro ser más esencial y fundamental y, desde ahí, vivir manteniendo intacta dicha conexión.

CAPÍTULO 10

El código espiritual: donde los muchos se vuelven uno

HACE MUCHOS AÑOS, cuando ya llevaba un tiempo trabajando con las prácticas de los códigos energéticos y había podido comprobar tanto en mí misma como en mis alumnos sus increíbles efectos sobre la sanación física y los cambios mentales y emocionales que producen, sentí la necesidad de comprometerme con una práctica diaria de yoga y profundizar en esta disciplina. Me encantó descubrir que, en realidad, el yoga aceleraba mi capacidad para conectar mis circuitos y para interpretar e integrar la información sobre la química de mi cuerpo, mi campo energético y mi Alma.

Siempre que estaba haciendo una postura de yoga y sentía tensión en alguna parte concreta del cuerpo, entraba en contacto con los tejidos de esa zona contrayéndolos. Después cogía aire «a través» de ellos. Aunque en las clases de yoga me habían dicho que respirase llevando el aire «al» lugar en el que sentía la tensión, me di cuenta de que respirar «a través de» era muy distinto, ya que esto me permitía generar circuitos conectivos de comunicación, algo de lo que no se ocupaba ninguna técnica que hubiese practicado previamente. Me di cuenta de que, obrando de este modo, la tensión se liberaba de inmediato y podía profundizar más en la postura con mayor facilidad, fuerza y resistencia. A pesar de que mi cuerpo se estaba volviendo más fuerte, cada vez me sentía más ligera.

Un día me levanté temprano y conduje media hora hasta el estudio de yoga en el que practicaba. Mi intención era asistir a una clase de una profesora en particular cuyos métodos me habían gustado especialmente. Cuando llegué, vi que esa profesora no estaba y que había un sustituto dando la clase. ¡Me sentí bastante contrariada! Sí, llevaba un tiempo practicando y enseñando los principios de los códigos energéticos, pero, aun así, cuando estaba en el coche de camino a la clase, había caído en las redes de la predeterminación, la anticipación y las expectativas, por lo que me sentí decepcionada cuando me di cuenta de que las cosas no iban a ir como yo lo había planeado.

Ya había asistido a una clase con este otro profesor, y sencillamente no la había disfrutado tanto. No es que la clase no fuese buena, sino simplemente que el ritmo que le imprimía a la misma era considerablemente más lento de lo que yo deseaba en ese momento. En los primeros minutos de la clase, me sentía frustrada. No hacía más que pensar «¡esto no es lo que necesito hoy!». Pero luego, unos diez minutos después, empecé a verlo de otro modo: «Venga, Sue. Esto es ridículo. Son las seis de la mañana. Llevas levantada desde las cinco y has conducido media hora para estar aquí. Tienes dos opciones: o pasarte la siguiente hora completamente frustrada, o rendirte a esto y recordar que todo lo que ocurre es para tu propio bien». Con esto en mente, me dejé arrastrar hacia el ritmo más lento de esta clase.

A medida que fui aminorando la velocidad de mi respiración para adecuarla al ritmo de las instrucciones del profesor y fui penetrando en mi núcleo, caí en la cuenta de que los movimientos que nos estaba mostrando contenían algo nuevo y beneficioso para mí. Cuando pasamos a una dinámica que consistía en repetir tres posturas diferentes, pude liberar mi mente y caer en una completa presencia, tanto dentro de mí misma como en la sala en la que me encontraba. Escuchaba las indicaciones del instructor, pero al mismo tiempo también estaba extraordinariamente conectada con la versión más interna, profunda y esencial de mí misma. De pronto, fui consciente de una especie de sustancia blanca y brumosa que parecía suspendida dentro de mi cuerpo. Si cerraba los ojos, podía «ver» cómo esta energía iba moldeándose y adoptando un patrón concreto que se correspondía con la postura que mi cuerpo estuviese realizando en ese momento. Luego, cuando comenzaba lentamente a realizar los movimientos necesarios para pasar a la siguiente postura, mi intención hacía que esa sustancia brumosa también empezase a moverse, y, de hecho, si conseguía profundizar lo suficiente, me proporcionaba detalles sumamente interesantes sobre la postura que nunca antes había experimentado y de los que nunca había oído hablar. Entonces su intensa y poderosa presencia conducía a mi sistema hasta la siguiente postura con una sensación de conocimiento, de sabiduría. Sentí a nivel celular que aquí era donde se encontraban los orígenes del yoga; algo dentro de mí simplemente «lo sabía». De hecho, fue nuestra propia esencia la que originalmente nos fue llevando a estas posturas, y al adoptarlas de forma intencionada podíamos encontrar de un modo más fácil ese estado de ser que conectaba con esta antigua sabiduría y sacaba provecho de ella.

Estaba siendo testigo de una versión espiritual de mí misma y tan solo quería dejar de moverme y estar presente con ella, pero sabía que lo que había traído esta energía a mi conciencia había sido la combinación perfecta de atención consciente, intención, *entrega*, respiración y movimiento del cuerpo. ¡Y no quería perderla!, así que me vi a mí misma apaciguándome, ralentizando mis movimientos, disminuyendo la velocidad, sin seguir del todo las indicaciones del instructor, pues no quería dejar de poner la atención en lo que estaba sucediendo en mi propio interior. Irónicamente, al final hasta me dio la impresión de que el instructor, cuyo estilo de enseñanza era demasiado lento para mí, estaba dando la clase demasiado rápido.

Este ejemplo ilustra perfectamente que debemos abrazar el ritmo de la vida y la velocidad a la que nos llegan las cosas, confiar en lo que está sucediendo y colaborar en su perfección. De este modo empezamos a utilizar activamente los chakras y los componentes significativos de la cueva de Brahma, así como otros centros del cerebro superior que aumentan nuestra capacidad para actuar como creadores y vivir verdaderamente en la vibración espiritual de la unidad. Somos conscientes internamente de lo que sea que esté surgiendo a la vez que confiamos y trabajamos con lo que nuestra vida externa ponga en nuestro camino a medida que se va desplegando. Cuando aprendemos a respirar, a permanecer presentes y honrar simultáneamente tanto nuestro mundo interior como el mundo exterior, empezamos a movernos por la vida con soltura y facilidad, como el Alma que somos.

Más adelante, al reflexionar sobre aquella clase de yoga, me di cuenta de que, gracias a la colaboración de la mente, el cuerpo, la respiración y el movimiento, había sido capaz de experimentar una versión sutil e integral de mí misma a la que antes tan solo había podido acceder por medio de la completa quietud que se da en meditación. Esto había hecho que se conectasen una serie de circuitos adicionales que me permitieron percibir con una mayor claridad mi propia frecuencia de energía sutil, y, a su vez, esta frecuencia vibratoria puso en marcha nuevos procesos de creación de circuitos de forma automática, sin que mediase ningún esfuerzo consciente por mi parte. Antes de esto, cualquier distracción (como las indicaciones del instructor o la mera presencia del resto de personas en la sala) habría hecho que mi concentración se dispersase ligeramente y no habría podido captar una realidad tan sutil (por así decirlo, habría sido incapaz de sintonizar una «emisora» diferente). Pero lo más emocionante fue que, si yo misma había sido capaz de alcanzar ese nivel de integración, ¡también podría enseñar cómo hacerlo a los demás! Después de aquello comencé a enseñar a mis alumnos cómo sintonizar con esta sustancia blanca y brumosa espiritual y penetrar en ese profundo sentido de ser a la vez que se mantenían en movimiento, y pronto fueron capaces de tener percepciones más intensas tanto cuando estaban practicando en la esterilla de yoga como en cualquier otro momento de su día a día. Solo es cuestión de entrenar la mente para que pueda darse cuenta de que somos seres espirituales tangibles, y que la realidad de nuestra verdadera naturaleza puede ser visible para nosotros.

¿QUÉ ES EL CÓDIGO ESPIRITUAL?

A menudo me encuentro con personas que dicen: «Yo no soy demasiado espiritual», pero, puesto que estamos hechos de espíritu, eso es imposible. El espíritu es energía. El espíritu en el cuerpo es la respiración, el aliento. La verdadera espiritualidad no es religiosa o mística, sino tangible, real, palpable; es la fusión que experimentamos diariamente, momento a momento, de la mente, el cuerpo y la energía en una sola fuerza unificada: el Alma.

Cuando nos reconocemos a nosotros mismos de esta manera y empezamos a actuar desde esa posición de unidad, la «espiritualidad» se convierte en algo que vivimos, algo que experimentamos y expresamos en todo momento. Se convierte en algo inseparable de lo que somos. Al dejar que sea nuestra intuición (o nuestros instintos viscerales) la que guíe a la mente, vivimos como seres espirituales. Cuando nos damos cuenta de que no estamos siendo guiados por energía espiritual, sino que nosotros mismos *somos* esa energía espiritual (es decir, cuando entendemos que ese espíritu es nuestro yo «real», no algo que encontramos o utilizamos), empezamos a actuar como seres espirituales. El código espiritual afianza esta verdad en nosotros al proporcionarnos una serie de herramientas con las que poder conectar fácilmente con la profunda sabiduría esencial que en todo momento se está manifestando en nuestro sistema corporal. En este código vamos más allá del hecho de sentir y manipular o controlar nuestra energía para enfocar la mente de tal modo que deje de percibir dicha energía como algo independiente o separado de sí misma. Por poner un ejemplo mundano, como cuando dos personas pasan tanto tiempo juntas que cada una de ellas empieza a ser capaz de terminar las frases que dice el otro; el intercambio de información física deja de ser necesario para alcanzar un estado de armonía, pues ahora ambas residen en la misma corriente de conciencia.

Este es nuestro objetivo supremo, nuestra más alta meta: llegar a un estado en el que la mente y el espíritu colaboren de un modo tan íntimo y consistente que se conviertan en uno. Esta unidad es en sí misma la inversión cuántica; es el Alma impregnando por completo la personalidad protectora, el estado en el que la mente y el cuerpo ocupan el lugar que les corresponde como sirvientes del alma, que se expresa en este mundo a través de ellos. El resultado de esta fusión es una personalidad profunda, llena de sentimiento, imbuida de alma, que se involucra intensamente en la vida. En lugar de tratar de alcanzar ciertos logros, de controlar o complacer a los demás, ahora sabemos que somos plenamente válidos tal como somos, y que la vida no solo es segura, sino que siempre se despliega para nuestro propio beneficio. De hecho, ni tan siquiera tenemos que pensar demasiado en ello; la vida simplemente es nuestra para vivirla. Desde esta posición de reposo y distensión, podemos estar presentes y disponibles para lo que sea que aparezca en nuestro camino, sin importar el ritmo o la velocidad a la que lo haga. Más aún, tenemos plena capacidad para crear; en lugar de limitarnos a tratar de encontrar mejores formas de responder, ahora podemos generar experiencias de vida sin dudar, sin vacilar un segundo o pararnos a sopesar las consecuencias, y, a su vez, esas experiencias nos revelan aún más sobre nuestra propia naturaleza esencial y el verdadero propósito por el que estamos aquí.

Mientras vivimos en la personalidad protectora, nuestros cinco sentidos están enfocados hacia el exterior y tan solo tenemos intuiciones, pálpitos o presentimientos de forma ocasional, pero al replegar la atención al mundo interior vemos que existe una verdad más profunda que se está revelando continuamente. Esta verdad que emana del segundo chakra y asciende por el canal central siempre ha estado disponible y a nuestro alcance, pero nuestra mente ha estado demasiado distraída (pensando en cómo se «supone» que ha de ir la vida) como para percibirla realmente.

A medida que la mente va conectando con esa realidad del alma y comienza a confiar en ella de un modo más profundo, mayor es su capacidad para percibirla con mayor rapidez y para traducir estos impulsos evolutivos que surgen de forma continua. Pronto, todos nuestros pensamientos, actos y respuestas quedan respaldados o suscritos por un conocimiento más profundo, y nuestras respuestas pasan a ser colaboraciones mediante las cuales esencialmente cocreamos y manifestamos nuevas posibilidades. Esto es lo que estamos cultivando con los códigos energéticos: la creación de más circuitos con los que poder sentir estos impulsos, hasta que percibirlos se vuelva algo puramente natural e instintivo y a la mente le parezca que tienen «un volumen más elevado» que el de todas las señales externas. Entonces podemos afianzar y consolidar aún más esta dinámica al elegir de forma consciente actuar (o no hacerlo) basándonos en los mensajes que la mente recibe del alma. Vivir de esta manera, en función de nuestra propia sabiduría y verdad inherentes, es en sí mismo vivir como el Alma.

Llevo treinta años viajando y enseñando, he hablado con decenas de miles de personas, y jamás he oído decir a nadie que se haya arrepentido de dejarse guiar por un pálpito (por su instinto). Sin embargo, sí he escuchado cientos de veces cómo alguien que en algún momento tuvo una corazonada y la descartó, después se arrepentía: «¡Vaya, cómo lamento no haber hecho caso a mi instinto!». ¡La lección que podemos extraer de esta estadística está bastante clara!

Todos hemos tenido momentos en los que no sabíamos qué hacer. En esos instantes, si hubiésemos contado con la capacidad de dirigir nuestra atención hacia nuestro núcleo, seguramente habríamos sentido un impulso creciente que nos habría guiado para transitar por nuestro camino más elevado, pero como no estábamos entrenados ni acostumbrados a enfocar la atención de ese modo, no pudimos percibir esa corazonada, esa intuición o sentimiento visceral. En su lugar, probablemente tomamos una decisión basándonos en la limitada información mental, emocional o sensorial de la personalidad protectora. Los resultados de tales decisiones pueden ser muy diversos, pero por lo general no son los que habríamos obtenido de haber tenido acceso a nuestro pleno conocimiento interno. Con el código espiritual avanzamos hacia la integración total de cuerpo, mente y espíritu, a ese espacio en el que la dirección que hemos de tomar es clara y segura, y en el que las instrucciones nos llegan sin esfuerzo (y cuando las necesitamos) desde nuestro propio interior (pues ahí es donde habitamos).

Sin embargo, incluso cuando hayas integrado completamente tu mente, tu cuerpo, tu respiración y tu energía, de vez en cuando tratarás de encontrar lo que te dice tu intuición, localizar algún instinto visceral... Solo para descubrir que no hay ninguno presente; no eres capaz de sentir ningún impulso, parece que todo dentro de ti está en blanco, oscuro, como un vacío. Existe una muy buena razón para esto, así que cuando te suceda no empieces a contarte a ti mismo una de esas antiguas historias que te dice que eres inepto o inadecuado, que te falta algo, pues así tan solo conseguirías mermar tu capacidad para seguir tu verdad. Y la razón es que te has adentrado en el Vacío de la Creación.

PENETRAR EN EL VACÍO DE LA CREACIÓN

Muchos creen que la experiencia de la vida progresa en línea recta, pero en realidad se va desplegando siguiendo algo más parecido a un círculo; o, mejor dicho, siguiendo muchos círculos distintos, por lo que si los apilamos unos encima de otros tendrían la forma de una espiral ascendente. Con cada vuelta alrededor del círculo completamos un *ciclo* que nos lleva a adoptar una posición o un punto de vista más elevado, con más perspectiva, más cercano a nuestro potencial de plenitud o completitud. Así es cómo evolucionamos. A estos sistemas los denomino el *ciclo de la vida* y el (más amplio y extenso) *ciclo de la evolución*. Cuando un ciclo se completa, nos lleva hacia arriba, hace que ascendamos hasta la siguiente ronda de experiencia evolutiva.

Este ciclo consta de tres partes o fases. En primer lugar, *creamos*. Aparece en nosotros un nuevo impulso, una nueva inspiración, y emprendemos algún tipo de acción para convertirlo en realidad. En esta fase traemos algo nuevo al mundo: una empresa, una relación, un niño, una obra de arte, una pieza musical, etc. La siguiente es la del *mantenimiento*, en la que el «proyecto» se sostiene, cumple su propósito y aprovechamos los beneficios que nos aporta. Aquí es donde contribuimos, nos sentimos vivos, y posiblemente donde incluso estemos disfrutando de la abundancia y el éxito. Después, una vez que el proyecto ha seguido su curso y ha cumplido su propósito, nos embarga un sentimiento de cumplimiento, de finalización o realización, y aparece la necesidad de seguir adelante y pasar a otra cosa. Si no nos aferramos a las sensaciones que hemos tenido en la fase de mantenimiento, podremos pasar con mayor facilidad a la fase final, la de la *deconstrucción*, en la que el proyecto llega a su fin y nosotros tenemos que dejarlo ir para comenzar un nuevo ciclo

No es de extrañar que sea precisamente en esta fase en la que solemos tener problemas. Si no somos conscientes de que estamos inmersos en un ciclo y de que un nuevo comienzo nos espera a la vuelta de la esquina (es decir, cuando no vemos más allá del lugar o la situación en la que estamos en ese momento), puede resultarnos muy difícil y complicado soltar, desprendernos de lo creado, dejarlo ir. Esto es especialmente cierto si no hemos estado totalmente presentes en nuestra verdad profunda

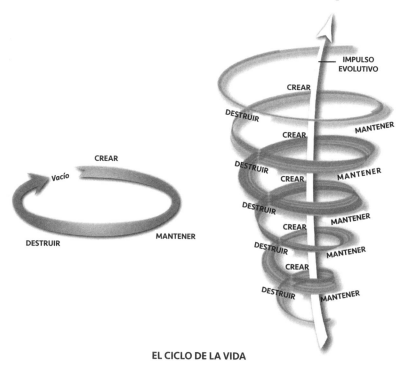

EL CICLO DE LA VIDA

a lo largo del ciclo y si no hemos reconocido el modo en que contribuye a nuestra evolución y expansión. Donde más claramente podemos ver esta renuencia a dejar ir es en las relaciones. ¿Cuántas veces has permanecido en un empleo o has mantenido o prolongado por demasiado tiempo una relación de pareja o de amistad? ¿Cuántas veces te has resistido a dejarlo, a irte o separarte, incluso a pesar de estar convencido de que sería lo mejor para ti? Cuando construimos algo, queremos que dure para siempre, pero únicamente el amor dura para siempre; las percepciones que tenemos en el mundo físico duran tan solo hasta que se completan sus ciclos.

Pasar por estos ciclos no es algo opcional. No está en nuestra mano evitar o eludir aquellas fases que nos hacen sentir mal. No obstante, lo que *sí* podemos elegir es si las atravesamos como la personalidad protectora o como el Alma. Nuestro objetivo, por supuesto, es despertar tanto nuestros circuitos que podamos presentarnos ante la vida como el Alma que somos y nos entreguemos por completo a la plenitud de la experiencia. Entonces podemos decir: «No me he ocultado. Lo he dado todo. Lo que sea que me ocurra es lo que ha de ocurrir». Si, por otro lado, nos refrenamos, estamos reteniendo alguna parte de nuestro ser y no nos entregaremos por completo, nos costará más soltar, dejar ir, avanzar y pasar a lo siguiente, estar abiertos, receptivos y disponibles para el siguiente impulso creativo que surja.

Una vez que reconocemos que se está dando este ciclo de evolución y que nuestra naturaleza creativa se está regenerando constantemente a sí misma aquí, en este planeta, nos resulta más sencillo reconocer que es seguro limitarse a permitir que se dé este flujo, dejar que emerja y se presente cada impulso evolutivo y percibirlo por lo que es.

Puede que abracemos la vida por completo en todas las fases del ciclo y sepamos que el final de un ciclo no es realmente «el final», pero incluso en ese caso es posible que nos encontremos con el Vacío de la Creación. Este Vacío es una pausa, una calma, una quietud, un espacio abierto entre el final de un ciclo y el comienzo del siguiente. En él podemos tratar de encontrar en nuestro propio interior la intuición, las corazonadas, nuestro conocimiento interno sobre lo siguiente que va a ocurrir, y, sin embargo, no encontrar nada. Puede que incluso sintamos que no sabemos quiénes somos. Durante unos cuantos latidos estamos libres de toda atadura, fuera de todo ciclo, flotando en un mar de posibilidades.

Esto es normal. Cuando llegamos al Vacío es porque hemos alcanzado el borde mismo de una antigua limitación, la hemos superado y hemos penetrado en una parte de nosotros mismos que aún no hemos explorado. Todavía no tenemos ningún punto de referencia, ni tan siquiera como el Alma, por lo que nuestra intuición aún no puede servirnos de guía. Tenemos que tratar de establecernos en este Vacío, de sentirnos cómodos en él, en lo desconocido, y aprender a entregarnos y dejarnos caer por completo en su seno mientras nos preparamos para el siguiente ciclo de creación. Algunas tradiciones orientales antiguas afirman que todo está presente simultáneamente. Juntos, el Oṁ (el sonido de todas las vibraciones combinadas) y la *nada* (el «sonido interior», que es su silencio correspondiente) representan el Vacío. Cuando nos sentimos cómodos aquí, en esta «nada», estamos preparados para llevar a cabo la inversión cuántica y alcanzar la máxima expresión de nuestro Yo, de nuestro Ser.

Comprender esto es de crucial importancia porque, paradójicamente, ¡el Vacío está hecho de abundancia! En su seno es imposible identificar nada, ninguna cosa particular, porque no le falta absolutamente nada, no hay nada en él que esté ausente. Por lo tanto, nuestra misión es dotar de significado e identidad a aquello que reside en esta vastedad; o, dicho de otro modo, ¡crear lo que deseamos a partir de este increíblemente variado popurrí de posibilidades!

Las prácticas y herramientas que encontrarás en este capítulo te ayudarán a dejar de depender de los apegos y aferramientos del pasado y a atravesar sin complicaciones el Vacío hasta alcanzar la siguiente fase creativa de tu vida. Cuanto más fácil te resulte hacerlo, más sencillo te resultará también mantenerte anclado en la naturaleza del Alma y crear circuitos energéticos con los que expresar tu verdadero ser. El miedo, las dudas o la incertidumbre no conseguirán devolverte al modo basado en la personalidad protectora. En última instancia, lo que nos enseña el código espiritual es a aprender a vivir en un estado de gracia, a confiar en que nuestra vida se está desarrollando tal y como ha de hacerlo, como es necesario, y a comprender que lo que sea que nos ocurra es beneficioso y nos guía hacia el crecimiento continuo. Al dar la bienvenida y abrazar por igual todas las experiencias que tenemos (en lugar de dedicarnos a «sufrir» el ciclo natural de la vida o a lamentarlo, dudar de él o combatirlo) podemos madurar e integrar más rápidamente y manifestar más plenamente aquello que realmente deseamos.

Las estrategias de este código apaciguan nuestra mente hiperactiva y nos hacen sintonizar con el Alma, estar verdaderamente presentes en ella e identificarnos como sus impulsos (los cuales no dejan de aparecer constantemente). Este código nos lleva más allá de donde ha llegado hasta ahora el estudio general de la medicina energética. Nos ayuda a identificarnos con nuestra energía, a vivir a partir de ella y crear una realidad muy diferente. Cuanto más conscientes seamos de que no existe ninguna separación (es decir, de que, en realidad, estamos hechos de energía espiritual, de que eso es lo que somos), más fácil nos resultará identificarnos como dicha energía y antes podremos actuar sin dudar ni un segundo, sin cuestionamientos, sin tener que recabar previamente el consenso o la aprobación de los demás antes de sentirnos lo suficientemente seguros como para avanzar hacia algo nuevo. Cuando traducimos conscientemente en la vida física la información proveniente del yo espiritual estamos invitando a que el Cielo descienda sobre la Tierra. Así, nos convertimos en verdaderos Creadores y empezamos a vivir en el CieloTierra (el lugar en el que no existe ninguna separación entre ambos).

Esto es lo que te ofrece el código espiritual, y estas son sus prácticas.

LAS PRÁCTICAS DEL CÓDIGO ESPIRITUAL

PRÁCTICA 1: DESCUBRE QUÉ ESTILO DE MEDITACIÓN SE AJUSTA MEJOR A TI

Para poder acostumbrar a la mente a que reconozca que su misión es gestionar tu yo real, antes ha de ser capaz de percibir, de *empezar a escuchar* a tu yo real. Este «yo» que estamos buscando es el «tú» que existe como tu más profunda, auténtica y verdadera Alma (lo que sabes que eres en lo más hondo de tu corazón).

Para vivir del modo más pleno, verdadero y satisfactorio, tu mente debe estar al servicio de esta versión de ti mismo de manera constante y consistente; ha de referirse o basarse en ella en todo momento, y, para conseguirlo, has de enseñarle que su tarea no es tan solo estar siempre teniendo y procesando pensamientos, sino que además ha de apaciguarse, calmarse y aquietarse el tiempo suficiente como para empezar a cumplir su verdadera tarea (que no es otra que percibir aquello que te está revelando tu auténtico ser).

Esto puedes lograrlo dedicando un cierto tiempo a diario a interrumpir el hábito actual que tu mente tiene de pensar de forma compulsiva. La mente es como un cachorrito al que hay que entrenar a base de repeticiones constantes, pero no olvides que, en última instancia, el campo energético puede cambiar en un instante. Tu objetivo es instruir a ambos (la mente y el campo energético) para que trabajen conjuntamente y así puedas lograr un cambio eficiente y duradero. No es necesario que realices este entrenamiento durante largos períodos de tiempo, pero al principio sí que es importante que practiques con cierta regularidad. La práctica de la meditación es la mejor manera de empezar a aminorar la marcha de ese ventilador de techo que gira a toda velocidad que es la mente pensante y hacer que se vuelva más colaborativa.

En la meditación retiramos la atención del mundo externo y la dirigimos hacia nuestro propio interior para escuchar al Alma, a nuestro verdadero ser. Esto no deja de ser algo similar a lo que ya hemos practicado en los demás códigos energéticos, solo que ahora en lugar de percibir el campo energético (como si fuera algo separado de nosotros mismos), nos centramos en entrenar y dominar la mente (que no es más que una herramienta de la que disponemos), de modo que aprenda a percibir e interpretar al yo real de forma automática (como me sucedió a mí misma en aquella clase de yoga).

Lograr que la mente pensante esté libre de pensamientos, o incluso que ralentice su velocidad, no es fácil, pues es contrario a lo que la mente (como personalidad protectora) quiere hacer de forma natural e intuitiva. Algunas prácticas de meditación serán más adecuadas para ti que otras. Hay a quienes les resulta más fácil aprender visualmente, pues recuerdan mejor las cosas cuando las ven dibujadas o escritas. En cambio, otras personas aprenden mejor cinestésicamente; es decir, tienen más facilidad para entender o recordar algo cuando lo hacen ellas mismas, cuando lo experimentan físicamente, en su propio cuerpo. Y, por último, también hay quienes aprenden mejor a través de medios auditivos (al escuchar instrucciones o explicaciones).

A continuación se muestran algunos métodos específicos de meditación basados en estos tres estilos primarios de aprendizaje, si bien todos ellos utilizan los circuitos que ya tienes conectados y en funcionamiento. Una práctica regular y consistente de (idealmente) veinte minutos al día te ayudará a que tu mente se acostumbre a estar en reposo cuando necesites escuchar al Alma y así generar aún más circuitos con los que mantenerte conectado y en sintonía con tu guía interior.

Si aprendes mejor por medios visuales:

1. Siéntate cómodamente y coloca una vela encendida frente a ti. Pon una alarma para que te avise en cinco minutos.

2. Respira profundamente varias veces con el vientre y luego contrae los puntos de anclaje: el *mūla bandha*, el corazón, la garganta y el espacio que queda detrás de los ojos.

3. Empieza a hacer lenta y suavemente la Respiración del canal central y sigue haciéndola durante todo el ejercicio.

4. Ahora simplemente observa la llama de la vela. Tu objetivo es permanecer presente por completo con la llama durante esos cinco minutos, lo que significa que tendrás que interrumpir voluntariamente los pensamientos que de forma inevitable entrarán en tu mente. Cuando un pensamiento comience a aparecer, dite a ti mismo: «Pensaré en eso más adelante. Ahora quiero centrarme en la llama de la vela, nada más». Puedes incluso respirar unas cuantas veces antes de que aparezca el siguiente pensamiento.

Meditamos para acostumbrar a la mente a que piense menos, de modo que podamos percibir la profunda presencia que surge desde nuestro interior, y también para ser capaces de poner la atención conscientemente en aquello que nosotros mismos elijamos en el mundo exterior (y que no sea la excesiva actividad de la mente la que nos controle a nosotros). Pensamientos como «me pregunto si lo estoy haciendo bien», «no puedo hacer esto», o «¡esto es una locura!» son habituales ¡y perfectos!, porque ponen de manifiesto hasta qué punto es la mente la que tiene las riendas y dirige el espectáculo. Así que, una vez más, cuando aparezcan pensamientos, simplemente diles: «No. Lo siento pero ahora mismo no puedes hacer eso. En este momento, solo la llama de la vela». El hecho de darle a tu mente algo en lo que centrarse visualmente le ayudará a «meterse» más fácilmente en el papel que en verdad le corresponde: ¡percibir tu esencia, tu verdadera Alma!

Si eres de los que aprenden mejor cinestésicamente:

1. Siéntate cómodamente unos momentos y respira despacio. No intentes llevar el aliento arriba y abajo por el canal central. Tan solo limítate a seguir la respiración, a prestar atención a cómo va pasando de forma natural por la nariz, bien arriba hasta la zona de los senos nasales, para luego descender por la garganta y dirigirse hacia los pulmones.

2. Respira varias veces y vete contrayendo lenta y suavemente el corazón y después la garganta. No dejes de seguir con sutileza la respiración. Pon toda tu atención en lo que sientes en las áreas que tienes tensionadas y en las sensaciones de la respiración, como si estuvieses ahí con ellas, dentro de tu cuerpo. Por ejemplo, puedes prestar atención a la sutil sensación de frío o calor que aparece en las fosas nasales, o al claramente perceptible flujo de aire que entra en los senos nasales. Al soltar el aire, puedes centrarte en sentir lo que ocurre en la garganta, o en cómo se va produciendo la espiración en los pulmones.

Unas veces la respiración te resultará más obvia en su fase de ascenso, y otras, en la de descenso. Observa con tanto detalle como te sea posible las sensaciones que se producen en cada momento con cada movimiento.

3. Ahora empieza a alargar de forma deliberada la respiración; inspira lentamente contando hasta cuatro, seis u ocho, y luego espira contando hasta el mismo número. Al final serás capaz de alargar la respiración hasta contar hasta diez, doce o catorce, e incluso por más tiempo, pero, sea cual sea el número en el que comiences, lo importante es que la inspiración y la espiración duren lo mismo y que sientas la respiración en su recorrido por el cuerpo. Si bien al principio resulta útil e incluso necesario realizar este conteo, a medida que vayas progresando en esta práctica podrás limitarte a dejar que tu sistema sienta y perciba esta respiración rítmica sin necesidad de contar.

Al darle a la mente la tarea de seguir la respiración de este modo, quienes tienen mayor facilidad para aprender cinestésicamente consiguen interrumpir el modo de «caballo desbocado» en el que, por lo general, se encuentra, brindándole así la oportunidad de aterrizar en el flujo de energía del núcleo (que es, en sí mismo, el Alma).

Si eres de los que aprende mejor a través del oído:

1. Siéntate tranquilamente en un lugar donde no te molesten.

2. Cierra los ojos y recita o canta el mantra que elijas. Un mantra es una simple palabra o una frase que transmite una resonancia energética particular y se repite (o se canta) una y otra vez. Algunos de los mantras más comúnmente utilizados en las distintas prácticas de meditación son *Oṁ*, que es el «sonido universal»; *Sat Nam*,

que significa «verdad, identidad» o «yo soy verdad»; y *Oṁ Namah Shivaya*, que se traduce como «la conciencia universal es una» en la tradición *siddha* del shivaísmo. También puedes elegir un mantra en tu propio idioma, como *Aleluya*, *Yo soy el que soy*, o simplemente, *Soy*.

3. Repite tu mantra varias decenas de veces, o durante al menos cinco minutos, cantándolo, recitándolo o (preferiblemente) repitiéndotelo a ti mismo en silencio. Con la práctica empezarás a sentir que tu mente retrocede a medida que el sonido del mantra comienza a volverse prioritario o dominante en tu conciencia. Vete aumentando poco a poco el tiempo de práctica hasta que dure unos veinte minutos. Si tu mente divaga, limítate a contraer con suavidad el *mūla bandha*, regresar y comenzar de nuevo.

Para quienes muestran facilidad de aprendizaje a través de medios auditivos, la repetición de un mantra es una herramienta muy útil que les ayuda a meditar con mayor facilidad. La repetición de una palabra o una frase crea una especie de efecto de trance que propicia el aquietamiento de la mente. El sonido que produces reverbera por todo tu sistema y te hace sentir que estás dentro de tu propio cuerpo, lo que te hace más consciente de ser «aquel que está detrás de la escena». Esto te proporciona la perspectiva que necesitas para dejar de identificarte como la mente. Incluso cuando se recita internamente, en silencio, el mantra activa los circuitos que responden bien al aprendizaje auditivo y la mente se calma.

Una vez que hayas perfeccionado tu habilidad para residir serena y reposadamente en el núcleo de tu cuerpo durante la meditación, relaja de forma deliberada toda tensión muscular para así extraer los máximos beneficios de cada una de estas tres prácticas.

Además, cualquier mantra que incluya los profundos sonidos de las vocales (*a, e, i, o, u*) produce el efecto de conectar nuestros centros energéticos y, por ende, nos ayuda a cultivar los aspectos propios del despertar de nuestra conciencia. Como hemos visto en las tablas de los distintos chakras en estos capítulos de la segunda parte dedicados a los códigos energéticos, cada chakra se correlaciona con una nota musical concreta que vibra en su misma frecuencia. En parte, este es el motivo por el que a todos nos encanta la música y por el que nos gusta tanto tararear, silbar o cantar; se debe a las frecuencias vibratorias a las que nos exponen dichas actividades. La música clásica en particular nos transporta a un estado en el que sentimos que se activan «todas nuestras teclas» y en el que nos sentimos encantados, rejuvenecidos e inspirados. Esto es porque en este tipo de música se tocan de forma simultánea muchísimas frecuencias vibratorias diferentes y se siguen diferentes patrones rítmicos, lo que hace que nuestros chakras se activen de un modo sumamente gratificante y satisfactorio. Otras secuencias de tonos y vibraciones, como los cánticos de las culturas orientales, también activan los centros de energía de un modo que fomenta y propicia la calma y la presencia mientras que, al mismo tiempo, nos permite sentirnos plenamente lúcidos y despiertos. Por todos estos motivos, las vibraciones tonificantes que se producen en el cuerpo por medio de la música y los mantras le aportan una cualidad integradora a los diferentes centros de energía y sus niveles de conciencia asociados.

———

El comentario que con más frecuencia escucho a quienes están aprendiendo a meditar es: «Yo intento meditar, pero mi mente no hace más que *pensar*». Eso es normal. De hecho, ¡es la razón por la que tienes que meditar! En lugar de ponerte a juzgar esa experiencia, acéptala y acógela de buen grado. Fomenta la creación de una mejor relación entre tu Alma y tu mente pensante. Ámala. Sumérgete amorosamente en ella.

Incluso si solo se realizan tres o cuatro veces por semana, estos ejercicios de meditación detienen el flujo constante de pensamientos, lo que te permitirá experimentarte a ti mismo más allá de tu mente pensante (de modo que puedas experimentar ese profundo estado de presencia que todos estamos buscando). Tenemos que frenar con amor las aspas del ventilador del techo para poder ver «entre» nuestros pensamientos y discernir qué es lo que hay más allá de ellos.

La siguiente práctica combina varios elementos que ya de por sí son muy eficaces de forma individual, pero que juntos conforman una meditación en movimiento que facilita en gran medida la transformación que nos lleva a vivir como el Alma.

PRÁCTICA 2: CAMINAR EN LA NATURALEZA REALIZANDO LA RESPIRACIÓN DEL CANAL CENTRAL

En la naturaleza nos encontramos más relajados. El estrés desaparece y nos sentimos más cómodos en nuestra propia piel, más como nuestro «verdadero yo», como si nos hubiésemos desprendido de todo lo falso que hay en nosotros. Nos hace sentir alegres y optimistas, quizá incluso ver las cosas con una mayor claridad.

Las energías de la naturaleza nos calman, nos revitalizan y favorecen nuestro pensamiento más creativo. Nos sacan de la fisiología basada en la supervivencia de la personalidad protectora y nos introducen en la fisiología creativa propia del Alma. Cuando paseamos por la naturaleza, su energía nos sosiega, nos infunde nuevas fuerzas y nos establece en una hermosa expresión de nosotros mismos. Surge un conocimiento que no se encuentra distorsionado por la lente del falso yo. En la resonancia vibratoria de la naturaleza, los medios más favorables que existen en el planeta para que se produzca el intercambio iónico nos brindan las condiciones físicas y energéticas adecuadas para llevar a cabo la inversión cuántica.

Hasta ahora, gran parte de las prácticas que hemos visto para este código consisten en permanecer sentado en meditación y, simultáneamente, trabajar con nuestro campo energético y con la Respiración del canal central. En cambio, esta herramienta nos pone en movimiento, ayudándonos así a crear nuevos circuitos en el inconsciente que favorecen la revitalización de esta versión verdadera y esencial de nosotros mismos. Limitarnos a retirarnos para meditar y ponernos en contacto con la hermosa quietud del Alma no es suficiente; sin duda constituye un buen punto de partida, pero en última instancia tenemos que manifestar ese Alma en el mundo a través de la acción. Tenemos que *vivir* como el Alma y ponernos en movimiento en tiempo real, en la vida cotidiana, ahí donde nos es posible transformar por completo la experiencia que tenemos del mundo físico, y no limitarnos a dejar que nuestro verdadero ser exista tan solo en una especie de vacío meditativo.

Caminar por la naturaleza constituye la acción perfecta para el trabajo que queremos realizar con los códigos energéticos. La frecuencia vibratoria de la naturaleza ya es en sí misma la frecuencia vibratoria del Alma. La naturaleza es lo que somos, no estamos separados de ella. Cuando pasamos tiempo en la naturaleza nos resulta más sencillo encontrar nuestra verdadera frecuencia y entrar en armonía en nuestro propio interior. La Respiración del canal central nos hace ser más conscientes de nuestro campo energético, nos ayuda a generar nuevos circuitos con los que despertar nuestro yo esencial e integrar los acúmulos dispersos de energía atascada que nos impiden reconocer y vivir como la totalidad de nuestro ser. Cuando combinamos ambas actividades y añadimos además el movimiento natural y regular de caminar, se crea una potente alquimia tanto en el cuerpo y el cerebro como en la respiración.

Estos son los pasos para llevar a cabo la práctica de Caminar en la naturaleza realizando la respiración del canal central:

1. Elige un lugar para caminar en la naturaleza: puede ser un bosque, un prado, a la orilla del mar, a lo largo del curso de un río o un arroyo, en las montañas, o incluso en alguna zona de tu propio vecindario... Cualquier sitio en el que puedas estar en contacto con el mundo natural.

2. Levanta los brazos hacia arriba y chasquea los dedos para llevar tu atención a un centro de energía adicional conocido como el octavo chakra, o *estrella del norte*, que está a unos cuarenta y cinco centímetros por encima de la cabeza. Procura guardar este espacio en la memoria. Este chakra es el lugar en el que residen las energías de alta frecuencia del propósito de nuestra vida.

3. Ahora contrae los cuatro puntos de anclaje de los códigos energéticos fundamentales y realiza la Respiración del canal central, incluyendo también la estrella del norte como un punto de anclaje adicional de la respiración cuando esta se desplace a lo largo del canal. Como siempre, déjate impregnar por la agradable sensación que esto te produce.

4. Intenta que tu mundo interior coincida a nivel vibracional con las sensaciones que te producen las hermosas escenas del mundo natural que te rodea. Deja que el santuario exterior en el que te encuentras sirva de modelo para el santuario interior que buscas, permite que ambos mundos se vuelvan coherentes. ¡Es un ejercicio fabuloso! Uno de mis maestros siempre nos aconsejaba: «Todos los días, una hora en la naturaleza». Es algo que me ayudó profundamente en mi proceso de encarnación.

Los distintos elementos de la naturaleza se corresponden con los diferentes aspectos de nuestro sistema y con las fases del ciclo de la evolución. Por ejemplo, el agua es el elemento del cuerpo emocional y está asociada con la fase de *creación* de dicho ciclo. Entre otras cosas, su trasvase y circulación facilitan el movimiento de las emociones bloqueadas y el flujo de la creatividad. La tierra es el elemento propio del chakra raíz y está relacionado con la fase de *mantenimiento* del ciclo de la evolución. Pasear por el bosque tiene un gran efecto de enraizamiento, cimentación y equilibrio. El elemento fuego se asocia con el cuerpo mental del plexo solar y con la fase de *deconstrucción* del ciclo de la evolución. Consume por completo los viejos paradigmas e ilumina aquellos aspectos de la psique que permanecen en las sombras. El elemento aire (en forma de viento) está relacionado con el Vacío de la Creación. Permite que se dé la expansión y nos ayuda a disgregar los acúmulos densos de energía para que así pueda emerger un nuevo ciclo.

Conjuntamente, todos estos elementos nos ayudan a integrar nuestra energía. Por ejemplo, cuando los indígenas bailan alrededor del fuego, lo que están haciendo es afianzar la continuidad de su cultura y la memoria compartida, al tiempo que usan las llamas para que las energías densas y los bloqueos mentales ardan y se consuman totalmente, propiciando así el surgimiento de la visión clara. Cuando sentimos el viento en la cima de una montaña, es probable que nos dé la impresión de que el tiempo se ha detenido (que hemos entrado en el Vacío), pero, a la vez, en esos momentos estamos firmemente unidos a los ciclos de millones de años de las montañas.

Cuando estamos integrados, cuando hay más circuitos en funcionamiento, interpretamos los impulsos evolutivos que surgen a través de nosotros de una manera mucho más precisa y holística. Nuestros deseos emanan de una visión interior creciente, y basamos nuestras decisiones en un nivel más elevado dentro del propósito de nuestra Alma. Nuestras ideas pasan a ser innovadoras y creativas porque ahora se basan en la plenitud, en la totalidad, y entonces podemos actuar para aplicar esta integridad, esta completitud, en nuestra vida diaria y vivir más plenamente como el Alma que de verdad somos.

Y sí, ¡todo esto puede empezar con un simple paseo por la playa o el bosque!

PRÁCTICA 3: PRESENCIA CONSCIENTE Y LIBRE DE PENSAMIENTOS

Cuando la mente desbocada se pierde en sus divagaciones, en realidad no estamos *aquí*, sino que nos encontramos en otro lugar (en el futuro o en el pasado), o nos limitamos a repetir irreflexivamente la forma habitual en la que procesamos la información y nos colocamos en ciertas circunstancias porque es lo predecible, lo que se espera de nosotros o lo que nos resulta familiar. Pero somos nosotros mismos los que hemos hecho que eso sea lo previsible. Somos nosotros quienes hemos predeterminado o llegado prematuramente a un resultado antes incluso de que la vida haya tenido tiempo de desplegarse y mostrarnos lo que nos tiene que mostrar. Si queremos cambiar esta situación hemos de cultivar un nuevo patrón basado en la «ausencia de pensamiento».

Mi propia vida es un tremendo ejemplo de esto.

De la predicción a la presencia

Hace años, antes de que comenzase a vivir como mi Alma, desde el mismo momento en el que abría los ojos por la mañana sentía que mi cuerpo ya cargaba con toda la tensión del día que tenía por delante: dirigir la clínica, organizar a los otros médicos y al resto del personal, gestionar la carga de pacientes, enseñar las prácticas de mi padre y mantener el vertiginoso ritmo necesario para cumplir con todas las tareas pendientes. Antes de que mis pies tocasen el suelo ya estaba en modo de «alto rendimiento». Y puesto que ya había generado ese patrón energético de estrés y frenesí en mi cuerpo, al día no le quedaba más opción que desarrollarse en consonancia.

Así es ir por la vida con el piloto automático. No queda espacio para el crecimiento, para la creatividad, para la alegría espontánea. No hay espacio alguno para que el Alma (nuestra verdadera identidad) emerja a la superficie y sea conocida. Si tienes puesto el piloto automático, nunca tendrás la vida que querías tener cuando viniste a este plano de la existencia.

Para salir de este programa tenemos que sumergirnos profundamente en nuestro núcleo central y habitar por completo en el momento presente, justo donde estamos *ahora mismo*. Después de todo, cuando estamos en el momento presente, los problemas no existen, así que podemos usar esta nueva energía a nuestro favor.

Hoy por hoy, mi intención es despertar y empezar el día antes de tener un solo pensamiento sobre cómo puede desarrollarse. Si veo que mi mente empieza a tratar de entender, interpretar, predecir, analizar o categorizar algo, sencillamente retomo la Respiración del canal central y me dejo caer en ella. Cuando centro toda la atención de mi mente en la respiración y en la amorosa presencia de mi Alma, estoy poniendo a funcionar los circuitos que están en sintonía con el mero hecho de vivir, simplemente vivir.

Cuando mis alumnos están ansiosos o preocupados por algo que se avecina les pido que se dirijan a su interior y se pregunten a sí mismos: «Justo ahora, en este momento, ¿estoy bien? Entiendo que mañana podría ser un día horrible, y que la semana que viene puede ser complicada, pero, ahora mismo, ¿estoy bien?». Ante esta cuestión, a la mente consciente no le queda más remedio que admitir que sí: «Justo ahora, en este preciso momento, estoy bien». Pero, entonces, ¿qué pasa con el momento siguiente? ¿Y con el siguiente? Como es obvio, la respuesta siempre será la misma.

Después de unos instantes manteniendo esta clase de conciencia, empezamos a despertar a nivel inconsciente a la comprensión de que, si permanecemos justo en este momento, en el «ahora mismo», siempre estaremos bien. Solo nos sentimos ansiosos o atemorizados cuando empezamos a ir por delante de nosotros mismos, cuando nos proyectamos hacia delante en el tiempo y dejamos de estar conectados al momento presente.

Estos son los pasos que hay que seguir para cultivar la Presencia consciente y libre de pensamientos:

1. Cuando te despiertes por la mañana, antes de levantarte de la cama, realiza una Exploración del canal central y fíjate en qué partes de tu cuerpo están activadas, o en si hay alguna zona que atraiga tu atención especialmente.
2. Contrae cualquier zona que esté activada o en la que la energía no fluya con facilidad. Por medio de la respiración, vete llevando esa zona lenta y suavemente hacia el canal central para integrarla.
3. Consulta la tabla de los chakras para ver con qué aspectos de la conciencia se relaciona esta parte concreta de tu cuerpo y de tu sistema energético. Intenta prestarle una mayor atención consciente a esta zona durante el resto del día. Observa cómo se está revelando actualmente en tu vida; quizá te esté pidiendo eso mismo, que le dediques más atención.
4. Cuando pongas los pies en el suelo y empieces a caminar por el mundo, comprueba por cuánto tiempo eres capaz

de permanecer completamente presente a medida que vas ocupándote de las distintas tareas del día. Al levantarte de la cama, al mirarte al espejo, al cepillarte los dientes, al usar el baño, etc., fíjate en qué medida puedes permanecer totalmente presente en tu rutina y abstenerte de pensar en el futuro o el pasado. Simplemente disfruta y deléitate con lo que sea que estés haciendo en cada momento. Cuanto más presente estés, mayor será tu capacidad para vivir gozosamente como el Alma.

Al principio puede parecerte como que tienes que ir a cámara lenta para permanecer presente, pero cuantos más circuitos vayas creando, más fácil te resultará vivir con la plena capacidad de «estar aquí ahora» y más rápido podrás hacerlo. Desarrollar este hábito tiene un tremendo potencial, y el mejor momento para practicarlo es a primera hora de la mañana, antes de que la mente haya puesto a funcionar por completo el piloto automático. En ese momento, el consciente y el subconsciente están más en sintonía el uno con el otro, por lo que pueden desarrollar más fácilmente nuevos patrones de funcionamiento. Cuanto mayor sea la presencia consciente y libre de pensamientos que puedas aportar a tu día, más circuitos podrás crear para mantener esa profunda calma y quietud interior, incluso cuando estés en movimiento.

Cuando, con la práctica, vayas estando más anclado e integrado en el momento presente y conectes los circuitos necesarios, podrás permanecer en la fisiología del momento presente incluso mientras piensas en el futuro. Podrás encarar el futuro con una sensación total de comodidad, en el conocimiento de que, cuando llegues a cada momento, sabrás exactamente qué hacer, ya que lo abordarás del mismo modo en el que estás abordando este momento ahora mismo: sin condiciones, aferramientos, juicios, miedos ni rechazos.

PRÁCTICA 4: FUSIONAR PATRONES PARA POTENCIAR EL ALMA

El camino más rápido y directo hacia el cambio (tanto en tu cuerpo como en tu vida) se encuentra en el nivel de la energía, y eso es porque esta se mueve más rápido que cualquier otra cosa (¡sin duda mucho más rápido de lo que tardamos en cambiar nuestros patrones de pensamiento y nuestras creencias!). El inmenso poder del pensamiento puede dirigir los fotones y hacer que la «realidad» se manifieste en este mundo tridimensional. En este ejercicio trabajaremos conjuntamente con el pensamiento y la energía para encarnar aún más el Alma e identificarnos con ella.

La forma en que nos definimos a nosotros mismos tiene un efecto tangible en lo que creamos en nuestra vida. Siempre que usamos las palabras «Yo soy», estamos creando un poderoso patrón direccional en la configuración de nuestra energía que nuestro mundo físico tomará como modelo a la hora de manifestarse. Por lo tanto, es extremadamente importante ser muy consciente de las cosas de las que decimos que «somos» («yo soy...»).

Ahora mismo, me encantaría que fueses consciente de las sensaciones que se generan en tu cuerpo cuando pronuncias alguna frase que comience por «Yo soy». Hay como una cierta energía particular que recorre nuestro organismo cuando hacemos esta clase de afirmaciones, independientemente de las cualidades concretas de aquello que pretendemos afirmar. No obstante, lo que sentimos a nivel energético con los enunciados de este tipo (los que comienzan con «Yo soy» y que nos alinean con la personalidad protectora) es distinto de lo que nos hacen sentir aquellos otros que nos anclan más profundamente en el Alma.

Me gustaría que reconocieses y te familiarizases con el patrón de flujo energético que recorre tu cuerpo cuando afirmas algo que te identifica como el Alma. (El Alma es la absoluta e inquebrantable presencia de lo Divino en ti, mientras que la personalidad protectora representa el mundo relativo de la percepción, los juicios y las creencias limitantes. Esta práctica hace que los patrones de energía asociados a cada uno de ellos se fundan en uno solo). Observa en qué lugares de tu cuerpo surgen los patrones de energía. ¿Dónde se aceleran? ¿Dónde están más integrados? ¿Qué aspectos son más prominentes o están más acentuados? ¿Qué otros aspectos parecen retroceder a un segundo plano, como si palideciesen ante la presencia de esta nueva identidad?

Por ejemplo, un patrón fácilmente apreciable es que los músculos externos del cuerpo (los que se activarían en la respuesta ataque/huida si un oso entrase en la habitación) se relajan a medida que vamos penetrando en nuestro núcleo. A medida que enfocamos la mente en el canal central del cuerpo, trabajamos de un modo más profundo para integrar estos músculos en el núcleo y respiramos desde ahí, dichos músculos externos se relajan de forma automática. Al alinearnos con el eje vertical central de nuestro cuerpo, vamos estando cada vez más centrados tanto física como emocionalmente.

Cuando comencé a integrar mi propia transformación personal hacia mi Alma y mi guía interior, noté un enorme cambio en la manera en que los músculos de detrás de los ojos operaban conjuntamente dentro del cráneo. Cuando comencé a generar los circuitos requeridos para funcionar desde dentro hacia fuera, en lugar de responder desde fuera hacia dentro, empecé a ser capaz de relajarme con mucha regularidad; al abrirse mi tercer ojo, el área del chakra de la coronilla empezó a entrar en contacto con este otro mundo en el que era posible ver energías y vivir como un ser energético.

Tú también puedes llevar tu atención a tus ojos mientras penetras y te dejas caer por completo en tu núcleo. Los músculos se relajarán con más facilidad, e incluso puede que percibas la sensación de estar «sentado» o «aposentado» sin esfuerzo detrás de los ojos. Al darme cuenta de esto, comencé a trabajar con el enfoque de los ojos y a utilizarlo como un portal hacia la transformación consciente en el Alma. La práctica de respiración que sigue las horas del reloj y que hemos visto en el Yoga cerebral del código químico ayuda a activar las energías del Alma esencial. En la tradición yóguica, a esta práctica que consiste en dirigir la mirada se la denomina *drishti*, y se utiliza para potenciar y encauzar la energía de una determinada postura con el fin de despertar los centros del cerebro superior asociados con las distintas posiciones de los ojos. Sin embargo, no es estrictamente necesario estar haciendo alguna postura de yoga para poder beneficiarse de este enfoque dirigido.

Este ejercicio te ayudará a fusionar la personalidad protectora y el Alma, lo que, en última instancia, contribuirá a que emerjas como la versión terrenal, amorosa e intensamente comprometida de quien eres realmente: tu ser divino y absoluto.

1. Antes que nada, para activar la perspectiva de tu personalidad protectora, piensa en algo en lo que no eres demasiado bueno pero en lo que te gustaría serlo. Por ejemplo, podrías desear ganar más dinero o estar fuerte y en buena forma física. O quizá podrías pensar en la enorme cantidad de cosas que tienes que hacer hoy pero para las que no tienes el tiempo que crees que necesitas. Simplemente elige algo en lo que te sientas menos cómodo, algo para lo que te veas menos capacitado o preparado. La presión que sientes en el cuerpo debido a estos pensamientos es la presencia de la personalidad protectora.

2. Dedica unos instantes a reflexionar sobre esa idea y observa qué pensamientos y emociones surgen en ti. Siente lo que está sucediendo *en tu cuerpo* al concentrarte en

estos escenarios. ¿Sientes el cuello agarrotado?, ¿quizá una oleada de energía a través del corazón?, ¿o puede que una cierta debilidad o falta de energía en las piernas? Dedica un minuto para explorar lo que está sucediendo en tu interior y toma nota de ello mentalmente.

3. Ahora, para desarrollar un mayor sentido de tu Yo real, sumérgete profundamente en el núcleo del cuerpo, al tiempo que llevas tu presencia consciente y atenta a la zona que rodea la espina dorsal, el vientre y el espacio del corazón. Respira desde ahí mientras sientes una profunda relajación en la musculatura externa. A la vez, dite a ti mismo: «Yo soy». Cuando te enfocas así, la energía cambia y empieza a fluir de un modo radicalmente distinto.

4. Fíjate un instante en qué pensamientos y emociones surgen ahora en ti, y después *siente* lo que está sucediendo energéticamente dentro de tu cuerpo. ¿Ha aparecido una repentina sensación de firmeza, de arraigo, o una gran expansión en el centro de tu corazón? Dedica un tiempo a esto y deja que la mente perciba todos los cambios sutiles que provienen de tu núcleo; haz un inventario mental de todo ello.

5. Ahora vas a fusionar ambos patrones. Respira llevando la energía que fluye desde lo más profundo del núcleo del Alma a través del canal central y hacia el patrón limitante de la personalidad protectora. Respíralos «juntos». Los dos se convertirán en uno y generarás un nuevo patrón de energía positiva al disolver un patrón antiguo asociado con un pensamiento limitante. La energía electromagnética fluirá de una manera más integrada, conectada e inquebrantable. Podrás observarte a ti mismo teniendo pensamientos limitantes a lo largo del día, mientras que, al mismo tiempo, te sientes profundamente asentado en un estado de bienestar absoluto. ¡Te hará

sentir estupendamente bien! Se establecerán unos nuevos cimientos, una nueva «línea de base» con respecto a tu tendencia a compararte con el mundo exterior, y un nuevo conjunto de circuitos se pondrá en funcionamiento para tu «Yo soy» (para tu guía interior).

Conectar de este modo los dos patrones energéticos aislados proporciona a tu inconsciente la evidencia fisiológica de que la costa está despejada, de que ya no hay ninguna necesidad de considerar esta cuestión como un problema. A través de la fisiología, le estás mostrando al inconsciente que te sientes más fuerte y capacitado, pues ahora el cuerpo está mucho más relajado cuando piensas en ese antiguo asunto. ¡Se trata de una herramienta extremadamente eficaz! Si el inconsciente puede tener esta experiencia de transformación de la energía, comenzará a retroalimentarse con mensajes de éxito. Empezará a sentir: «Claro. Por supuesto que puedo cambiar esto. De hecho, acabo de coger este enorme acúmulo de energía atascada y agarrotada que tenía en la garganta y en los hombros y que provenía de la versión de este ejercicio basada en personalidad protectora y lo he transformado en la verdadera versión de empoderamiento, fuerza y vitalidad de mi sistema».

Esta práctica del código espiritual hace que el sistema de comunicación inherente del cuerpo deje de ser una mera rampa de salida de sentido único para convertirse en una enorme autopista bidireccional de varios carriles en la que sentimos en todo momento cómo fluye la energía e inmediatamente después la invitamos a penetrar en otro flujo que relacionamos con algo mucho más inspirado, más victorioso o exitoso, más amplio, expandido y abarcador. Tenemos que mover continuamente la energía de nuestro cuerpo en consonancia con aquello que preferiríamos que experimentase; así es cómo cambiamos y creamos de forma consciente nuestra vida. Y esto, una vez más, es asumir nuestro verdadero rol como creadores. Somos perfectamente capaces de crear *a través del cuerpo* la vida que nos gustaría tener, y lo conseguimos siendo más conscientes de cómo funciona y utilizando su genialidad innata.

Una vez que hemos reconocido e identificado cómo se siente el Alma en el cuerpo, nuestra mente activa puede incrementar de forma radical la velocidad a la que nos encarnamos plenamente como tal afirmando (empleando para ello tanto las palabras como la disposición energética) que eso es lo que somos. Dicho de otro modo, podemos disolver los patrones de energía que antes asociábamos a pensamientos limitantes afirmando lo que queremos mediante la declaración «Yo soy» y otras afirmaciones creativas a la vez que incorporamos el patrón de energía propio del Alma. Así es cómo dejamos de intentar cambiarnos a nosotros mismos y a nuestra vida de fuera hacia dentro, de arriba hacia abajo, («hacia atrás», por así decirlo) y comenzamos a transformarnos de la única manera que realmente funciona: de dentro hacia fuera.

CHAKRA RELACIONADO CON EL CÓDIGO ESPIRITUAL: EL CHAKRA DE LA CORONILLA

El séptimo chakra, también llamado *chakra de la coronilla*, tiene que ver por completo con el aspecto superior de nuestra naturaleza, a veces denominado *supraconciencia*. En sánscrito se le conoce como *sahasrāra* (que significa «la flor de loto de mil pétalos»), y es nuestro punto de acceso a las dimensiones que están más allá de lo físico.

A medida que vamos integrando el chakra de la coronilla, salimos de la mente temerosa y que no para de pensar y penetramos en la mente supraconsciente, la cual está libre de pensamiento (en otras palabras, pasamos de la personalidad protectora al Alma). El pensamiento compulsivo se detiene. Devenimos más pacíficos, más centrados, abiertos e imparciales. Cuando esto sucede y comenzamos a identificarnos como el yo espiritual, el falso yo de la personalidad protectora se desmorona, se disuelve, se debilita o se tambalea... Y de repente, por primera vez en nuestra vida, ¡ya no nos importa no ser capaces de seguir ocultándonos! ¡Deja de importarnos que mantener esa autoimagen egoísta haya dejado de funcionar! Ahora simplemente ya no nos parece importante estar a la defensiva o tener la última palabra en una discusión. De pronto somos capaces de permanecer presentes con alguien cuando esa persona nos rebate o nos pone en entredicho. Aseveraciones que antes hubiesen hecho que nos enzarzásemos en una disputa diciendo cosas como «no me entiendes» o «no eres lo suficiente esto o lo otro» ya no nos molestan. Ahora estamos anclados en nuestra propia energía y conectados como nuestra fuente espiritual real, y por eso ya no nos descentramos, no nos fragmentamos, los actos o las reacciones de los demás ya no nos hacen perder el enfoque o la intención que deseamos tener. Hemos desarrollado la energía esencial del Alma, y de ese modo dejamos de necesitar mostrar una personalidad basada en la protección en innumerables circunstancias. Ahora simplemente nos mantenemos amorosamente presentes, permanecemos en el corazón, porque sabemos que todo lo que sucede es divino y está al servicio de nuestro mayor propósito.

A medida que nos vamos convirtiendo en el Alma, todas las inseguridades, las parálisis y las vacilaciones que acompañan a la personalidad protectora son arrojadas por la ventana. Sabemos quiénes somos. Tenemos claro qué es importante para nosotros. Sabemos cómo actuar. No sentimos ninguna culpa, renuncia o vergüenza. Nos sentimos a gusto siendo nuestra verdadera Alma y actuando amorosamente en el mundo como tal.

Cuando nuestro chakra de la coronilla no está integrado nos sentimos estancados, atrapados. Nos percibimos como entidades separadas (de los demás, del espíritu e incluso de nuestra propia energía). Esto puede conducir a encarnizadas batallas de egos (cada uno tratando de imponer su propia voluntad), a tener pensamientos obsesivos, depresión, ansiedad y otros trastornos asociados con la mente como la epilepsia y el alzhéimer. Por el contrario, cuando el chakra de la coronilla está integrado, nuestro sistema energético se abre y florece como esa flor de loto de mil pétalos. En todo momento nos mostramos abiertos y receptivos, estamos en constante expansión y evolucionamos sin cesar hacia nuestro estado más natural: el de nuestra amorosamente presente Alma.

En la siguiente tabla puedes ver un resumen de algunas de las características principales del chakra de la coronilla.

Junto con las prácticas de este código, las siguientes posturas de yoga te ayudarán a integrar y equilibrar este chakra.

YOGA PARA EL CÓDIGO ESPIRITUAL

La postura de *śavāsana* se suele practicar al final de las clases de yoga, y, por lo general, ¡es la favorita de todo el mundo! Se traduce como «postura del cadáver», pero simplemente significa una postura y una actitud de quietud y entrega totales. Es muy beneficiosa para el sistema nervioso central y está relacionada con el chakra de la coronilla.

POSTURA DEL CADÁVER (ŚAVĀSANA)

Estos son los pasos para realizar la postura *śavāsana* tal y como se hace tradicionalmente:

CHAKRA RELACIONADO CON EL CÓDIGO ESPIRITUAL: EL CHAKRA DE LA CORONILLA

NOMBRE(S)	Séptimo chakra, *sahasrāra*
LOCALIZACIÓN	Coronilla
COLOR	Violeta / blanco
NOTA MUSICAL	Si
ÁREAS DEL CUERPO AFECTADAS	Parte superior del cráneo, piel, córtex cerebral, ojo derecho, hemisferio derecho del cerebro, sistema nervioso central, glándula pineal
SÍNTOMAS DEL «REVERSO»	Depresión, pensamiento obsesivo, confusión, hipersensibilidad a los contaminantes, fatiga crónica, epilepsia, alzhéimer
CARACTERÍSTICAS DEL «ANVERSO»	Personalidad Divina, magnetismo, logros milagrosos, trascendencia, paz con uno mismo, colaboración con un propósito superior, visión interna; «Soy un ser divino»; «Yo soy eso»; «La vida es un reflejo de todo lo que soy»
PRÁCTICAS	• Descubre qué estilo de meditación se ajusta mejor a ti • Caminar en la naturaleza realizando la respiración del canal central • Presencia consciente y libre de pensamientos • Fusionar patrones para potenciar el Alma
EJERCICIOS DE RESPIRACIÓN (Como se explica en el capítulo 8)	Respiración del canal central
POSTURAS DE YOGA PARA UNA MAYOR INTEGRACIÓN	• Postura del cadáver (*śavāsana*) • Postura sobre la cabeza o del trípode (*śirsāsana*) • Postura del conejo (*sasangāsana*) • Flexión hacia delante con piernas abiertas (*prasārita pādottānāsana*)

1. Acuéstate de espaldas sobre una esterilla o en el suelo con los pies separados al ancho de las caderas y los brazos cerca del cuerpo. Deja que los pies estén sueltos y caigan hacia los lados y deja las manos relajadas con las palmas mirando hacia arriba. Apoya la parte posterior del cráneo en el suelo y procura que el cuello mantenga su curvatura natural.

2. Relaja conscientemente todo el cuerpo, comenzando por los pies. Deja que una oleada de entrega y distensión totales vaya subiendo por las piernas, las caderas, el nú-

cleo y el corazón. Siente cómo la relajación se va extendiendo por los brazos, las muñecas y las manos. Luego relaja también la parte superior del pecho, la garganta, el cuello, la cara y el cuero cabelludo. Siente cómo la energía fluye más libremente por todo tu cuerpo.

3. Deja que la respiración caiga en su ritmo natural (ni demasiado superficial ni demasiado profunda) y dirige la atención hacia tu interior. Si alguna parte de tu cuerpo no está completamente relajada, deja que tu mente la localice y luego procede a distenderla de forma consciente. Después, abandónate y déjate caer por completo en el reino que se encuentra más allá de todo pensamiento activo.

4. Permanece en este estado relajado al menos entre cinco y diez minutos (o más tiempo si te lo puedes permitir).

5. Cuando estés listo para salir de la postura, empieza moviendo suavemente los dedos de manos y pies. Gira la cabeza de un lado a otro y siente la parte posterior de la misma en contacto con la esterilla. Cuando sientas que estás listo, junta las rodillas, llévalas hasta el pecho y gírate hacia un lado. Respira una o dos veces en posición fetal y luego empieza a levantarte lentamente hasta que estés sentado en el suelo.

Ahora vamos a integrar las prácticas del código espiritual con los principios de la técnica BodyAwake mientras permanecemos en śavāsana.

1. Mientras realizas la postura y permaneces en posición de decúbito supino, toma conciencia de la enorme reserva de energía que se encuentra a medio metro de profundidad en la tierra, debajo de tu cuerpo.

2. Cuando sientas que una oleada de energía sube por tu cuerpo, deja conscientemente que siga el curso del canal

central y ascienda por tu organismo al tiempo que el flujo del campo toroidal se eleva por el núcleo.

3. Empieza a realizar la Respiración del canal central. A medida que todas las partes de tu cuerpo se vayan relajando, déjate caer completamente en tu núcleo y en el centro del cerebro. Dale permiso a la mente para que se libere y se sumerja en ese espacio que está más allá del pensamiento, y deja que este estado libre de pensamientos quede firmemente anclado y asentado en tu sistema (es decir, en el suelo pélvico).

4. Comienza a relajar cada parte del cuerpo siguiendo un orden similar al que empleamos al distender todos los músculos en la práctica de la Respiración de las mil pajitas: comienza con los pies y asciende por todo el cuerpo, pero soltando en último lugar el corazón y el *mūla bandha*.

5. Dedica varios minutos a permanecer inmerso en este espacio de profunda quietud para que de este modo el Alma pueda emerger a la superficie de tu conciencia.

6. Cuando estés listo para deshacer la postura, muévete primero desde el núcleo contrayendo suavemente los cuatro puntos de anclaje y haciendo la Respiración del canal central. Si al mismo tiempo emites un leve susurro, un sonido *Ma* que provenga de lo más profundo de tu interior, acentuarás la expresión reveladora del Alma en este momento tan especial y significativo.

7. Una vez que ya hayas activado el núcleo, empieza a mover los grupos musculares menores (los dedos de las manos y de los pies, etc.). Recuerda que estás aquí para crear nuevos circuitos *de adentro hacia fuera* con los códigos energéticos. Esta práctica incrementa y enriquece dichos circuitos.

OTRAS POSTURAS DE YOGA PARA INTEGRAR
EL CHAKRA DE LA CORONILLA

Puedes usar estas *asanas* junto con la postura *śavāsana* para mejorar el trabajo que realices con el código espiritual. Recuerda que, si bien resulta muy beneficioso contraer aquellas zonas que quieres enfatizar o sobre las que quieres llamar la atención, también es importante relajarlas. Usa tu mejor criterio para trabajar con las técnicas BodyAwake en cada una de estas posturas, primero activando el núcleo y luego relajándolo.

- Postura sobre la cabeza o del trípode (*śirṣāsana*).
- Postura del conejo (*sasangāsana*).
- Flexión hacia delante con piernas abiertas (*prasārita pādottānāsana*).

———

¡Felicidades! Con esto concluye el séptimo y último grupo de prácticas que conforman el programa de los códigos energéticos. Ahora dispones de todas las herramientas y los conocimientos necesarios para llevar a cabo tu propia inversión cuántica, lo cual te conducirá a poder vivir como el Alma que en realidad eres. Todos estos códigos energéticos han hecho que despiertes a tu propia capacidad para aumentar y expandir tu percepción, tu proceso de encarnación y tu expresión del Alma, la sagrada creadora de todas tus experiencias.

A continuación, en la tercera parte, te mostraré cómo hacer que los códigos sean una práctica diaria y fácil de implementar para agilizar tu propio proceso de inversión cuántica. Después nos centraremos en cómo es vivir desde el anverso del modelo, donde comenzamos a operar en un estado plenamente basado en nuestra capacidad como creadores.

Una nueva forma de vivir: la vida encarnada

CAPÍTULO 11

Realizar la inversión cuántica: un paso cada día

L A PRIMERA PARTE DE ESTE LIBRO nos ha enseñado una nueva forma de vernos a nosotros mismos, a nuestra vida y al resto del mundo. Hemos aprendido que en realidad somos almas resplandecientes —seres de energía—, inmersos en un proceso en el que estamos despertando a nuestra propia magnificencia. También hemos comprendido que tanto nuestra vida como todo lo que hay en ella es un reflejo que nos indica en qué aspectos o facetas necesitamos despertar. Con el programa de los códigos energéticos de la segunda parte hemos aprendido los aspectos prácticos de este despertar. Hemos visto una nueva forma de ser y de estar con nosotros mismos y de responder a la vida. Ahora, en esta tercera parte, vamos a descubrir una nueva forma de vivir: veremos que la inversión cuántica no solo se puede realizar de una sola vez y para siempre, sino que también es posible seguir creando constantemente circuitos que nos lleven al anverso del modelo, de modo que seamos capaces de encarnar una mayor parte del Alma todos y cada uno de los días de nuestra vida.

Ahora que ya has experimentado la sensación de lo que es «despertar» a tu Alma, es probable que te preguntes cómo puedes unificar todo lo que has aprendido de la manera más sencilla pero efectiva posible. De eso precisamente trata este capítulo. Pondré a tu disposición varias formas claras y sencillas de empezar a implementar los códigos para que puedas comenzar desde ya a usarlos y se conviertan en un nuevo hábito y una nueva forma de vida; es decir, para que puedas comenzar a realizar de manera activa y eficiente las prácticas que te llevarán a cumplir tu destino aquí, en esta forma física, y a encarnar tu Alma.

Estas prácticas se pueden incorporar perfectamente hasta en los días más ajetreados y llenos de actividades. Te propondré diferentes maneras de añadirlas a tu agenda. Si eres de los que prefieren tener las cosas programadas, seguramente te decantes por las rutinas más cortas y formales. En caso contrario, compartiré contigo otras ideas para que puedas establecer una práctica diaria menos estructurada y más adaptable (aunque igualmente eficaz y poderosa). Simplemente elige la opción que mejor se adapte a ti y ponte a ello sin más dilación. Porque en realidad eso es lo más importante: que empieces *ahora mismo* a comprometerte conscientemente con el ser de energía que constituye tu verdadero yo; que comiences hoy mismo a vivir de forma consciente tu verdadera naturaleza, como un ser espiritual que está teniendo una experiencia espiritual bajo una forma física. En este mundo no existe literalmente nada que puedas hacer que suponga una mayor diferencia en tu vida.

Como siempre, el objetivo de estas prácticas es que generes circuitos de la forma más constante y consistente que te sea posible (que atraigas energía de alta frecuencia para mitigar y disolver tus densidades, atascos y bloqueos y que, de este modo, puedas activar aquellas partes de tu conciencia y de tu cuerpo que aún no están despiertas infundiendo en ellas el Alma). Una vez que hayas experimentado esta penetración y esta integración ¡ya nunca querrás regresar a tu estado anterior! Sin embargo, es importante recordar que esto no es algo que se haga «de una vez y para siempre»; la inversión cuántica y vivir en la parte frontal del modelo no son cosas que se produzcan únicamente a través de la comprensión cognitiva, sino que se dan por medio de la *encarnación*, de la manifestación de lo divino en nuestro propio cuerpo.

Para que esta transformación se produzca en los espacios que hay entre las partículas (donde reside tu verdadero yo) tendrás que *vivir* estas prácticas, realizarlas continuamente, asumirlas como tu nueva forma de estar en el mundo. Esto implica repetición, pues así es cómo se entrena la mente. Tienes que conseguir que el modo predeterminado de la mente sea seguir la energía que fluye a través del cuerpo, en lugar de proteger, defender o reaccionar a la historia que se desarrolla en tu cabeza. La práctica continua de los códigos frenará la necesidad compulsiva de la mente de forzar y controlar la vida (esa tendencia a desviar la atención de nuestro núcleo y a alejarnos del ámbito de lo intuitivo).

Como en cualquier otra práctica, para entrenar la mente y hacer que se acostumbre a percibir tu verdadera naturaleza como ser de energía hace falta dedicación y concienciación. Te llevará algún tiempo (aunque no necesariamente mucho) llegar a todos los rincones de tu sistema y crear nuevos circuitos en todos los lugares en que sea necesario para poder así experimentar plenamente el Alma dentro de tu cuerpo. Si realizas estas prácticas con atención, notarás la diferencia casi de inmediato, pero la plena integración no se producirá tan rápido (al menos, no es probable que así sea). Así que ten paciencia. Irás integrando al ritmo que mejor sirva a tu evolución personal y a los pactos que estableciste en la parada de autobús cósmica antes de venir a este plano de la existencia.

Pero no te preocupes por esto. En realidad te hará sentir bien, y una vez que empieces a hacer las prácticas con regularidad, verás que vas cogiendo impulso. La memoria celular es similar a la muscular: cuando empiezas a resonar en esta nueva vibración más elevada (la del Alma), todas tus prácticas empiezan a producir efectos sinérgicos y acumulativos. Dicho de otro modo, no empezarás desde cero cada día, sino que más bien cada vez que hagas las prácticas de los códigos energéticos las retomarás en el punto en que las dejaste el día anterior. En este sentido, son autosostenibles, se mantienen por sí mismas.

La vibración de tu devoción por despertar a tu naturaleza divina y encarnarla se sumará a este efecto sinérgico, pues la vibración de la verdadera devoción (una forma de amor) es en sí misma la vibración del Alma. La devoción te lleva al mismísimo lugar que tratas de alcanzar. Tu preciosa, sentida y sincera intencionalidad genera una energía que coincide con tu destino. A nivel energético es la coincidencia vibratoria de los centros del cerebro superior (el cual, como su propio nombre indica, está por encima del cerebro primitivo). Al enfocarlo de este modo llegas a tu destino antes incluso de que la mente sepa que ha emprendido el viaje. Al encarnar esta vibración por medio de tu más sincera devoción... ¡Ya estás ahí!

Vale la pena repetir aquí algo que dije al principio de este libro: que podrías convertirte en una versión completamente nueva de ti mismo (más saludable, más feliz, más capaz, más poderosa) en cuestión de meses o incluso semanas. Pero eso solo sucederá si *aplicas* lo que has aprendido. El tiempo seguirá pasando independientemente de lo que elijas hacer, así que de ti depende cómo quieres usarlo. Por lo tanto, te invito a abrazar estas prácticas con devoción, pasión y determinación en aras de tu propia expansión y encarnación. Te prometo que no lo lamentarás.

Así que veamos cómo puedes aplicar todo esto de la mejor manera posible a tu vida diaria. Algo que siempre me preguntan los alumnos de los cursos que imparto es: «¿Cuándo hago estas prácticas?», a lo que yo siempre les respondo (y esta es la primera opción que te ofrezco a ti también): «¡Hazlas siempre! ¡No dejes de hacerlas en ningún momento!».

¡NO DEJES DE HACERLAS EN NINGÚN MOMENTO!

Después de la inmensa apertura que se produjo en mí tras la experiencia cumbre me obsesioné con encontrar la forma de reproducirla. Como profesional de la salud, encaré esta tarea desde un punto de vista científico y conseguí sistematizar (y reproducir de manera consistente) un estado de ser que por lo general se considera esotérico y fuera de alcance de la persona promedio. Durante mis investigaciones descubrí que estas prácticas se pueden realizar en cualquier lugar, en cualquier momento, ¡mientras estamos haciendo cualquier cosa! Si bien no estoy sugiriendo que te embarques en esta tarea con el mismo fervor con el que yo lo hice, sí creo que deberías al menos intentar poner en práctica a diario las técnicas de los códigos energéticos.

Podemos ocuparnos prácticamente de cualquier actividad y, simultáneamente, desarrollar y fortalecer los neurocircuitos sensoriales. Cuanto más realices e integres estas prácticas simples de creación de neurocircuitos por medio de tus actividades diarias, más naturales se volverán y menos esfuerzo te supondrá llevarlas a cabo.

Te reto a que trates de encontrar alguna actividad regular de tu vida cotidiana en la que no te sea posible poner en práctica estos dos ejercicios fundamentales: la Respiración del canal central y Sujeto-objeto-sujeto/Llevarlo al cuerpo. Haz como si compitieses contigo mismo y comprueba cuántos momentos del día puedes dedicar a generar circuitos usando una o ambas técnicas a la vez que te ocupas de tus tareas diarias. Conviértelo en tu meta, en algo «a lo que dirigirte», hasta que se convierta en tu fuente, en algo «de lo que surges».

La siguiente lista de posibles escenarios de generación de circuitos te ayudará a empezar de inmediato; en modo alguno se trata de un compendio exhaustivo, así que siéntete libre de añadir otros de tu propia cosecha.

Puedes construir circuitos cuando estás:

- acostado en la cama
- hablando por teléfono
- escribiendo mensajes de texto
- navegando por internet
- viendo la televisión
- cocinando
- comiendo
- fregando los platos
- en el baño
- bañándote o duchándote
- paseando, haciendo *jogging* u otra clase de ejercicios (consulta la práctica del Ejercicio consciente del código químico)
- haciendo cola
- practicando yoga (¡esta puntúa doble!)
- yendo de compras
- pasando un tiempo en la naturaleza (¡esta también puntúa doble!)
- acariciando a un animal
- conduciendo
- esperando el tren o el metro para ir al trabajo
- leyendo
- trabajando en el ordenador
- haciendo el amor
- dando una clase o una charla a un grupo de personas
- tratando de tomar una decisión
- poniendo la lavadora
- dándole vueltas a algo complicado
- cepillándote los dientes
- ocupándote del jardín
- de vacaciones
- _____ (¡Añade lo que quieras!)

Cuando aún estaba desarrollando los códigos y procuraba crear circuitos en cualquier lugar y circunstancia, usaba el simple acto de estirar el brazo para coger el cinturón de seguridad antes de ponerme a conducir como recordatorio y oportunidad para practicar. Me giraba un poco más al estirarme sobre el hombro para llegar al cinturón, luego contraía el corazón y después respiraba subiendo y bajando por el canal central, y de este modo conseguía generar nuevos circuitos sin tener que interrumpir en absoluto mis actividades diarias. Luego llevé esta práctica un poco más lejos: al girarme para ver la ventanilla trasera cuando daba marcha atrás para salir de la rampa de entrada de mi casa, torcía el cuello un poco más de forma consciente, metía la barbilla hacia dentro y sentía el espacio de detrás de los ojos. Entonces llevaba el aliento al centro del cerebro y desde ahí lo expulsaba por la coronilla, con lo que conseguía crear circuitos en los centros del cerebro superior y abrir nuevas vías de acceso que conectaban mi corazón con mi genio creativo.

Cuando se adopta un enfoque así, la gran aventura que es la vida se convierte en una búsqueda constante: «¿Cómo puedo generar circuitos cuando voy cargando con las bolsas de la compra o cuando ya estoy en casa colocando las cosas que he comprado? ¿Y cargando con una maleta, o cuando estoy sacando cajas del trastero? ¿Acaso no puedo tener en cuenta las técnicas adecuadas para levantar pesos, como doblar las rodillas y pegar bien el objeto al cuerpo para no lastimarme la espalda y, al mismo tiempo, inspirar y espirar por el canal central?

La invitación que aquí se te hace es que compruebes lo creativo que puedes llegar a ser para realizar estas prácticas a la vez que sigues con tu vida normal. ¿Qué otras formas de hacer esto se te ocurren? En mi página de Facebook (Facebook.com/DrSueMorter) encontrarás muchas más ideas de este estilo y podrás participar y unirte a la conversación. También encontrarás asistencia y ayuda de todo tipo y debates sobre cómo los alumnos de mis cursos y otras personas implementan estas técnicas.

Al principio, es posible que, con el fin de que esto se convierta en una nueva forma de vida, te ayude establecer algunos sencillos recordatorios. Coloca algunas notas adhesivas en aquellos lugares en los que tu vista se posa más a menudo a lo largo del día: en el salpicadero del coche, etc. También puedes poner una alarma periódica (que suene, por ejemplo, cada quince, treinta o sesenta minutos) en el móvil o en algún otro dispositivo digital. O simplemente puedes asociar ciertas actividades con alguna de las prácticas de los códigos energéticos, de modo que siempre que realices dicha actividad hagas también la práctica en cuestión. Una de mis alumnas ha establecido el hábito de practicar la Respiración del canal central siempre que va al baño. Aunque al principio lo hacía para tratar de forma natural una infección del tracto urinario (que, de hecho, desapareció a las veinticuatro horas), después lo incluyó como parte de su nueva rutina de práctica de los códigos energéticos. Simplemente pensó: «Bueno, ¿y por qué no? Al fin y al cabo, ¿qué otra cosa podría hacer en ese momento? De este modo ¡puedo aprovechar mucho mejor ese rato!».

Lo que sigue son algunas ideas adicionales más informales para integrar las prácticas de los códigos energéticos en tu vida diaria sin tener que reservarles ni dedicarles ningún tiempo adicional.

CUANDO HAGAS UN «DESCANSO» DE ESTAR SENTADO

Hoy en día, una de las más importantes advertencias sanitarias es la que tiene que ver con estar sentado por largos períodos de tiempo, pues resulta muy perjudicial para nuestra salud, por lo que se recomienda hacer descansos a menudo. Algunos expertos afirman que por cada veinte minutos que permanecemos sentados tenemos que estar otros ocho de pie y dos más en movimiento. Te invito a que aproveches los descansos que hagas de estar sentado para realizar algunas posturas de yoga BodyAwake. Hacer yoga es mucho más beneficioso que simplemente levantarse de la silla y estirarse un poco, pues sus efectos son totalmente distintos. El yoga hace que el cuerpo adopte formas geométricas sagradas que permiten que energías de mayor frecuencia fluyan por él de forma automática, lo que, por así decirlo, nos ayuda a sintonizar sin demasiado esfuerzo en nuestro dial la emisora de radio del Alma (nuestro objetivo final). Por ejemplo, puedes realizar una sola *asana* para un solo chakra en cada descanso (y tratar de cubrir los siete chakras a lo largo del día), o hacer una exploración rápida en cada descanso para ver qué chakra necesita atención en ese momento y elegir una postura que esté relacionada con él. (En el apartado «Rutinas de treinta minutos» de la página 466 tienes un listado con todas las posturas de yoga recomendadas para cada chakra). Como alternativa al yoga, también puedes hacer la marcha Morter o el paso mPower en tu descanso, pues estas técnicas producen efectos integradores muy notables en el sistema nervioso central y en el sistema electromagnético.

Otra forma muy efectiva e interesante de aprovechar tu «descanso de estar sentado» podría ser realizar las distintas técnicas de respiración que hemos visto. Puedes practicar la Respiración de la hoja de helecho siempre que te levantes de la silla: para ello, cúrvate hacia delante cuando vayas a ponerte de pie, y luego vete desenrollando la espina dorsal a medida que vas subiendo lentamente hasta estar completamente estirado. Otra opción igualmente eficaz sería hacer la Respiración de las mil pajitas.

Si, por el motivo que sea, en el momento en que hagas un descanso no te es posible ponerte de pie, puedes hacer lo siguiente. Echa hacia atrás la mano derecha y agárrate al respaldo de la silla por ese lado. Luego pon el pie derecho hacia delante y el izquierdo hacia atrás, quizá debajo de la silla, y contrae los cuatro puntos de anclaje. Lleva la mano izquierda hacia la rodilla derecha (cruzando el cuerpo transversalmente). Gira la barbilla hacia el hombro izquierdo. Luego, coge una gran bocanada de aire respirando por el canal central: inspira por las piernas, lleva el aliento por todo el cuerpo y espira por la coronilla. Vuelve a colocarte en una posición sentada neutral. Respira profundamente una vez más, pero en esta ocasión desde el espacio que queda por encima de tu cabeza. Comprime el corazón y lleva a esa zona la energía de la respiración que está entrando en tu cuerpo. Después espira por las piernas y deja que la energía penetre en la tierra. Repite el ejercicio en el lado contrario. Poner la energía en movimiento empleando para ello únicamente la respiración es casi lo mismo que estar de pie, al menos en lo que se refiere a la creación de circuitos con los que revitalizar estas vías (tan importantes para poder llevar a cabo la encarnación).

Puedes elegir cualquier ejercicio de respiración que se adapte a lo que sientas que necesites ese día: la Respiración del cuenco para potenciar la sabiduría creativa, la Respiración del plexo solar para aumentar la fuerza y el poder personal, la Respiración de la coherencia cardíaca para generar más amor y alegría, la Respiración de la manifestación para expresar tu verdad, o la Respiración visionaria para acentuar tu visión interior y alcanzar el dominio supremo de tu propia vida. Todas estas técnicas proporcionan una mayor fuerza vital al núcleo del cuerpo para unificar y conservar energía (en lugar de dispersarla y perderla a lo largo del día). Un poco más adelante en este mismo capítulo haremos un rápido repaso de estos ejercicios.

MANTENER UN OJO PUESTO EN EL INTERIOR

Por último, si bien este capítulo en realidad trata de medidas *proactivas* que podemos adoptar para potenciar la creación y el desarrollo de los circuitos, también me gustaría recordarte que debes aplicar las prácticas de Mantener un ojo puesto en el interior y Llevarlo al cuerpo como tu forma natural de responder siempre que algo dispare tus emociones y sientas una carga en tu campo energético. Esta es la ruta más rápida y directa hacia la evolución de tu conciencia (y hacia la sanación y el restablecimiento de tu vida), y esto es así porque a través de las sensaciones corporales estás recibiendo instrucciones directamente del Alma sobre en qué zonas o en qué aspectos necesitas centrar tus esfuerzos en ese momento.

Yo siempre estoy «llevándolo al cuerpo»; en todo momento estoy prestando atención a lo que sucede dentro de mi cuerpo; cuando tengo un pensamiento particular, cuando estoy tratando de establecer un plan para mi futuro, sopesando cómo responder a una invitación, etc. Constantemente tomo como referencia el flujo interno que se produce dentro de mi núcleo y me fijo en si fluye como es debido cuando estoy pensando lo que sea que tenga en la cabeza en ese momento. Si veo que no fluye (si hay algún bloqueo, alguna retracción o laguna), entonces me pongo a generar circuitos contrayendo la parte de mi cuerpo en la que aparece la sensación o la carga y llevándola al canal central por medio de la respiración. De modo que quiero animarte de todo corazón a que no veas esto como una simple práctica formal, sino como algo que puedes hacer todo el tiempo.

Cuando afrontamos la vida con este nivel de intención y de conciencia (con la actitud de «¡no dejar nunca de realizar estas prácticas!») nos damos cuenta de que toda experiencia o todo momento es una oportunidad para crear esos circuitos que pueden facilitar nuestra sanación, nuestra expansión y evolución; en otras palabras, nuestro despertar como el Alma que somos. Todo esto se reduce simplemente a qué velocidad queremos que se produzca esta transformación (si queremos que sea rápida o no). Pero si eres como yo y como muchos de mis alumnos, ¡estarás tan ansioso por comenzar a celebrar la vida desde el anverso del modelo que te centrarás sin descanso en estas técnicas! Y eso está muy bien, pues es absolutamente imposible practicarlas en exceso.

Este referirte constantemente a tu propio interior, junto con las técnicas de respiración y de visualización, harán que estés mucho más presente (tanto en el momento actual como en tu vida en su conjunto). Facilitarán tu despertar y te mantendrán alerta, evitando así que vuelvas a caer en el modo de piloto automático o en una forma de vida mecánica y rutinaria. Ahora estarás centrando tu atención en todo momento en tu núcleo de un modo más profundo e intenso, por lo que tendrás un mayor acceso a tus recursos innatos, lo que a su vez te proporcionará una mayor capacidad para manejar las experiencias de un modo consciente, con soltura, gracia y espontaneidad. Y también hará que estés mucho más abierto y receptivo al amor.

———

Veamos algunas opciones más formales mediante las cuales puedes incorporar los códigos energéticos a tu programación diaria. En función del tiempo del que dispongas, puedes seleccionar solo algunas de las dinámicas que aquí te ofrezco o hacerlas todas. ¡Cuantas más, mejor! Ninguna de ellas excluye a las demás.

RUTINAS AL LEVANTARSE Y ACOSTARSE

Muchas de las mejores ocasiones que tenemos para generar circuitos se dan cuando nos despertamos por la mañana y justo antes de quedarnos dormidos por la noche. En ese estado de duermevela en el que estamos medio dormidos medio despiertos es cuando la trampilla que comunica la mente consciente con la inconsciente es más amplia y, por consiguiente, el momento en el que más fácilmente pueden comunicarse entre sí. Cuando lo consciente conecta con lo inconsciente nuestra más profunda verdad se eleva hasta alcanzar la superficie de la mente consciente, y desde ahí puede guiarnos para manifestar los deseos de nuestro corazón de la manera más auténtica posible. Te invito a que cojas la costumbre de empezar y terminar el día con las prácticas de los códigos energéticos. En esta rutina concreta, comienzas el día con una Exploración del canal central y lo terminas impregnándote de la vibración transformadora del amor.

EXPLORACIÓN MATUTINA

Antes de que empieces el día, mientras aún estás acostado, realiza el ejercicio de la Presencia consciente y libre de pensamientos del código espiritual: haz una exploración paulatina del canal central y contrae e integra aquellas zonas de tu cuerpo que requieran tu atención. Adopta la intención que quieres mantener durante todo el día estableciendo estas energías como prioritarias. En la tabla de la página 35 encontrarás una serie de recomendaciones adicionales que te ayudarán a enfocarte en esto a lo largo del día y potenciarán el flujo de energía en esas partes de tu cuerpo al respirar a través de ellas de forma regular. Por ejemplo, pongamos por caso que durante la Exploración del canal central sientes un dolor en el cuello. En ese caso, responde a esta percepción tensándolo y empieza a respirar a través de esa zona, conectándola así al canal central. Consulta el chakra de la garganta (en este ejemplo concreto) en la tabla y relee el capítulo correspondiente a dicho chakra para ver qué otros aspectos están relacionados con él. Incluye en tu intención para ese día cualquier cosa que te llame la atención en la tabla (tal vez al leer te fijes de un modo particular en el «perfeccionismo» o en la «incapacidad para expresar emociones», etc.). En ese caso, toma la firme determinación de relajarte en ese aspecto y ser menos perfeccionista, o de darte permiso a ti mismo para expresar tus emociones lo mejor que puedas, a la vez que respiras a través de la zona de la garganta, conectándola de este modo con el canal central. Tu cuerpo te revelará dónde tienes que centrar la atención para poder seguir evolucionando.

MOMENTOS DE GRATITUD EN LA CAMA

Cuando me meto en la cama por la noche, siempre tengo esa placentera sensación de «¡Ah! ¡Cómo me gusta estar aquí!». ¿A ti también te pasa? Es la crisálida o el capullo perfecto en el que refugiarnos para realizar estas prácticas, porque ahí nos sentimos seguros y protegidos; es un lugar insuperable a la hora de generar nuevos circuitos. Los esfuerzos más efectivos son los que realizamos en un estado de *amorosa presencia* al tiempo que prestamos atención a la *respiración*. El *amor* es la vibración que abre la trampilla que conecta tu parte inconsciente con tu parte consciente; la *presencia* es tener la mente completamente centrada y ser plenamente consciente; y la *respiración* pone en movimiento la energía o el espíritu a través del cuerpo. Por lo tanto, cuando estés cómodamente en la cama, cultiva tu capacidad para sumergirte en el amor, incluso aunque no tengas ningún motivo aparente para hacerlo.

Una rutina perfecta a la hora de irse a la cama (y que complementa a la perfección la rutina matutina de la Presencia consciente y libre de pensamientos) es el ejercicio de Generar presencia amorosa que hemos visto en el código del corazón (página 293). Al igual que la rutina de la mañana, realiza esta práctica cuando ya estés en la cama, justo antes de quedarte dormido. Llena todo tu cuerpo de amor y profunda gratitud y respira a través del canal central para anclar esa vibración en tu campo energético. Comprueba si en algún lugar se produce una interrupción en su flujo continuo a través del canal central y realiza los ejercicios para crear circuitos en esa zona concreta a la vez que te dejas caer en un cálido letargo.

Para conseguir mejores resultados puedes hacer el paso mPower al menos una vez por cada lado antes de acostarte.

———

Todo el mundo habla de la importancia de la gratitud, pero me gustaría abordar este tema fijándome específicamente en la relación que guarda con el hecho de vivir como creadores de nuestra propia vida. Cuando hacemos ejercicios como el que acabamos de ver traemos a la mente de forma intencionada aspectos que fomentan la sensación de gratitud (no para conseguir ningún resultado particular en el mundo exterior, sino para aprender a crear o generar dicha sensación). Expresamos gratitud para reflejar las frecuencias vibratorias del Alma (alegría, amor, aprecio y presencia), y llega un momento en el que queremos generar esas sensaciones para nosotros mismos de forma constante. Una vez que somos capaces de atraer la frecuencia de la gratitud al pensar en algo que apreciamos, podemos dar el siguiente paso para atraer esa sensación sin necesidad de tener ninguna razón en particular, lo que, a su vez, nos ayuda a adoptar la actitud de «Sin importar lo que sea que me ocurra hoy, voy a generar gratitud. ¡Y nadie podrá hacer nada para impedirlo!». Conocernos y sentirnos como los maestros de nuestra propia experiencia interna, independientemente de cuáles sean nuestras circunstancias externas, nos empodera de verdad.

RUTINAS DE DIEZ MINUTOS

Si puedes dedicar diez minutos al día a las prácticas de los códigos energéticos, existen varias técnicas o rutinas que producen una gran integración y que puedes llevar a cabo en ese tiempo. Lo ideal es que te vuelvas tan versado en las prácticas del código que, en lugar de elegir con la mente pensante cuál de todas las prácticas hacer, dejes que sea la energía (tu yo real) la que guíe a la mente y le haga saber qué es lo que necesitas. Cuanto más familiarizado estés con todas las prácticas, más fácil te resultará seleccionar la herramienta que te hace falta y usarla para ese día concreto. En todo caso, a continuación te muestro algunas rutinas específicas. Realizarlas prácticamente no te quitará tiempo, pero te servirán como guía, para contar con una cierta estructura a la hora de llevar a cabo las prácticas.

DIEZ MINUTOS DE RESPIRACIÓN DEL CANAL CENTRAL CON PLENA ATENCIÓN Y SIN PENSAMIENTOS

En la práctica de la Presencia consciente y libre de pensamientos detenemos la mente desbocada y descontrolada que no hace más que preocuparse constantemente por cuestiones del pasado o del futuro y llevamos toda la capacidad de concentración consciente de la mente al momento presente, sin pensamiento alguno. Es lo contrario de ir por la vida con el piloto automático puesto. Entramos en cada día y en cada momento limpios, sin bagaje, sin expectativas, con una disposición abierta a cualquier posibilidad en la que simplemente observamos lo que de verdad está teniendo lugar delante y dentro de nosotros.

Te animo a que te ejercites en esta práctica para que cada vez seas capaz de mantener este estado durante más tiempo, hasta llegar a diez minutos seguidos y sin interrupción. Esto te resultará especialmente útil y efectivo cuando te estés tomando un descanso en medio de una ajetreada jornada laboral, o cuando tu mente esté acelerada y funcionando a toda velocidad, pero en realidad es beneficioso en cualquier momento. Cuando realices esta práctica contrae los cuatro puntos de anclaje y añade también la Respiración del canal central. Conviértete en (sé) la energía interna que se desplaza por el canal central, en lugar de limitarte simplemente a visualizar dicha energía subiendo y bajando por tu cuerpo. Para empezar a identificarte como el Alma tienes que penetrar en el canal con toda tu concentración consciente y *ser eso* sin pensar en nada más; has de poner toda tu atención en *ser* esa energía en tu propio interior.

Así que plantéate lo siguiente: «¿Puedo relajar la mente y usar los cuatro puntos de anclaje para encontrar mi alineación central y después relajar todos los músculos, pero permaneciendo completamente centrado en esa presencia central alineada, al tiempo que respiro en este estado enfocado en el canal central? ¿Puedo llegar a ser capaz de hacer esto durante diez minutos seguidos?».

DIEZ MINUTOS DE EJERCICIOS RESPIRATORIOS PARA LOS CHAKRAS

Las prácticas del código de la respiración se basan en técnicas de respiración provenientes de tradiciones antiguas (conocidas como *prāṇāyāma* o «control del aliento»). Los yoguis y los exploradores avanzados de la conciencia utilizan estas prácticas como medio para unificar todas las capas del ser y crear las condiciones propicias para avanzar hacia la iluminación. Realizar estos ejercicios uno detrás de otro genera una conciencia dentro del cuerpo que, en última instancia, nos permite despertar de verdad a nuestra Alma. Así que, como ves, esto es mucho más que respirar profundamente.

Para hacer una rutina de diez minutos simplemente puedes ir pasando por las prácticas fundamentales de respiración que hemos visto para cada uno de los seis chakras. Dedica unos noventa segundos (lo que equivale a entre cinco y diez respiraciones) a cada uno de los ejercicios. Aquí tienes un resumen rápido de dichas prácticas:

1. Respiración del canal central (chakras primero y séptimo). Para empezar, activa el *mūla bandha*, contrae el corazón, comprime la garganta y gira suavemente los ojos hacia arriba. Después haz la Respiración del canal central llevando la energía arriba y abajo.

2. Respiración del cuenco (segundo chakra). Partiendo de la última inspiración de la Respiración del canal central, distiende el vientre tanto como puedas sacándolo hacia fuera, hacia delante. Mientras continúas inspirando, ejerce presión hacia abajo contra los músculos que se están tensando y elevando con el *mūla bandha*. Luego, al espirar, tira del vientre bien hacia atrás, llevándolo de nuevo hacia la espina dorsal en esta Respiración del cuenco (o del Buda barrigón), para potenciar así tu libertad creadora.

3. Respiración del plexo solar (tercer chakra). A continuación, convierte el ejercicio en una Respiración del plexo solar. Para ello, contrae todo lo que está en la parte superior del cuerpo y todo lo que queda por debajo del ombligo. Luego, justo donde se separan las costillas, respira de modo que tu vientre pase a tener alternativamente el tamaño de una pelota de béisbol y de un pomelo. De este modo incrementarás tu fuerza personal.

4. Respiración de la coherencia cardíaca (cuarto chakra). Partiendo de la Respiración del plexo solar, inspira nuevamente con la Respiración del Buda barrigón. Luego sigue inspirando a través del plexo solar y vete elevando

la respiración hacia los lóbulos superiores de los pulmones y el pecho, de modo que respires hinchando el vientre y los lóbulos superiores de los pulmones simultáneamente en una gran inspiración. Sigue inspirando hasta que la respiración se expanda más allá del cuerpo, y luego espira en todas direcciones formando una esfera gigante. Ahora inspira a partir de esta esfera gigante llevando el aire al vientre y sigue inspirando hasta que vuelvas a llenar los lóbulos superiores de los pulmones. Esto revitaliza tu capacidad para sentir amor y alegría.

5. Respiración de la manifestación (quinto chakra). Partiendo de la Respiración de la coherencia cardíaca, suelta por completo todo el aire y luego inspira. Contrae todo lo que queda por debajo de la zona de la garganta y acentúa la respiración en este chakra poniendo en él toda tu atención y abriendo la garganta como lo harías si estuvieses bostezando, solo que en este caso manteniendo la boca cerrada durante el bostezo. (Inspirar de esta manera permite que la garganta se abra). Espira por la coronilla. Después haz lo mismo pero al revés: inspira desde encima de la cabeza y lleva el aire a la garganta poniendo el énfasis igualmente en abrir la garganta, y luego espira a través de todo el cuerpo llevando el aliento hacia la tierra. Este ejercicio es similar a la Respiración del canal central, pero con la particularidad de que el punto de intercambio ahora está en la garganta en lugar de en la región formada por el vientre, la franja abdominal y el corazón.

6. Respiración visionaria (sexto chakra). Localiza el sexto chakra volteando los ojos hacia arriba y sintiendo la tensión que se produce detrás de ellos. Guarda esa ubicación en la memoria para recordarla más adelante. Elige un objeto sobre el que enfocar la atención (como la lla-

ma de una vela, un talismán, una simple piedra, una flor, o algún otro objeto que tengas a mano) y colócalo a aproximadamente un metro en frente del lugar en el que estás sentado. Respira como si trazases una línea en el aire que va desde ese punto focal hasta el centro de tu cerebro, como si fuese la inspiración la que pusiese «en movimiento» el foco de tu atención y lo llevase hasta el centro del sexto chakra, también llamado *tercer ojo*. Luego espira por la parte posterior de la cabeza llevando el aliento a la misma distancia (simplemente imagínatelo). Ahora haz lo mismo pero al contrario: inspira desde la parte posterior, lleva el aire hasta el centro del cerebro y espira por delante. Finalmente, conecta la Respiración visionaria con la familiar Respiración del canal central, solo que esta vez con el punto de intercambio en el tercer ojo en vez de en algún otro lugar más bajo del canal.

Puedes hacer esta rutina fácilmente en cualquier momento del día: en el trabajo cuando hagas un descanso de diez minutos, mientras esperas a alguien para un almuerzo de negocios, mientras esperas que tus hijos salgan de clase de kárate, en el andén mientras aguardas que llegue el tren o el metro, etc. Dicho en otras palabras, no es necesario que te sientes en algún lugar en el que puedas estar solo, cierres los ojos y te concentres con tanta atención que dejes de estar públicamente presentable (eso sí, ¡procura no poner caras raras!). Son prácticas seguras e integradoras que podemos realizar al tiempo que seguimos siendo altamente funcionales en los quehaceres del día a día. (Como es natural, no te recomiendo llevarlas a cabo en el trabajo si tienes que manejar maquinaria pesada o realizar operaciones de cirugía, pero en caso contrario no deberían suponerte ningún problema). Después del ejercicio, puedes dar un pequeño paseo antes de volver a tus tareas como apoyo adicional para anclar o establecer más firmemente tu nuevo patrón de vibración. De este modo conseguirás integrar mejor los nuevos circuitos.

DIEZ MINUTOS DE YOGA CEREBRAL

Para realizar la práctica del Yoga cerebral (página 392), que revitaliza los órganos del cerebro superior (esos órganos tan importantes que se encuentran en la zona central de la cabeza), mantén la cabeza inmóvil, mueve los ojos siguiendo las distintas horas del reloj y respira a través del canal central. En esta rutina de diez minutos recomiendo hacer el Yoga cerebral durante los primeros seis o siete, pues con esto debería bastarte para pasar una vez por todas las horas, tanto en sentido horario como en sentido antihorario. Tras eso, dedica los últimos tres o cuatro minutos a hacer varias Respiraciones del canal central con posturas de yoga del código de anclaje. Esta secuencia es importante porque el Yoga cerebral es una técnica que acelera la activación de los centros del cerebro superior, por lo que hemos de asegurarnos de anclar, afianzar e integrar bien en todo el cuerpo las transformaciones a las que da lugar. Si sientes que te mareas un poco, mejor deja este ejercicio para casa. Con el tiempo, a medida que te vayas familiarizando con la práctica, te resultará cada vez más sencillo realizarla en cualquier lugar y en cualquier momento del día.

DIEZ MINUTOS DE RESPIRACIÓN DE LA HOJA DE HELECHO

Dedica entre cinco y siete minutos a realizar la Respiración de la hoja de helecho, y después la Respiración del canal central y algunas *asanas* del código de anclaje. (Puedes consultar la página 345 para recordar los detalles sobre cómo hacer la Respiración de la hoja de helecho). Este ejercicio pone en funcionamiento el *dantian* (un importante punto de almacenamiento de energía) e integra el flujo energético en la columna vertebral. Esta integración de ajuste fino es fundamental para consolidar y mantener las transformaciones que estás experimentando con todos los códigos energéticos.

RUTINAS DE TREINTA MINUTOS

Como ya hemos dicho, si bien lo más beneficioso es sintonizar con lo que nuestro cuerpo nos dice que necesitamos y, después, elegir de entre todas las prácticas de los códigos energéticos aquella que mejor se ajuste a dichas necesidades, contar con una práctica diaria de treinta minutos también es una forma de generar una transformación rápida y profunda. Por lo tanto, si puedes permitirte reservar media hora al día y prefieres disponer de alguna estructura formal que te ayude a generar circuitos de forma efectiva y eficiente, puedes decantarte por establecer alguna de las siguientes rutinas de treinta minutos.

UNA COMBINACIÓN DE RESPIRACIÓN Y MEDITACIÓN

Esta combinación favorece mucho más la integración que la meditación por sí sola. En esta rutina vas a utilizar el estilo de meditación que más natural te resulte (en función de cuál sea tu estilo de aprendizaje principal: visual, auditivo o cinestésico). Pero antes vas a realizar los ejercicios de respiración de los chakras. Hay una razón importante para esto, y es que el hecho de procurar que la energía (o *prana*) fluya y se desplace por todo tu sistema antes de meditar aumenta en gran medida la efectividad de la meditación y te permite avanzar significativamente en la construcción y regeneración de circuitos.

Esta «meditación viva» ha sido el eje central de mis clases de meditación de los últimos diecisiete años. Con ella podemos unificar nuestra vida diaria con nuestro profundo sentido del Alma (de forma que cada día de nuestra vida se convierte en una experiencia meditativa en movimiento que nos permite integrar y expresar lo que somos). A muchos de mis pacientes, clientes y alumnos les ha resultado profundamente beneficiosa. En mi opinión, abordar la meditación de otro modo no hace sino resaltar o aumentar las diferencias que existen entre el mundo interno y el externo, cuando lo cierto es que estamos aquí para unificarlo todo (para experimentar el CieloTierra), y no para excluir o diferenciar ninguno de esos dos mundos.

Esta técnica mixta nos ayudará tanto si somos principiantes como meditadores experimentados a sacar el máximo provecho de nuestros esfuerzos meditativos, de forma que todos podamos beneficiarnos de esas experiencias increíbles que tenemos al meditar y podamos implantarlas en nuestro sistema nervioso.

Los pasos que debes seguir son los siguientes:

1. Siéntate en una silla, o con las piernas cruzadas en el suelo o en una esterilla de yoga.
2. Haz la rutina de los Diez minutos de ejercicios respiratorios para los chakras (página 461).
3. Dedica los siguientes cinco minutos a realizar una versión del *prāṇāyāma* llamada *kapalabhati*, que se traduce como «respiración del cráneo reluciente» y también se conoce como aliento de fuego. En esencia es igual a otros patrones de respiración, solo que en este caso se realiza a un ritmo más acelerado. Produce un efecto limpiador y regenerador en los circuitos electromagnéticos de nuestro sistema (una especie de «limpieza general» energética que consume todos los acúmulos de suciedad).

Para empezar, espira completamente por la nariz. Asegúrate de soltar todo el aire de la zona de la barriga tirando del vientre (de la parte inferior del abdomen) hacia dentro, como si quisieras llevarlo hacia la espina dorsal. Luego relaja los músculos y deja que el vientre se vuelva a llenar de aire por sí solo. Espira de nuevo, con fuerza, a través de la nariz. Repite este ciclo de forma rítmica. Notarás que en realidad solo estás poniendo atención a la espiración vigorosa. Esto se debe a que la inspiración se produce de forma refleja y se da por sí misma cuando relajas momentáneamente los músculos abdominales entre una espiración y la siguiente. Para completar este ejercicio respiratorio conecta la respiración con el canal central realizando unas cuantas Respiraciones del canal central profundas. (Estas Respiraciones del canal central también se pueden realizar alternando entre una y otra fosa nasal [*nadi shodhana*] para potenciar el equilibrio y la estabilidad del cerebro. Puedes ver un vídeo de demostración en drsuemorter. com/energycodesbook).

4. Ahora abandona ese patrón estructurado de respiración, suelta toda la tensión muscular del cuerpo y, durante los siguientes quince o veinte minutos, siéntate a meditar usando el método que prefieras. (Puedes ver varios vídeos de cortas meditaciones guiadas en drsuemorter. com/energycodesbook).

5. Cuando salgas de la meditación, haz un par de torsiones de columna en cada lado (de forma alterna), así como extensiones y flexiones, ya que estos ejercicios facilitan que el cuerpo integre y memorice lo que acabas de experimentar. Túmbate boca arriba en el suelo. Haz una respiración completa (arriba y abajo) por el canal central y vete doblando las rodillas y dejándolas caer suavemen-

te hacia la izquierda al tiempo que giras la columna, el cuello y la barbilla hacia la derecha. Relaja la postura y repítela en el lado contrario. (Si por alguna razón no puedes tumbarte en el suelo, también puedes hacer este ejercicio rotando en la silla. En ese caso, usa el respaldo para apoyarte y, con las rodillas mirando hacia adelante, gira la columna, el cuello y la barbilla hacia la derecha, y luego hacia la izquierda).

Para realizar la flexión de columna mientras estás acostado en el suelo (o sentado en una silla), contrae la parte frontal del cuerpo de modo que se doble y forme una bola; agárrate las rodillas con los brazos y llévalas hacia el pecho tan fuerte como puedas. Para realizar la extensión de columna usa la postura del camello (tienes las instrucciones sobre cómo hacerla en el código de eliminación, página 278), o túmbate boca abajo en el suelo y levanta el pecho hacia arriba con los brazos estirados a ambos lados del cuerpo. (También puedes estirarte con cuidado reclinándote sobre el respaldo de una silla de respaldo bajo, levantando el pecho a la vez que te proteges la espalda con las manos).

El yoga también hace que la energía se desplace con más agilidad y vigor por nuestro organismo. Sin embargo, con demasiada frecuencia nos ocurre que asistimos a una fantástica sesión de yoga que termina con unos pocos minutos de *śavāsana* (postura del cadáver), luego nos sentamos, la clase termina y nos marchamos; pero si hiciésemos *śavāsana* y luego nos quedásemos un rato sentados meditando, integraríamos mucho mejor los fantásticos beneficios que nos aporta la sesión de yoga. Ya que es posible que no siempre puedas hacer esto en tu estudio de yoga, te recomiendo que te dirijas a algún lugar tranquilo fuera del estudio, o que te sientes en el coche y hagas una pequeña meditación antes de arrancar.

POSTURAS DE YOGA DEL MÉTODO BODYAWAKE (TM)

1.er CHAKRA:
- Postura de la silla
- Guerrero I
- Postura de la pirámide
- Postura del árbol
- Postura de flexión hacia delante

2.º CHAKRA:
- Postura del barco
- Postura de la paloma
- Bicicleta yóguica
- Postura de torsión espinal sentado
- Aliento de fuego

3.er CHAKRA:
- Postura del camello
- Postura del arco
- Postura del sol o de la mesa invertida
- Postura de la luna creciente
- Aliento de fuego

4.º CHAKRA:
- Postura del triángulo
- Postura del ojo de la aguja
- Postura del pez
- Postura de torsión espinal reclinado

5.º CHAKRA:
- Postura de la cobra
- Postura del arado
- Postura del puente
- Tonificacion por medio del sonido (Oṁ, Ma, Ha)

6.º CHAKRA:
- Postura del perro boca abajo
- Postura de la vela
- Postura del niño
- Postura del guerrero exaltado (Guerrero IV)
- Posturas de equilibrio

7.º CHAKRA:
- Postura del cadáver
- Puesto sobre la cabeza o del trípode
- Postura del conejo
- Flexión hacia delante con piernas abiertas

Dedicar diez minutos más a sumergirte en lo más profundo de tu propio ser interior cuando te encuentras en este maravilloso estado de presencia es sumamente beneficioso para crear circuitos en tu organismo. Eso sí, ¡asegúrate de que estás completamente lúcido y despejado antes de ponerte a conducir!

TREINTA MINUTOS DE YOGA BODYAWAKE

El yoga es, en y por sí mismo, una actividad altamente integradora, especialmente cuando se combina con la respiración consciente de los códigos energéticos. Al ir viendo los distintos códigos en este libro he ido recomendando algunas posturas básicas de yoga que ayudan a abrir cada uno de los chakras y a aumentar su flujo energético. Puedes realizar estas posturas en el orden en que aparecen o, preferiblemente, integrarlas en tu rutina para activar todos los chakras de forma secuencial. Por comodidad, aquí tienes un listado con todas las posturas de las que hemos hablado en el libro, clasificadas en función del chakra al que más afectan.

También he reunido todas estas posturas en una rutina breve pero eficaz de yoga BodyAwake que te ayudará a regenerar los circuitos que necesitas para reprogramar tu personalidad protectora y activar tu Alma. (Puedes ver una demostración de esta rutina en drsuemorter.com/energycodesbook).

TREINTA MINUTOS DE RESPIRACIÓN SANADORA

Si estás lesionado o tienes algún dolor, alguna debilidad o algún problema de salud específico (todo lo cual indica que en alguna parte de tu cuerpo hay un bloqueo de energía o un flujo inadecuado), quizá quieras dedicar esos treinta minutos al día a realizar algún ejercicio de Respiración sanadora para tratar la zona afectada. Por ejemplo, si sufres infecciones urinarias persistentes o recurrentes, puedes dedicar esta media hora a respirar profunda y atentamente a través de los chakras primero y segundo de la manera que se muestra en el vídeo que puedes encontrar en drsuemorter.com/energycodesbook, y realizar la práctica de Llevarlo al cuerpo cuando pienses en tus síntomas. También podrías aplicar la técnica de eliminación BEST para deshacer cualquier interferencia inconsciente o cualquier emoción no resuelta que pueda estar contribuyendo a que el problema persista (siguiendo con el ejemplo, la ira no resuelta es un factor habitual en las infecciones del tracto urinario). Deja que sea tu cuerpo el que te diga qué emociones han de ser tratadas y esclarecidas, pues lo más probable es que la solución se presente de forma orgánica y natural. Si, por ejemplo, te duelen las rodillas, asegúrate de que ejerces la presión suficiente en dicha articulación para acentuar la sensación en esa zona mientras haces el ejercicio respiratorio (llevando la respiración a la articulación afectada, tal y como se muestra en el vídeo). Esta forma de tratar específicamente varias zonas del cuerpo constituye una forma perfecta de emplear incluso cortos períodos de tiempo una, dos o tres veces al día. Ten en cuenta que el proceso es similar independientemente de cuál sea la dolencia concreta, por lo que puedes adaptar esta técnica para tratar otras afecciones, como dolores de cabeza, dolor de cuello, de hombros, molestias y trastornos estomacales, dificultad para respirar, tensión en cualquier parte del cuerpo u otras dolencias. (Para saber más sobre las Técnicas de respiración sanadora, consulta el apartado de recursos de la página 493).

La energía siempre está tratando de ascender por el cuerpo en un intento por integrarse. Por lo tanto, el bloqueo siempre se encuentra *por encima* de la zona en la que aparece el dolor o que no responde adecuadamente. Para obtener mejores resultados, realiza siempre los ejercicios de respiración haciendo que el aliento pase primero *a través de* la zona inferior, y luego por la superior. Además, incluye siempre el cuerpo en su totalidad en las últimas respiraciones de tu rutina, e incorpora también la Respiración de las mil pajitas. (¡El vídeo de demostración te será de gran ayuda!).

Todas las prácticas que hemos visto en este capítulo amplifican el Alma. La integración siempre nos hace sentir bien a nivel corporal; por así decirlo, el cuerpo anhela que su flujo se restaure, está diseñado para autosanarse, autorregularse y auto-iluminarse, para avanzar hacia su verdadera naturaleza como el Alma, para estar cada vez más cerca de su diseño original. Dicho de otro modo, el cuerpo está diseñado para hacer precisamente lo que ahora le estamos pidiendo que haga. Tan solo necesita un poco de ayuda por parte de nuestra mente y nuestra intención, pero enseguida cogerá impulso y este proceso se afianzará. Nuestra tarea consiste en facilitar este flujo natural y, una vez establecido, fluir con él.

Cuando nos damos cuenta de que la transformación que buscamos no tiene que ver con cambiar, sino con el restablecimiento de este flujo, este tiende a darse con una mayor facilidad. Esto es así porque a la mente protectora le resulta más sencillo acoger y abrazar el flujo que el cambio. Si seguimos identificándonos como la personalidad protectora, nos resultará difícil dar la bienvenida a los cambios, pero, al identificarnos con el Alma, sentimos el cambio y lo percibimos como un flujo (un flujo que nos hace sentir bien). Cuando penetramos en el núcleo de nuestro cuerpo y permitimos que se dé este flujo, desaparecen los dolores de estómago, las molestias en el cuello; cualquier debilidad que tengamos en el organismo comienza a restablecerse gracias a esta poderosa fuerza vital que vuelve a fluir a través del cuerpo. Entonces vemos que se está produciendo un «cambio», pero que lo importante no es el cambio en sí, sino el flujo. El cambio se da de forma automática cuando permitimos que el flujo fluya. Por así decirlo, ¡se cuela por la puerta de atrás! Es algo hermoso.

––––––

Ahora que cuentas con una serie de técnicas claras, concisas y fáciles de usar con las que crear los circuitos necesarios para percibir el Alma que eres y vivir como tal, vamos a explorar cómo es realmente la vida una vez que hemos generado dichos circuitos. Esta es la vida vista desde el anverso del modelo, la vida tal y como se percibe una vez que hemos realizado la inversión cuántica.

CAPÍTULO 12

La vida desde el anverso del modelo: vivir como el Alma

S IETE AÑOS DESPUÉS DE AQUELLA intensísima experiencia inicial de apertura a mi propia Alma, una amiga de una amiga me invitó a dar una charla en una conferencia de mujeres en Copper Mountain, Colorado. Después de mi ponencia, una persona del público se acercó a mí y me preguntó si estaría interesada en presentar un congreso que se iba a celebrar el año siguiente. «Por supuesto», le respondí, sin saber realmente la verdadera magnitud de lo que estaba aceptando.

Muy poco tiempo después, un organizador contactó conmigo y me preguntó si le podía enviar algún vídeo de muestra para hacerse una idea de cómo eran mis presentaciones. En aquel momento no tenía ninguno, pero ya había empezado a hacer uno (pues un representante de la organización de Tony Robbins también me lo había solicitado para valorar la idea de que diese una charla al equipo técnico de dicha entidad). Así que me apresuré en tener el vídeo listo y se lo envié. Su respuesta no tardó en llegar. No solo querían que diese una charla, ¡sino que además me propusieron que fuese la conferenciante principal en la primera mañana del evento!

Emocionada por esta oportunidad, comencé a pensar en lo que quería decir y en el mejor modo de expresarlo, pero, para mi sorpresa y consternación, ¡no me venía nada a la mente! Por más que lo intentaba, estaba completamente en blanco. Me iba a dirigir a un público de unos dos mil conferenciantes profesionales en la convención nacional de la National Speakers Association («Asociación Nacional de Conferenciantes»), su evento más importante y multitudinario del año y, por supuesto, ¡no iba a permitir que este infructuoso estado en el que no me venía nada a la mente diese al traste con esta oportunidad! Mis viejos circuitos estaban convencidos de que tenía que planificar lo que iba a decir, así que seguí intentándolo.

Mi mente estaba tan enredada con cómo creía que debían de ser las cosas que en ningún momento se me ocurrió pensar que pudiese haber otra forma de hacerlas.

Cuando aún quedaban meses para la conferencia, cada pocos días me sentaba y me dedicaba a pensar un poco en ello, pero, a pesar de estar bolígrafo en mano y tener papel más que de sobra, aún no se me ocurría nada. Así fueron pasando las semanas, y luego los meses. Entre sesión y sesión no hacía más que rumiar y darle vueltas angustiada a este asunto, y la tensión iba creciendo a cada intento. Hasta llegué a la conclusión de que el problema era tratar de escribir la charla con bolígrafo y papel, ¡así que los cambié por el ordenador! Pero, aun así... nada.

De pronto faltaban únicamente dos semanas para la conferencia, y luego solo una, pero yo seguía sin ser capaz de hacer que mi mente encontrase lo que quería decir. Había una cosa de la que estaba segura que quería hablar, pero eso no me iba a ocupar más de quince minutos, ¡y tenía que llenar una hora y cuarto! Decidí coger un vuelo para llegar con antelación al lugar en el que se iba a celebrar la conferencia y, de este modo, «alejarme de todo» y despejarme. Llevaba ya día y medio en la habitación del hotel, pero aún no me había llegado la inspiración. La noche antes de la presentación seguía trabajando en ello. Me quedé despierta hasta después de medianoche, y al día siguiente me levanté temprano con la esperanza de al menos tener una mínima idea de sobre qué iba a hablar. «En la ducha se nos ocurren todo tipo de genialidades, así que, eso es lo que voy a hacer. ¡Voy a darme una ducha!», me dije a mí misma con optimismo, con la esperanza de autoconvencerme. Ahí fue donde hice mi último noble y valiente esfuerzo, pero no conseguí absolutamente ningún resultado y ya prácticamente me tenía que ir. Mientras me vestía y al recorrer el pasillo del hotel para coger el ascensor, sentí como si mi carrera hubiese llegado a su fin antes incluso de haber empezado. ¡Aquellos pasos fueron el recorrido más frustrante y doloroso de mi vida!

Ya entre bastidores, cuando me estaban colocando el micrófono, escuché cómo anunciaban mi nombre en la presentación, y el simpático director de escena me dijo: «Si no me equivoco, ¡esa es usted!», al tiempo que me daba con el codo para reforzar sus palabras. Mientras recorría la rampa que conducía al escenario tuve la clara sensación de que estaba subiendo al patíbulo. Mi fin estaba cerca, ¡podía sentirlo!

Pero, en cuanto salí de detrás del telón y me dirigí hacia las luces, algo excepcional se apoderó de mí. ¡Era como si las cataratas del Niágara hubiesen aparecido sobre mi cabeza y derramaran su caudal sobre ella! Lo único que podía hacer era limitarme a estar presente y poner todo mi ser en dar forma a las palabras que me inundaban. Comencé a volar por aquel enorme escenario, a desplazarme de un extremo a otro con tanta ligereza que me daba la impresión de que ni siquiera tocaba el suelo. Miraba al público y me daba cuenta de que todos estaban completamente atentos, absortos, embelesados. Fue uno de los momentos más mágicos de mi vida. Cuando terminé de pronunciar la última frase eché un vistazo al reloj que marcaba los tiempos de intervención. Para mi asombro, se detenía en el cero justo en el momento en el que posé mi mirada sobre él. La audiencia estaba completamente entusiasmada y enfervorizada tras el ejercicio que acabábamos de realizar. Se pusieron en pie para aplaudirme y tuve que salir otras tres veces al escenario. Cuando lo abandoné por última vez y comencé a respirar de nuevo, la presidenta de la asociación vino corriendo hacia mí para decirme, con lágrimas en los ojos, ¡que mi discurso había sido muchísimo mejor de lo nunca hubiese esperado!, y que había puesto el listón muy alto para los demás ponentes.

Después de aquella conferencia, recibí cartas y correos electrónicos de personas que querían hacerme saber el profundo impacto que mi charla había tenido en ellos. Algunos eran reconocidos expertos en el campo de la oratoria que me preguntaban si había estudiado con ellos, pero lo cierto es que ¡ni siquiera había oído hablar jamás de ninguno de ellos! Insistían en que debía de haber ensayado muchísimas veces y estudiado la estructura de mi exposición una y otra vez para que fuese tan sumamente perfecta, pero no; lo que salió a través de mí aquel día fue algo mucho más grande que nada que pudiera haber estudiado, planeado o ensayado. Era mucho más de lo que mi mente pensante podría haber ideado nunca. Lo que surgió a través de mí ese día fue pura Presencia, puro *flujo*, el cual transformó desde dentro y por completo lo que era capaz de hacer.

Y también cambió a otras personas. Siete años más tarde volví a la convención de la NSA y la gente me paraba en el pasillo para contarme con entusiasmo hasta qué punto les había afectado aquel primer discurso. El flujo también los había transformado (mucho más, estoy convencida, de lo que yo jamás hubiese podido transmutarlos por mí misma). Desde entonces siempre he dejado que sea mi mente intuitiva la que esté al mando y administre ese flujo que brota de mi interior en respuesta a las necesidades particulares de cada público. Así es cómo actúa el Alma. Tiene acceso a la totalidad y posee un conocimiento mucho mayor que el que el intelecto por sí mismo puede alcanzar.

Esta maravillosa experiencia (a pesar de que me resistiese a ella hasta el último momento) es un ejemplo de hacia dónde nos dirigimos todos en la evolución de nuestra conciencia. Gracias a los códigos energéticos, todos podemos convertirnos en una especie de canal por el que la Presencia pura fluya sin obstáculos tanto a través de nosotros como a nuestro alrededor para transformar de forma mágica nuestra vida y la de los demás. Al establecer y permitir ese flujo (y al comprender que la Presencia que circula a través de nosotros es nuestra verdadera identidad) comenzamos a llevar a cabo esa transformación radical y completa que es la inversión cuántica.

Incluso si tenemos un atisbo espontáneo y milagroso de la verdad de nuestra naturaleza esencial —como fue mi caso con aquella experiencia cumbre inicial—, sigue siendo necesario que creemos circuitos para poder encarnar y vivir plenamente en nuestro día a día como el Alma. ¡Y está muy bien que así sea! Así es cómo funciona. No alcanzamos repentinamente el destino final de la perfección total y absoluta, sino que nos vamos desplegando en un devenir continuo que nos va llevando paulatinamente a lo que somos realmente, paso a paso, pieza a pieza, como los incontables pétalos de una flor de loto que se va abriendo lentamente. Comenzamos a sanar en todos los niveles, de una manera abundante y completa, y nos expandimos en nuestra belleza y grandeza profundas.

En este último capítulo me gustaría ofrecerte una visión somera de cómo es la vida cuando comenzamos a convertirnos de verdad en ese canal a través del cual el Alma puede fluir sin impedimentos. Si bien la vida desde el anverso del modelo es única y diferente para cada uno de nosotros en su expresión individual, hay ciertas pautas comunes que caracterizan nuestras perspectivas e interacciones en su conjunto.

LA VIDA DESDE EL ANVERSO DEL MODELO:
LA IMAGEN COMPLETA

La característica más importante de la vida desde el anverso del modelo es que dejamos de identificarnos con la mente y nos identificamos con el Alma. En lugar de hablar de «mi alma» como algo externo, como una tercera persona, ahora nos referimos a «mi mente» en esos términos. Ya no tratamos de dominar la mente, pues esta se asienta de modo natural en su papel de observadora y facilitadora. Aquí simplemente nos encontramos en un estado de ser diferente. Se trata de una relación de confianza con el universo, de un estado de flujo.

Una vez que nos hemos situado en el anverso, sabemos con absoluta certeza que nuestro mundo interior es el mundo real, mientras que el exterior no es más que un mero reflejo. Por lo tanto, sabemos que, independientemente de lo que suceda, «contamos con esto». La mente analítica retrocede a un segundo plano; ya no se dedica tanto a pensar sin cesar, sino a reconocer que somos la esencia que percibimos y a servir a nuestro desarrollo (en lugar de competir con él u oponerse al mismo). No hay nada que tengamos que «hacer»; tan solo hemos de limitarnos a ser lo que realmente somos.

Nuestros pensamientos pasan a estar en sintonía con ese bien mayor y somos capaces de ser conscientes de dicho bien mayor en todo lo que se presenta en nuestra vida. Sabemos sin la menor sombra de duda que todo está al servicio de nuestra expansión (la propia y la de todos los demás), y que, pase lo que pase, todo está a nuestro favor. Gracias a esto, el amor se da de forma automática. No hay juicios ni rechazos, solo una total aceptación y una compasión absoluta que está completamente integrada y afianzada en nosotros.

Confiamos en nuestros deseos porque sabemos que han pasado previamente por el filtro del amor. Ya no tenemos miedo de hablar, de expresarnos o de manifestar nuestra verdad; con amor, arrojo y determinación, emprendemos acciones con las que llevar adelante nuestras visiones y sueños. Sabemos que estamos hechos de bondad, y por eso confiamos sin vacilación en nuestros deseos y en nuestros actos. ¡Lo damos todo sin reservas! Somos conscientes de que nunca desearíamos la manifestación de una vibración particular si no fuese una parte de nosotros que ya está lista para aparecer en este planeta (incluso aunque pueda parecernos muy diferente a cómo creíamos que sería). Nos desprendemos de todo prejuicio sobre cómo creemos que han de ser las cosas, porque ahora nuestros cimientos se hunden firmemente en el CieloTierra, ahí donde, en última instancia, todo está al servicio de nuestro bien más elevado.

A medida que vamos volviéndonos cada vez más dueños de nuestros deseos, nuestras visiones y nuestro poder, la gente empieza a sentir una cierta fuerza, una presencia en nosotros que les hace querer estar en nuestra compañía; empiezan a prestarnos atención cuando hablamos, y de pronto nos vemos aceptando el rol de persona visionaria que nos atribuyen al ensalzarnos o vernos como un modelo, aunque eso nunca fuese algo que nos hubiésemos propuesto en absoluto. Tal como ilustra la historia de mi propio caso personal con la que he comenzado este capítulo, la vida fluye hacia nosotros y a través de nosotros (como nosotros), superando cualquier cosa que pudiéramos haber soñado o imaginado.

Recuerda que el objetivo último del plan establecido en la parada de autobús cósmica es poder experimentar nuestra propia divinidad (el amor divino). Por lo tanto, lo más adecuado es que veamos los retos y las dificultades con las que nos encontremos en la vida como el mejor apoyo que podemos recibir para alcanzar precisamente esa meta. Las relaciones familiares, nuestra situación económica, el trabajo... Todos estos aspectos activan nuestros circuitos y, de este modo, ponen a nuestro alcance los retos fundamentales que solicitamos en la parada de autobús cósmica; nos conducen al descubrimiento de nuestra propia magnificencia y capacidad para amar. Por ejemplo, tras recibir la noticia de que mi padre me había dejado en gran parte fuera de su testamento, llevé las emociones al cuerpo por medio de la presencia amorosa cada vez que surgía el dolor, y esto propició que se generasen los circuitos necesarios para que el amor pudiese fluir nuevamente en mi familia. (¡E incluso me encantó recibir un paquete con algunas de las tazas de té de mi madre!). Todos podemos hacer esto mismo.

A veces es difícil creer que podemos tomar la decisión de limitarnos a «simplemente amar» y que esto de verdad vaya a funcionar en nuestra vida, pero, una vez más, te invito a que lo pruebes. A la mayoría (yo incluida) no nos criaron en un ambiente en el que nos enseñasen que «limitarse a amar» fuese algo inteligente, o incluso posible, pero, a medida que vayas aceptando tu libre albedrío de este modo, comenzarás a experimentarte a ti mismo como una poderosa presencia amorosa en el mundo. Ese amor será verdaderamente incondicional, pues más allá de tu propia decisión consciente, no se requiere ninguna condición para experimentarlo. Tu yo real, aquel que, entre bambalinas, se muestra como la verdadera esencia en todas las historias de tu vida, es el único ingrediente de esta gran receta para la vida que te puede integrar de nuevo, que puede hacer que dejes de estar disperso, disolver las rocas que interrumpen la corriente del río, transformar tu vida y la de quienes te rodean y hacer que te manifiestes como el auténtico poder del universo.

LA VÍA DEL PROPÓSITO: CAUSAR UN IMPACTO EN EL MUNDO DESDE EL ANVERSO DEL MODELO

Estamos aquí para ser los creadores de nuestra propia vida y los dueños de nuestra propia realidad. Todo en esta vida es energía, lo que significa que somos todo, que no existe nada que no seamos. Todo lo que experimentas y encuentras en la vida es un reflejo perfecto de tu mundo interior, y eso implica que tú eres quien determina y revela el CieloTierra en tu propio interior. Tu misión (tu destino) es llegar a ser consciente de la verdad de tu propia magnificencia y dejar que esta se despliegue desde el interior generando circuitos para ser cada vez más capaz de permitir que el fulgor, la lucidez y el genio fluyan a través de ti. Mediante el uso de los códigos energéticos, volvemos a convertir a nuestro cuerpo en nuestro hogar y aprendemos a sentir nuestra verdad desde el interior. Nos establecemos en nuestro núcleo y aprendemos a vivir desde el Alma a medida que aumenta nuestra capacidad para amar. Por medio de la respiración llevamos más vida a las células y revitalizamos los espacios que quedan entre ellas a la vez que vamos despertando a nuestro verdadero potencial creativo. Y, finalmente, conectamos plenamente con el Espíritu, abrimos por completo nuestro sistema para dar la bienvenida a una versión mucho más grande y amplia de nosotros mismos encarnando la verdad de que estamos hechos de amor y que todo en esta vida trabaja a nuestro favor.

Desde el momento en que dejaste la parada de autobús cósmico y aterrizaste aquí, y en todo momento, situación y experiencia que hayas tenido desde entonces, la vida ha puesto en tus manos exactamente lo que has necesitado para evolucionar y expandir tu conciencia del amor (y así seguirá siendo todo el tiempo que permanezcas aquí, en la Tierra). El mundo se creó a partir del amor, y el propósito de tu vida es que descubras al Creador que llevas dentro (en ese sentido, estás inmerso en un proceso de despliegue).

Eres el aliento de la vida misma, y si quieres que el Alma se convierta en una realidad, has de insuflar más de ese aliento de vida en ella que en el mundo exterior. Cuando así lo haces (cuando llevas tu atención apasionadamente, con respeto y sinceridad, hacia dentro, hacia este canal central, y respiras subiendo y bajando por él), en realidad estás haciendo una enorme contribución a tu comunidad y a la humanidad en su conjunto.

No necesitas ningún seguidor para causar el mayor impacto posible en el mundo. No es necesario que tengas ningún gran propósito o misión, ninguna aspiración orientada hacia el exterior. Simplemente tienes que ser más quien ya eres: el Alma. Todo lo demás fluirá a partir de ahí.

Cuando diriges toda tu atención hacia el interior no hace falta ningún tiempo para que se produzca la transformación, pues el ser al que estás despertando opera más allá del espacio y el tiempo. Por ejemplo, esos proyectos de negocio que te dijeron tardarías cinco años en hacer realidad fluyen y se vuelven sostenibles en tan solo uno. Empiezan a llegarte inspiraciones y recursos que parecen salir de la nada, lo que facilita tu progreso a lo largo de esta senda. Los conflictos o las situaciones complicadas se resuelven con facilidad y para el mejor interés de todas las partes implicadas. Todos ganan.

A medida que vivimos cada vez más en consonancia con la vibración del amor, la paz, la abundancia y la armonía dentro de nosotros mismos, en realidad empezamos a percibir esas mismas cualidades en nuestro entorno. Es como si sintonizásemos un canal de televisión en el que vemos, escuchamos y sentimos que todo lo que está sucediendo está al servicio de algo «bueno». En cuanto nos damos permiso para «amar pase lo que pase», al mundo exterior no le queda más remedio que reflejar la imagen del amor incondicional. Puede que esto tarde un tiempo en ocurrir, pero, en última instancia, es lo que prevalecerá. ¡No puede ser de otro modo! Cuando vivimos en un espacio de gratitud, celebración y alegría que incluye a todo el mundo (un espacio en el que todos son bienvenidos y nos vemos reflejados en ellos), la versión del Creador finalmente consigue alcanzar la vida que ha venido a experimentar en este plano de la existencia.

Piensa en el Alma como en el yo «conectado». Como digo en mis cursos, «No hay nada que no seamos». Cuando vivimos desde ese espacio, automáticamente percibimos desde la frecuencia vibratoria de la conexión. De hecho, esta es la conexión que hemos estado buscando desde el mismo momento en que se originó la personalidad protectora. Nos hemos pasado la vida entera tratando de encontrarla en las relaciones, en las actividades, incluso en las expectativas, pero llega un momento en el que comprendemos que es literalmente imposible que esa sea la respuesta, pues el mundo exterior no es más que un reflejo de cómo estamos encarnando o manifestando la «frecuencia de la conectividad» en nuestro interior. Cuanto más centrados estemos exclusivamente en activarnos como el Alma que somos, mayor será su presencia en nuestra vida y en el mundo. Así encontramos la conexión que siempre hemos estado buscando. Siempre ha estado aquí; se llama CieloTierra. Es el canal de radio en el que experimentamos todo nuestro potencial como Creadores y vivimos como la expresión más auténtica y verdadera de nosotros mismos. ¿Qué podría ser más importante, relevante o significativo que eso? ¿Qué otro mejor propósito podría haber?

———

Ahora que estamos al final de (este tramo de) nuestro viaje juntos, quiero compartir contigo una última cuestión importante que te ayudará a devolver al mundo todo lo que has aprendido aquí:

Sé profundamente íntimo. Date permiso a ti mismo para ser profundamente vulnerable en tu interior. Antes de nada, escúchate a ti mismo para saber qué necesitas abordar o tratar en tu propio interior, y ocúpate de ello sin juzgarlo ni empezar a urdir historias en torno a ese tema. Esta conexión íntima con tu verdadera Alma posibilitará que seas consciente de en qué lugar será más efectivo tu trabajo, y te ayudará en tu proceso a medida que comiences a participar y expresarte en el mundo con un mayor grado de autenticidad.

Establece una relación sagrada con lo que sucede, con cómo se desarrollan las cosas. La forma en la que se expresa el universo es una de las verdades más profundas que puedes acoger en tu corazón, porque tú mismo eres el universo.

Y por último... Realiza las prácticas. Hazlas tanto como te sea posible, con alegría y de todo corazón. Se trata literalmente del trabajo más importante que vas hacer en tu tiempo aquí, en la Tierra.

Cuando sientas que deseas compartir este trabajo con otros, entrégales este libro, y más adelante aprovecha cualquier ocasión para mantener con ellos conversaciones ricas y profundas sobre estos temas. Cuando nos apoyamos mutuamente en nuestro proceso de crecimiento desarrollamos una amorosa confianza entre nosotros y generamos la experiencia externa de cómo se supone que debería ser este mundo: un despliegue al servicio de nuestra propia magnificencia.

Nunca subestimes el poder de una sola persona que se abre a su Yo, que acepta su verdadero Ser. Este es el momento en el que has de elegir qué es lo que quieres experimentar en la vida. Tu propio despertar activa el campo a tu alrededor y el impacto que produce tu resonancia vibratoria alcanza a todo el planeta. Tu destino siempre ha sido ser consciente de tu verdadero poder como el ser de amor energético y divino que eres. El CieloTierra tan solo está aguardando a contar con tu permiso para manifestarse aquí y ahora. ¿Se lo vas a conceder?

Este trabajo no es algo que yo te esté dando a ti, sino el regalo que tú le haces al mundo, porque cuando te comprometes con él y empiezas a encarnarlo, comienzas a tener acceso a tu pleno potencial como Creador y, como resultado, el mundo entero se beneficia de ello.

Con todo mi amor, desde lo más profundo del corazón de mi Alma,

Dra. Sue

BIBLIOGRAFÍA

ADDINGTON, JACK ENSIGN. *The Hidden Mystery of the Bible*. Camarillo, CA: DeVorss, 1969.

ALDER, VERA STANLEY. *The Finding of the «Third Eye»*. Edición revisada. 1968. Reimpresión, New York: Samuel Weiser, 1970.

ANDERSON, JAMES E., MD. *Grant's Atlas of Anatomy*. 7.ª edición. 1978. Reimpresión, Baltimore: Williams & Wilkins, 1980.

ARDEKANI, ALI MIRABZADE. «Genetically Modified Foods and Health Concerns». *Iranian Journal of Biotechnology* 12, n.° 2 (primavera 2014). doi:10.5812/ijb.19512.

BABBITT, EDWIN D. *The Principles of Light and Color*. New York: Babbitt & Co., 1878.

BECKER, ROBERT O. y GARY SELDEN. *The Body Electric: Electromagnetism and the Foundation of Life*. 1985. Reimpresión, New York: William Morrow, 1987.

BHAGAVATI, MA JAYA SATI. *The 11 Karmic Spaces: Choosing Freedom from the Patterns that Bind You*. Sebastian, FL: Kashi, 2012.

BOHM, DAVID. *Wholeness and the Implicate Order*. London: Routledge and Kegan Paul, 1980.

BRENNAN, BARBARA ANN. *Light Emerging: The Journey of Personal Healing*. New York: Bantam Books, 1993.

BROOKIE, KATE L., GEORGIA I. BEST y TAMLIN S. CONNER. «Intake of Raw Fruits and Vegetables Is Associated with Better Mental Health than Intake of Processed Fruits and Vegetables». *Frontiers in Psychology* 9 (2018). DOI:10.3389/fpsyg.2018.00487.

BRYANT, EDWIN F., trad. *The Yoga Sutras of Patanjali: A New Edition, Translation, and Commentary; with Insights from the Traditional Commentators*. New York: North Point Press, 2009.

BURR, HAROLD SAXTON. *Blueprint for Immortality: The Electric Patterns of Life*. London: Neville Spearman, 1972.

CHILDRE, DOC y DEBORAH ROZMAN, PhD. *Transforming Depression: The HeartMath® Solution to Feeling Overwhelmed, Sad, and Stressed*. Oakland, CA: New Harbinger Publications, 2007.

CHOPRA, DEEPAK, MD y MENAS C. KAFATOS, PhD. *You Are the Universe: Discovering Your Cosmic Self and Why It Matters*. New York: Harmony, 2017.

CONDRON, DANIEL R., DM, DD, MS. *Permanent Healing*. 3.ª edición. Windyville, MO: SOM Publishing, 1995.

DE VENDÔMOIS, JOËL SPIROUX, FRANÇOIS ROULLIER, DOMINIQUE CELLIER y GILLES-ERIC SÉRALINI. «A Comparison of the Effects of Three GM Corn Varieties on Mammalian Health.» *International Journal of Biological Sciences* 5, n.º 7 (2009): 706-726. DOI:10.7150/ijbs.5.706.

DIAMOND, HARVEY y MARILYN DIAMOND. *Fit for Life*. New York: Warner Books, 1985.

EASWARAN, EKNATH, trad. *The Upanishads*. 2.ª edición. Tomales, CA: Nilgiri Press, 2007.

GANONG, WILLIAM F., MD. *Review of Medical Physiology*. 10.ª edición. Los Altos, CA: Lange Medical Publications, 1981.

GERBER, RICHARD, MD. *Vibrational Medicine: New Choices for Healing Ourselves*. Santa Fe, NM: Bear, 1988.

GRAY, HARRY, FRS. *Gray's Anatomy of the Human Body*. Editado por Charles Mayo Goss, AB, MD. 29.ª edición americana. Philadelphia: Lea & Febiger, 1973.

GREENBLATT, MATTHEW, edit. *The Essential Teachings of Ramana Maharshi: A Visual Journey*. 2.ª edición. Carlsbad, CA: Inner Directions Foundation, 2003.

GUYTON, ARTHUR C. *Textbook of Medical Physiology*. 6.ª edición. Philadelphia: Saunders, 1981.

HAWKINS, DAVID R., MD, PhD. *The Eye of the I: From Which Nothing Is Hidden*. West Sedona, AZ: Veritas, 2001.

———. *Transcending the Levels of Consciousness: The Stairway to Enlightenment*. West Sedona, AZ: Veritas, 2006.

HAY, LOUISE L. *You Can Heal Your Life*. 1984. Reimpresión, Carson, CA: Hay House, 1994.

HOLMES, ERNEST. *The Science of Mind: A Philosophy, a Faith, a Way of Life*. Edición revisada. 1938. 1.ª edición en tapa blanda, New York: Tarcher, 1998.

HUNT, VALERIE V. *Infinite Mind: Science of the Human Vibrations*. Malibu, CA: Malibu Publishing, 1995.

IYENGAR, B. K. S. *Light on Yoga: Yoga Dipika*. Edición revisada. New York: Schocken Books, 1979.

JOHN, DA FREE. *The Yoga of Consideration and the Way that I Teach*. Clearlake, CA: Dawn Horse Press, 1982.

KANDEL, ERIC R. y JAMES H. SCHWARTZ, edit. *Principles of Neural Science*. 1981. Reimpresión, New York: Elsevier, 1983.

KELDER, PETER. *The Eye of Revelation: The Ancient Tibetan Rites of Rejuvenation*. Editado por J. W. Watt. Booklocker.com, 2008.

KHALSA, DHARMA SINGH, MD y CAMERON STAUTH. *Meditation as Medicine: Activate the Power of Your Natural Healing Force*. New York: Fireside, 2002.

LEESON, THOMAS S., MD, PhD y C. Roland Leeson, MD, PhD. *A Brief Atlas of Histology*. Philadelphia: Saunders, 1979.

LIPTON, BRUCE H., PhD. *The Biology of Belief: Unleashing the Power of Consciousness, Matter and Miracles*. Santa Rosa, CA: Mountain of Love, 2005.

MAGHARI, BEHROKH M. y Ali M. Ardekani. «Genetically Modified Foods and Social Concerns.» *Avicenna Journal of Medical Biotechnology*, n.º 3 (julio 2011): 109–17.

MAXIMOW, ALEXANDER A. y WILLIAM BLOOM. *A Textbook of Histology*. 6.ª edit. 1952. Reimpresión, Philadelphia: W. B. Saunders, 1953.

McTAGGART, LYNNE. *The Field: The Quest for the Secret Force of the Universe*. New York: HarperCollins, 2002.

MOORE, KEITH L., PhD, FIAC. *Clinically Oriented Anatomy*. 2.ª edit. Baltimore: Williams & Wilkins, 1985.

MORTER, M. T., Jr., DC. *An Apple a Day?: Is It Enough Today?* Rogers, AR: B.E.S.T. Investigación, 1996.

———. *Correlative Urinalysis: The Body Knows Best.* Editado por John M. Clark, DC. Rogers, AR: B.E.S.T. Investigación, 1987.

———. *Dynamic Health: Using Your Own Beliefs, Thoughts and Memory to Create a Healthy Body.* Edición revisada. Rogers, AR: B.E.S.T. Investigación, 1997.

———. *The Healing Field: Restoring the Positive Energy of Health.* Rogers, AR: B.E.S.T. Investigación, 1991.

———. *The Soul Purpose: Unlocking the Secret to Health, Happiness, and Success.* Rogers, AR: Dynamic Life, 2001.

———. *Your Health, Your Choice: Your Complete Personal Guide to Wellness, Nutrition and Disease Prevention.* Hollywood, FL: Frederick Fell, 1990.

MYSS, CAROLINE, PhD. *Anatomy of the Spirit: The Seven Stages of Power and Healing.* New York: Harmony, 1996.

NETTER, FRANK H. *The CIBA Collection of Medical Illustrations.* vol. 4, *Endocrine System and Selected Metabolic Diseases.* 1965. Reimpresión, Summit, NJ: CIBA Pharmaceutical, 1981.

NEW, SUSAN A. «Intake of Fruit and Vegetables: Implications for Bone Health». *Proceedings of the Nutrition Society* 62, n.° 1 (noviembre 2003): 889–899. DOI:10.1079/pns2003352.

OSCHMAN, JAMES L. *Energy Medicine: The Scientific Basis.* 2ª edición. Philadelphia: Elsevier, 2016.

OSCHMAN, JAMES L., GAÉTAN CHEVALIER y RICHARD BROWN. «The Effects of Grounding (Earthing) on Inflammation, the Immune Response, Wound Healing, and Prevention and Treatment of Chronic Inflammatory and Autoimmune Diseases». *Journal of Inflammation Research*, 8 (2015): 83–96. DOI:10.2147/JIR. S69656.

PERCIVAL, HAROLD W. *Thinking and Destiny: With a Brief Account of the Descent of Man into This Human World and How He Will Return to the Eternal Order of Progression.* 1946. Reimpresión, Dallas: Word Foundation, 1987.

PERT, CANDACE B., PhD. *Molecules of Emotion: Why You Feel the Way You Feel.* New York: Scribner, 2003.

PUSZTAI, A., PhD. «Genetically Modified Foods: Are They a Risk to Human/Animal Health?» *American Institute of Biological Sciences* (2001). www.actionbioscience.org.

«The Puzzling Role of Biophotons in the Brain». *Technology Review* (blog). Diciembre 17, 2010. www.technologyreview.com.

RAHNAMA, MAJID *et al.* «Emission of Mitochondrial Biophotons and Their Effect on Electrical Activity of Membrane via Microtubules.» *Journal of Integrative Neuroscience* 10, n.° 1 (marzo 2011): 65-88. doi:10.1142/s0219635211002622.

RINPOCHE, SOGYAL. *The Tibetan Book of Living and Dying.* Edición revisada. Editado por Patrick Gaffney y Andrew Harvey. New York: HarperCollins, 1994.

ROLF, IDA P. *Rolfing: Reestablishing the Natural Alignment and Structural Integration of the Human Body for Vitality and Well-being.* Rochester, VT: Healing Arts Press, 1989.

ROSE, COLIN y MALCOLM J. NICHOLL. *Accelerated Learning for the 21st Century: The Six-Step Plan to Unlock Your Master-Mind.* New York: Dell, 1997.

SCHIFFER, FREDRIC, MD. *Of Two Minds: A New Approach for Better Understanding and Improving Your Emotional Life.* London: Pocket, 2000.

SCHIMMEL, H. W. *Functional Medicine.* Heidelberg: Karl F. Haug Verlag, 1997.

SHELDRAKE, RUPERT. *A New Science of Life: The Hypothesis of Formative Causation.* Los Angeles: Tarcher, 1981.

SILLS, FRANKLYN. *Craniosacral Biodynamics.* Rev. edit. Vol. 1. Berkeley, CA: North Atlantic Books, 2001.

SNELL, RICHARD S., MD, PhD. *Clinical Neuroanatomy for Medical Students.* Boston: Little, Brown, 1980.

SOLOMON, ELDRA PEARL y P. WILLIAM DAVIS. *Understanding Human Anatomy and Physiology.* New York: McGraw-Hill, 1978.

STORRS, CARINA. «Stand Up, Sit Less, Experts Say; Here's How to Do It». CNN. 7 de agosto de 2015. Visitado en enero del 2018. http://www.cnn.com/2015/08/06/health/howto-move-more/index.html.

TAYLOR, JILL BOLTE, PhD. *My Stroke of Insight: A Brain Scientist's Personal Journey.* New York: Viking, 2008.

VAN AUKEN, JOHN. *Edgar Cayce's Approach to Rejuvenation of the Body.* Virginia Beach, VA: A.R.E. Press, 1996.

VAN WIJK, R. *Light in Shaping Life: Biophotons in Biology and Medicine.* Geldermalsen, Netherlands: Meluna, 2014.

WAPNICK, KENNETH, PhD. *Forgiveness and Jesus: The Meeting Place of a Course in Miracles and Christianity.* 6.ª edición. 1998. Reimpresión, Temecula, CA: Foundation for A Course in Miracles, 2004.

YUKTESWAR GIRI, SWAMI Sri. *The Holy Science.* 8.ª edición, 1990. Reimpresión, Los Angeles: Self-Realization Fellowship, 2013.

RECURSOS
EN INGLÉS

Para obtener más información acerca de los cursos que imparte la Dra. Sue, visita:

drsuemorter.com

Los siguientes recursos se pueden encontrar en nuestra web drsuemorter.com/energycodesbook. No dejes de visitar la página de recursos de forma periódica, ya que continuamente agregamos y actualizamos nuestras ofertas para así poder brindar la mejor ayuda posible. Ten en cuenta que no se requiere experiencia previa para realizar ninguno de estos ejercicios y técnicas.

108 Ways to Embody Your Magnificence
(«108 formas de encarnar tu magnificencia»)
(libro), Dra. Sue Morter, 2017

Consejos para gestionar el estrés, las confusiones y los equívocos de la vida y que te ofrecen un cambio de paradigma que te llevará a la abundancia de una realidad en la que «todo está a tu servicio». La Dra. Sue nos muestra cómo cambiar y adoptar una perspectiva centrada en el empoderamiento total con recomendaciones simples y breves, ofreciendo 108 mensajes independientes en esta guía divertida y reveladora —y que puedes abrir por cualquier página— y orientándonos hacia la manifestación de la verdad más profunda sobre nuestra auténtica esencia.

108 Ways to Embody Your Magnificence
(«108 formas de encarnar tu magnificencia»)
(audio), Dra. Sue Morter, 2015

Versión en audio del libro *108 Ways to Embody Your Magnificence* que te ayudará a sumergirte de forma consciente en la plena expresión de tu verdadero yo. Puedes escucharlo mientras conduces o paseas por el parque. Aprende mientras vives y vive mientras aprendes.

BodyAwake™ III - Breathwork from The Energy Codes® Chakras One, Two, and Three
(«BodyAwake III: Ejercicios de respiración para los códigos energéticos. Chakras 1.°, 2.° y 3.°»)
(vídeo), Dra. Sue Morter, 2013, 2.ª ed., 2018

Estamos hechos de energía (vibraciones sonoras y luz), y hemos venido aquí para aprender a gestionar hábilmente esa energía, más allá de nuestros pensamientos y creencias limitantes. Los ejercicios de respiración consciente nos van guiando hacia el espacio creativo y seguro que necesitamos para cambiar nuestras creencias con gracia, soltura y fluidez. Aprende a poner en movimiento la energía en los chakras primero, segundo y tercero y así eliminar los bloqueos inconscientes, rasgar los velos que impiden que se dé la integración de todos los aspectos de tu conciencia y pasar del modo supervivencia al modo creador.

BodyAwake™ IV - Yoga Activation
(«BodyAwake IV: Activación por medio del yoga»)
(vídeo), Dra. Sue Morter, 2013, 2.ª ed., 2018

Durante miles de años, el yoga ha puesto de manifiesto que existen ciertas posiciones corporales que permiten una mejor regeneración tanto a nivel físico como a nivel mental y emocional. Al combinarlas con los ejercicios de respiración consciente, estas técnicas mejoran nuestra orientación y disposición en la vida, ayudándonos a percibir una mayor parte del cuadro completo y convertir el estrés en oportunidad. En este vídeo se enseñan las posiciones básicas que puedes utilizar para mejorar el flujo de energía y empezar a usar el yoga como medicina energética, tal como se describe en las prácticas de los códigos energéticos de este libro. Acompaña a la Dra. Sue en esta serie de ejercicios físicos y patrones de respiración suaves y conscientes que nutren el cuerpo y el espíritu.

BodyAwake™ V - Healing Patterns
(«BodyAwake V: Ejercicios curativos»)
(vídeo), Dra. Sue Morter, 2014, 2.ª ed., 2018

Las lesiones y el estrés pueden disminuir el flujo energético en su recorrido a través de nuestro organismo. Cuando se producen estos atascos y bloqueos en los sistemas de energía, los procesos de recuperación celular y rejuvenecimiento quedan interrumpidos. Por el contrario, la sanación se da cuando la energía recupera su flujo natural. En este vídeo, la Dra. Sue te enseña a poner la energía en movimiento en el interior de tu cuerpo y alrededor del mismo, y para ello emplea técnicas específicas con las que reconfigurar los campos energéticos sutiles necesarios para que puedan darse los procesos de curación. Estudia estas prácticas para eliminar cualquier patrón de dolor recurrente (ya sea debido a una lesión o a alguna causa desconocida). Aprende a traducir estas técnicas para poder aplicarlas a otras necesidades específicas que puedas tener en relación con tu estado de salud.

BodyAwake™ VI - Yoga Practices
(«BodyAwake VI: Prácticas de yoga»)
(vídeo), Dra. Sue Morter, 2015, 2.ª ed., 2018

En este vídeo, la Dra. Sue nos ofrece una serie de instrucciones de yoga para acompañar los ejercicios respiratorios de los códigos energéticos y nos va guiando para que podamos poner en movimiento conscientemente el *prana* (la energía curativa) y hacer que circule por todos los tejidos de nuestro organismo. Gana en flexibilidad, acelera tus procesos de sanación y recuperación y encuentra tu más profunda presencia en tu núcleo. Estas prácticas están diseñadas para que puedas practicar meditación en movimiento. Incluye una práctica en silla, una práctica de nivel inicial-intermedio para principiantes y dos prácticas de nivel intermedio.

BodyAwake™ VII - Advanced Breathwork from The Energy Codes®, Chakras Four, Five, Six, and Seven
(«BodyAwake VII: Ejercicios avanzados de respiración de los códigos energéticos; chakras 4.º, 5.º, 6.º y 7.º»)
(vídeo), Dra. Sue Morter, 2015, 2.ª ed., 2018

Activa estos chakras e intégralos con estas demostraciones adicionales del ejercicio de la Respiración de la hoja de helecho para potenciar tu creatividad y acelerar tus procesos de sanación. Respirar llevando de forma consciente la energía a zonas específicas del cuerpo hace que los tejidos relacionados que albergan estos niveles superiores de conciencia se armonicen, lo que contribuye a despertarlos y revitalizarlos. En este vídeo, la Dra. Sue te muestra diversos patrones de respiración con los que puedes iluminarte, integrarte, manifestarte, potenciar tu capacidad de autosanación y amar con plenitud.

BodyAwake™ VIII - Stacking Up the Column—Central Channel Enhancement
(«BodyAwake VIII: Colocar correctamente la columna; mejora del canal central»)
(vídeo), Dra. Sue Morter, 2015, 2.ª ed., 2018

La paz mental y la sensación de bienestar surgen de forma natural cuando aprendemos a desprendernos del vínculo con el que el ego atenaza nuestra vida. En este vídeo, la Dra. Sue te guía a través de un proceso en el que dirigirás la mente hacia dentro para, de este modo, facilitar el cultivo de esa libertad. Aprenderás a liberarte de los patrones que te hacen ser excesivamente productivo, estar a la defensiva o mantener una actitud de protección, por medio del desarrollo de este profundo sentido de equilibrio, de permanecer centrado y conectado con tu verdadera pasión. La Dra. Sue te va guiando hacia el núcleo de tu ser (tu Alma esencial) para permitir que de forma automática pueda darse en tu vida un mayor flujo, así como una mayor soltura, espontaneidad y abundancia. Experimenta la presencia absoluta incrementando la conciencia en el núcleo de tu ser. Crea conciencia en tu centro para conseguir más fuerza y vitalidad y potenciar tu capacidad para mantenerte centrado y conectado en situaciones de estrés.

BodyAwake™ IX - Conscious Calisthenics: Exercise for Everyone
(«BodyAwake IX: Gimnasia consciente; ejercicios para todos»)
(vídeo), Dra. Sue Morter, 2016

El Ejercicio consciente representa un salto cuántico con respecto a los ejercicios de gimnasia tradicionales, ya que aumenta nuestra vibración y nuestra fuerza vital y potencia la vitalidad en todo el organismo. Poner intencionalmente la energía en movimiento a través del cuerpo, combinado con la respiración atenta y consciente, nos ayuda a generar nuevos neurocircuitos que nos llevan a niveles más elevados de conciencia. Para obtener los mayores beneficios de los ejercicios que ya estés realizando para mejorar tu salud, combina las técnicas respiratorias del programa BodyAwake con el trabajo con pesas, las zancadas, los ejercicios con bandas elásticas, etc. A medida que vayas desarrollando una mayor fuerza corporal irás anclando y afianzando tu conciencia. Usa estas técnicas de forma regular para fortalecer la integración mente-cuerpo-respiración.

BodyAwake™ Yoga for Healing - Three Yoga Practices to Embrace Vitality and Embody Flow
(«Yoga BodyAwake para sanar: Tres prácticas de yoga para aumentar tu vitalidad y encarnar el flujo energético»)
(audio), Dra. Sue Morter, 2018

En este audio, la Dra. Sue te irá guiando a través de una práctica de yoga lenta y suave en la que realizarás ejercicios conscientes de respiración para activar tu inteligencia autosanadora e innata y hacer que circule por todo tu cuerpo la energía reparadora esencial con el propósito específico de propiciar la sanación física. Aquí el énfasis está puesto en el sistema de doce chakras de los códigos energéticos, y en particular en los chakras octavo, noveno y décimo, los cuales propician la encarnación consciente de la energía sutil de alta frecuencia en el trabajo que realizamos en la esterilla de yoga. *BodyAwake yoga for Healing* integra y rejuvenece la mente, el cuerpo y el alma en el canal central del organismo. Este CD de audio mp3 contiene tres prácticas de yoga grabadas en directo en un retiro de sanación celebrado en Evergreen, Colorado, y resulta especialmente adecuado para la práctica de principiantes y alumnos de nivel intermedio. Es recomendable que consultes a tu médico antes de comenzar con este o cualquier otro programa de ejercicios.

The Bus Stop Conversation - Soul Contracts and Life Purpose
(«La conversación en la parada del autobús: Los contratos del alma y el propósito de la vida»)
(audio con cuaderno de ejercicios), Dra. Sue Morter, 2014

Entramos en esta vida después de haber establecido grandes e importantes contratos con el alma; pactos y acuerdos que hemos hecho en nuestro camino de llegada sobre lo que buscamos experimentar aquí, en este cuerpo y en este planeta. Descubre que absolutamente todo, desde tus experiencias más dolorosas hasta las más sublimes, no te han ocurrido *a ti*, sino que más bien han ocurrido *para ti*. En *The Bus Stop Conversation*, la Dra. Sue te va guiando en una exploración intensamente personal a través de la cual cambiarás de forma profunda y radical la perspectiva que tienes sobre todo lo que ocurre y conforma tu vida.

Fear into Fire - Tools from The Energy Codes® for Passionate Life Purpose
(«Convertir el miedo en fuego: Herramientas de los códigos energéticos para vivir la vida con propósito y pasión»)
(audio), Dra. Sue Morter, 2015

Oculto en cada miedo, siempre hay un fuego reprimido y apasionado que ha de retornar a nuestra vida diaria. La prosperidad y la pasión son uno y lo mismo. Abandona para siempre tus miedos con un cambio radical de paradigma y aprende a tomar decisiones basándote en ese espacio apasionado que hay en tu interior, controlar sus poderosos e invisibles resultados, liberarte del parloteo mental que produce el autocuestionamiento constante y cambiar tu realidad al convertir el miedo en la potente herramienta de transformación que se supone que ha de ser.

Front Side, Back Side - Awaken the Creator Within
(«Anverso, reverso: Despierta a Creador que llevas dentro»)
(audio con libro de ejercicios), Dra. Sue Morter, 2013

Si existiese una escala para medir el empoderamiento personal, el anverso del modelo sería la situación ideal, pues representa el estado en el que nos sentimos libres y fuertes. Por su parte, el reverso sería la

perspectiva propia de la victimización: un estado en el nos vemos incapaces, nos creemos sin mérito y pensamos que no nos merecemos ciertas cosas. El propósito del viaje de tu vida es dar el salto y pasar al anverso del modelo en todos los aspectos de la experiencia. En este audio, la
Dra. Sue te irá indicando cómo usar las experiencias que tengas en
la vida para despertar a tu verdadero poder y tu auténtica capacidad.
Contiene enseñanzas en forma de conversación extraídas de presentaciones en directo, meditaciones y dinámicas de reflexión.

Lineage Yoga - Light Is Your Lineage, Love Is Your Legacy, Three Yoga Practices
(«Yoga ancestral: La luz es tu linaje, el amor es tu legado; Tres prácticas
de yoga»)
(audio), Dra. Sue Morter, 2013

En este trabajo, la Dra. Sue te irá guiando con instrucciones claras sobre cómo realizar intensos ejercicios de respiración a la vez que vas
pasando por algunas *asanas* (posturas) básicas de yoga con las que podrás limpiar tu organismo, abrir tu núcleo y encontrar tu centro en la
vida. Experimenta una modalidad mucho más profunda de encarnación con los inspiradores planteamientos sobre el yoga de la Dra. Sue,
los cuales están basados en las tecnologías y las enseñanzas de civiliza-
ciones ancestrales. Este audio está dirigido a estudiantes principiantes
y de nivel intermedio, y contiene tres clases grabadas en directo en uno
de los retiros del programa Lineage Retreat que la Dra. Sue ofreció en
Sedona, Arizona.

Passionate Purpose - The Power of Doing YOUR Thing
(«La intención apasionada: El poder de cumplir TU propósito»)
(audio), Dra. Sue Morter, 2015

La pasión no tiene que ver con tener experiencias específicas, sino con
nuestra capacidad para acceder y vivir desde la verdad de nuestra esencia. Lo verdaderamente importante del propósito (de la intención) no
es lo que pretendemos lograr, sino aquello que estamos destinados a *ser*
(es decir, revelar nuestra propia magnificencia). No necesitas ningún milagro ni ningún gurú, pues tú mismo ya *eres* ambos. En este programa de

audio de dos horas de la Dra. Sue, aprenderás a descubrir, revelar y usar tu poder y tu intención apasionada durante el resto de tu vida.

Sacred Stream Yoga - Conscious Movement of Prana for Healing, Three Yoga Practices
(«Yoga de la corriente sagrada: Movimiento consciente del prana para la curación. Tres prácticas de yoga»)
(audio), Dra. Sue Morter, 2016

Un flujo integral y abundante de energía a través del cuerpo resulta esencial para sanar y para mantener la vitalidad. Adoptar antiguas posturas sagradas y combinarlas con la respiración consciente hace que dicho flujo prenda y se active y devuelve al cuerpo a su estado natural de autosanación. La Corriente Sagrada es el flujo que recorre verticalmente tu cuerpo por lo más profundo del canal central, desde la cabeza hasta el extremo inferior de la columna vertebral. Es aquí donde reside el Yo esencial que es capaz de sanarse a sí mismo. Esta práctica está diseñada para despertar e integrar la profunda e innata presencia de la sanación que se encuentra en el núcleo esencial de tu ser. Con ella podrás anclar tu campo de energía y entrar en sintonía y alineación con la fuerza de la naturaleza, así como generar presencia consciente en tus centros energéticos y aprender una serie de *asanas* que te permitirán acceder a tu sabiduría profunda. Gracias a ella crearás nuevos circuitos neuronales con los que poder manifestar y expresar tu verdadero ser, así como experimentar tu Alma esencial en el mundo físico.

Kit de medición del pH

Un kit completo para medir el pH en saliva que incluye papel tornasol, pastillas ácidas masticables para potenciar la producción de sustancias alcalinas y un folleto con el que interpretar los resultados de las mediciones y en el que también encontrarás recomendaciones para mejorar el estado de tu pH.

AGRADECIMIENTOS

L A TRAYECTORIA QUE HA RECORRIDO *Los códigos energéticos* hasta alcanzar el punto de expresión del que goza actualmente ha estado llena de alegrías. En primer lugar, me gustaría agradecer a Bonnie Solow, de la agencia literaria Solow Literary, por su maravillosa gestión del manuscrito antes de enviarlo a Simon & Schuster para su revisión. El hecho de que creyese en mí y en mi trabajo es algo que ha acabado transformando mi vida por completo, pero, por encima de todo, me siento muy afortunada por contar con su amistad.

Todo libro necesita un equipo de publicación, y *Los códigos energéticos* ha tenido la enorme fortuna de contar con uno de gran talento, comenzando con Sarah Pelz, mi extraordinaria editora, cuya claridad y gentil profesionalidad nos llevó a unir fuerzas con una experta en los campos y materias que tratan los códigos: la coeditora Leslie Meredith. La sutil y refinada familiaridad que Leslie tiene con la ciencia, junto con su brillante dominio del proceso editorial, hicieron que este proyecto se convirtiese en una suerte de hermoso proceso alquímico para el corazón, la mente y el alma. Para mí es un verdadero honor haber podido contar con las contribuciones de estas dos mujeres tan increíbles.

Le estoy profundamente agradecida al círculo íntimo de ánge-
les que desde los primeros momentos de mi experiencia cumbre de
despertar me han proporcionado un espacio sagrado: a Marci
Shimoff, por asesorarme y alentarme apasionadamente a que escribiese un libro, así como por su experiencia en el desarrollo de su
contenido, y por su luz y su amor desde el primer día. Lo repito
una vez más: ella es mi ángel y mi creadora de milagros. A Su-
zanne Lawlor, por su inquebrantable presencia en mi vida como
portadora de la verdad y como devota encarnada del Amor Divino. Y a AlexSandra Leslie, por su forma de ver con la mayor
perspectiva todas las cosas posibles.

Poder colaborar con una extraordinaria escritora no tiene
precio, y yo tuve la fortuna y la bendición de poder contar con la
persona perfecta para dar forma a un mensaje que requería con-
jugar tradición e inspiración, enfoques orientales y occidentales,
innovación y cuidado auténtico. Esa persona es Brookes Nohlgren,
cuyo genio a la hora de elaborar un flujo narrativo para *Los códigos energéticos* a partir de mis palabras habladas hizo posible la
creación de este libro. Su especial devoción por captar y compartir estos contenidos para que puedan contribuir a crear un mundo mejor siempre me ha resultado profundamente conmovedora.
Siempre tendrá un lugar en mi corazón. Que mil bendiciones
desciendan sobre ella. Gracias también a Bryna Haynes, magnífica editora de contenido, por su sabiduría, disposición y devoción,
así como por sus adiciones y recomendaciones y su experiencia
(sin duda, otra bendición más).

Al realizar tantos y tan extensos viajes, me hace falta «un
pueblo entero» para hacer todo lo que hago en la vida. De hecho, el increíble equipo que me rodea en el Instituto Morter se
denomina a sí mismo The Village People*. Todos los días me

---

* La autora hace referencia a la expresión inglesa *it takes a village to raise
a child*, cuya traducción literal sería para criar a un hijo hace falta un pueblo

siento profundamente bendecida por poder referirme a ellos como mis amigos y poder llamarlos mi «querido equipo»: Kris Conlin, mi brazo derecho a la hora de cuidar de los detalles y la organización, así como una ferviente aliada en temas de edición. Siempre le estaré eternamente agradecida por su integridad y su fortaleza. Este libro no habría visto la luz sin su pericia y su buen hacer. Andrea Stumpf, cuya ayuda en la redacción y en la creación de las imágenes del libro no han hecho sino mejorar este proyecto en todos sus aspectos. Mi más profundo agradecimiento por su radiante espíritu y su amor por la bondad. Monica Turner, por su maravilloso talento y dedicación a la hora de crear las ilustraciones de estas páginas y por su inquebrantable amistad. Glynis Pierce, por hacer de «controladora aérea» en el Instituto Morter y por cuidar de mí. Breeze Woodlock, por estar ahí, siempre disponible, durante tantas horas y tantos años.

El comienzo de mi viaje espiritual y el despertar que tuve con aquella experiencia de «rayo de luz» fue una etapa de mi vida que atesoro con mucho cariño, un tiempo de despliegue de mi alma. Todos aquellos amigos del alma que cuidaron de mí en ese tiempo han quedado grabados a fuego en mi corazón para siempre: Melanie Mills, Mary Ann Shurig, la Dra. Rebecca Anderson, Arielle Azeez (Pinky), Bill Psillas, el Dr. Michael Hermann, Keith Chaon, más adelante Windy Woodland, y la recientemente fallecida Julia Moses.

Gran parte de mis maestros más queridos ya no están en este planeta, pero siguen estando presentes todos los días en mi devoción y en mis enseñanzas. Prácticamente no tengo palabras para expresar la gratitud que siento hacia Ma Jaya Sati Bhagavati, una de las más bellas maestras y gurú del amor incondicional en

---

entero. Por su parte, *The Village People* («La gente del pueblo») es un famoso grupo estadounidense de música disco de finales de los setenta. *(N. del T.)*

mi vida, quien me dio el nombre espiritual de Saraswati Ma Jaya, que representa el puente entre la ciencia y las artes, mucho antes de que supiera que ese iba a ser mi destino. Mis más profundos respetos. Tampoco estaría donde estoy sin la guía física y etérea de Shirdi Baba, Neem Karoli Baba, Ramana Maharshi, Virginia Essene y Angeles Arrien.

Muchas gracias también al reverendo Michael Beckwith por recibirme en los reinos superiores, por confirmar lo que ahora sé que es cierto y por animarme a emerger y revelarme. A Lynne McTaggart y el Dr. Joe Dispenza, por su fantástico apoyo y aliento a la hora de embarcarme en este gran proyecto y llevar este mensaje a un público mundial.

A la Dra. Vicki Knapke y a mi mejor amigo en estos más de treinta años, el Dr. Scott Cooper, por el amor que ha demostrado hacia la técnica BEST y el Instituto Morter y por estar siempre ahí para ofrecerme su amistad, sus cuidados y sus tratamientos entre viaje y viaje.

Los estudios de yoga que constituyeron el espacio en el que realicé mis investigaciones sobre esta disciplina y me permitieron desarrollar mis propias técnicas a lo largo de los años forman también parte de los mimbres de este trabajo. Siempre que doy una clase o un curso de yoga BodyAwake me acuerdo de ellos. Gracias a Heather Thomas y Karen Fox, de The Yoga Center; Dave Sims, de la Cityoga School of Yoga; a Marsha Pappas y Nikki Myers, y a Lily Kessler, del Blooming Life Yoga Studio and School.

Mi más sincero agradecimiento al Dr. Raj Maturi y a Cassie Stockamp por sus valiosas demostraciones de yoga, las cuales fueron filmadas y añadidas como recursos en este libro. Y a Ryan Penington por su profesional y creativa labor videográfica. Mi más hondo agradecimiento también para Jeralyn Glass, de Crystal Cadence - Music of the Heart, por el acompañamiento musical de las meditaciones del libro.

A los muchos pacientes, clientes y alumnos cuyas historias han ayudado a ilustrar este mensaje y por la gran cantidad de preguntas que me plantearon y que, en última instancia, han conducido a las respuestas que ahora llamamos códigos energéticos.

Nuestra familia siempre se encuentra en la raíz del despertar, la encarnación y la liberación. Tanto nuestros orígenes como las decisiones que tomamos revelan cuál es nuestro propósito divino aquí, en la Tierra. ¿Qué mejor forma de dar las gracias a nuestra madre y nuestro padre que vivir penetrando en el ser más elevado de uno mismo? No hay nada más allá de estas palabras: «Mamá, papá, he sido bendecida con la oportunidad de teneros en mí como mi propio ser». Vaya también mi agradecimiento a mis hermanos, el Dr. Ted y el Dr. Tom, y a sus esposas —mis queridas cuñadas, Janna y Anna—, por todo su amor y por sostener con firmeza el sueño del trabajo de nuestro padre y por encauzarlo de un modo tan fantástico durante todos estos años. Os quiero con todo mi corazón.

Y, por supuesto, a mi muy querida Dra. Elisa Zinberg, por acompañarme y estar a mi lado en cada paso del camino (en cada viaje, en cada decisión, en cada descubrimiento), por amar tanto a Sophie y Gracie y por el infinito cuidado con el que siempre se ha ocupado de un sinfín de cosas importantes. Lucy, vaya para ti mi amor eterno y mi más profunda gratitud.

SOBRE LA AUTORA

La Dra. Sue Morter, conferenciante internacional, experta en medicina bioenergética y visionaria del campo cuántico, se dedica a enseñar cómo reeducar el sistema nervioso y el sistema de energía sutil del cuerpo a través de un proceso denominado *encarnación*. Tanto en sus seminarios y retiros basados en los códigos energéticos y en el yoga BodyAwake como en su serie de vídeos BodyAwake clarifica (mediante el uso de la mente y ejercicios de respiración profunda) la relación existente entre los pensamientos cuánticos, la medicina energética y la sanación por medio de la reconfiguración de los impulsos nerviosos que circulan por el organismo. Reeduca nuestro cerebro, modifica los viejos patrones de recuerdos y, posteriormente, nos enseña a ir más allá de la mente para alcanzar un restablecimiento y una curación sostenibles. Su objetivo y su propósito último en la vida es que la humanidad despierte a su propia divinidad. Con ese fin realiza retiros de yoga, meditación y autosanación en México, Bali, Perú, Egipto, India, Irlanda e Isla de Pascua, así como por toda la geografía de los Estados Unidos.

La Dra. Sue aparece en varias películas documentales, entre las que se incluyen *The Opus, The Cure Is..., Discover the Gift* y

Femme. Durante treinta años, ha prestado sus servicios en juntas de certificación médica y en organizaciones de servicios humanitarios. Como destacada profesional a la vanguardia de su profesión, ha recibido numerosos premios por sus sobresalientes logros en los campos de la salud natural y el liderazgo transformacional.

Es la fundadora y visionaria creadora del Morter Institute for BioEnergetics («Instituto Morter para la Medicina Bioenergética»), una organización dedicada a enseñar técnicas de autosanación y a vivir con una nueva perspectiva basada en la ciencia cuántica y la medicina energética, la elevación de la conciencia y el dominio de la propia vida. El Instituto Morter es un destino internacional para la formación en temas de salud y bienestar que lleva desde los años ochenta ofreciendo ininterrumpidamente cursos y tratamientos para cientos de miles de personas. Es maestra formadora en la técnica de sincronización bioenergética (BEST, por sus siglas en inglés), una poderosa rama de la medicina energética desarrollada por su padre en la que se forman profesionales de la salud de todo el mundo.

Durante más de treinta años ha atendido a decenas de miles de pacientes. Basa su trabajo tanto en esta dilatada experiencia profesional como en la inspiración recibida a partir de un despertar que tuvo mientras realizaba prácticas ancestrales de meditación (y que transformó su vida por completo) y en su pasión personal por descifrar el código de la vida misma. La Dra. Sue consigue entusiasmar por igual a públicos provenientes de campos tan diversos como la ciencia, el desarrollo personal, la espiritualidad o la atención sanitaria, pues tiende puentes entre los mundos de la ciencia, el espíritu y el potencial humano. Su mayor alegría ha sido tener la oportunidad de compartir sus descubrimientos durante las últimas tres décadas con cientos de miles de personas, tanto en directo como por internet.

Actualmente, como conferenciante y facilitadora consolidada en el campo del autocuidado y la salud, la Dra. Sue pasa más de doscientos cincuenta días al año subida a un escenario (enseñando, dirigiendo talleres, presentando conferencias o realizando otros tipos de eventos). Hoy en día hay docenas de CD, DVD y materiales de ayuda de la autora disponibles en internet.

Como miembro activo del Transformational Leadership Council («Consejo de Liderazgo Transformacional»), colabora con muchos otros maestros y sanadores relevantes comprometidos con la creación de un mundo mejor.

Entre conferencia y conferencia, la Dra. Sue disfruta de su tranquilo hogar en el campo cerca de Indianápolis, Indiana, con su pareja y dos *schnauzers* miniatura. También reside parte del año en Long Island, Nueva York.

Para más información sobre el Instituto Morter, los programas de tratamiento BioEnergético, los cursos de los códigos energéticos de la Dra. Sue, los cursos de capacitación de yoga BodyAwake y las excursiones conscientes a lugares sagrados de todo el mundo del programa JourneyAwake visita www.DrSue-Morter.com

Gaia Ediciones

LA LIBERACIÓN DEL ALMA
El viaje más allá de ti
MICHAEL A. SINGER

¿Cómo sería poder elevarte sobre tus barreras y vivir libre de limitaciones? ¿Qué puedes hacer cada día para liberarte y hallar paz interior? *La liberación del alma* ofrece una respuesta sencilla y profundamente intuitiva a esas cuestiones.

MORIR PARA SER YO
Mi viaje a través del cáncer y la muerte hasta el despertar y la verdadera curación
ANITA MOORJANI

Un relato esclarecedor de lo que nos aguarda tras la muerte y el despertar final. Uno de los testimonios espirituales más lúcidos y poderosos de nuestro tiempo.

CURACIÓN CUÁNTICA
Las fronteras de la medicina mente-cuerpo
DEEPAK CHOPRA

Curación cuántica muestra que el cuerpo humano está controlado por una fina y sutil «red de inteligencia» cuyas raíces se asientan en la realidad cuántica, una realidad profunda que modifica incluso los patrones básicos que rigen nuestra fisiología y que nos brinda la posibilidad de superar el cáncer, las enfermedades cardiovasculares e incluso en envejecimiento.

Gaia Ediciones

EL CÓDIGO DE LA EMOCIÓN

Cómo liberar tus emociones para disfrutar de salud, amor y felicidad en abundancia

BRADLEY NELSON

En *El código de la emoción,* te ofrece la poderosa posibilidad de desprenderte de este lastre invisible. Su método te aporta las herramientas adecuadas para identificar y soltar tus emociones atrapadas, y te permite eliminar así tu «mochila emocional» y abrir tu corazón y tu cuerpo a las energías positivas del mundo.

CUANDO EL CUERPO DICE "NO"

La conexión entre el estrés y la enfermedad

DR. GABOR MATÉ

Partiendo de profundas investigaciones científicas y de la extensa experiencia médica del autor, *Cuando el cuerpo dice «no»* ofrece respuestas a importantes preguntas sobre el efecto que la conexión cuerpo-mente ejerce sobre la enfermedad y la salud, y sobre el papel que desempeñan el estrés y la constitución emocional en la aparición de un considerable número de enfermedades comunes.

SANAR EL CORAZÓN

Despertar el maestro interior y sanar las heridas emocionales

KETAN RAVENTÓS KLEIN

Sanar el corazón será un fiel compañero de viaje para quienes ya han iniciado el camino de sanación y también para aquellos que sienten la llamada a despertar. Nos invita a escuchar la sabiduría de nuestro corazón, a conocernos íntimamente, a desprendernos de corazas innecesarias, a respetarnos y a responsabilizarnos.